D1689934

LE SIÈCLE DE LOUIS XIV

Paru dans Le Livre de Poche :

Mazarin

PIERRE GOUBERT

LE SIÈCLE DE LOUIS XIV

Études

ÉDITIONS DE FALLOIS

© Éditions de Fallois, 1996.

Sommaire

Avant-propos 11

PREMIÈRE PARTIE
LES PROFONDEURS DU ROYAUME

Chapitre I : Les masses paysannes : vivre et survivre au XVIIe siècle 19
Chapitre II : La société des dominants. Fortune et mobilité sociale 93

SECONDE PARTIE
LOUIS XIV

Chapitre I : La France de Louis XIV 165
Chapitre II : Le roi 231
Chapitre III : Autres textes 343

Notes (par chapitre) 415
Index 425
Table des matières détaillée 437

À ceux qui m'accueillirent les premiers :
Fernand Braudel, *Annales*, 1952
Eric Hobsbawm, *Past and Present*, 1956

AVANT-PROPOS

« Siècle de Louis XIV », on sait sans doute que l'expression, mille fois reprise sans trop de réflexion sur la durée d'un siècle ou d'un règne, a été créée, de Berlin, par Voltaire lui-même, vers le milieu du siècle qui suivit. Le sens qu'il donna à l'expression elle-même a été le plus souvent oublié : tel auteur, historien ou non, évoque immédiatement d'innombrables victoires, un impressionnant absolutisme ou quelque colbertisme inventé. Or, il est patent — et les bons critiques du siècle dernier, comme Nisard, trop oublié et donc méprisé, l'ont fort bien compris — que Voltaire évoquait strictement l'esprit humain, dont la plus parfaite image fut alors « l'esprit français personnifié dans nos écrivains, nos savants, nos artistes ». Voltaire avait d'ailleurs textuellement écrit, dès les premières lignes de son « Introduction » de 1752 :

« On veut essayer de peindre à la postérité, non les actions d'un seul homme, mais l'esprit des hommes dans le siècle le plus éclairé qui fut jamais [on a bien lu *éclairé*]. ... Quiconque pense et, ce qui est encore plus rare, quiconque a encore du goût, ne compte que quatre siècles dans l'histoire du monde. Ces quatre siècles heureux sont ceux où les arts ont été perfectionnés et qui, servant d'époque à la grandeur de l'esprit humain, sont l'exemple de la postérité. »

Bref, il s'agit principalement de ce que nous appelions hier histoire culturelle.

Quant aux quatre fameux siècles, la paresseuse répétition habituelle les identifie comme ceux de Périclès, d'Auguste, des Médicis et de ce personnage qu'il n'a pas coutume d'appeler « Grand » et encore moins « Roi

Soleil » (il s'en explique en son chapitre 25, et ose même sourire de la devise latine — intraduisible, précise-t-il — dont un orfèvre entoura l'image du soleil au moment du Carrousel de 1662 ; ce qui ne l'empêcha nullement de louer Louis XIV, mais avec discernement).

Redonnons la parole à Voltaire sur le sujet même de son livre. Pour lui, « le premier de ces siècles à qui [*sic*] la véritable gloire est attachée, est celui de Philippe et d'Alexandre, ou celui des Périclès, des Démosthène, des Aristote, des Platon, des Appelle, des Phidias, des Praxitèle, et cet honneur a été renfermé dans les limites de la Grèce : le reste de la terre alors connue était barbare ». On sait que le barbare, c'est toujours l'autre ; mais enfin l'Asie...

« Le second âge, continue Voltaire, est celui de César et d'Auguste... de Lucrèce, de Cicéron, de Tite-Live, de Virgile, d'Horace, d'Ovide, de Varron, de Vitruve. » On constate qu'Auguste n'est pas plus seul que Périclès, et qu'orateurs, poètes et quelques autres sont nombreux.

« Le troisième est celui qui suit la prise de Constantinople par Mahomet II. » Voltaire montre alors que, grâce aux Médicis principalement, « c'était le temps de la gloire de l'Italie », qui dominait tous les beaux-arts et « tendait à la perfection ». Certes, France, Angleterre, Allemagne, Espagne « voulurent à leur tour avoir tous ces fruits ; mais ils n'y mûrirent point et « dégénérèrent trop vite »... Les Italiens avaient tout sauf la musique, dit-il, et la « philosophie expérimentale, inconnue partout » jusqu'à Galilée. Voltaire dit que les efforts de François Ier sont réduits à « presque rien », et Rabelais est seul cité comme auteur « à la mode du temps de Henri II ». Et d'ajouter que nos « pères joignaient la galanterie romanesque des Maures à la grossièreté gothique ». Jusque vers 1635, « la peinture, la sculpture, la poésie, l'éloquence, la philosophie [furent] presque inconnues dans cette nation » — la sienne.

Vint heureusement ce qu'il nomme siècle de Louis XIV, commencé « à peu près à l'établissement de l'Académie française », soit en 1635, ce qui peut sembler tardif, bien que le fils de Louis XIII ne fût pas encore né. Cependant, ajoute Voltaire, « tous les arts, à la vérité,

Avant-propos

n'ont point été poussés plus loin que sous les Médicis, les Auguste ou les Alexandre ; mais la raison humaine en général s'est perfectionnée. La saine philosophie n'a été connue que dans ce temps... » Voilà bien ce qui tenait au cœur de Voltaire. Il ajoute que la Cour de Louis XIV a donné à l'Europe politesse et esprit de société. Voltaire distingue donc ce siècle, cet « âge », comme les trois premiers, par des talents exceptionnels et la culture de ce qu'on peut appeler les élites. Rien de plus.

Qu'on ait attribué par la suite à Voltaire des idées ou des termes qu'il ne connut ou n'écrivit jamais, c'est à la fois l'affaire de commentateurs inégaux et l'effet de cette sorte de dépérissement des œuvres et des auteurs majeurs quand on ne les comprend plus, faute quelquefois de les avoir relus, ou simplement lus, ainsi que j'avais omis de le faire vers le milieu de ce siècle.

*

Il m'est arrivé de penser qu'un siècle durait cent ans et s'inscrivait entre des millésimes assurés. Les gens de lettres et les historiens de tout plumage ont changé tout cela, rallongeant par-ci, redécoupant par-là ; telles réalités et des événements déclarés « tournants » pouvaient justifier cette pratique (notamment pour la date de 1600). Les réflexions sur la « longue durée », et quelques radotages subséquents, ont contribué un moment à traiter (Braudel y songea) d'une sorte d'hyper-siècle qui irait de la prise de Byzance jusqu'aux « révolutions » ou pseudo-révolutions des années 1640-1650, voire au-delà. Pourquoi pas, si une telle conception est féconde ? Elle le fut parfois.

En réalité, je fus poussé vers ce siècle par un goût profond pour sa littérature, aussi bien par ses « minores », surtout libertins (au sens d'alors) que par ses éclatants et parfois sévères « grands classiques » ; une passion notamment pour La Fontaine et Molière, et La Bruyère à un degré moindre. Je désirais assez naïvement savoir comment vivait vraiment tout ce monde, depuis le « pauvre bûcheron tout couvert de ramée » jusqu'au soliveau devenu roi par la grâce des grenouilles (présage ?) en passant par l'amateur de jardins, Pourceaugnac, Sosie,

Arnolphe, Oronte, Arfure, Arsinoé, mon cher Alceste et bien d'autres.

Après avoir beaucoup lu et passé quelques concours, je finis par comprendre que, pour savoir, il fallait aller voir, particulièrement ces vieux papiers que je ne concevais pas si abondants, si riches et si savoureux, dans la ville aux trois quarts détruite où des hasards administratifs m'avaient jeté. Sans méthode, ni théorie, ni « pré-supposé », je m'y plongeai simplement durant plusieurs années pour la joie de connaître un monde apparemment disparu. Ce fut une passion, très durable, accrue par le désir de raconter ce que je pensais avoir trouvé, et quasiment « revoir ». Je commençai à « raconter » dans les années cinquante. On trouvera ici les premières tentatives, ainsi que d'autres, longtemps dispersées ou oubliées. Et aussi dans un certain nombre de volumes, qui s'étalent de 1959 aux dernières lunes de ce millénaire.

*

Le milieu simple dont j'étais issu, l'influence de Marc Bloch, et l'état même des archives de ce qui fut une ville textile importante, entourée de campagnes particulièrement riches, me poussèrent naturellement vers l'histoire des humbles. D'autant que les deux premiers « fonds » abordables étaient constitués par les archives du « Bureau des Pauvres » — 300 pensionnaires, des centaines et parfois des milliers d'assistés — et par la seule collection reliée et bien rangée des Archives départementales : pas moins de cent cinquante registres paroissiaux, fort bien tenus souvent, qui m'introduisaient brutalement et massivement dans une « démographie » encore naïve du petit peuple, où je ne retrouvais pas ce qu'on radotait dans tel manuel. Heureux débuts de recherche...

D'autant que les hommes, les femmes et les enfants que les douze curés jansénistes de Beauvais couchaient sur leurs registres paroissiaux, comme ceux que secourait assidûment le Bureau des Pauvres, appartenaient pour plus des trois quarts à ces métiers du textile — sergers, tisserands, drapiers, laneurs... — dont j'ignorais tout, et dont il me fallut entreprendre le difficile apprentissage.

Avant-propos

C'est de ce « petit peuple »-là que je m'occupai d'abord ; les paysans vinrent vite, d'autant qu'ils filaient ou « tramaient » aussi.

Des pauvres « ouvriers en layne », il était naturel de remonter vers leurs chefs d'atelier ou leurs employeurs à domicile ; puis de passer inévitablement de ces petits artisans ou « drapiers drapants » plus ou moins aisés à ceux qui détenaient la clé et les débouchés du travail textile, les bons marchands, souvent gros, aux relations proches (Paris, Rouen) ou lointaines et même internationales (Espagne, Amérique espagnole pour les toiles de lin), à la « surface » économique et sociale assez inattendue. Comme ces derniers étaient souvent liés par le sang et par l'intérêt, à d'autres groupes de « puissants » : officiers de justice, de finances, chanoines, cousins de Paris, il fallait bien aussi que je « remonte » vers ceux-là, au moins momentanément...

Ainsi commença, à partir des pauvres et des ouvriers en laine de Beauvais, ce lent passage du petit peuple vers les aisés, les riches, les puissants, les nobles et fatalement ce qu'on n'appelait pas encore le gouvernement. Je n'ai songé que bien plus tard, à la fois par hasard et par appel extérieur, à celui qui souffrit aisément qu'on l'appelât, comme Darius, le Grand Roi. Rien ne pouvait laisser prévoir, vers le milieu du siècle qui s'achève, que je pourrais un jour m'occuper de lui d'assez près.

A ce moment donc, vers 1950, sous l'impulsion d'Augustin Renaudet et d'André Aymard, rares étoiles d'une Sorbonne assez grise, je quittai provisoirement la travailleuse et opulente ville de Beauvais pour me plonger, épaulé par Jean Meuvret et Ernest Labrousse, dans les campagnes si variées et si mal connues qui appartenaient à la plaine picarde et au Bray normand, où m'avaient naguère précédé deux lumineux géographes, Jules Sion et Albert Demangeon. Dans leurs vivants paysages, je retrouvais tout naturellement clergé, noblesse et bourgeoisie, puisqu'ils y étaient seigneurs, décimateurs, percepteurs, propriétaires, juges et usuriers.

Ce parcours a été évoqué ailleurs. En voici pourtant quelques démarches et étapes initiales, éclatées ou longtemps oubliées, rassemblées par l'amitié.

PREMIÈRE PARTIE

LES PROFONDEURS DU ROYAUME

CHAPITRE I

LES MASSES PAYSANNES
VIVRE ET SURVIVRE AU XVIIe SIÈCLE

Les « profondeurs du royaume » sont principalement peuplées de paysans. Or, durant la longue période qui précéda Marc Bloch, un historien s'occupait de politique, de diplomatie, de guerre, de législation et d'institutions, thèmes nécessaires et insuffisants. Planant sur des sortes de sommets, il dressait comme il pouvait des portraits de grands monarques, de grands généraux, de grands ministres plus quelques juristes, Colbert spécialement encensé, et quelques grandes dames pour le charme. Le plus souvent, les paysans n'étaient aperçus qu'à travers quelques écrivains qui (sauf La Fontaine et plus tard Vauban) en parlaient sans les connaître, ou répétaient indéfiniment quelques formules balbutiées : la poule au pot, les animaux farouches, les coqs de village notamment. Sauf quelques-uns (dont Henri Sée, oublié), les historiens, même de qualité, campaient donc sur les sommets ; quelques-uns cependant se penchaient vers la plèbe ; surtout, il est vrai, dans la perspective lassante d'une « veille de la Révolution » que ne soupçonnaient évidemment pas ceux qui l'avaient vécue.

Enfin Marc Bloch vint. Albert Demangeon, l'un des géographes de vaste culture de l'entre-deux-guerres, le salua ainsi, dans les *Annales de Géographie* de 1932 : « L'histoire rurale n'occupe pas en France la place de choix que les savants lui assignent en Angleterre et en Allemagne. Nous trouvons en Angleterre des chefs de chœur, selon l'expression de Marc Bloch, qui s'appellent

Seeboom, Maitland, Vinogradof, Tawney, ainsi que de bons vulgarisateurs... Il en existe aussi en Allemagne, tels que Meitzen et Gradman dont les travaux, soutenus par une solide culture géographique, présentent, à notre sens, une portée plus lointaine et plus profonde que ceux des Anglais. Il nous manquait en France un historien qui, faisant le tour des problèmes agraires, pût donner pour notre pays une synthèse compréhensive pouvant servir d'orientation. »

Pour réaliser ces vœux, il fallait seulement se mettre au travail. Non seulement le matériel de base ne manquait pas — les archives, quoi d'autre ? — mais il abondait de manière écrasante. Pour le découvrir et le mettre en œuvre, il fallait délaisser franchement (quitte à y revenir) les nobles dépôts des archives de haut rang, nationales notamment, et les trésors fastueux, bien qu'utiles, des grandissimes bibliothèques. Les humbles avaient laissé, par millions, leurs traces dans ces amas de papiers longtemps oubliés, sinon méprisés, et par ailleurs assez difficiles à lire, qui emplissent les dépôts parfois poussiéreux des hôpitaux, des anciennes municipalités, des « cours et juridictions » (même les petits tribunaux seigneuriaux), des greniers des notaires, et spécialement des plus prestigieuses archives ecclésiastiques, comme des plus modestes, bien plus souvent consacrées à des comptes, des baux, des procès qu'à de graves discussions théologiques ou pastorales. En somme tous ces « dominants » (quel autre mot ?) avaient noirci des quintaux de (très beau) papier pour se consacrer à leurs « dominés » et, sans le savoir, à nous. Plonger dans cet océan ne serait pas venu à l'idée d'un « sorbonnicole » (le mot est de Rabelais) sur cent. Le faire semblait relever de l'exploit, ou de l'inconscience, mais ne pouvait être réalisé que dans un secteur limité, même pas une province entière. C'était en somme tomber dans l'« histoire locale », abandonnée jusque-là aux petits amateurs de chefs-lieux de canton. Et pourtant, là était le salut ; Lucien Febvre l'avait d'ailleurs suggéré. Je me hasardai donc dans cette voie à la veille des années cinquante, en me cantonnant au Beauvaisis, où le hasard m'avait installé. Deux articles donnèrent mes premiers résultats : l'un, surtout démographique, dans les *Annales* de fin 1952 ; l'autre, essentiellement paysan, me fut demandé par la revue anglaise *Past and Present*, en 1956. La synthèse de ces premiers travaux parut en 1960, trois ans après leur achèvement.

Parallèlement, ou par la suite, l'histoire rurale ouverte par Marc Bloch était entreprise et illustrée par de nombreux jeunes chercheurs pleins d'ardeur et souvent de talent, opérant un peu partout dans ce qu'on n'osait pas encore appeler l'hexagone ; et largement autant en Belgique, aux Pays-Bas, en Angleterre, en Italie, en Espagne, sous des éclairages assez variés. Puis, après quelques années, autour de 1980, de mise en sommeil — surtout en France —, l'histoire rurale ressuscita avec une vigueur admirable, particulièrement dans le monument que Jean-Marc Moriceau éleva en 1994 aux (grands) *Fermiers de l'Île-de-France*. Suivit le lancement courageux et réussi d'une toute neuve revue d'*Histoire des Sociétés rurales*, largement ouverte sur le monde.

Bien des historiens, jeunes, chenus, disparus, peuvent, ou auraient pu, chanter leur reconnaissance aux curés de paroisse qui ont si bien (le plus souvent) tenu leurs registres de baptêmes, mariages et sépultures, où presque tout le monde a dû figurer ; remercier aussi les administrateurs, économes, comptables des domaines souvent somptueux dont disposaient abbayes, chapitres de chanoines, hôtels-Dieu et évêchés, avec tout le détail des fermages, dîmes, droits seigneuriaux et les querelles et procès y afférant ; remercier aussi les scribes pas toujours gribouilleurs des si nombreux notaires et justices, qui avaient notamment rédigé ces délectables inventaires après décès au travers desquels on voit surgir une chaumière, des hardes, des poteries, une crémaillère et des « lincheux » (draps, en picard), ainsi que du grand et du petit bétail, de maigres provisions et bien plus de dettes que de créances.

Rien de vivant comme ces vieux papiers, souvenirs de nos obscurs ancêtres, sans lesquels ce qu'on a appelé le « Grand Siècle », et d'autres, n'auraient d'existence qu'irréelle.

I

AGRICULTURE ET DÉMOGRAPHIE DANS LA FRANCE DU NORD XVIe-XVIIIe SIÈCLES *

Cette communication montre naturellement qu'agriculture et population réagissaient l'une sur l'autre, dans l'expansion comme dans les difficultés ; mais cette liaison ne suffit pas à cerner la totalité de la réalité historique, comme le prouvent les trois exemples ci-dessous. Ce texte essaye aussi de dire que, si les idées générales séduisantes sont aisées à formuler, on découvre souvent plus de surprises et de richesses dans les patientes analyses provinciales que dans les simplifications théoriques.

On appellera France du Nord le complexe de plaines, plateaux et vallées situés au nord de l'ensemble montagneux improprement appelé Massif Central (qui se localise dans la moitié sud). De nombreuses études provinciales et locales lui ont été consacrées depuis une trentaine d'années. Ce secteur d'environ 200 000 km² est donc assez bien connu, malgré des lacunes, et mieux connu pour le XVIIIe siècle que pour le XVIIe et le XVIe pour d'évidentes raisons de sources (plus rares et plus mauvaises en « remontant » le temps).

Dans cette vaste zone, environ dix millions de personnes devaient assurer leur subsistance, celle d'une capitale démesurée (qui put passer de 250 000 à 650 000 habitants), et fournir aux demandes d'États voi-

---

* Conférence donnée à Saint-Jacques de Compostelle, septembre 1984. Texte inédit.

sins avides de blé, surtout de vins et d'eaux-de-vie, mais aussi de toiles (Angleterre, Pays-Bas, Espagne). Pour y parvenir, ils disposaient de voies de communication aisées et nombreuses (mers et larges rivières), d'une paysannerie courageuse et souvent avisée, bien que routinière, et d'un sol rarement très pauvre, souvent riche, sous un climat modéré.

Les paysages agricoles

Deux paysages essentiels, deux ou trois autres d'aire plus réduite, ainsi se partageait cette moitié de France.

Le type le plus connu, longtemps le mieux étudié, est constitué par les grandes plaines à blé qui s'étalent des confins de l'actuelle Belgique au Val de Loire (Artois, Picardie, Brie, Champagne sèche, Beauce) et des bocages de l'Ouest armoricain aux abords des Vosges, Lorraine comprise (bien qu'annexée seulement en partie). Pays du beau froment, de quelques méteils (mélanges) et de l'avoine, des grandes charrues à roues, des robustes chevaux de trait et des fortes fermes seigneuriales, il donne apparemment l'image de la prospérité. Et pourtant, la quasi-monoculture céréalière, le bétail rare (sauf le mouton) et le contraste trop vif d'une société paysanne qui oppose beaucoup de très petits paysans à quelques puissants laboureurs-fermiers (et une classe moyenne réduite) provoquent leur fréquente fragilité. Des gelées tardives, une sécheresse longue, plus encore des pluies prolongées peuvent réduire du tiers ou de la moitié la moisson attendue ; la guerre et la peste (avant 1670) pouvaient faire pire encore (voir plus loin l'exemple de la Lorraine). Ces fléaux provoquaient la « cherté » des blés, accrue par la spéculation, qui, avec la misère des plus pauvres, amenaient ces « crises de subsistances » dont la dernière, grave, date de 1709-1710 ; avec les épidémies qui les accompagnaient ou les suivaient, elles « tordaient » en quelque sorte les longues courbes démographiques, et empêchaient habituellement la population de croître nettement. Après 1720, guerres et pestes disparues, et les récoltes devenant habituellement plus régulières, la plupart de ces grandes plaines ont une population qui a pu croître de plus du tiers.

Les historiens ont d'abord cru à de grandes améliorations agricoles ; puis ils les ont niées (particulièrement Morineau) ; d'autres ont aperçu quelque chose qui ressemblait à une longue immobilité rurale entre 1300 et 1840 (avec quelques « accidents » tout de même). À la vérité, si l'on veut bien lire la documentation, on peut soutenir qu'au XVIIIe siècle la qualité des semences et la conservation des grains se sont améliorées ; le froment l'a emporté sur les blés mélangés de seigle ; la mouture au moulin et la boulangerie (à Paris notamment) ont progressé ; il semble qu'on ait mieux labouré avec de meilleurs chevaux et de meilleures charrues (mieux « ferrées »), qu'on ait mordu sur les jachères en semant sainfoin et luzerne, accru les revenus paysans par une large extension du travail à domicile (tissages) ; en tous cas, les inventaires après décès de la fin du XVIIIe siècle montrent, en ces régions, une misère bien atténuée (mobilier, vêtements, linge...). Là du moins, probables progrès agricoles et accroissement démographique, modéré et certain, ont en quelque sorte marché ensemble, influant sans doute l'un sur l'autre. Mais les transformations décisives viendront plus tard.

Le deuxième grand type de paysage de la France du Nord, c'est le bocage, zone d'arbres, de champs enclos, de villages souvent dispersés, d'humidité fréquente. L'essentiel est la *variété* des ressources : jardin et chanvrière comme partout ; champs emblavés, mais enclos ; pâturages de diverses qualités, enclos ou libres ; bois et taillis sur les pourtours. L'essentiel est l'élevage, bovin et ovin, plus les porcs grâce aux glands des chênes ; outre les beurres (salés), les fromages et les viandes généralement vendus, le bois permet bien des activités complémentaires (bûcheronnage, charbonnage, flottage, pâture et chasse en principe illégales, sans compter la châtaigne nourricière). Il n'empêche que des céréales parfois pauvres (seigle, sarrasin) mais pas toujours, et le secours des poissons de mer, d'étang et de rivière arrivent couramment à assurer la nourriture des habitants, plus des ventes au-dehors aux bonnes années. En ces régions, sauf épidémies graves, les habituelles courbes démographiques donnent des variations rarement catastrophiques, une croissance modeste, parfois une stagnation au XVIIIe siècle. L'on verra plus loin le cas de la Bretagne.

Il faut ajouter qu'en ces pays bocagers se trouvaient pas mal d'exploitations agricoles relativement vastes (souvent tenues en métayage), 40 à 60 hectares avec beaucoup de pacages et de bétail, qui requéraient l'activité d'un groupe humain large, souvent composé d'une « consortie » (dite « famille élargie ») de frères et sœurs mariés ou non, plus les parents ou l'un d'eux ; nouvelle preuve que les structures familiales étaient liées aux dimensions et aux structures des exploitations.

Dans l'ensemble, le bocage « tient » fort bien, économiquement et démographiquement. Il bénéficie de la hausse presque constante des prix de la viande, et plus encore du bois. La Normandie paraît occuper une place privilégiée, mais les autres régions semblent s'être maintenues simplement, sans croissance démographique ou économique éclatante dans le cours du XVIIIe siècle — que hachèrent plutôt des épidémies et quelques lourdes épizooties, comme celle de 1785.

Un troisième type de paysage, plus localisé, mais original, englobe à la fois les banlieues et vallées horticoles et les vignobles de coteaux, au long de la Loire, de la Seine, de la Marne, de l'Yonne, de la Meuse, de la Moselle et même du Rhin. Ces régions comptaient beaucoup de menus propriétaires (1 à 3 hectares) et de métayers qui tous fournissaient un travail considérable, aidés par un seul animal, souvent un âne. Ils vendaient presque toute leur vendange, soit aux Hollandais, soit aux grandes villes assoiffées : Paris comme Lyon buvaient entre un demi-litre et un litre de vin par tête et par jour (nourrissons compris !) comme le prouvent les statistiques d'entrées des vins : ainsi fut créé, Louis XIV régnant, le vignoble du Beaujolais, pour abreuver Lyon d'abord, la capitale ensuite. C'est dire que l'activité viticole (avec les énormes différences inter-annuelles afférentes au climat) n'a cessé de progresser. Si tous les bénéfices n'allaient pas aux vignerons eux-mêmes (les « grands crus » appartenaient à la noblesse et au clergé), il leur en restait tout de même une appréciable partie : l'admirable thèse de Marcel Lachiver sur le vignoble d'Île-de-France (26 000 hectares, fin XVIIIe siècle) ne décèle pratiquement aucun vigneron pauvre, s'il s'en découvre peu de très riches. Quant à la démographie vigneronne, sage et lentement ascendante, elle offre seulement deux originalités : l'égalité des âges au mariage, l'extraordinaire sédentarité (une vigne épouse la vigne voisine) ; on a cru un moment que la contraception naissait dans ce milieu après 1760, mais en réalité, elle concerne la région parisienne entière.

D'autres types de paysage existaient dans cette France du Nord. Il m'apparaît plus simple de les présenter à l'aide d'exemples, soutenus par des monographies de qualité.

L'exemple de la Lorraine

Partiellement française depuis le milieu du XVIe siècle, la Lorraine l'était déjà par la langue avant que la réunion complète ne s'accomplisse au XVIIIe siècle. Très bien étudiée par Guy Cabourdin, spécialement dans ses secteurs les plus riches et les plus céréaliers, elle fournit un exemple de valeur exceptionnelle de l'évidente liaison entre agriculture et démographie, mais plus encore de leur domination totale par les phénomènes guerriers, avec tout ce qu'ils entraînaient comme destructions, massacres, épidémies et famines.

Ruinée à la fin du Moyen Âge par les pestes et les guerres, elle redémarre vers 1480 en une vigoureuse période de repopulation et de remise en culture dont l'apogée se situe (selon les lieux) entre 1585 et 1630. Cette expansion est attestée par une belle série de dénombrements de « conduits » (forme fiscale du « feu » ici de la famille) retrouvés, critiqués et publiés par Guy Cabourdin. Ainsi, entre 1489 et 1511, les 14 villages les mieux connus comptaient environ 350 feux ; dès 1521, ils dépassaient 400 ; en 1536, ils atteignaient 500, et plus de 700 en 1585, soit un large doublement en un siècle. Depuis cette date jusqu'en 1630, progrès plus lent, et parfois léger repli, selon les lieux. À partir de 1635, la catastrophe : des 700 feux, il en reste 125 : la guerre sévit sur place, et pour longtemps.

Le siècle d'ascension démographique correspond à une remise en culture et à une montée d'ensemble des prix et des revenus, surtout de la rente foncière perçue par les gros propriétaires, dont l'Église. Bien assuré, le parallélisme des deux « montées », l'agricole et la démographique, a été coupé par quelques crises, parfois violentes, mais qui n'affectèrent que momentanément l'évolution d'ensemble. Bien analysées, les crises agricoles de 1565 et 1592 (mauvaises récoltes et passages de soldats) eurent de faibles conséquences démographiques, mais de graves conséquences sociales : endettement puis expropriation des petits paysans, enrichissement des gros, bourgeois et Église compris. Les vraies « mortalités » provinrent d'épidémies plus ou moins « pesteuses » et de ravages militaires (récoltes brûlées, arbres coupés, bétail tué) ; elles se produisirent vers la fin du XVIe siècle, et stoppèrent ainsi la progression de quelques villages. Dans l'ensemble pourtant, croissance démographique et agricole marchèrent ensemble dans ces riches pays céréaliers, avec des secteurs d'élevage et un bon petit vignoble (côtes de Toul).

L'épouvantable catastrophe survenue peu après 1630, qui incombe aux seuls soldats dévastateurs et semeurs de peste, a dépassé de loin le duché de Lorraine, pour atteindre l'Allemagne, où la guerre de Trente Ans laissa des traces comparables. Des villages furent abandonnés, des terres retournèrent à la friche, les habitants moururent par milliers, et la plupart des campagnes mirent plus d'un siècle à se relever : phénomènes infiniment plus lourds que ceux relevés jadis par Jean Jacquart en Île-de-France pour 1652 (dix ans pour récupérer). Quelques exemples : à Vézelise, petite ville de 500 feux en 1630, la chute fut de 70 % ; mais en 1700, le chiffre de 200 feux était tout juste atteint. Pour huit villages bien connus parce qu'ils dépendaient de l'église cathédrale de Toul, les 700 feux de 1620, tombés à 141 en 1650, n'étaient remontés qu'à 579 en 1770. Il aura fallu deux siècles pour « récupérer » la grande catastrophe. La fécondité naturelle, un peu d'immigration, beaucoup de courage (mais fort peu d'« innovation ») en donnent la simple explication.

L'exemple lorrain montre que croissance agricole et croissance démographique peuvent marcher ensemble, l'une soutenant l'autre, avec d'inévitables accidents de parcours (mauvaises récoltes, chertés, épidémies, soldats passant...). Il montre aussi qu'un phénomène transcende toute l'évolution : la guerre (comme jadis la peste noire), la guerre longuement présente, sauvage, destructrice, porteuse de pestes variées. Au XVIIe siècle (et peut-être au XVIe), la place de la guerre comme facteur économique et démographique ne saurait être suffisamment soulignée.

L'exemple de la Bretagne

Cette grande province — au moins 2 millions d'habitants, le dixième de la population française — est bien connue grâce à l'excellence de ses registres paroissiaux (les plus anciens, les meilleurs, les plus continus — 436 séries sont antérieures à 1580, et 149 à 1540) et à la valeur des historiens qui l'ont étudiée, surtout Alain Croix (*La Bretagne aux XVIe et XVIIe siècles : la vie, la mort, la foi*). Le XVIIIe siècle avait été précédemment abordé par Jean Meyer (*La Noblesse bretonne*...) et Jean-Pierre Goubert (*Malades et médecins en Bretagne, 1770-1790*).

Une densité forte (plus de 50 au km^2, comme aux Pays-Bas), une croissance démographique presque continue (avec un reflux, fin XVIe siècle) de 1480 à 1670 ; puis une stagnation et enfin un déclin exceptionnel dans le royaume, avec une perte de quelque 80 000 personnes entre 1770 et 1787 : telles sont les caractéristiques de l'ancien duché de Bretagne.

La première anomalie, très positive, a déjà été expliquée : il s'agit d'une région à la fois céréalière, bocagère, maritime, portuaire et industrielle (toiles) qui n'a jamais eu de problèmes alimentaires vraiment graves (d'autant que le sel presque gratuit permettait la conservation du beurre et du porc, et que les secours par mer étaient faciles), qui a connu des déprédations militaires (pas trop graves) au temps de la Ligue seulement, et où les épidémies, fréquentes et parfois sévères, ont duré peu de temps et freiné quelques années seulement l'ascension, en fin du XVIe siècle encore. C'est pourquoi *toutes* les paroisses étudiées (plus de cent) voient leurs baptêmes croître de 50 à 100 % de 1500 à 1570 ; et croître encore, mais un peu moins vite, pour exactement 83 % des 425 paroisses étudiées au XVIIe siècle. Démographiquement, cette impressionnante progression s'explique surtout par deux traits : la précocité des mariages (22-23 ans au XVIIe siècle, sans doute moins au XVIe) et la relative modération de la mortalité des jeunes. Si la mortalité purement infantile (0-1 an) atteint ou dépasse 250 ‰ (taux normal), la mortalité juvénile demeure suffisamment faible pour que survive à l'âge adulte bien plus de la moitié des baptisés, ce qui assure la croissance.

La stagnation d'après 1670-1680, puis la chute relative de la fin du XVIIIe siècle peuvent s'expliquer par plusieurs facteurs, qui ont peu de rapport avec l'évolution proprement agricole (qui paraît insensible). D'une part, beaucoup de petits ports ont décliné au profit des très grands (Saint-Malo, Brest, Lorient, surtout Nantes) favorisés par la monarchie à partir de Louis XIV ; en second lieu, le protectionnisme de Colbert a amené la fermeture des marchés étrangers, et la chute de 75 à 80 % de la production des toiles, ce qui retire au pays des ressources considérables, et prive de travail les paysans-toiliers ; en troisième lieu, toujours à partir de Louis XIV, les impôts de la province, jusque-là très épargnée, semblent avoir doublé, sinon triplé ; en outre, en temps de guerre, la marine hollandaise, et surtout anglaise, bloque souvent les côtes ; enfin, le cheminement et le cantonnement de troupes nombreuses qui vont s'embarquer à Brest pour la guerre d'Amérique répand dans de nombreuses localités les maladies les plus variées et les plus contagieuses, de même que les troupes qui reviennent du combat, les espagnoles comprises. À ces épidémies résiste mal une population nombreuse, appauvrie, qui connaît par surcroît des mauvaises récoltes et des « chertés », même de sarrasin, qui déclenchent une mauvaise alimentation, des aggravations dysentériques, et des convalescences difficiles. Le tout s'accompagne d'une hausse de l'âge au mariage (qui ne favorise pas la fécondité), d'une stagnation des taux anciens de mortalité dans une atmosphère de non-hygiène lamentable (promiscuité, parasites, eaux polluées...).

On doit conclure que les seuls facteurs agricoles sont bien incapables d'expliquer suffisamment une évolution démographique assez originale, désormais bien connue — le cas des grandes villes, en nette croissance, étant réservé.

L'exemple de la Sologne

Cette région marécageuse et malsaine, située dans la boucle de la Loire, au sud d'Orléans, a été étudiée sous l'angle démographique, dans trois paroisses par l'auteur de ces lignes, qui n'a jamais publié ses résultats (sauf quelques allusions). Le travail a été repris par un excellent sociologue canadien, Gérard Bouchard (*Le Village immobile, Sennely-en-Sologne*, 1972). Enfin, un Centre départemental universitaire pour le troisième âge en Loir-et-Cher vient de publier, ronéotée, une remarquable brochure intitulée *Mille Solognots sous Louis XIV* (1983), centrée sur le gros bourg de Saint-Viâtre, anciennement Tremblevif.

Il résulte de tout cela que la démographie solognote est dominée par l'omniprésence de la mort. Rigoureusement calculé, le taux de mortalité infantile n'est nulle part inférieur à 340 ‰, et atteint parfois 380. À 20 ans, il survit habituellement 410 personnes sur 1 000 (et 200 à 40 ans). Malgré la jeunesse relative des épousées (23 ans), les deux tiers des mariages durent moins de dix ans, et près des deux cinquièmes moins de cinq ans. Des femmes qui survivent, une bonne moitié semble stérile avant 35 ans.

La population ne peut se renouveler, puisque cent femmes de Tremblevif ne donnent que 75 ou 76 filles en âge de se marier. Si la population ne baisse que de 20 à 30 % en un siècle, c'est qu'un peu d'immigration (il y a des terres à cultiver) vient freiner la chute. Dernier exemple : en 40 ans, de 1670 à 1710, le nombre de sépultures dépasse de 328 celui des baptêmes (pour un nombre d'habitants voisin de 1 300 ou 1 400).

Les deux responsables de ces décès souvent automnaux sont l'eau des étangs, bue quotidiennement et génératrice de fort contagieuses dysenteries, et les fièvres paludéennes (ou « malaria », ou « mauvais air ») données et entretenues par l'abondance des moustiques du genre *anophèle*, si nombreux en pays d'étangs (comme d'ailleurs dans la Brenne plus au sud, dans les Dombes — très connues — au nord de Lyon, et sur le littoral languedocien). Ces pointes mortuaires d'été et automne n'empêchaient pas des épidémies d'hiver (épouvantable en 1705) et de braves crises dites « de subsistances » qu'on décèle comme par hasard en 1662 (triplement des décès) et en 1694.

La situation économique et sociale de la Sologne aggravait encore sa démographie. Sol médiocre, trop humide, qui ne supporte que le seigle ou le sarrasin, avec des rendements misérables (3 à 5 pour 1) ; pâtures abondantes, mais mauvaises et aussi humides, où on envoyait pourtant de nombreux moutons, à la toison sale et légère ; propriété presque entièrement dans les mains de la noblesse (surtout) mais aussi du clergé et des bourgeois (d'Orléans notamment), qui monopolisaient la forte production poissonnière de presque tous les étangs ; lourdeur avérée des fermages, des métayages, des impôts, des dîmes et même des droits seigneuriaux ; recul (vers les villes, Romorantin notamment) du vieil artisanat textile ; opposition de gros « laboureurs » tenant 60 hectares à de trop nombreux petits manouvriers confinés dans des « locatures » (petites exploitations) ; lamentable description physique du Solognot laissée par leurs curés, comme celui de Sennely. On comprend que le moindre accident de récolte ou de bétail, ou la perte d'un salaire de journée puisse affaiblir ces malheureux, qui n'avaient guère la force de résister aux fièvres et aux mauvaises nourritures. Et ce tableau n'a pas été noirci.

L'étude de la Sologne présente une autre source d'intérêt : il s'agit de la structure familiale. Dans les « locatures » habitent les familles simples, conjugales ou « nucléaires », qui suffisent à la besogne. Dans les grosses métairies, pourvues d'un bétail abondant et de dizaines d'hectares de terre, on trouve des « consorties », qui sont des associations familiales (parents, enfants, frères, gendres et leurs épouses) adaptées à de telles exploitations ; elles s'adjoignent parfois un valet ou deux. Comme quoi famille et économie sont liées...

La situation semble s'améliorer peu au cours du XVIIIe siècle. Il faudra, au XIXe, le drainage du pays et la plantation de milliers de pins et de bouleaux pour assainir le pays. Dès lors, on observera un bel accroissement de population : plus 60 % à Saint-Viâtre, avec le tardif apogée de 1906, presque 2 000 habitants.

L'exemple solognot, qui va à contresens de bien d'autres, montre que les « lois » vraiment générales sont rares. Il souligne aussi que des améliorations volontaires du sol comme de la végétation peuvent déclencher une croissance démographique inattendue.

Retour sur les crises de subsistances, le Beauvaisis et la région parisienne

Fin 1946, dans la revue *Population*, Jean Meuvret lançait le terme de « crises de subsistances » et liait aux grandes « chertés » des grains les « mortalités » exceptionnelles, accompagnées parfois d'une chute des mariages et des conceptions ; il indiquait aussi que ces « crises » se « larvaient » au cours du XVIIIe siècle. Dans mon premier article (*Annales*, fin 1952), puis dans mon livre sur *Beauvais et le Beauvaisis* (écrit de 1955 à 1957, et paru en 1960), je reprenais, étendais et nuançais ces vues, sans négliger l'étude des crises purement épidémiques. Je ne soutenais pas que les observations effectuées en Beauvaisis valaient pour toute la France, et l'Europe encore moins. Elles s'appliquaient à une région exclusivement céréalière et textile (ou presque), aux structures sociales très contrastées, et fragiles par leur base.

Par la suite, ces vues ont été fort critiquées. Laissant de côté les âmes pures qui n'admettaient pas qu'on puisse mourir de « disette » sous le Grand Roi, je reconnais que la place que j'avais attribuée aux épidémies était insuffisante, et que le Beauvaisis, scrupuleusement étudié, ne constituait qu'un type parmi bien d'autres. Cela dit, il se trouve quand même que, dans une large partie de la France du Nord (hormis les bocages et les littoraux), la plupart des grandes « mortalités » se produisaient sensiblement en même temps que les grandes « chertés », particulièrement les « trois grandes » de Louis XIV : 1661-1662, 1693-1694, 1709-1710 ; il a pu arriver que des épidémies les aient précédées (mais les chertés convenaient mal aux malades), plus souvent elles les accompagnaient ou les suivaient ; je ne puis me résoudre à croire qu'il n'y avait là que de simples coïncidences (et je n'ai jamais nié ni la peste, ni la diphtérie, ni la grippe, ni la suette, ni aucune des grandes épidémies qui ont pu agir toutes seules...)

Il arrive pourtant encore que, même dans des travaux très remarquables comme celui de Moriceau (*La Population du sud de Paris aux XVIᵉ et XVIIᵉ siècles*), règne quasiment sans nuances la thèse du rôle très secondaire, voire nul, de la « cherté » et surtout de la « famine ». Passe encore pour les horreurs de 1652 (soldats, pestes, dysenteries... et cherté aussi quelque peu). Mais la crise énorme de 1661-1662 (décès au moins triplés, prix des blés aussi) reçoit exactement la même interprétation : responsable, l'épidémie, toute seule.

Pour répondre, je donne la parole à Louis XIV, qui a écrit (ou accepté qu'on écrive) dans ses *Mémoires* pour 1662 :

« La stérilité de 1661, quoique grande, ne se fit proprement sentir qu'au début de l'année 1662, lorsqu'on eut consumé pour la plus grande partie les blés des précédentes ; mais alors elle affligea tout le royaume... Ceux qui en pareil cas ont accoutumé de profiter de la calamité publique ne manquèrent pas de fermer leurs magasins, se promettant dans les suites une plus grande cherté, et par conséquent un gain plus considérable.

« On peut s'imaginer cependant quels effets produisaient dans le royaume les marchés vides de toutes sortes de grain, les laboureurs contraints de quitter le travail des terres pour aller chercher ailleurs la subsistance dont ils étaient pressés... les pauvres faisant entendre partout leurs plaintes et leurs murmures ; les familles médiocres qui retenaient leurs charités ordinaires par la crainte d'un besoin prochain ; les plus opulents chargés de leurs domestiques et ne pouvant suffire à tout ; tous les ordres de l'État enfin menacés des grandes maladies que la mauvaise nourriture mène après elle, et qui, commençant par le peuple, s'étendent ensuite aux personnes de la plus haute qualité ; tout cela ensemble causait par toute la France une désolation qu'il est difficile d'exprimer... »

Le premier grand théoricien des crises de subsistances a donc vécu de 1638 à 1715, et paraît assez connu.

II

LES PROBLÈMES DÉMOGRAPHIQUES DU XVIIᵉ SIÈCLE : LE CAS DU BEAUVAISIS*

Cet article, le plus ancien de tous, pourrait paraître, quarante-quatre années après, dépassé sur plusieurs points.

Dès le début était mise en relief la notion d'âge moyen au décès. L'insuffisante formation démographique de l'auteur, à cette date, ne suffit pas à excuser cette hérésie scientifique, parfaitement condamnable. Des taux assez grossiers de mortalité « des enfants » (et non pas de mortalité infantile) paraissent également inacceptables. Et pourtant, la notion trop démographique de mortalité « infantile » (du 1ᵉʳ au 364ᵉ jour) me paraît désormais aussi fausse : il faudrait envisager un taux de mortalité des enfants non encore sevrés (jusqu'à la deuxième année). Quoi qu'il en soit, l'une et l'autre approximations mettaient en relief une misère physiologique fort mal connue en 1952, et les lecteurs non spécialistes ne s'y sont pas trompés.

Pour le reste, cet article a été, en partie, l'origine de toute une série de querelles qui se sont développées d'abord lentement, puis très rapidement. Elles portent sur plusieurs points :

— D'abord, sur le caractère déclaré exagérément « misérabiliste » (le mot a fait fortune, et je ne m'en réjouis pas) des données concernant le Beauvaisis du XVIIᵉ siècle. On a parlé de « légende noire », et autres

---

* *Annales E.S.C.*, 1952, pp. 453-468.

affirmations péremptoires. Après près d'un demi-siècle, je dois confirmer, sans rien retrancher, le contenu de cet article, tout en condamnant certains procédés naïvement exposés : rien de tout cela n'a été « inventé », comme certains l'ont suggéré. Mais il me faut préciser, d'une part que le tableau présenté ne concernait que le XVIIe siècle, et en rien le XVIIIe (et certaines remarques le disent bien) ; d'autre part, que je ne m'imaginais pas très bien alors que ces pays de monoculture céréalière et de « lanifice » pauvre pouvaient constituer l'une des provinces françaises les plus défavorisées à l'époque. Depuis, j'ai essayé d'apporter toutes les nuances qui m'apparaissaient justes.

— Ensuite, sur l'importance sans doute exagérée accordée aux « crises démographiques de type ancien », qui résulteraient presque intégralement des crises de subsistances issues elles-mêmes de la brusque montée du prix des grains. Il est patent que, pour la région considérée au XVIIe siècle, ces dernières données ont joué un rôle éminent. Des travaux postérieurs ont bien montré que l'élément épidémique comptait beaucoup plus que je ne le croyais alors. Par ailleurs, j'ai fortement minimisé le rôle de la guerre, non pas en Beauvaisis (et je ne retire rien de ce que j'ai jadis avancé), mais pour d'autres provinces.

Enfin, l'opposition entre un « régime démographique ancien » (antérieur en gros à 1740) et un « régime démographique nouveau » ne peut que se rapporter à quelques provinces, dont le Beauvaisis. Dans d'autres provinces, il n'en fut rien.

À deux lieues de Beauvais, au pied de la côte sud du Bray, au long de la route de Gisors, Auneuil égrène ses hameaux. Les voyageurs, au XVIIe siècle, n'y font guère étape : Beauvais est trop proche. Aucune activité dominante : un four à briques, quelques « bosquillons », un vieux prieuré ruiné, la demeure d'un conseiller en Parlement, seigneur du lieu, plus quelques grosses fermes... Tout un peuple de petites gens, boutiquiers, fileurs, mais surtout paysans qui font leur blé, leur fromage, leur chanvre, leurs fèves et vendent bon an, mal an, trois poulets, un veau, une paire de « bestes à laine »... Au total, moins de trois cents feux, soit un peu plus de mille âmes, sans doute ; apparemment une bourgade sans originalité. L'excellence des sources démographiques[1], la banalité aussi du lieu incitent l'historien démographe à s'y arrêter : ce type d'agglomération représente assez bien la « moyenne démographique » du Beauvaisis méridional.

1

Entre 1657 et 1676, les Auneuillois vivaient environ une vingtaine d'années : l'âge moyen de la mort est fort exactement de 20 ans et 10 mois. La moitié des habitants d'Auneuil n'atteignait jamais ce que nous appellerions leur majorité. Encore Auneuil et les villages voisins apparaissent-ils relativement favorisés : on meurt avant 20 ans dans les gros villages picards entre Amiens et Beauvais, et avant 18 ans dans les paroisses urbaines peuplées d'ouvriers en laine.

On se doute de ce que pouvait être la mortalité infantile à une époque où Auneuil ignorait même les médecins de Molière. Plus du tiers des enfants mourait dans les douze mois ; 58 % seulement atteignaient leur quinzième année. En des paroisses moins favorisées, le curé ne note ni l'âge ni même le nom du petit défunt : il écrit qu'« il est mort un enfant à Simon, et deux à Nicolas Legrand ». Un décès d'enfant est fait banal, insignifiant : il en naît tant à Auneuil ! Pour cette période, on en compte cinq ou six par mariage — 5,2 exprime le rapport entre le nombre des naissances et celui des mariages — mais trois enfants seulement arrivent à l'âge d'homme. L'excès des naissances semble toujours entraîner l'excès des morts. Un seul recensement sérieux, qui porte sur une paroisse voisine d'Auneuil, permet d'évaluer la natalité à 40 ‰[2]. En plein XXe siècle, on pense à l'Inde, à l'Indonésie, à la Chine, et l'on risque le mot de « démographie naturelle ».

Pour ceux qui échappaient aux périls de l'enfance, dans ce troisième quart du XVIIe siècle, restait une vingtaine d'années à vivre. La moitié des adultes d'Auneuil mourait

Le Beauvaisis au XVIIe siècle

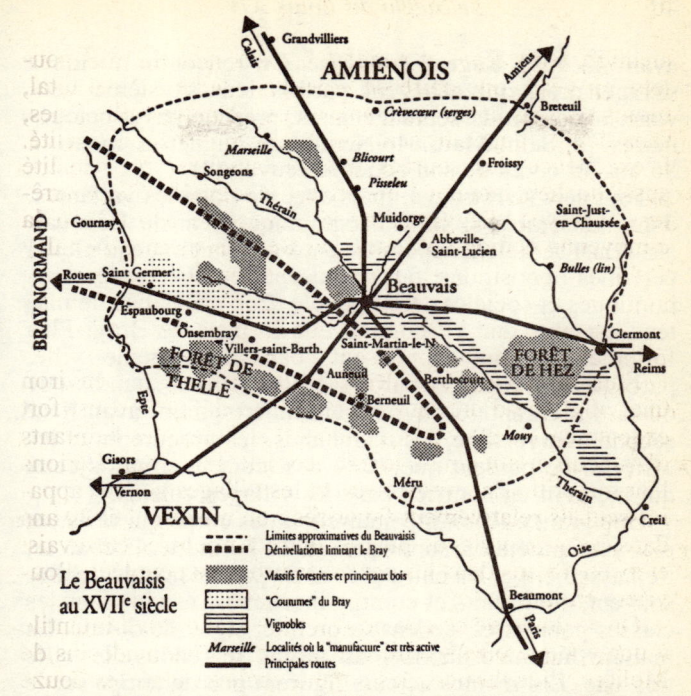

Légende :
- Limites approximatives du Beauvaisis
- Dénivellations limitant le Bray
- Massifs forestiers et principaux bois
- "Coutumes" du Bray
- Vignobles
- *Marseille* Localités où la "manufacture" est très active
- Principales routes

Limites du Beauvaisis. Il conviendrait de parler plutôt de confins. Très approximative, la limite tracée sur la carte tend à déterminer la zone d'influence de Beauvais, tant agricole et seigneuriale que financière et industrielle.

Limites du pays de Bray. La « combe » du Bray est surplombée par deux « cuestas » : elles constituent, avec la large vallée du Thérain, le trait essentiel de ce pays vallonné, où l'altitude dépasse rarement 220.

Régions boisées. On les trouve seulement dans le Beauvaisis méridional. Il en résulte un premier facteur d'opposition entre les campagnes nues du nord et les régions plus variées et plus couvertes du sud.

« Coutumes » du Bray. 2 000 arpents de « communes pastures » qui détiennent pourtant le secret de la richesse du Bray picard. Second trait d'opposition : le sud ne manque pas de communaux, le plateau septentrional en est presque dépourvu.

Vignobles. Disparus depuis longtemps du pays de Bray, restreints aux jardins sur le plateau picard, ils abondent encore sur les coteaux du bas Thérain et triomphent dans la banlieue de Beauvais.

Manufactures. Malgré l'importance considérable des centres de Beauvais et de Mouy, le travail de la laine et du chanvre reste plus rural qu'urbain.

Routes. On a indiqué les moins mauvais et les plus fréquentés des « grands chemins ». Par son trafic, la grande transversale, Rouen-Reims l'emportait peut-être sur le « chemin de Paris en Angleterre ».

avant 43 ans[3], l'âge d'Arnolphe. On rencontre quelques sexagénaires, qui achèvent parfois leur troisième veuvage, mais peu de septuagénaires, presque pas d'octogénaires (à Saint-Martin-le-Nœud, un vigneron meurt à 86 ans au cours de son sixième veuvage !).

Tout cela se retrouve, mais avec de notables variantes, dans l'ensemble si varié géographiquement du Beauvaisis. Ainsi semblent apparaître entre Bray et plateau picard certaines oppositions, qui traduisent des différences économiques et sociales : trop peuplé, trop spécialisé, le plateau est plus dur à l'homme que le pays de Bray. Plus fortement encore s'opposent, dans une même ville, paroisses ouvrières et paroisses bourgeoises : tandis que 60 % des enfants d'ouvriers en laine meurent avant leur second anniversaire, les marchands, les procureurs et les officiers ne perdent que 40 % des leurs, y compris ceux qui meurent en nourrice dans les villages voisins.

Une grande fécondité naturelle ; des corps qui résistent mal aux épidémies, supportent mal l'humidité, la chaleur, l'entassement et les chirurgiens ; de pauvres corps débiles souvent, contrefaits et comme inachevés[4] et qui, dans les classes populaires, cèdent au premier signe de disette. La matière humaine abonde, du moins se renouvelle-t-elle très vite. Les mêmes acteurs figurent peu de temps sur le devant de la scène. Chez ces hommes qui vieillissent vite — les barbons de Molière ne dépassent guère la quarantaine —, la conception de la durée n'est pas la nôtre : des baux de neuf ans leur apparaissaient-ils tellement courts ? Sous ce climat modéré, un véritable gaspillage d'êtres humains, l'exubérance démographique dans la misère physiologique.

Vérité au XVIIe siècle. Passent les années. Mais revenons à Auneuil, entre 1771 et 1790. Cette fois les Auneuillois nous apparaissent comme des individus d'une autre nature. Voyons-les vivre.

On pensera d'abord qu'ils doivent être beaucoup plus nombreux, puisque chacun sait que, de l'estimation de Vauban aux calculs de Necker, la France a gagné six millions d'habitants. À première vue, l'on se persuaderait plutôt du contraire. Pendant la seconde moitié du XVIIe siècle, on célèbre habituellement neuf mariages par an. De 1750 à 1790, ce chiffre tombe au-dessous de huit. Le nombre total des naissances baisse sensiblement, et même la fécondité des mariages descend au-dessous de cinq. À quelques lieues à la ronde, les calculs donnent des résultats analogues. Le Beauvaisis échapperait-il donc à la « révolution démographique » du XVIIIe siècle ? Non, certes.

La nouveauté est ailleurs. Il suffit, pour la saisir, de considérer les décès. Les Auneuillois mouraient à 21 ans du temps de Colbert ; ils meurent à près de 32 ans au temps de Turgot et de Necker. Les peigneurs de laine de Pisseleu (à 15 km au nord de Beauvais) et des environs passent de 20 à 29 ; les sergers de Mouy, de 17 à près de 25 ; les bourgeois de Clermont approchent de la quarantaine. Entre 5 et 40 ans, il n'est plus d'usage de mourir. Les octogénaires semblent se multiplier. En un siècle, la durée moyenne de la vie a augmenté de moitié : un nouveau « climat » démographique et biologique est apparu — peut-être un nouveau type d'homme, plus vigoureux.

Sans doute, la mortalité des enfants a-t-elle baissé. Sur cent petits Auneuillois, 72, au lieu de 65, atteignent désormais leur première année. Presque les deux tiers, et non plus seulement la moitié, franchissent le cap de la vingtième année. Sur mille enfants, on en sauve cent cinquante de plus au temps de Hoche qu'au temps de Turenne. Ainsi voit-on grandir les futures armées impériales, et les cohortes manufacturières des décennies qui vont suivre.

Les adultes vivent plus longtemps. La moitié d'entre eux atteint et dépasse la cinquantaine. À vingt ans, l'espérance de vie, au lieu d'osciller autour de 22 ans, atteint au moins 36 années. On devient couramment sexagénaire. De plus vastes entreprises semblent permises.

Sur les origines d'une telle transformation, on pourrait disserter longuement, ce qui n'est pas notre dessein. Mais sans doute n'était-il pas inutile de définir le XVIIe siècle, qui est l'objet de nos préoccupations, par opposition ; or l'époque qui s'oppose le plus nettement au XVIIe, c'est très souvent le XVIIIe siècle.

Une population qui vieillit augmente toujours. La comparaison des données démographiques les plus simples — celles des naissances et décès — illustre la nouveauté : au temps de Louis XIV, l'excédent annuel est très irrégulier et, dans l'ensemble, faible ou nul ; au temps de Louis XVI, il est considérable et constant. S'il avait existé des recensements périodiques, les mêmes personnages y auraient figuré plus longtemps.

En Beauvaisis, le climat démographique du XVIIe siècle a disparu entre 1750 et 1770. Nous nous demandons si, cent ans plus tôt, un autre climat, un autre style de vie n'auraient pas disparu également. Y a-t-il eu, pour parler bref, une différence de style biologique entre le XVIe siècle, sous le signe de tant de progrès, et le XVIIe, si prompt à se replier sur lui-même ?

2

Nous pourrions calculer, d'année en année, l'âge moyen de la mort, mais ce travail ne donne de résultats appréciables que pour les comparaisons lointaines, et d'ailleurs, de 1650 à 1740, la longévité ne varie guère. Plus simplement, nous pourrions alléguer l'écart annuel entre baptêmes et décès, mais la qualité des registres mortuaires l'interdit assez souvent. En outre, ce serait faire bon marché des déplacements de population. Quel que soit l'enracinement au sol — et il demeure vigoureux dans le Beauvaisis du XVIIe siècle —, les villes manufacturières attirent, depuis les campagnes surpeuplées, un faible courant humain, que les registres permettent souvent de dépister. S'il peut fausser, dans une paroisse, la balance démographique annuelle, celle-ci reste cependant intéressante à connaître.

Notre documentation englobe surtout les actes de mariages. Les démographes professionnels admettent volontiers la stabilité de la nuptialité, et son rapport assez constant avec le niveau de la population, à condition que la longévité reste à peu près stable.

Pour suivre la nuptialité, nous choisissons quatre villes ou bourgs importants, assez différents, dont les registres originaux semblent excellents. Nous connaissons Auneuil. Voici Clermont, type achevé de petite ville bourgeoise, avec un incroyable pullulement d'officiers, avocats, procureurs et huissiers ; le menu peuple, vigneron surtout, habite les villages au bas de la butte. Voici Breteuil, marché de blé et de laine, bourg des corroyeurs et mégissiers ; Mouy, seconde ville du Beauvaisis, habitée surtout par des sergers.

D'ailleurs, pourquoi s'attarder aux nuances, quand les ensembles apparaissent avec une telle netteté, une telle concordance ? Deux hauts niveaux de mariages, et sans doute de population, séparés par une dépression intermédiaire tout à fait considérable, bien qu'encombrée d'oscillations notables parfois.

Certes, nous nous attendions à la forte population de la première moitié du XIXe siècle, et à la grande montée qui la précède. Nous nous attendions moins au très haut niveau qui caractérise les décennies d'avant la Fronde, où l'on nous parle de peste, de guerre et de M. Vincent. Cependant aucun doute n'est permis : en admettant que les registres paroissiaux pèchent, ce ne peut être que par omission : on n'invente pas des mariages ! Le chiffre des baptêmes apporterait au phénomène la plus éclatante des confirmations. Observons-le bien : le niveau d'avant-Fronde semble dépasser et nettement, le niveau de la première moitié du XIXe siècle [5].

Les années 1650-1660 donnent, semble-t-il, le signal de la décadence. À Mouy, à Breteuil, chute vertigineuse : les mariages diminuent presque de moitié, pour stagner longtemps encore. Ailleurs, la baisse, d'abord plus lente, ne se confirme guère avant 1670. Un soulèvement passager, bien prononcé pour le plateau picard [6], intervient autour de 1700, au moment où Vauban signale l'affaissement de la population française. Partout, le niveau le plus bas se situe aux environs de 1720, et se maintient parfois longtemps encore. Si nous comparons, pour la nuptialité, les années 1713-1725 aux années 1635-1648, nous notons un effondrement qui va de plus du quart (Breteuil) à plus de la moitié (Mouy). Sur quarante paroisses étudiées, nous ne trouvons nulle part une chute inférieure à 20 %. Ce n'est pas avant 1750, en Beauvaisis du moins, que la population se décide à prendre son essor, sans d'ailleurs atteindre l'éclatante plénitude des années d'avant-Fronde.

Si nous remontons le cours des temps, notre documentation-mariages s'évanouit très souvent en deçà de la décennie 1630-1640. Restent les registres baptistaires, aisés à dépouiller.

Encore manque-t-il toujours les « ondoyés-décédés », que nous retrouvons le plus souvent après la Fronde. Cette lacune ne peut que renforcer les conclusions qu'impose l'étude des registres paroissiaux du Beauvaisis. Surpopulation exceptionnelle à la veille de la Fronde, préparée par une montée d'ensemble des courbes de mariages et de baptêmes ; considérable chute entre 1650 et 1670 ; tentative inégale de rétablissement autour de 1700 ; dépopulation accusée vers 1720, qui se prolonge parfois jusqu'en 1750 ; départ tardif et parfois timide de la « révolution » démographique du XVIIIe siècle, accroissement prodigieux de longévité qui paraît déceler une transformation de l'homme, à la recherche d'un nouvel équilibre démographique.

Il faut essayer d'expliquer cette évolution. Ce n'est pas là une mince besogne ; il est possible qu'elle dépasse les forces de l'historien local. L'étude approfondie de ces phénomènes fondamentaux, qu'un mauvais usage a nommés « famines », peut nous apporter au moins quelques éclaircissements.

3

Autour des contagions, pestes, disettes et famines de l'ancienne France, on a beaucoup brodé, et discuté plus encore. Nous donnons la parole aux registres paroissiaux, et d'abord pour l'année 1693-1694 [7].

Pour six paroisses de Beauvais — les plus importantes — quelques registres ont survécu. Le schéma qui suit traduit immédiatement leurs données par la plus simple des représentations graphiques. Le phénomène commence en septembre : brutalement, les convois mortuaires se multiplient. Dans l'année civile 1694, ils atteignent le quadruple du chiffre moyen des années précédentes. En même temps, les mariages tendent vers zéro. Les naissances, avec l'évident retard qu'impose la

Les problèmes démographiques 45

Beauvais : mortalité de 1693-1694 pour 6 paroisses (sur 12)

Sépultures / Baptêmes / Mariages (x 2)

Mortalité de 1693-1694

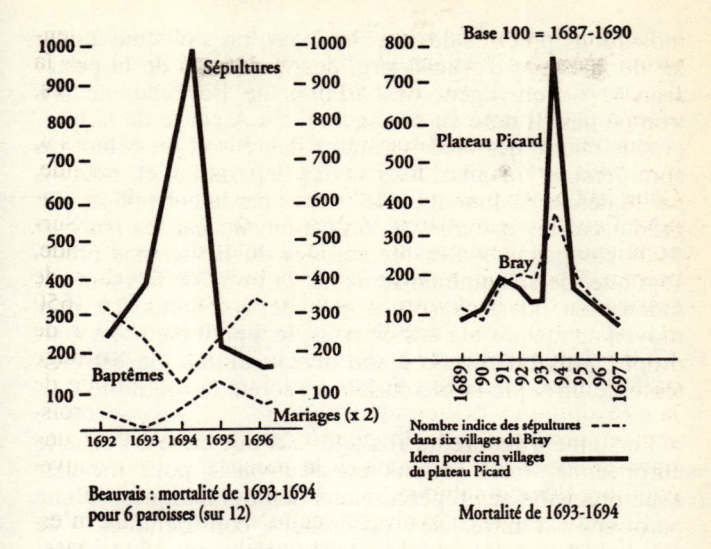

Base 100 = 1687-1690
Plateau Picard / Bray

Nombre indice des sépultures dans six villages du Bray ----
Idem pour cinq villages du plateau Picard ——

nature, se réduisent de moitié, et la plupart des nouveau-nés disparaissent immédiatement. C'est le temps des morts, qui dure une année.

Après la crise, la réaction compensatrice. Les enterrements deviennent très rares ; ils le restent pendant deux ou trois ans ; tous les êtres débiles ont été éliminés par la crise. En revanche, pendant plusieurs mois, les mariages se succèdent très vite : on voit parfois la courbe des mariages dépasser les deux autres. Mariages retardés, remariages nombreux, c'est le temps de l'hymen.

L'après-crise s'achève naturellement par la saison des baptêmes. La courbe des naissances s'enfle à son tour, et ne décroît ensuite que lentement. En une dizaine d'années, parfois moins, souvent plus, le déficit initial paraît comblé. La vie démographique semble alors reprendre son cours « normal », avec son petit excédent de naissances qui, bon an mal an, « l'un portant l'autre », doit être chiffré aux environs de 5 ‰.

Faut-il dire ce qui s'était passé ? Oui, sans doute, puisque même après les travaux d'Ernest Labrousse et les indications précises de Jean Meuvret, on s'obstine à parler de la Ligue d'Augsbourg, des impôts ou de la peste. Jean le Caron, agent des affaires de l'évêché, ne s'y trompe pas. Il note en son journal : « À cause de la très-grande cherté des bleds et autres denrées et du défaut du commerce et travail,... les pauvres dépérissent et meurent par le défaut d'aliments et les riches par la corruption que produisent les pauvres... L'on est envahi par les pauvres de la campagne. » Les mercuriales du Beauvaisis précisent que, de semaine en semaine, la mine de froment est montée de quarante sols à plus de dix livres. Le prix moyen annuel du blé des pauvres, le « petit bled », a quadruplé, puis est revenu à son niveau initial. On est bien tenté de dire que la mercuriale a sécrété la mortalité.

Personne n'ignore qu'il s'agit là d'une crise à l'échelle européenne, mais restons en Beauvaisis pour mesurer avec précision ses répercussions démographiques. D'une paroisse à l'autre, des différences considérables : le nombre des morts de Muidorge triple en 1694, celui d'Abbeville-Saint-Lucien décuple. Or ce sont deux villages voisins, d'égale importance. À Saint-Germer, des morts par dizaines ; dans les villages voisins, relativement peu : c'est qu'on allait mourir à la porte de l'abbaye, qui distribuait quelques secours. Détails, mais qui disent combien il faut se méfier des « sondages », et mener avec conscience une enquête régionale.

Dans l'ensemble du Beauvaisis, c'est le Bray qui, globalement, a le moins souffert. Les morts de 1694 y forment le triple du contingent habituel. Or la mercuriale du Bray picard, celle de Songeons, a aussi enregistré la plus faible hausse : à peine le triple du prix d'avant-crise. En réalité la récolte a été aussi mauvaise qu'ailleurs [8], mais on possède d'immenses communaux, donc du bétail, du lait et du fromage.

Rien de semblable sur le plateau dépourvu de communaux et de bétail. Le schéma ci-dessus révèle le caractère épouvantable de la mortalité. Huit fois plus d'enterrements qu'en années normales ; le quart au moins de la population dans les cimetières. La mercuriale de Montdidier traduit des prix exceptionnellement élevés : à ne considérer que la moyenne annuelle, le « meilleur bled » a quadruplé, le blé des pauvres quintuplé.

Ce sont les paroisses riches de Beauvais — et surtout Clermont, la ville bourgeoise — qui ont le moins souffert : le double du contingent habituel de décès. D'ailleurs, les riches meurent tard, quelques mois après que l'horrible misère populaire a déclenché « la contagion ». Bien sûr, le pain n'a jamais manqué, et la brioche non plus[9]. Simplement, son prix l'interdisait au peuple. La « mortalité » ou crise démographique courte est une famine sociale, due au manque d'argent : jusqu'au moment où elle déchaîne l'épidémie, elle n'atteint que les classes populaires, rurales et urbaines.

Il s'agit là, dira-t-on, d'un accident, assez grave sans doute.

Non, il s'agit là d'un exemple entre cent autres. Les mortalités sont des phénomènes communs. Voyons Auneuil, puis Breteuil, après 1694.

Auneuil n'a perdu que 112 habitants, le dixième de sa population : c'est peu. Ce retard est comblé en 1707, donc en treize ans. Mais survient 1709, et surtout 1710 : nouveau retard, comblé en 1717. Survient la cherté de 1718-1719 : nouveau recul, nouvelle compensation en six ans au moment même où une nouvelle crise éclate. Ce n'est qu'après 1730 que les excédents de naissances deviennent importants et continus... jusqu'en 1741, qui voit encore un autre déficit, le dernier. Or, nous n'avons pas tenu compte des Auneuillois qui allaient, au temps des crises, mourir à la porte des abbayes voisines, ou au pied des remparts bien gardés de la Ville ; et nous savons qu'Auneuil est un lieu favorisé.

Le cas typiquement picard de Breteuil n'a pas besoin de longs commentaires. L'excédent de morts de 1693-1694 — 363 personnes — n'est pas encore compensé en 1750. Certes, il s'est produit d'autres mortalités : sans elles, vingt-cinq années auraient comblé le déficit. Mais justement, ces mortalités, aucun artifice, même statistique, ne saurait les escamoter. Tel a été, en Beauvaisis, l'effet de mortalités redoublées : trente à cinquante ans de stagnation ou de recul démographique.

Mais il est nécessaire de pénétrer plus avant dans

l'étude des mortalités, par l'analyse détaillée des âges de décès. Un tel travail requiert des sources parfaites, c'est-à-dire des mortuaires complets, avec les âges et professions des défunts : même en 1694, ce n'est pas toujours le cas ; pour les crises précédentes, c'est exceptionnel. En outre, la publication de ce gros travail nécessiterait une place considérable : nous ne donnerons que quelques exemples, et des conclusions provisoires.

À Beauvais, paroisse Saint-Étienne, en 1694 : 491 morts dont 167 ont plus de 20 ans, 140 moins d'un an, et 184 entre 1 et 20 ans : on dirait qu'une génération est en train de disparaître. À la campagne la même année : à Breteuil, à Ons-en-Bray, les morts d'enfants comptent pour un peu plus de la moitié. Dans la Picardie des peigneurs de laine : autour de Marseille, de Blicourt, de Pisseleu, le contingent des morts d'enfants est inférieur à 40 %. À Auneuil, on meurt à tout âge. Dans la ville des sergers, à Mouy, plus des trois quarts des 209 victimes de 1649 ne doivent pas avoir 20 ans ; mais en 1694, ce sont surtout les adultes qui meurent.

De ce lot d'exemples que j'ai voulu variés, quelques constatations peuvent se dégager. Elles prendront une autre valeur si l'on compare les âges de mort en temps de crise et en temps « normal ». Les plus de 50 ans — les vieillards — fournissent un faible contingent dans les « mortalités ». Nombreux au début, ils disparaissent vite des listes de sépultures. Pour eux, ce sont des décès « avancés », qui ne compromettent pas l'avenir de la population. La part des adultes — les reproducteurs actifs — est faible aux années ordinaires (10 à 15 %). Elle croît proportionnellement en temps de crise, surtout pour les plus jeunes, et atteint parfois 25 % ; il est à noter que les femmes surtout sont atteintes, sans doute à cause des misères de la maternité.

La part des enfants de moins de 2 ans, toujours énorme (de l'ordre de 40 %), se maintient, baisse parfois, s'accroît le plus souvent. En nombre absolu, ces chiffres symbolisent l'écrémage systématique d'une génération. Il faut insister spécialement sur les morts d'enfants moins jeunes, et d'adolescents. Beaucoup disparaissent entre 5 et 20 ans. Cette classe d'âge, qui compte assez peu dans les années courantes, forme parfois le quart du total des morts. En fin de compte, les jeunes surtout sont frappés.

Ainsi se prépare et se développe un phénomène de « classes creuses », que les Français du XXe siècle connaissent bien, pour d'autres raisons. Si brutale, si pathétique que soit la crise même, ses répercussions, vingt à trente ans plus tard, méritent aussi de retenir l'attention. À ce moment, les classes creuses arrivent à l'âge de fécondité. Alors les courbes de mariages et de naissances plongent soudain, pour quelques années, puis se relèvent avec un nouvel « anniversaire », celui des naissances accrues de l'après-crise. Plus les mortalités ont été nombreuses et rapprochées, plus les chutes « trentenaires » de nuptialité-natalité se rapprochent, se renforcent, s'accusent. Il faudrait un imposant arsenal de longs graphiques paroissiaux pour illustrer ce phénomène capital. Du moins nous conduit-il à cette importante recherche : la datation et l'évaluation des mortalités.

*

La carence des listes mortuaires d'avant 1650 nous interdit les précisions chiffrées pour la première moitié du XVIIe siècle. Mais les registres baptistaires, éclairés par des documents d'un autre ordre — mercuriales, ordonnances de police, mémoires, archives hospitalières — nous permettent au moins qualitativement de dater et d'évaluer.

Des crises d'une ampleur exceptionnelle ont dû caractériser la fin du XVIe siècle. Les registres de baptêmes et les mercuriales, aidés par les comptes des hôtels-Dieu, révèlent la considérable mortalité de 1573, et surtout de 1587[10]. Il semble qu'on ne trouve rien de comparable au XVIIe siècle avant l'époque de la Fronde. Les années 1597, 1623, 1626, 1641, qui correspondent à des « chertés » modérées — très caractéristiques de cette époque — ne semblent amener que de modestes mortalités, qui comportent de fortes variations locales. La « contagion » atteint Beauvais vers 1624 et 1629, Mouy dans l'été 1638 ; les autres « pestes » correspondent aux chertés. L'année de Corbie n'offre rien de bien grave en Beauvaisis : les armées circulent, brûlant quelques chaumières, tuant la volaille ; des Picards fuient les avant-gardes espagnoles : nous les retrouvons dans le Sud du Beauvaisis qui se marient, accouchent ou meurent. L'année 1631 apparaît assez grave, mais beaucoup moins qu'en Provence, en Poitou, dans le Val de Loire, en Lorraine ou en Bourgogne[11].

De 1649 à 1652 fond sur le Beauvaisis une crise terrible. Trois mauvaises récoltes, le prix du pain qui quadruple, les incertitudes des Frondes, et les accapareurs[12]. À Mouy meurent près de 1 000 personnes, plus du tiers de la population. Partout, c'est l'effondrement des naissances. Exceptionnellement longue et puissante, cette mortalité frappe une population surabondante rendue vulnérable par une suite d'années paisibles, plus paisibles qu'on ne le pense généralement.

Dix ans après, le règne personnel de Louis XIV s'ouvre par une nouvelle « mortalité » — assez bien connue — aiguë, mais brève : douze à dix-huit mois, selon les lieux. Dès lors, il ne reste plus qu'à attendre les vingtième et trentième anniversaires... Entre 1670 et 1674 apparaissent les rescapés de la période de la Fronde, d'où affaissement général. Par surcroît, une courte crise surgit en 1674 ; beaucoup plus puissante, une seconde apparaît en 1679 : à cette date, la mortalité atteint le double et le triple du chiffre habituel. En 1684 — nous sommes au vingtième anniversaire de la « famine » de 1662 — nouvelle mortalité, assez légère. Dix ans de répit : les conséquences « trentenaires » des crises antérieures s'effacent, la population repart... La seconde crise « géante » du siècle surgit alors, celle de 1693-1694.

Quelques années de répit, puis s'accumulent les catastrophes : quatre crises en trente ans — 1710, 1719, 1725, 1741 —, sans compter la fièvre pourpre de 1701 et la « suette » de 1730. Dès lors, les mortalités anciennes et nouvelles entremêlent leurs effets. Détail notable : le « grand hyver » n'est pas impitoyable en Beauvaisis, mais la dernière des grandes mortalités n'est pas la moins puissante. Règle d'ailleurs quasi absolue : une mortalité est d'autant plus forte que la précédente est plus lointaine.

Cette accumulation de catastrophes démographiques

anciennes et nouvelles explique sans doute le bas niveau de la population du Beauvaisis autour de 1720, ainsi que la lenteur de la réaction dans les décennies qui suivirent. Il est peut-être d'autres éléments d'explication, que nous n'apercevons pas : ils ne peuvent exclure celui-là. Après 1741, un monde démographique semble défunt : les mortalités s'atténuent jusqu'à disparaître. Mais ces mortalités elles-mêmes restent à expliquer.

A peste, fame et bello, libera nos, Domine, implorent les Litanies des Saints. Faut-il redire que les guerres du XVIIe siècle ne ressemblent en rien à celles du XXe siècle, ne serait-ce que par le nombre des combattants ? À Beauvais, en 1693, 42 hommes sont aux armées. Précisons que le Beauvaisis, s'il nourrit parfois quelques craintes, ne fut jamais envahi. L'année même de Corbie, il ne vit que des « coureurs » ennemis. À cette année 1636 ne correspond nulle catastrophe démographique, ni même économique : le blé resta bon marché, et la viande ne fut jamais à si bas prix. Sans doute, les armées royales passaient et « logeaient » souvent, et les habitants se plaignaient. Les soldats buvaient, battaient, volaient, violaient. De temps en temps, ils brûlaient quelques-unes de ces maisons de boue, de bois et de paille que les « massons de terre » et « couvreurs de chaume » reconstruisaient rapidement. À Espaubourg, qu'on nous dit « entièrement pillé et incendié par les soldats » en 1655, on s'épouse, on baptise, on paie même la taille. Il en est de même à Grandvilliers, « entièrement brûlé le 1er septembre 1683 sauf six à sept maisons ». À Breteuil, mille maisons auraient été incendiées, sans compter « les granges et aultres bastimens » : Breteuil ne comptait guère plus de mille habitants. Ces exagérations aidaient à implorer des exemptions de taille, ou des diminutions de fermage[13], ce qui ne veut pas dire que les soldats aient été inoffensifs ; mais de là à dépeupler une région...

L'on s'est astreint à étudier d'assez près les « contagions, pestes, suettes, pourpres » et fièvres diverses. Il a été possible de les localiser, d'en dresser des cartes successives. Sans ouvrir complètement le dossier, on peut avancer que les épidémies pures, celles qui ne suivent pas une cherté des grains, ne semblent pas exercer d'influence déterminante sur la démographie. Brutales, très violentes, propres à étonner, provoquant la fuite des riches et des mesures de police souvent inopérantes, elles sévissent un mois ou deux, puis disparaissent. On note les quelques semaines où la mort a frappé ; on ne note jamais que, pendant un ou deux ans, elle ne frappe plus — que la compensation est immédiate. On signale les localités atteintes ; on ne signale jamais les localités épargnées. Strictement localisées, les épidémies semblent suivre, à la façon des grêles, une sorte de trajectoire. Elles fondent sur une ligne de paroisses [14], touchent ou frôlent les villages voisins ; deux lieues plus loin, elles demeurent ignorées. L'une des plus violentes, la « fièvre pourpre » de 1701, intéresse surtout le Beauvaisis méridional : à Auneuil, elle est plus meurtrière que la grande crise de 1694, mais c'est un cas unique. La « suette » de 1730, qui reprend vers 1750, est beaucoup plus générale ; mais elle est bien moins violente : les décès qu'elle provoque troublent à peine les courbes démographiques : une légère boursouflure, vite résorbée. Nous ne saurions être aussi affirmatif pour les années antérieures à 1640. La plus grande rareté des sources incite à la prudence. Cependant la terrible peste de Mouy, pendant l'été 1638, ne semble avoir aux environs que des effets atténués.

Rien de semblable lors des grandes mortalités dues à la cherté des grains : pas de zone épargnée, seulement des variations locales. La crise adopte comme limites chronologiques celles de l'année agricole. Il ne fait aucun doute que la grande pauvreté populaire, accentuée par le prix croissant du pain, est responsable de toutes les mortalités « géantes » et de la plupart des autres. Le prix du blé constitue presque toujours un véritable baromètre démographique. L'ampleur et la fréquence des pointes cycliques du prix des grains provoquent l'ampleur et la fréquence des crises démographiques. Et celles-ci déterminent en grande partie les mouvements et même le niveau de la population. Les mercuriales sont, dans l'histoire du XVIIe siècle, des documents de tout premier plan, absolument indispensables. Irons-nous jusqu'à dire, en exagérant quelque peu, que la population est fille de la mercuriale ? Formule outrée. La mercuriale est comme un révélateur. La cherté, qu'elle décèle, met en lumière pendant quelques mois la structure économique elle-même, et surtout la composition sociale, les vigoureuses oppositions sociales.

Quoi qu'il en soit, la mercuriale semble cesser d'exercer une influence prédominante sur la population vers la seconde moitié du XVIIIe siècle. La grande crise des prix de 1770, pas plus que celle de 1788, n'aura décimé les habitants du Beauvaisis. Alors s'esquisse un nouveau monde démographique dont nous avons signalé les caractéristiques. Bientôt, il ne lui manquera même pas « ces funestes secrets inconnus de tout autre animal que l'homme » (Moheau). La baisse légère de la fécondité des mariages vers 1780 semble montrer qu'« on trompe la nature jusque dans les campagnes », et dans les villes plus encore. L'insuffisance des morts tend déjà à être compensée par la restriction des naissances, annonce de temps plus nouveaux encore...

Le présent travail concerne le Beauvaisis qui, peut-être, constitue en France une exception. Rien n'interdit d'ailleurs de penser le contraire. Scientifiquement, en tout cas, nous n'en savons rien encore, et ne sommes pas près de le savoir. Entre des conclusions solides et l'état actuel de la science historique, il y a place pour des années de recherches et de calculs.

III

LA PAYSANNERIE FRANÇAISE AU XVIIᵉ SIÈCLE : UN EXEMPLE RÉGIONAL *

« Le XVIIᵉ siècle rural est *terra incognita* », écrivait Marc Bloch en 1942, pour expliquer une « triste lacune » de ses *Caractères originaux*[1]. Pour l'Angleterre et les Pays-Bas, ce n'est plus vrai. Mais Marc Bloch pensait seulement à la France, et cette remarque demeure valable, et le restera jusqu'à ce que Jean Meuvret publie son grand ouvrage sur *Le Problème des subsistances au temps de Louis XIV* dont le premier volume traitera de l'agriculture et de la société rurale dans l'ensemble du royaume de France[2].

Mon intention, ici, est à la fois plus modeste et plus limitée. Son objet est d'étudier la société rurale dans une assez petite région, le Beauvaisis[3]. Le Beauvaisis est exactement situé entre les vastes plaines céréalières de Picardie, la Normandie semi-pastorale et les terroirs riches et variés d'Île-de-France. Cette région présentait dès avant le XVIIᵉ siècle une sorte d'unité, due à la fois à son passé (elle correspond à l'ancienne *civitas Bellovacorum*) et au rôle prédominant tenu par la ville de Beauvais, sa capitale, qui était alors une ville d'une certaine importance.

Dans ce type de recherche, le champ de travail de l'historien est strictement limité par les sources dont il dispose. Parmi les plus précieuses figurent les statistiques vérifiées de la répartition de la propriété, comparables à

---

* *Past and Present*, 1956, pp. 55 *sq*. Inédit en français.

celles que W.G. Hoskins a maintes fois soulignées en Angleterre. Particulièrement précieux aussi sont les « procès en surtaux », qui consistent en une contestation sur le montant de leur taille, élevée par des paysans qui s'estiment surtaxés : ces documents, valables en justice, contiennent l'analyse et l'évaluation par des experts (choisis dans les villages voisins) des maisons et terres possédées ou louées, du bétail, des dettes et éventuellement des prêts consentis. De premier ordre aussi sont les cadastres, figurés ou non, qui fournissent une analyse bien datée de la propriété des terres dans diverses paroisses et seigneuries. Fort précieux aussi, les papiers privés, les comptes, les contrats de bail consentis par les seigneurs et les simples propriétaires, nobles, bourgeois et (très fréquemment) ecclésiastiques. Tout cela constitue la documentation de base.

Pour qu'une étude raisonnablement sérieuse soit possible cette documentation doit être assez abondante, et peut-être surtout, suffisamment concentrée. En Beauvaisis, ces conditions ne sont pas remplies avant les années 1660, voire 1670. Aussi ne puis-je présenter une analyse sociale sérieuse, reposant sur des sources solides, avant l'époque du pouvoir personnel de Louis XIV. Pour la période précédente, les sources dont on dispose sont inférieures à la fois en quantité et en qualité : il n'existe ni plans cadastraux ni procès en surtaux ; les inventaires après décès, bien qu'assez nombreux, sont brefs, négligés, dressés sans soin, et souvent incomplets. Il n'est cependant pas impossible de présenter quelques aspects du monde rural avant 1660, mais il serait malhonnête de prétendre à une absolue sûreté d'analyse ; il est probable que des idées générales, des impressions et des hypothèses puissent se substituer, pour cette période, à de solides réalités.

C'est pourquoi je vais me limiter d'abord à présenter un tableau de la société rurale telle qu'elle apparaît dans le dernier quart du XVIIe siècle, en m'appuyant sur une certaine abondance de sources à la fois détaillées et, semble-t-il, solides. J'essaierai ensuite de tracer une brève esquisse de l'évolution de cette société à travers l'ensemble du XVIIe siècle et la première partie du suivant.

Mais j'admets volontiers qu'une certaine part de ce développement contient un élément d'hypothèse personnelle, dont j'indiquerai les limites.

1

Un arpentage détaillé de 38 paroisses de l'élection de Beauvais fut effectué en 1717. L'initiative en revint au gouvernement lui-même et ne fut pas limitée à ce coin de France. L'intention du Conseil royal du commerce était d'établir un nouveau mode d'imposition de la taille, le principal impôt direct de l'époque[4]. La répartition de la propriété foncière dans ces 38 paroisses était la suivante : 22 % à l'Église, 22 % à la noblesse, 13 % à la bourgeoisie de Beauvais, et 43 % aux paysans. Les paysans ne possédaient qu'une faible part des vignes, des bois et des prairies qui se trouvaient justement constituer les types de culture les plus profitables. Le principal résultat de cet arpentage gouvernemental, qui donnait donc la répartition de la propriété rurale, fut de montrer que les paysans possédaient moins de la moitié de la terre qu'ils cultivaient, qu'ils ne détenaient pas les meilleures terres, et aussi que leurs possessions étaient bien plus éparpillées que celles des ordres privilégiés.

Quarante années plus tôt, quelques grosses abbayes du Beauvaisis avaient réalisé avec beaucoup de soin et de précision un cadastre détaillé des nombreuses paroisses dont elles étaient seigneurs. Ces plans-cadastres ne concernent pas seulement les domaines des abbayes elles-mêmes et les fermiers qui les cultivent ; ils intègrent aussi les terres de leurs sujets, dits « censitaires », des paysans qui leur payaient des droits seigneuriaux, et souvent aussi des dîmes, que ces grandes abbayes avaient naguère plus ou moins extorquées aux prêtres des paroisses. Beaucoup de ces plans, levés entre 1670 et 1680, sont accompagnés de tables des propriétaires précisant aussi la quantité de terre qu'ils possédaient. L'analyse de ces documents complexes aboutit à des résultats voisins de ceux qui ont été obtenus à partir de l'enquête de 1717. Entre 1670 et 1680, les paysans possédaient un peu moins de la moitié des terres ; dans le voisinage de Beauvais, seulement un quart. En outre, à cette date aussi, la terre paysanne était la plus éparpillée et la moins fertile.

Les tables des cadastres dressés pour les abbayes offrent un avantage supplémentaire : elles montrent la répartition des terres paysannes entre les paysans eux-mêmes. Voici quelques exemples : à Goincourt[5], sur 98 paysans propriétaires, trois possédaient respectivement 10, 12 et 18 hectares ; 94 possédaient moins de deux hectares. À Espaubourg, sur 148 paysans propriétaires, aucun ne détenait 10 hectares, mais 125 moins de 2 hectares. Au Coudray-Saint-Germer, 106 sur 125 tenaient moins de 2 hectares ; mais un possédait plus de 30 hectares. Ces exemples sont tous tirés (il n'en existe aucun autre) de la partie beauvaisienne du pays de Bray, région de vastes pâturages communs, où les paysans pouvaient, en principe, élever du bétail à un coût très bas. Mais nous aurons à déterminer si cette possibilité fut vraiment réalisée.

En fin de compte, on peut dégager deux traits caractéristiques. Les paysans ne possèdent pas en propre la moitié de la terre qu'ils cultivent ; cette part minoritaire est très inégalement distribuée entre eux. Au moins 80 % détiennent des parts minuscules ; une petite minorité possède plus de dix hectares. Si nous figurons les terres de la paysannerie beauvaisienne par une sorte de pyramide sociale celle-ci offre une base très large et une pointe extrêmement fine.

Comme les terres de l'Église, des nobles et de la bourgeoisie étaient louées aux paysans, il est évident que ces derniers cultivaient des superficies bien plus importantes que celles qu'ils possédaient personnellement. Il est difficile de dresser un tableau des terres affermées ou une statistique des fermiers. Pour y parvenir, il faudrait rassembler une foule de documents qui sont répartis entre de nombreuses sources, ou fréquemment perdus. On ne peut donc que tenter d'approcher la réalité, en s'appuyant sur les documents qui subsistent et peuvent être consultés. Une constatation capitale émerge pourtant. Les parcelles dispersées de terre appartenant aux ordres privilégiés et à la bourgeoisie sont louées aux petits paysans, alors que les grandes unités (appartenant souvent à l'Église) sont affermées en bloc à de solides paysans dénommés laboureurs-fermiers et aussi receveurs de seigneurie, ces derniers placés au sommet de la pyramide sociale rurale. Ils peuvent ainsi détenir 80 à 100 hectares, ou plus, mais il n'en existe qu'un ou deux par village, parfois aucun. Ainsi, l'examen d'ensemble du fermage en Beauvaisis conduit à la fois à confirmer et à nuancer les conclusions tirées de l'analyse de la répartition de la propriété rurale. Confirmation, d'abord, en ce sens que les petits fermages (un à trois hectares) vont généralement aux petits propriétaires, qui donc demeurent de minces personnages (avec quelques exceptions tout de même). Mais la correction la plus sérieuse tient au fait que nous devons dorénavant placer au sommet de la hiérarchie économico-sociale de la paysannerie les grands fermiers-receveurs de la noblesse et du clergé, et non les simples « laboureurs » qui, on va le voir, possèdent et exploitent rarement des ensembles supérieurs à 30 hectares.

Nous ne devons donc plus faire reposer notre tableau du monde rural sur l'antithèse laboureur/manouvrier, qui résumait jusqu'à maintenant ce qui paraissait être connu de la composition de la société rurale française. Si cette opposition classique demeure grossièrement exacte, elle est loin d'exprimer la complexité de la pyramide et des rapports sociaux de la campagne. Elle offre cependant l'intérêt de mettre en valeur les vocables mêmes de la terminologie sociale qu'on peut observer dans les villages. En effet, comme les habitants des villes — ou presque —, les paysans étaient attentifs à ce qu'on peut appeler des titres et des dignités. Il suffit en effet de jeter un coup d'œil aux registres de baptêmes, mariages et sépultures (les documents français les plus abondants sur le XVIIe siècle) ou sur les rôles d'imposition pour constater que Jacques Bonhomme ou Pierre Durand n'oublie pas de décliner une sorte de titre pour exprimer sa position dans la société. S'il ne peut faire mieux, il est simplement « Jacques Bonhomme, manouvrier ». S'il cultive amoureusement quelques rangs de médiocre vigne, il s'intitule « vigneron ». Si, pendant l'hiver, il répare trois paires de roues, il devient « charron ». Vend-il quelques sacs de blé ou quelques toisons dans le voisinage, il se dit fièrement

« marchand ». Arrive-t-il qu'il détienne ce grand instrument de bois muni de quelques pièces de fer, la charrue, utilisée en Beauvaisis, et qu'il fallait deux chevaux pour tirer, le voilà devenu « laboureur ». Mais s'il travaille les terres du prince de Conti, des religieuses de l'abbaye royale de Saint-Paul ou de Jacques-Bénigne Bossuet, évêque de Meaux et abbé de Saint-Lucien-lès-Beauvais, il prend le titre de « laboureur, fermier et receveur de Monseigneur... »

En fait, la foule des manouvriers constituait, pratiquement dans chaque village, la grosse majorité des habitants. Mais il était rare, en Beauvaisis, qu'un manouvrier s'identifie à un « prolétaire » entièrement démuni. Sans doute pouvait-il exister quelques familles misérables, vivant plus ou moins de mendicité, qui gagnaient difficilement leur vie, et logeaient dans des taudis faits de bois, de paille et de boue séchée qu'on ne pouvait guère appeler des maisons. Ces pauvres diables figuraient cependant dans les rôles de taille, sous l'appellation de « pauvres, impotents, misérables » ou autres, et étaient taxés symboliquement à une obole. Sauf en temps de peste ou de disette accusée, de tels misérables étaient exceptionnels.

Le manouvrier possédait habituellement quelques ares, une chaumière et un petit jardin, car les manouvriers du Beauvaisis étaient presque toujours de très modestes propriétaires. Le jardin donnait du chanvre, des pois, des choux, des raves, des pommes. Les petits champs produisaient quelques sacs de méteil (mélange de froment et de seigle) : en gros, de quoi nourrir la famille durant quelques semaines ou quelques mois. Les manouvriers pouvaient-ils compter sur leur bétail pour améliorer leur ordinaire ? La volaille et les porcs, s'ils pouvaient fournir des aliments de qualité, étaient des bêtes qui grattaient, creusaient, ravageaient et maraudaient, qui rivalisaient même avec l'homme dans leur goût avide pour le grain. Aussi les manouvriers du Beauvaisis possédaient habituellement trois ou quatre poules, mais rarement un porc. L'habitude qu'on croit régulière de manger lard salé ou « poule au pot » s'observait très rarement chez eux : ils ne le pouvaient pas. Pouvaient-ils au moins boire le lait de leur vache, puisque de nombreux auteurs définissent la vache comme « l'animal du pauvre » ? Les documents consultés citent rarement des vaches ; les prés et même les pâturages communaux manquant souvent, on pouvait tout juste envoyer un gamin leur faire paître l'herbe des chemins ou les bordures de quelque hallier. En fait, moins d'un manouvrier sur deux possédait une vache. Le véritable « animal du pauvre » était le mouton, dont les toisons et les agneaux aidaient à payer les divers impôts. Cet animal se nourrissait comme il pouvait : en Picardie sur quelques zones caillouteuses nommées « riez » ; sur la jachère quatre mois par an, entre le glanage et le premier labour ; en hiver, à l'étable (ou bergerie) broutant sa litière de paille en guise du foin absent, puisqu'il semble certain que ce qu'on appelait fourrage en Picardie était de la paille.

On comprend alors que le manouvrier doive souvent se « louer » lui-même pour le service des laboureurs et des gros fermiers. Il était le campagnard apte à tout faire en travaillant pour les autres à des besognes banales, saisonnières ou occasionnelles : faner, moissonner, vendanger, battre le blé, tailler les haies, scier du bois, curer les fossés. Les grandes exploitations, spécialement en été, avaient besoin de son travail à la fois pénible et bon marché. Le manouvrier recevait pour sa peine un bol de soupe, une cruche de vin, une petite gerbe, quelques sous ; encore lui arrivait-il assez souvent de ne toucher aucune monnaie lorsqu'il était déjà endetté envers son employeur. En travaillant pour l'homme qui avait labouré un champ pour lui, avancé de la semence, des pois, ou du bois, le manouvrier remboursait son créancier et pouvait espérer de nouveaux prêts, de nouvelles avances, de nouveaux services qui pouvaient lui permettre d'atteindre « le bout de l'an » (de survivre ainsi que sa famille).

Pour y parvenir plus sûrement, et accroître les maigres ressources procurées par ses propres champs et ses salaires, le manouvrier essayait souvent de devenir lui-même un petit fermier, en louant quelques parcelles dispersées, et surtout en exerçant une sorte de métier annexe, généralement saisonnier.

Ne possédant ni cheval, ni bétail fournissant suffisamment de fumier, ni réserve d'écus, le petit paysan propriétaire d'un ou deux lopins ne pouvait espérer qu'être aussi un tout petit fermier, d'un hectare au plus. Il pouvait trouver des terres à louer parmi les petites possessions des églises rurales ou des « fabriques », petites institutions paroissiales pourvues de quelques terres. Ou bien aussi, parmi les champs éparpillés dont avait hérité, ou reçu en garantie d'un emprunt, quelque bourgeois urbain. De toutes manières, ces lopins dispersés, souvent médiocres, coûtaient beaucoup de travail au manouvrier, pour un profit très réduit : aux mauvaises années, son loyer avalait en quelque sorte sa récolte ; aux meilleures, elles pouvaient au mieux contribuer quelque peu à la nourriture de la maisonnée.

En fait, mieux valait exercer un métier annexe. Des vanniers charrons, tailleurs, tisserands et quelques autres comme des « massons de terre » sont signalés dans maint village ; en réalité, ce n'étaient que des manouvriers cherchant des moyens de subsistance annexes. Les clients de leur village n'étaient naturellement pas assez nombreux pour leur assurer un plein emploi : ils travaillaient de temps à autre, aux saisons les plus favorables de l'année. Mais ils demeuraient toujours paysans plus qu'artisans. Il existe cependant une exception, si c'en est vraiment une, qu'on trouve dans les plaines de Picardie : des paysans qui travaillent la laine dans le Sud et l'Ouest de la province, et le lin dans l'Est et le Nord-Est. Dans le voisinage de Beauvais, une douzaine de villages se consacraient au cardage et au peignage de la laine produite localement ou importée de districts voisins. Cardeurs et peigneurs étaient aussi fileurs, car ils n'abandonnaient pas toujours la manœuvre du rouet ou du dévidoir à leurs femmes et filles. Très souvent aussi, ils façonnaient les chaînes des serges, qu'ils vendaient aux maîtres-manufacturiers de Beauvais. Plus au nord, vers Amiens et Abbeville, on trouve des tisserands de serge plus que des cardeurs et des peigneurs ; ils tissent leurs lourdes et grossières étoffes picardes sur des métiers rudimentaires ; ces étoffes se répartissent entre divers types de serges, qui portent souvent les noms de villages comme Blicourt, Aumale, Tricot. Les tisserands de cette région ne possèdent ni la matière première ni les métiers (les « estilles », outils) ;

ils leur sont loués par des marchands d'Amiens ou de Beauvais qui rétribuent leur travail à la pièce, et plus souvent en nature qu'en argent. Beaucoup de ces villages sont habités par une majorité de « sergers », et les métiers à tisser sont plus nombreux que les charrues. Naturellement, tous ces travailleurs du textile sont aussi manouvriers et très petits propriétaires, qui prennent le temps de soigner leur jardin, semé surtout de pois, et leur demi-arpent de méteil ; l'été, ils louent couramment leurs bras pour la moisson. Ainsi, sur ce plateau picard presque sans pâturages, qui produisait presque uniquement des grains, une population dense se trouvait habituellement préservée de la disette par son travail dans les diverses étapes de la manufacture lainière. Il en était de même pour les « mulquiniers » qui tissaient des étoffes de lin dans les régions de Clermont, Péronne et Saint-Quentin. Ces hommes, qui tissaient le lin dans des sortes de caves sombres et humides, étaient des paysans, petits propriétaires, petits éleveurs, en fait manouvriers, aussi.

Il est clair qu'en général de nombreux degrés montaient depuis la masse des manouvriers jusqu'au petit groupe favorisé des laboureurs. Mais cette progressive échelle de distinctions sociales n'existait pas sur le plateau picard. Dans ce paysage de campagne quasi nue, où régnait un type presque unique de fermage, la société paysanne apparaissait habituellement en contrastes brutaux. Au sommet, le gros fermier, escorté de cinq ou six « laboureurs » ; à la base, la foule assez pauvre des manouvriers ; entre les deux, rien.

La partie sud du Beauvaisis présentait un contraste tranchant avec le reste de la province. Là se trouvaient de bons pâturages qui rappelaient ceux de Normandie ; ils étaient traversés par les rivages fertiles de l'Oise et du Thérain ; les coteaux qui les bordaient étaient alors couverts de vignes, et couronnés de bois aux abords de l'Île-de-France. Le charme, la fraîcheur et la diversité des paysages semblaient favoriser une société rurale dans laquelle abondaient degrés et distinctions assez nuancés. Là, on ne trouvait plus de tisserands ou sergers dépendant des manufacturiers ou des marchands urbains, mais un ou deux tisserands par village, qui tissaient le chanvre que chacun cultivait dans son jardin. On y trouvait toujours des manouvriers, mais ils possédaient souvent leur propre vache et une demi-douzaine de moutons, souvent même un champ à emblaver, sur lequel on pouvait nourrir le bétail, après la moisson. Ces manouvriers étaient non seulement moins pauvres, mais aussi bien moins nombreux : rarement une majorité dans le village. La plus grande partie de la population était composée des plus « français » (au sens ancien et régional) de tous les paysans : peu de paysans vraiment pauvres, moins encore de « prolétaires », peu de paysans richissimes, mais des aisés ; plus de jardiniers que de fermiers, plus de vignerons que de purs céréaliers ; des gens suffisamment habiles de leurs mains pour devenir de remarquables artisans, voire des artistes (mais ce titre ne leur était pas donné) ; assez intelligents aussi pour adapter leurs occupations aux saisons, aux années, à la demande urbaine ou aux fantaisies de la mode régnant dans la « grande cité », Paris, à quinze lieues de là. Ainsi trouvait-on des « airiers », sortes de jardiniers-vendeurs qui fournissaient les marchés urbains voisins de légumes frais : ceux de Bresles cultivaient des artichauts et des asperges pour Paris ; d'autres soignaient des pommiers de qualité importés de Normandie. Sur les pentes qui descendaient vers l'Oise, ou vers le Thérain au voisinage de Beauvais, de hardis vignerons contraignaient un sol trop lourd et insuffisamment ensoleillé à fournir quelques barriques d'un vin vert, âcre, amer qui était bu rapidement, ou parfois expédié vers le nord, notamment à Amiens. D'autres façonnaient des « blondes » et des « noires », noms donnés à des variétés de dentelles qui envahirent paisiblement Paris au temps de Louis XIV et, au siècle suivant, conquirent l'Espagne et les « Indes » américaines. D'autres, dans le voisinage de Méru, travaillaient l'ivoire en fabriquant notamment de fort beaux éventails expédiés à des marchands parisiens. Moins prospères étaient les « blatiers », qui chargeaient un âne ou une mule de quelques sacs de grain qu'ils tentaient de vendre aux meuniers de Pontoise ou à ceux qui fabriquaient le « bon pain de Gonesse ». D'autres encore conduisaient le bétail normand vers les grasses prairies de Poissy, où il était engraissé avant d'être livré aux bouchers parisiens.

Naturellement, tous ces paysans cultivaient aussi leur jardin et quelques lopins, devenaient aussi faneurs, moissonneurs, batteurs en grange et se louaient périodiquement pour tel ou tel travail ; mais ils refusaient nettement d'être appelés manouvriers.

Assez voisins de ces types sociaux étaient ceux qu'on appelait « haricotiers », qu'on trouvait dans le Bray proche de Beauvais, dans la vallée de l'Oise et parfois en Soissonnais. Ils n'étaient en rien spécialisés dans la culture des haricots secs : ce que nous appelons ainsi était nommé pois au XVIIe siècle. Les haricotiers que je connais le mieux, qui habitaient le pays de Bray proche de Beauvais, possédaient nettement plus de terre qu'un simple manouvrier ; ils en exploitaient habituellement sept ou huit hectares, dont ils louaient une petite moitié ; ils avaient une ou deux vaches, cinq ou six brebis et assez souvent une mule. Ils vendaient des pommes, du lin, du bois, du fromage. Ils fabriquaient des échalas pour la vigne, et travaillaient le lin, l'osier, le bois. Cependant ces paysans assez humbles louaient rarement leur travail aux riches fermiers : leurs propres occupations prenaient tout leur temps. Il leur arrivait pourtant d'emprunter un train d'attelage à de plus riches qu'eux, et compensaient alors en travail. Il y avait en eux quelque peu de ce que nous appelons « bricoleurs ». Curieusement le terme a survécu au milieu du XXe siècle, mais dans une acception plutôt péjorative.

Mais aucun des divers types de paysans qui viennent d'être évoqués ne prétendait au titre presque exaltant de « laboureur ».

Dans certaines provinces, le terme « laboureur » désigne simplement un travailleur de la terre. En Poitou, on parlait même de « laboureurs à bras », qui ne possédaient donc ni charrue ni cheval. Rien de semblable en Beauvaisis. En fait, aucune qualification sociale ne possède un sens aussi clair : par définition, un laboureur est celui qui possède une charrue et une paire de chevaux — et la terre qu'ils travaillent. (Les bœufs sont à peu près inconnus, autant comme animal de trait que d'élevage.)

L'importance des gens qui détiennent un tel capital peut même être à peu près chiffrée : un bon cheval de labour, en pleine force et en parfaite santé, valait au moins 60 livres. Cela correspondait au prix de trois vaches grasses, ou de vingt moutons, ou de vingt hectolitres de blé dans une bonne année. Le laboureur avait donc le plaisir de labourer, trois ou quatre fois par an, sa propre terre avec ses propres chevaux. Il pouvait d'ailleurs prendre à ferme d'autres terres et les travailler comme il le désirait. Il utilisait aussi fréquemment ses chevaux pour transporter fumier, moissons, paille, foin, bois, vin. Il avait aussi l'habitude de louer ses chevaux aux haricotiers et manouvriers, qui auraient été incapables de cultiver vraiment leurs terres sans l'aide précieuse des chevaux du laboureur. Et par là le laboureur devenait le créditeur de la masse des petits paysans et au besoin leur employeur à bas prix (ou en compensation du prêt des chevaux).

Le laboureur vivait naturellement bien mieux que la masse des paysans. Il mangeait dans de la vaisselle d'étain, souvent disposée sur une nappe. Ses armoires étaient garnies de paires de draps, de serviettes, de chemises, quelques-unes faites de beau linge brodé. Il détenait des réserves de blé, d'avoine, de pois et même un cochon entier dans son saloir. Ses vêtements du dimanche étaient faits de serge solide. Pour aller à la messe ou au bal, sa femme et ses filles pouvaient se parer de « corps » de lin, de jupons et de jupes aux couleurs brillantes, plus une petite croix d'or au cou. Ces vêtements faisaient un éclatant contraste avec l'allure générale de manouvriers souvent nu-pieds, vêtus de chanvre ou de grossières étoffes, souvent dépourvus de linge de table et même de corps, sans provisions et parfois sans table, mangeant sur leurs genoux une maigre soupe dans une écuelle de terre avec une cuiller de bois.

Mais le laboureur constituait un type social assez rare. À Loueuse, 3 sur 86 habitants ; à Saint-Omer-en-Chaussée, 10 sur 93 ; à Crillon, 10 sur 70 ; à Glatigny, 3 sur 90 ; à Litz, 6 sur 43 ; à La Houssoye, un seul sur 46 soumis à la taille.

Cependant, même dans ce groupe strictement limité et clairement distinct de la masse paysanne, il se trouvait plusieurs degrés, à la fois dans la possession de la terre et dans la position sociale. Il existait de simples laboureurs, qui ne cultivaient pas plus d'une quinzaine d'hectares et possédaient seulement trois vaches. D'autres étaient à la fois propriétaires et fermiers, avec un peu plus de bétail. On découvre que quelques-uns détenaient une vingtaine de porcs, parce qu'ils avaient obtenu du seigneur du lieu la concession du « droit de glandée », qui consistait à faire paître ses cochons dans le bois du seigneur au moment où les glands tombaient : une aubaine ! À Loueuse, en 1694, François Andrieu présentait l'originalité de ne prendre à ferme aucune terre : il cultivait les siennes, près de 40 hectares, avec cinq chevaux et deux garçons de charrue. Cet assez gros propriétaire ne possédait cependant pas plus de trois vaches, deux porcs et vingt-trois moutons : une indication sur l'assez faible cheptel détenu par des laboureurs même importants en cette région et à cette période. Dans un district plus pastoral, Charles Bournizien, de Villers-Vermont, avait en 1683 treize vaches et quatre-vingt-cinq moutons : il possédait personnellement quelques prairies encloses, était fermier d'une noble dame, et pouvait utiliser les communaux de son village (situé en Bray) qui, bien que l'herbe n'y fût pas de grande qualité, se trouvaient fort vastes. Bournizien et Andrieu sont les plus importants laboureurs que j'aie trouvés en Beauvaisis entre 1670 et 1700. Tous deux possédaient l'enviable privilège de ne jamais connaître la faim et d'avoir toujours quelque produit à vendre : grains, veaux, toisons ; et pourtant ils ne se plaçaient pas au sommet de la hiérarchie des paysans.

Il n'est pas douteux que le sommet était occupé par les gros fermiers et receveurs de seigneuries. Ainsi, Claude Dumesnil, fermier et receveur de l'abbaye royale de Saint-Paul à Goincourt, non loin de Beauvais, travaillait cent hectares de terre, douze hectares de prairie, quelques arpents de vigne et deux bois, avec l'aide de douze chevaux, de deux charretiers, de deux valets de charrue et d'un abondant supplément de travailleurs saisonniers. Fermier des terres de l'abbaye, il l'était aussi de ses droits seigneuriaux et de ses dîmes (que l'abbaye percevait à la place du curé du lieu, qui n'en touchait que des bribes), et il détenait le monopole du pressoir banal. Pour tout cela, il payait annuellement aux dames de Saint-Paul 1 200 livres tournois et 40 hectolitres du meilleur froment. Dumesnil avait loué pour cent livres sa petite maison et ses quelques terres. À Goincourt, il possédait 25 vaches, 6 truies et 225 moutons : ce sont les chiffres les plus élevés que j'aie rencontrés. Le pigeonnier seigneurial érigé dans sa ferme contenait 160 pigeons ; il nourrissait 180 têtes de volaille, parmi lesquelles deux douzaines de dindes et beaucoup de canards, volatiles rarement mentionnés, même chez les plus riches laboureurs. Ses réserves de grain, de pois, de boisson et de bois étaient considérables. Il se trouvait plus de 8 000 gerbes, une centaine de barriques de vin et de cidre, et 200 toisons dans ses granges. La moitié des habitants de Goincourt était ses débiteurs, et 41 familles des paroisses voisines lui devaient un total de 1 700 livres. Dumesnil prêtait des chevaux, des charrettes, du blé, du fourrage, du bois et même de l'argent. C'était ce rôle de créancier qui faisait de lui une figure importante, aussi bien politique qu'économique et sociale, dans son village. Il possédait même une petite bibliothèque, composée de livres pieux et de récits de voyage. Bien des marchands de la ville voisine détenaient tout juste un livre de prières.

Des personnages de ce style peuvent être découverts dans tout village dont le seigneur (laïque ou ecclésiastique) possédait un domaine important et bien groupé. C'était habituellement le cas des fermiers d'évêché, de chapitres et de grosses abbayes. Ainsi, le fermier des Ursulines de Beauvais à Moyenneville prêtait de l'argent au couvent, où deux de ses filles étaient pensionnaires. Le fermier du monastère de Saint-Germer au Coudray-Saint-Germer avait ruiné les petits nobles des environs en leur consentant des prêts à intérêt élevé, comportant hypothèque. À la fin du XVIIe siècle, les grands fermiers receveurs formaient une caste fermée. Ils se mariaient entre eux, se succédant de père en fils ou de père en gendre, concluaient des marchés pour mettre la main sur les meilleurs fermages, de manière à ne laisser à personne d'autre des exploitations de qualité dans leur cercle d'activités. Durant la Révolution, ils ont fréquemment acheté les terres que leurs anciens maîtres, alors expropriés, avaient longtemps affermées à leurs familles. Même aujourd'hui, il n'est pas rare de repérer, établis sur d'anciens domaines ecclésiastiques vendus à la Révolution, les descendants directs des puissants receveurs de l'Ancien Régime.

2

On peut tenter de donner une réponse assez précise à cette question souvent posée : combien de ces paysans étaient capables de jouir de l'indépendance économique, c'est-à-dire de nourrir leur famille avec ce dont ils disposaient ?

Il convient de considérer d'abord le principal produit nécessaire à la vie : le blé. Il constitue la nourriture de base du peuple dans le Nord et le Centre de la France qu'il soit consommé sous forme de pain, de soupe ou de bouillie. Ernest Labrousse[6] a montré qu'une ration journalière de deux livres à deux livres et demie de pain était nécessaire pour la nourriture minimum d'un adulte, et que la valeur de ce pain pouvait représenter une bonne moitié du budget du pauvre. Ces calculs concernaient la partie la plus prospère du XVIIIe siècle, de 1733 à la Révolution. Il existe de bonnes raisons pour penser que ces chiffres sont un peu faibles pour le XVIIe siècle ; conservons-les néanmoins. Assez fréquemment, une famille paysanne pouvait compter six personnes : le père, la mère, trois enfants, une grand-mère. Même si l'on ajoute deux bébés (tôt nourris de gruau ou de pain), il est improbable qu'une telle famille consomme moins de dix livres de pain par jour. Pour une année, il faut dix-huit quintaux de blé pour fabriquer ce pain. Une large documentation montre qu'en Beauvaisis, les meilleures récoltes sur les meilleures terres donnaient rarement plus de neuf quintaux à l'hectare, soit six fois la semence. Dans les mauvaises années, le rendement pouvait descendre à quatre quintaux.

Cependant, nous ne pouvons conclure de ce qui précède que deux hectares de terre dans les bonnes années, ou quatre et demi dans les très mauvaises pouvaient suffire à nourrir une famille de paysans. D'abord, le Beauvaisis appartenait à la vaste région de l'assolement triennal : en général, un champ ne pouvait porter du blé qu'une année sur trois (en réalité, souvent un peu plus). Il faut donc tripler les chiffres précédents (ou du moins les doubler largement). Bref, les terres nécessaires pour nourrir la famille devraient osciller entre un minimum de cinq ou six hectares et un maximum de douze ou treize. D'autre part, le paysan ne pouvait conserver intégralement sa propre récolte. Quelles déductions doit-elle subir ?

D'abord, retenir la future semence : un sixième de la récolte dans les bonnes années, plus dans les mauvaises. Il s'y ajoutait la taille pour le roi. Un paysan moyen, soit un bon haricotier ou un petit laboureur, pouvait payer 20 livres par an, soit la récolte d'un demi-hectare. D'autres taxes royales, variables, plus la gabelle du sel, parvenaient parfois à doubler la cote de taille. Bref, la production d'un hectare de blé pouvait aller aux officiers de finances du roi. Mais le décimateur (et sa charrette) était passé le premier sur le champ moissonné, et enlevait une gerbe sur onze, douze ou treize, selon les lieux. Le receveur des droits du seigneur exigeait aussi son dû, au poids très variable : les terres du chapitre cathédral étaient souvent soumises au droit de champart, exceptionnel ailleurs, mais atteignant fréquemment 9 %. Naturellement, les orges, les avoines, le vin et même les prés étaient soumis à des droits du même ordre, sans plus. Si l'on tente une difficile et variable addition, on peut soutenir que le paysan qui désirait nourrir sa famille sur ses terres devait produire le double de ce qui lui était indispensable. En bref, le paysan qui aspirait à son indépendance économique devait travailler une bonne dizaine d'hectares en année d'abondance, et sans doute le double en année défavorisée par la météorologie ou les maladies des céréales ou du bétail. C'est dire que ni un simple manouvrier ni un modeste haricotier ou même un très petit laboureur ne pouvait assurer de manière continue son indépendance économique. Les gros laboureurs, possesseurs de plus de vingt hectares (et naturellement les fermiers de seigneurie), moins du dixième du monde rural, étaient seuls assurés de nourrir confortablement leur famille en toutes circonstances. Ceux qui possédaient moins d'une dizaine d'hectares de terre ne pouvaient trouver dans leur production de quoi y parvenir : ils devaient acheter du blé, c'est-à-dire donner leur travail en échange.

Laissant de côté les très gros, qui ne posent aucun problème, il est possible de constater que la position des paysans simples locataires était encore plus précaire, puisque, dans leur cas, ils avaient le montant de leur fermage comme charge supplémentaire. Celui-ci s'élevait fréquemment, en Beauvaisis, à un quintal et demi par hectare, ce qui pouvait amputer leur production d'un quart à un sixième. Il leur fallait donc trouver d'autres ressources.

En somme, le petit paysan propriétaire était naturellement moins affecté par le complexe système des charges du temps que celui qui louait les terres des autres ; dans les mauvaises années, les conditions de vie des derniers devenaient particulièrement insupportables. Il convient de le répéter : aucun paysan exploitant moins d'une dizaine ou d'une douzaine d'hectares ne pouvait être assuré de la sécurité que donnait une indépendance économique durable. Comme les documents le montrent largement, les trois quarts des paysans se situaient au-dessous de ce niveau. Étaient-ils donc alors condamnés à souffrir de la faim, parfois d'une grosse disette conduisant à la mort ?

Pour ce siècle, la réponse ne peut être qu'affirmative. Trois observations semblent émerger. D'une part, la majorité des paysans du Beauvaisis souffrait habituellement de sous-alimentation, ou d'alimentation mal équilibrée. En second lieu, ils déployaient un courage et une imagination considérables pour se procurer, par leur travail, l'alimentation que leur propre terre ne pouvait leur procurer. Mais ils n'y parvenaient pas toujours : pendant les années difficiles, qui n'étaient pas exceptionnelles, ils devaient se résigner à mourir par milliers faute de pain, victimes en outre d'épouvantables épidémies de caractère habituellement digestif.

La première remarque, apparemment difficile à prouver, ressort pourtant avec évidence de la lecture d'un grand nombre d'inventaires après décès. La quasi totale absence de viande dans le régime des manouvriers tient, comme on l'a vu, à son manque de bétail — sauf quelques poules. Il pouvait difficilement détenir du lard puisqu'il n'avait aucun moyen de nourrir des porcs. Ses légumes offraient une faible valeur alimentaire ; à part les choux, les légumes verts étaient à peu près inconnus, et rarement cultivés, sauf au voisinage des villes. En général peu de fruits, sauf en automne ; les fruits rouges, rares, mettaient longtemps à mûrir. Les baies sauvages cueillies dans les haies étaient surtout destinées à la boisson ; pommes et poires étaient écrasées et donnaient un cidre faible, largement étendu d'eau. Les fruits de meilleure qualité étaient vendus (comme les œufs) dans les marchés urbains : ils aidaient à payer les divers impôts. Sur le plateau picard, seuls les plus riches laboureurs et les plus gros fermiers avaient du lait et faisaient du fromage. Dans les vastes pâtures du Bray, le lait était transformé en beurre et en fromage (de qualité) vendus à Gournay et aux Parisiens. Le petit-lait était vendu... aux grandes blanchisseries de toiles de lin de Beauvais. On sait presque sûrement que le régime alimentaire de ces paysans était essentiellement composé de pain, de soupe, de bouillies, de gros et moins gros pois de toutes couleurs ; régime à la fois lourd, mal composé, insuffisant durant l'hiver et plus encore quand approchait le printemps malgré l'addition des premiers légumes verts cueillis dans les jardins, les champs, les prairies et les fossés. Et ce n'était pas le cidre pâle ou gâté, ni le vin trop vert et vite gâté aussi qui pouvaient offrir quelque valeur, nutritive ou médicinale.

En présentant la société rurale, nous avons souligné, surtout pour les manouvriers, l'incessante recherche de revenus supplémentaires, à l'aide de maints petits travaux. Cette recherche, absolument nécessaire pour nourrir la famille, payer la taille, survivre en somme, prenait la forme d'une chasse aux petits fermages vacants, à la laine à filer, à la dentelle à confectionner, au bois à couper, travailler ou vendre, aux haies à couper, aux fossés à curer, à toutes sortes de petits travaux dans les grandes fermes. Si besoin était, quand la besogne habituelle manquait, ils recouraient à toutes sortes de petits délits : cueillir dans les bois des feuilles, des herbes, des baies, des glands, voire piéger des lapins, ce qu'interdisaient formellement tous les possesseurs de forêts, roi, nobles, Église. Le résultat était une considérable atteinte aux lois forestières, et spécialement toutes celles qui concernaient la pêche et la chasse. (Il est frappant de constater que beaucoup de paysans détenaient des armes.) Il n'y avait plus qu'un petit pas à franchir pour se livrer à de francs larcins, puis à la mendicité ouverte. C'était la caractéristique particulière de ces épouvantables années où, comme on disait, « les saisons se déréglaient », et que les moissons tombaient à la moitié, et parfois moins, de leur niveau habituel.

À cette époque, la grande majorité des paysans dont les terres étaient trop réduites commençaient à manquer de toutes choses ; de blé d'abord, toujours l'essentiel, et d'une large part des autres aliments. En outre, les plus gros laboureurs et fermiers réduisaient leur personnel et aussi les salaires qu'ils leur versaient. Les tisserands commençaient à manquer de travail : en période de haut prix des blés, donc de l'alimentation, les étoffes fabriquées par les petites gens du Beauvaisis ne trouvaient pas de débouchés, et les marchands, craignant de gonfler les stocks qu'ils détenaient déjà, contraignaient les tisserands de la ville et de la campagne à arrêter leurs métiers. Tout tombait au même moment : les récoltes, le travail rural, le travail « industriel » urbain.

Un certain nombre de paysans, habituellement très liés à leurs exploitations, commençaient à prendre la route pour chercher du pain. Ils mendiaient chez les riches fermiers et les curés ; mais, aussi disposés à la charité qu'ils fussent, ils ne pouvaient secourir tout le monde. Ils allaient aussi frapper aux portes des riches abbayes, qui organisaient souvent des distributions de pain, parfois de soupe. Les milliers de pauvres diables qui circulaient et mendiaient apportaient aussi d'inévitables maladies contagieuses. Beaucoup de ces misérables essayaient d'entrer dans les villes, où l'on trouvait toujours quelques secours de la part d'organismes charitables divers. Mais les villes repoussaient les pauvres « étrangers », au besoin par la force : elles avaient aussi la charge de leurs propres pauvres, très nombreux à Beauvais : deux à trois mille parfois.

Assez rapidement, les plus faibles éléments de la population (rurale comme urbaine), les vieillards, les enfants, les adolescents commençaient à mourir. En septembre et octobre, deux mois après les maigres moissons, les listes de leurs sépultures s'allongeaient dans les registres paroissiaux. La mortalité persistait durant l'hiver, mais atteignait ses sommets au printemps, lorsque les dernières réserves de nourriture s'étaient à peu près épuisées, et que les épidémies, touchant des corps affaiblis, s'étendaient largement dans les milieux les plus pauvres et attaquaient même les riches qui jusque-là n'avaient pas souffert de la faim. En même temps, le nombre des mariages et des conceptions chutait de manière considérable, compromettant la fertilité de la population. En dix ou douze mois, en 1661-1662, en 1693-1694, en 1709-1710, 10 à 15 % des habitants d'un village pouvaient disparaître, fauchés par la famine, l'épidémie, ou les deux. Certaines petites localités du Beauvaisis ont même perdu le quart de leur population de cette manière. Les manouvriers étaient habituellement les plus frappés, à la fois relativement et absolument. Après cette saignée venaient plusieurs années de vie comparativement facile : il y avait plus de travail pour moins de bras, plus de terres à louer, et le petit peuple des campagnes pouvait respirer plus librement, en attendant la prochaine « mauvaise année », qui allait inévitablement venir, pensaient-ils, avec son cortège de désastres.

Il ne peut faire aucun doute que ces phénomènes, amplement prouvés (du moins dans ces régions), exprimaient une sorte de déséquilibre entre une production d'aliments irrégulière et une population prolifique, sujette à un incontrôlable accroissement. Il semble cependant qu'il ait existé une assez profonde différence entre une zone très céréalière comme la Picardie et des régions fertiles et variées comme la Normandie et l'Île-de-France ; et cette différence suggère que les exploitations moyennes, si rudement condamnées par les physiocrates au XVIIIe siècle, présentaient cependant quelques solides avantages.

On ne peut cependant oublier que le souvenir des années de misère demeurait fermement imprimé dans la mémoire populaire, que les campagnes ont peut-être souffert plus que les villes, et que la structure sociale de la paysannerie était alors brutalement mise à nu : ceux qui souffraient et mouraient par milliers, c'étaient les manouvriers, les petit paysans qui possédaient quelques arpents et qui ne pouvaient plus trouver de travail pour accroître leurs revenus effondrés.

Bien que chaque adulte ait gardé le souvenir de telles années, celles-ci étaient assez rares : pas plus d'une sur dix. Durant les années de répit, les paysans du Beauvaisis s'arrangeaient, d'une manière ou d'une autre, pour retrouver un niveau de vie acceptable ; mais c'était presque toujours avec la charge d'un fardeau de dettes très lourd.

Il faudrait un volume entier pour étudier sérieusement l'endettement paysan avec quelque détail : le sujet est fort important, bien que peu exploré, et d'ailleurs difficile à aborder. Nous devons seulement indiquer ici sa diversité, son caractère inévitable et son intensité. Chaque petit paysan était endetté envers un ou plusieurs laboureurs, qui lui prêtaient des chevaux, des instruments de travail, charrues et charrettes, lui avançaient un mouton, du bois, des pois, du blé. Souvent le petit paysan devait aussi à son seigneur quelques arrérages de droits, en nature ou en espèces ; beaucoup plus au collecteur des tailles, et il s'agissait d'argent liquide toujours difficile à trouver. Moins onéreux, mais non négligeable, ce qu'il se trouvait devoir au forgeron, au charron, au tisserand, au berger du village, à la fabrique paroissiale, au maître d'école, parfois à quelque aubergiste de la ville voisine. En fin de compte, les activités des habituels prêteurs ruraux, parmi lesquels les magistrats, les bons bourgeois et de gros fermiers, s'étendaient sur une large part des campagnes environnantes. Les plus petits agissaient souvent pour le compte de gros bourgeois de Beauvais, qui prenaient hypothèque sur les biens de leurs emprunteurs, et souvent devant notaire. Quand le débiteur ne pouvait s'acquitter, ses biens passaient tout naturellement aux mains de son créancier. Tous les tribunaux du secteur sanctionnaient l'opération, d'autant plus que les prêteurs étaient souvent les juges eux-mêmes. Étudier cet endettement constituerait probablement l'une des clés qui rendraient possible de mieux saisir l'évolution précise de la condition des ruraux à travers tout le XVIIe siècle (et les voisins).

3

Les sources dont nous disposons rendent difficile de bien saisir l'évolution de la paysannerie des Beauvaisis, Picardie et Nord d'Île-de-France entre 1600 et 1635. Un historien fort ingénieux — la race existe — pourrait, naturellement, utiliser des exemples isolés pour inventer une sorte d'évolution correspondant à ses petites théories ou à la mode du moment. Entre 1635 et 1660, la documentation est plus abondante et permet de présenter quelques hypothèses, dont certaines reposent sur d'assez solides sources, même si elles ne s'accordent pas avec les idées traditionnelles. Pour la période postérieure à 1660, il deviendra possible, dans quelques années, lorsqu'une large recherche d'archives aura été effectuée, de présenter une étude qui puisse reposer sur des sources solides. Aucune conclusion générale acceptable ne peut naturellement être soutenue solidement avant qu'une série d'analyses comparatives ait été menée à bien dans des régions bien définies et strictement délimitées de la France du XVIIe siècle. Ce qui suit, un certain nombre d'hypothèses, fragiles pour les périodes les plus anciennes, ne peut en aucun cas être valable pour des régions autres que le Beauvaisis.

L'atmosphère économique d'ensemble qui semble avoir régné sur le Beauvaisis et la Picardie entre 1600 et 1635 peut être définie ainsi : en dépit de chutes temporaires, le mouvement général des prix durant ces années connut une croissance d'environ 25 %. Cette remarque peut surprendre, car bien des historiens ont souligné que les prix commençaient à baisser dès 1620, voire dès 1600. Dans les régions ici étudiées, ce mouvement, solidement attesté, est cependant bien conforme au « trend » qui vient d'être signalé. L'étude d'une succession de fermages comparables montre que les loyers ont au moins suivi le mouvement général des prix, et l'ont même souvent surpassé. Les sérieuses statistiques dont on dispose pour la production textile à Beauvais (et à Amiens aussi) montrent que le plus haut niveau de la production urbaine a été atteint entre 1624 et 1634 ; mais nous ne savons rien sur la production rurale ; il est seulement peu probable qu'elle ait progressé. Si l'évolution d'ensemble des baptêmes, mariages (bien connus) et sépultures (moins connues) peut donner une indication acceptable du mouvement de la population, il est à peu près sûr que cette population a crû notablement entre 1600 et 1635, en dépit de mauvaises années d'amplitude variable entre 1620 et 1630 : une peste et d'autres épidémies, qui semblent locales, puis une grosse crise de subsistances en 1630-1631, souvent dénommée « famine » dans les textes du temps. L'addition de ces divers symptômes semble révéler une phase d'expansion économique, une « phase A » dans la terminologie en vogue depuis Simiand. Mais cette expansion dut être légère ; sa signification n'est pas facile à apprécier, et peut-être fut-elle particulière à cette région de la France du Nord. Mais, durant cette période, on peut penser que la condition des paysans n'a pas été à son plus bas niveau.

Mais les appréciations qui précèdent sont indirectes. Ma connaissance directe de la paysannerie beauvaisienne, assez limitée pour cette période, se réduit à des impressions, issues néanmoins de sources valables. Les petits laboureurs moyens semblent assez nombreux ; leurs inventaires après décès montrent un niveau de modeste prospérité ; certains détiennent même un peu d'argent comptant. D'autre part, il existe relativement peu de très riches laboureurs : les grandes abbayes semblent avoir eu des difficultés à trouver des fermiers pour leurs plus vastes domaines, ceux de plus de 60 hectares ; elles étaient contraintes de les diviser en trois ou quatre fermes, et de louer chacune à quelque bon laboureur, qui souvent avait du mal à régler son fermage annuel. Je ne sais à peu près rien sur les manouvriers de cette époque, mais je n'ai trouvé aucune trace de révoltes paysannes, assez fréquentes dans des provinces voisines, comme la Normandie. Si l'on excepte un bon lot de désastres locaux (mauvaises récoltes, pestes), il est probable que la paysannerie d'alors n'a pas souffert d'une exceptionnelle pau-

La paysannerie française 77

vreté ; il semble aussi que les contrastes entre les divers groupes sociaux étaient moins marqués qu'ils le devinrent plus tard.

La période suivante fut fortement influencée par les désastres militaires de 1636, vingt-cinq années de guerre qui entraînèrent un fort accroissement des impôts, une régence forcément faible et cinq années de guerre civile. Peu d'années de l'histoire de la France ont un si pressant besoin d'être réétudiées ; les résultats pourraient être assez surprenants.

Entre 1635 et 1661, les paysans du Beauvaisis et du Sud de la Picardie souffrirent d'une panique de quelques mois en 1636 puis, entre 1647 et 1653, d'une crise — économique, sociale, démographique, physiologique et morale — d'une intensité et d'une durée inhabituelles. La panique de 1636 résultait de l'invasion espagnole. Quelques villages furent entièrement brûlés ; beaucoup de récoltes furent pillées. Les paysans fuyaient devant les troupes, emportant leur bétail, leurs provisions, leurs économies, leur famille. On trouve des Picards campés dans le pays de Bray en août et septembre ; beaucoup trouvèrent aussi refuge avec tout ce qui leur appartenait entre les murs solides de Beauvais où ils attendirent leur libération. Ils avaient manqué leur moisson, et retrouvèrent leurs terres seulement pour les labours d'automne. Nous savons qu'en Alsace et en Lorraine[7] la catastrophe de 1636 fut très sérieuse ; dans notre région, elle fut quand même plus légère. Entre 1636 et 1647 les prix demeurèrent assez élevés, les fermages continuèrent à monter, et la population même sembla repartir pour une nouvelle progression — ce qu'il convient sans doute de regretter plus que de s'en réjouir. Suivit alors une série de désastres, dont le phénomène complexe appelé Fronde n'est qu'un aspect. Dans le Beauvaisis — et sans doute ailleurs —, l'explication doit résider dans une inhabituelle série de mauvaises récoltes. Durant cinq années surtout, de 1647 à 1651, l'agriculture subit de mauvaises conditions météorologiques ; les désastres principaux datent de 1649 et de 1651. Les habituelles crises de subsistances se répercutèrent d'une année sur l'autre. Le résultat fut une rapide et sérieuse extension de la pauvreté et de la mortalité, et un recul accentué des naissances. Comme d'habitude, la crise industrielle (textile) suivit la crise agricole. La population du Beauvaisis (et peut-être d'une partie de la France) connut dans ces années une succession de misères dont le souvenir et les effets furent longs à s'effacer. Il semble probable que ce fut à ce moment que la structure d'ensemble de la société rurale que nous avons présentée prit fermement sa forme. Écrasés par les dettes, les petits paysans durent alors céder une bonne partie de leurs terres à leurs créanciers.

Ce fut le moment choisi par la bourgeoisie de Beauvais pour s'approprier, par une série de transactions faciles, des centaines d'hectares de terre paysanne, ce qu'attestent de nombreux documents (notariaux, judiciaires). Au même moment encore, la bourgeoisie acheva de ruiner une partie de la petite noblesse rurale, endettée aussi. Pour des sommes dérisoires, dans des conditions quelque peu scandaleuses, les bourgeois achetaient des manoirs, des terres nobles, des seigneuries entières. Et ces nouveaux seigneurs, anciens bourgeois qui avaient acheté aussi des titres de noblesse, exploitèrent plus lourdement encore les paysans que les anciens ne l'avaient fait. En même temps, dans ces années cruciales d'entre 1647 et 1653, les laboureurs les plus aisés, ceux qui avaient à vendre des surplus de récoltes, le firent avec un profit considérable, puisque le prix des blés, par exemple, avait doublé, puis triplé, parfois quadruplé. Ainsi enrichis, ils achetèrent à vil prix les terres des petits paysans endettés ; et, ce qui est au moins aussi important, ils devinrent capables de prendre à ferme les grands domaines ecclésiastiques, si nombreux en Beauvaisis, et accédèrent à la fonction et au rang de fermiers-receveurs des seigneuries. En même temps, les impositions, qui avaient augmenté du fait de la guerre étrangère, de la guerre civile et de l'incompétence (ou de l'avidité) des receveurs, frappaient principalement la paysannerie, et semblaient particulièrement lourdes pour les manouvriers et les petits laboureurs en cette période si difficile. En somme, ces années terribles, 1647-1653, ont profondément marqué la société paysanne et franchement accru les différences sociales. Ce fut alors que dut apparaître l'espèce de précipice séparant ce qu'on a appelé (pas très justement) la « bourgeoisie » rurale (au XVIIᵉ siècle, ne sont « bourgeois » que des urbains) de la masse croissante des manouvriers et des haricotiers.

La période suivante est bien mieux connue. Les années 1660-1730 semblent caractérisées par un recul général des prix et des revenus. Ce recul, souvent graduel, parfois abrupt, avec des exceptions et de brefs moments de stabilité, paraît être le symptôme d'une dépression économique assez longue. Il est sûr que la production et les prix des textiles de Picardie et du Beauvaisis chutèrent beaucoup durant cette période et que furent fiévreusement recherchés de nouveaux marchés (qu'on trouva plus tard). De tels signes ne caractérisent évidemment pas une période de prospérité. Quant à la population, les pertes subies entre 1649 et 1652 surtout, furent aggravées par une nouvelle et grave chute en 1661-1662, qui contribua à réduire plusieurs groupes d'âge durant les vingt années suivantes. Après 1680 environ, quand la fertilité retrouvée favorisait une nouvelle croissance de la population, survinrent les très lourdes « mortalités » de 1693-1694 et 1709-1710. Dans ces deux derniers cas, le nombre des décès tripla souvent (parfois plus) et le nombre des naissances diminua, creusant un nouveau déséquilibre entre les classes d'âge, déséquilibre qui persista, bien que suivi d'une notable reprise par la suite. Sauf durant les premières années du règne personnel de Louis XIV, les guerres entraînèrent une hausse des impôts, d'abord légère, puis considérable après 1690. À partir de la même date, la monnaie française fut affectée de secousses vite insupportables, qui se ramènent à une dévaluation. Certes, les paysans, dont l'économie était peu monétaire, ne souffrirent qu'indirectement de cet affaissement. Mais la réorganisation systématique des seigneuries, accompagnée par une fréquente révision des terriers et la confection de cadastres précis, conduisit pratiquement à une hausse des droits seigneuriaux, qui pesaient principalement sur les campagnes. La condition des paysans sous Louis XIV fut, en fait, le résultat d'une rare convergence de facteurs défavorables. Les écrivains qui s'intéressaient alors à ces problèmes et possédaient une connaissance directe des réalités — Hévin, Boisguilbert et surtout Vauban — soulignèrent, et parfois exagérèrent la baisse des revenus agricoles, le déclin des rentes foncières, la stagnation de l'industrie et l'appauvrissement des paysans. En gros, c'était le spectacle présenté par le Beauvaisis, qui était difficilement sorti de la longue crise du milieu du siècle. Et puis soudain, autour de 1694 et de 1710, la catastrophique montée du prix des grains et de la misère accrut à nouveau le pesant fardeau de l'endettement paysan, ce qui aboutit à un nouveau transfert de milliers d'arpents de terre à la bourgeoisie qui, en même temps, achevait à peu près la ruine de ce qui restait de la vieille noblesse rurale du Beauvaisis. Parallèlement, les grandes abbayes prenaient part à la curée. Il est exact que le règne de Louis XIV s'achevait, pour la majorité de nos paysans, de la manière assez malheureuse que décrivent les manuels habituels. Mais, au milieu de la détresse générale, la puissante caste des gros fermiers-receveurs atteignait un très haut degré de richesse, de pouvoir social et d'arrogance. Plus nettement qu'auparavant, la société paysanne se divisait en groupes très distincts, séparés par des conflits d'intérêt et d'attitudes. Même si le paysage général était celui du déclin, la minorité privilégiée s'acheminait vers de nouveaux sommets.

IV

À PROPOS DES COMMUNAUTÉS RURALES
D'ANCIEN RÉGIME
RÉALITÉS ET SURVIVANCES *

Si j'avais eu à traiter le sujet pour la France, j'aurais dit que quatre sortes de pouvoir pouvaient s'affronter, coexister ou non, dans les communautés rurales. Car la communauté rurale pour moi, homme du XVIIe siècle et à l'occasion du XVIIIe, la communauté rurale, c'est à la fois une unité agraire, une paroisse, une unité fiscale et (pas forcément) une seigneurie.

Les pouvoirs qu'on y décèle se manifestent lors des réunions de chefs de famille, le dimanche après la messe, au son de la cloche, de ce qu'on appelle la communauté des habitants ou l'assemblée des habitants. On y traite, outre des sujets mineurs, de l'essentiel : la répartition de l'impôt royal.

En second lieu, j'aurais parlé de la fabrique, une institution paroissiale qui s'occupe des biens de la paroisse, des bancs de l'église, des linges sacrés, des cierges, qui s'occupe à l'occasion du maître d'école et aussi du prédicateur de carême, parfois aussi des réparations de l'église, ce qui est une grosse affaire, et qui entraîne parfois des opérations financières difficiles. Comme dans l'assemblée des habitants, on trouvera dans la fabrique à peu près les mêmes bons propriétaires ruraux ou les gros fermiers parmi les plus aisés : la « meilleure et la plus saine part ». Et à cette meilleure et plus saine part ne se joint pratique-

---

* Communication de clôture, partiellement improvisée, prononcée au Colloque de Spa, 1986, consacré aux Communautés rurales (extraits).

ment jamais le curé, rarement un agent du seigneur ; j'y ai vu quelquefois une femme, une veuve : la veuve d'un gros laboureur. Viennent parfois tout de même quelques petites gens. Mais quand ils sont vingt au total, c'est bien le maximum sauf pour les grosses communautés.

En troisième lieu, la seigneurie. C'est bien la seule institution à pouvoir disposer d'une justice, d'un tribunal. Du moins quand le seigneur est puissant, ou présent, ou bien représenté. En principe, il détient l'autorité judiciaire. Mais il se trouve que sa justice, quand elle est toute petite, siège dans une pièce du manoir, quelquefois au cabaret, quelquefois dans la ville voisine. Le cas le plus curieux que j'ai pu observer, c'est la tenue dans une pièce du premier étage de la halle du marché de la petite ville bretonne de Montfort-sur-Meu, tous les jeudis — jour du marché —, la tenue des « jours » de dix-sept justices locales par le même juge qui est évidemment un petit juge local ; à vrai dire, sur ces dix-sept justices seigneuriales, douze ne fonctionnaient pratiquement plus, et chacune pouvait couvrir quelques hectomètres carrés. Le XVIIIe siècle voit le lent déclin des justices seigneuriales, mais il n'y a pas de justices propres au village lui-même. Quand on trouve dans les termes français « justice de village », cela signifie justice seigneuriale. Il y a *des* justices — les justices des maires et pairs comme on disait dans la ville de Beauvais —, les justices municipales, mais elles ne se sont maintenues, et encore difficilement, que dans les villes, notamment à Amiens. En général, elles déclinent dès le règne de Louis XIV.

La dernière institution, la dernière autorité qu'on trouverait dans ces communautés rurales, ce serait l'unité fiscale, car le roi ne s'est pas fatigué : il y a installé les unités fiscales assez tôt — en tout cas, elles sont là dès le début du XVIIe siècle — et comme il n'y a pas assez d'agents pour répartir et lever ces impôts, ce sont les paysans qui le font eux-mêmes, en s'appuyant dans le Midi sur des cadastres anciens, étudiés depuis longtemps et qu'on trouve presque partout quand ils n'ont pas été perdus. Ce sont des cadastres descriptifs. Ils sont rarement cartographiés. Dans le reste du pays, la répartition est faite selon les apparences de revenus — mesure hasardeuse peut-être, sujette à discussions, sûrement, en fin de compte grossièrement juste, puisque chacun connaissait ses voisins et qu'on était répartiteur et collecteur à tour de rôle.

J'aurais évidemment pu traiter de la communauté des âmes, et des caractères spirituels — ou culturels, comme on dit aujourd'hui — de la communauté rurale. J'aurais pu essayer d'évaluer l'influence du prêtre, bien sûr, mais aussi du cabaretier, son ennemi, celui qui est en face. Mais aussi quelquefois du meunier qui est un personnage curieux. Quelquefois — passez-moi l'expression — l'image du fort en gueule, du costaud de la localité, qui fait la loi à coups de poing ou à coups de bâton, et qui vit en dehors, et qui est un peu voleur. Et de l'influence toujours présente des sorcières. On ne les brûle plus, on ne les dénonce plus depuis l'ordonnance de 1682. Elles sont, comme disait Robert Mandrou, « devenues fausses », c'est-à-dire qu'on les prend pour des charlatans. La justice ne s'en occupe pratiquement plus, mais elles sont toujours là, ainsi que les guérisseurs, ainsi que ce qu'on appelle dans nos villages des jeteuses de sort — et cela existe encore, j'en ai rencontré en Vendée (fatalement !) et en Périgord. En ville, c'est devenu une industrie.

Il y a une dernière chose dont j'aurais pu vous parler : le sentiment et la manifestation de l'unité de cette communauté. Ils n'empêchent d'ailleurs pas les querelles intestines, les querelles de voisinage, les querelles de bornage, les querelles sur les vaches qui vont paître là où elles ne devraient pas, les querelles de bancs d'église... Mais la communauté a son unité, dans les cas de danger, par exemple, face à la communauté voisine. Il existe des communautés qui se détestent : il en existe toujours. On découvre couramment les bagarres dont parlait Muchembled, les bagarres de bergers aux limites des villages, les bagarres de garçons, qui le dimanche ont un peu bu, ou qui, après une fête — une ducasse, comme on dit dans le Nord —, se flanquent une peignée, par groupes de clocher.

L'union de la communauté se manifeste aussi face à des adversaires beaucoup plus sérieux, les soldats par exemple, les soldats qui viennent cantonner. En général, la communauté ne se bat pas contre eux, elle essaie de négocier. C'est alors la communauté unie et, à sa tête, ce que vous appelez le mayeur, et qu'on appelle en France de trente-six noms (mais jamais le mayeur), quelquefois l'échevin dans certaines régions du Nord ; bref, le chef de la communauté tente de négocier avec un capitaine, avec des sergents, et donne de l'argent aux soldats pour qu'ils cantonnent ailleurs. Il existe aussi quelque chose de beaucoup plus grave, c'est l'union de la communauté contre les « gabelous ». Les gabelous sont les percepteurs d'impôts qui se font accompagner de soldats. La résistance est parfois terrible, on sonne la cloche, on barre les routes, on se cache derrière les haies avec des bâtons et des faux : c'est un peu une petite guerre qui commence. Certains agents de l'impôt sont proprement étripés, ou simplement battus. Les soldats, quand ils ne sont pas assez nombreux, rompent. Le résultat est le suivant ; arrivés à trois, ils reviennent à trente et la communauté se calme et paie. Mais, un moment, la communauté a trouvé et prouvé son unité.

Elle trouve la même unité devant un problème qui est bien français mais vous devez connaître : le problème du faux saunage, le problème du sel. Dans certaines régions, le sel était pour presque rien, en Bretagne par exemple, tandis que dans d'autres il était très cher. Forcément, il y avait tout le long de la frontière de la Bretagne et du Poitou, où le sel n'était pas cher non plus, une contrebande terrible du sel. Le sel, en Bretagne, valait une livre, en Anjou il en valait cinquante. Alors les contrebandiers l'achetaient dix livres en Bretagne et le revendaient vingt livres en Anjou, c'était une bonne affaire et le roi seul y perdait. Aussi le roi envoyait des « gabelous » et des soldats fort actifs. Tous les faux sauniers, tous les contrebandiers du sel étaient pratiquement toujours — ils appartenaient à des communautés bien connues — protégés par ces communautés ; des communautés qu'on retrouvera d'ailleurs pendant la guerre de Vendée, car une partie des Chouans, ce sont les anciens faux sauniers (une partie seulement). Alors là, la communauté a retrouvé son unité.

Il y a autre chose aussi à quoi j'ai pensé, mais qui

n'est pas véritablement une émanation de la communauté rurale, mais de la paroisse. C'est la fonction du curé de tenir les registres de baptêmes, mariages et sépultures. À partir du concile de Trente, et même un peu avant, en France, c'est quelque chose d'essentiel, parce que la communauté, la paroisse manifeste son identité à travers les registres qui doivent être conservés, qui sont conservés, qui se retrouvent encore en grand nombre, et d'après lesquels les curés peuvent délivrer des extraits. Ceux-ci déterminent l'identité des personnes ; ce n'est pas vraiment la communauté qui est en cause ici, c'est la paroisse, mais c'est presque identique.

La première difficulté, c'est évidemment de définir cette communauté. J'ai lu quelque part que la Société Jean Bodin avait proposé 94 définitions ; je vais en proposer une 95e. Pour moi, Français, c'est un groupe d'hommes ou de familles qui vivent sur un territoire, généralement bien limité, et qui en extraient généralement leur subsistance. Ces quelques mots épuisent la compréhension du terme. Mais je dois ajouter tout de suite que, du XIIIe au XIXe siècle, tout a évolué et que, du Limbourg au Languedoc (pour aller jusqu'au bord de la Méditerranée), les choses changent. Le Languedoc, la Gascogne et le Béarn présentent des communautés merveilleuses : apparemment on n'y trouvait pas de seigneurs. Ou plutôt, il y avait un seigneur : c'était le roi. C'était souvent l'ancien domaine de Henri IV, le roi était loin, les administrations rares. Et le roi a, une bonne fois, pour simplifier, vendu tous ses droits seigneuriaux aux communautés, qui lui donnaient en échange cent livres par an. La communauté était vraiment maîtresse chez elle. Cette communauté était tout simplement — et c'est bien le Midi — l'assemblée des chefs de famille. Les chefs de famille, dans ce régime d'autorité paternelle absolue, étaient les rois dans leurs maisons et dans les domaines qui les entouraient. Ceux qui avaient une maison et un domaine faisaient *ipso facto* partie de l'assemblée de la communauté.

Il est bien évident que la communauté rurale peut se composer d'une dizaine de maisons avec un terroir autour, la zone des clos (ou des jardins, si vous voulez), puis la zone qu'on appelle quelquefois le finage derrière, c'est la zone des céréales, et, au-delà, cette zone des terres vaines et vagues, des communs, des communaux, des forêts, des bois, des broussailles, qui sont des sources de complications mais qui existent, plus ou moins vastes. Ce sont les communautés de hameaux ; ce sont des communautés de vie. Elles correspondent assez souvent à une famille, à une famille élargie. Il y avait des communautés de cet ordre dans le Nivernais, dans le Berry, dans le Limousin et une partie du Midi. Je pourrais vous citer le plus bel exemple que je connaisse : les communautés rurales de la vallée de Barcelonnette, au sud des Alpes — réunie à la France après le traité de Ryswik — et cette vallée a deux caractéristiques : il n'y a pas de noblesse, il n'y a pas de seigneuries. On y trouve quand même des curés ! Tout est simple : les chefs de famille ont une autorité absolue, ils « font » un héritier, pas deux (que les autres aillent où ils peuvent) — c'est ainsi qu'ils sont devenus ou maîtres d'école, ou Mexicains ou Hollandais : beaucoup sont partis vers « le nord » ; pour les gens du Midi de la France, le Nord, c'est « la Hollande », et le terme recouvre alors une partie de l'Allemagne et le Nord de la France. C'est l'assemblée des chefs de famille qui décide en toute liberté des chemins, du bétail, des choses essentielles de la vie rurale et surtout du choix des maîtres d'école : c'est une des deux « industries » du pays : l'élevage et les maîtres d'école ! Ce coin de France fut le plus alphabétisé sous Louis XIV. En ce qui concerne les successions, tout est extrêmement simple : c'est l'héritier unique. Et le droit d'aînesse, qui s'est poursuivi jusqu'après 1950. Un de mes étudiants, originaire de la région, m'a raconté qu'il avait quasiment suscité une révolution lorsqu'à la mort de son grand-père dans les années cinquante, il exigea qu'on applique le Code civil. Le Code civil dans la vallée de la Barcelonnette : on ne connaît pas ! Histoire limite, mais histoire vraie. Je dois dire d'ailleurs que la monarchie a eu ce mérite de respecter les coutumes de la vallée de la Barcelonnette — cela ne la dérangeait pas — et, fait typique pour cette monarchie, elle a demandé aux habitants une rédaction nouvelle de la coutume. Ils l'envoyèrent à l'intendant d'Aix-en-

Provence, lequel l'a approuvée et l'a renvoyée. Je crois que l'aller-et-retour a mis deux ou trois ans. Les gens de la vallée continuaient comme avant, et ils ont continué au XIXe siècle et une partie du XXe siècle. Je ne suis pas sûr que le cas soit vraiment exceptionnel.

En outre, il existe encore de nos jours de puissantes communes montagnardes qui possèdent toujours des biens communaux et qui pratiquent toujours l'affouage. Je l'ai observé dans le Jura et dans le Beaujolais (pas celui de la vigne, celui de la montagne), où chacun a droit à la coupe de bois communal à condition que la cheminée ait fumé, je crois, soixante jours par an. Alors, il existe quelques personnes qui, possédant des résidences secondaires, s'arrangent pour que quelqu'un vienne allumer le feu, car le contrôle est sérieux. Car la vente des bois communaux qui ne sont pas de la broussaille, ce n'est pas une petite chose. Il s'agit de survivances.

À partir du moment où il y a des juges royaux, où il y a surtout les tribunaux financiers, comme les cours qui légifèrent sur les tailles, sur les aides, sur les douanes, la gabelle, le sel, les pouvoirs de la communauté tendent à disparaître. Ce sont les agents royaux qui décident, et la communauté doit s'incliner. À partir du moment où l'intendant s'installe et commence à avoir des subdélégations — sorte de sous-préfets — à peu près à demeure (ce qui est tardif : début du XVIIIe siècle), ils contrôlent les activités des communautés rurales. Patronage qui avait déjà été ébauché sous Colbert par l'opération gigantesque qui s'appelait le contrôle des dettes des communautés. Opération financière apparemment, qui fut un moyen pour Colbert — ou du moins pour l'équipe de Colbert, parce qu'il n'était pas tout seul, loin de là, il regroupait tous ses cousins et ses amis proches — d'obliger les communautés à rembourser leurs dettes (il s'agissait surtout des villes, mais il y avait aussi des campagnes visées), en payant l'arriéré des impôts, en créant de nouveaux octrois, dont le gouvernement se réservait naturellement la moitié. Et surtout, c'était le moyen pour le pouvoir central de pénétrer dans les affaires des villes et en même temps dans celles des villages importants assez souvent endettés. Il y eut une immense enquête sur les dettes des communautés dans les années 1663-1664-1665. Le contrôle royal est très fréquent aussi bien pour les impôts, que pour les dettes, et pour les querelles de sel. Et le contrôle sévit sur tout ce que peuvent décider les communautés, à partir du règne de Louis XV. Alors s'installe vraiment la monarchie administrative... — parce qu'on dit toujours que c'est Colbert qui a fait la monarchie administrative : il a commencé ou recommencé, mais cette monarchie a fonctionné vraiment à plein, avec assez de prestige et une efficacité relative au XVIIIe siècle seulement : c'est un bon travail, beau à voir, l'administration de Louis XV : les gens sont polis, ils écrivent bien sur du beau papier... Bientôt les communautés — pas les toutes petites — furent obligées d'envoyer ce qu'on peut appeler leur budget à l'intendant. L'intendant répondait ou ne répondait pas, les papiers mettaient souvent un an ou deux pour faire l'aller et retour, mais enfin les communautés envoyaient leur budget ; il était contrôlé plus ou moins ; de temps en temps, il y avait des « pépins ».

*

Je voudrais aborder maintenant la deuxième partie de ce colloque : il s'agit du problème de la transition. On a pu lire jadis, il y a vingt ans, dans les revues internationales, des articles sur la transition du féodalisme au capitalisme, dont plus grand monde ne parle. Le thème m'a toujours paru un peu formel. Nous n'en sommes plus là mais à la transition du XVIIIe au XIXe siècle à travers, pardessus ou malgré la Révolution française. Et pour savoir ce qui en est resté et ce qui n'en est pas resté.

Il y a des traits qui demeurent : ainsi la plus grande partie des communaux, même si on en a partagé certains. On s'est disputé pour ces partages ; ils se sont effectués ou bien au prorata du nombre des bonniers, ou par tête de bétail, ou « par tête de pipe », parce qu'on a parfois vu le partage égal. Les petites gens étaient pour. C'étaient les gros qui étaient contre. Le problème durait encore au XXe siècle. Il est resté aussi la communauté rurale, ainsi que l'assemblée des habitants qui ont changé de nom et surtout de nature. C'est la constitution de 1791, en

À propos des communautés rurales d'Ancien Régime 89

France, qui a créé les communes qui sont en gros les paroisses, qui étaient neuf fois sur dix les communautés rurales, sauf dans les pays de hameaux, et cette assemblée des habitants a été appelée conseil municipal et s'appelle toujours ainsi. Mais, au lieu que les chefs, les hommes importants de ce conseil s'appellent le syndic ou le consul ou le jurat ou le fabrique ou je ne sais quoi, on les appelle tous Monsieur le Maire. Puis, suivant le tempérament des différents régimes qui se sont succédé en France depuis 1792, de temps en temps on nommait les maires, ou bien on les faisait élire. Mais la vie municipale a toujours subsisté. Ainsi que le garde champêtre, création de la Révolution ou simplification de la Révolution : sorte de synthèse des anciens garde-ceci et garde-cela. J'en ai souvent vu dans ma jeunesse. C'étaient des personnages pittoresques, chargés d'une vague police et de la lecture des « avis » des autorités. Apparemment, seigneurs, seigneuries et féodalité ont été supprimés. Une partie des nobles seigneurs — une minorité, on le dit rarement — a choisi d'émigrer. D'autres se sont, comme on dit vulgairement, « planqués » pendant la Révolution, souvent d'ailleurs avec la protection de leurs paysans. On tente quelquefois de faire croire qu'ils ont retrouvé leurs biens, que ceux-ci n'ont pas été vendus ou qu'ils avaient été achetés par des amis ou des métayers, ce qui est parfois exact. Et puis, ils ont essayé de récupérer quelques droits après la tourmente, surtout sous la Restauration. Ensuite, se produisit un changement considérable : l'ancienne noblesse seigneuriale s'est subitement réinstallée dans les campagnes à partir du règne de Louis-Philippe, après l'échec de Charles X. Ils n'ont pas accepté Louis-Philippe, rallié au drapeau tricolore et qui n'était pas de la bonne branche bourbonienne. Revenus à la campagne, ils se sont mis à l'agriculture et à la grande exploitation, ils ont repris en quelque sorte une influence de gros propriétaires fonciers souvent heureuse, car ils ont essayé des engrais et des techniques nouvelles que les paysans ont lentement adoptés.

Permettez-moi quelques mots sur la noblesse : elle a été abolie un certain nombre de fois en France, mais elle se porte toujours bien, elle est nombreuse, surtout la fausse, bien entendu, mais enfin, il y en a apparemment toujours. La noblesse serait-elle éternelle ?

Et d'ailleurs, durant tout le XIXᵉ siècle, quel fut le groupe social le plus riche en France ? Toujours la noblesse, du moins jusqu'au moment de la grande industrialisation. Évidemment, parmi les plus opulents se glissent quelques négociants et quelques banquiers. Ils vont vraiment prétendre à de plus grosses fortunes sous Napoléon III. Mais la noblesse est pendant longtemps restée le groupe social le plus riche de France. Il tient encore une bonne place, ainsi un seul exemple : le plus grand propriétaire du Beaujolais viticole est de vieille noblesse lyonnaise. Il a publié d'ailleurs sa généalogie, exacte. Autre raison de la Révolution, et autre survivance : le droit de chasse. Vous savez que pour les paysans, la Révolution a été l'occasion de chasser. Dès juillet 1789, ils se sont mis à tirer des lièvres, des sangliers, des chevreuils, un vrai massacre. Essayez donc aujourd'hui. D'abord il n'y en a presque plus. Ensuite il y a les sociétés de chasse. En Sologne, les gardes-chasse sont bien plus terribles que ne le furent les gardes de Louis XV et de Louis XVI, qui s'arrangeaient avec les braconniers. Le droit de chasse est revenu.

Les justices spéciales de l'Ancien Régime ont disparu en 1791, mais sont revenues après. A survécu la maréchaussée, institution du XVIᵉ siècle. Les maréchaux jugeaient essentiellement des querelles de point d'honneur ; puis ils ont dû suivre les soldats déserteurs, puis les vagabonds. Changeant de nom, ils sont devenus les gendarmes — qui croissent et se multiplient.

Quant à l'ancienne communauté rurale, elle a survécu plus ou moins bien, avec pas mal de traits anciens, jusqu'entre les deux guerres mondiales.

Avec les remembrements et la révolution de la machine après 1945, la vieille communauté s'est effondrée. En cherchant bien, on en trouve encore en Limousin ou en Auvergne.

Dans l'ensemble, les paysans ont profité de la Révolution. Ils ont connu ensuite des difficultés mais ils ne se sont pas appauvris. Aujourd'hui les anciens « baudets » de l'État payent peu d'impôts. Un gros laboureur, qui est une grosse puissance économique, payait 2 000 à 3 000 livres de taille en 1770 (ce qui peut faire une somme faramineuse aujourd'hui, c'est six fois la portion congrue d'un petit curé). Aujourd'hui, il reçoit des subventions, et bénéficie de la retraite et de la Sécurité sociale pour laquelle il n'a versé aucune cotisation. Si bien que la Révolution française, qui ne le prévoyait peut-être pas à ce point, a tout de même bien amélioré la situation des paysans. On dit souvent que la Révolution française a été une révolution bourgeoise : jugement sommaire, exact dans la longue durée. Mais c'est tout de même la Révolution qui, en diminuant leurs charges, a profité aux paysans, qui, en plus — pour les plus aisés —, se sont bien débrouillés pour acquérir des biens nationaux. Pas trop : ils ne pouvaient pas en acheter beaucoup. Ils ont attendu pour les payer, et ils les ont payés en assignats, c'est-à-dire en papier constamment dévalué. Ils se sont enrichis de biens d'Église, biens fort considérables : 8 à 10 % de la superficie de la France, surtout dans le Nord et dans l'Est, moins dans l'Ouest et dans le Midi. Ils ont acheté moins que les bourgeois, mais acheté, et acheté pas cher. Et puis ils ont profité aussi de la dévaluation de la monnaie et des besoins des armées de la Révolution pour vendre leurs produits le plus cher possible et se faire payer en pièces sonnantes et trébuchantes, et pas en assignats. Cependant les communautés rurales ont beaucoup souffert, notamment du service militaire. Il est patent que les armées révolutionnaires, qui ont remporté tant de victoires pour finir à Waterloo, avaient mobilisé des centaines et des centaines de milliers d'hommes qui pour la plupart étaient des paysans, qui n'aimaient pas cela. L'esprit patriotique et militaire apparaissait en cas de danger immédiat et proche, quand on était menacé sur la frontière maritime ou terrestre. La paysannerie a renâclé terriblement devant le service militaire imposé peu à peu. Il y avait déjà eu les milices du temps des rois peu appréciées. La Révolution a inventé la conscription. Les campagnes ont souvent réagi par des désertions considérables, souvent soutenues par les municipalités. En particulier cette attitude explique autant que la fidélité au bon prêtre et au roi la guerre de Vendée : elle fut, dans l'immédiat, une révolte contre la levée en masse de mars 1793. L'ancienne révolte contre la conscription a été soutenue par la communauté villageoise. Il est arrivé, sous la royauté comme au XIXe siècle, où l'on pouvait se payer un remplaçant, que la communauté villageoise paye les remplaçants afin de conserver les solides gaillards dont elle avait besoin pour labourer les champs ou conduire les charrois.

CHAPITRE II

LA SOCIÉTÉ DES DOMINANTS
FORTUNE ET MOBILITÉ SOCIALE

Dominus : ce mot latin qui a donné « dominants », terme qui peut revêtir une signification religieuse, féodale, patriarcale, peut surprendre par l'acception apparemment vague, ou excessive, dont on l'a chargé pour désigner l'ensemble des hommes qui, par leur puissance spirituelle ou matérielle, ou les deux, ont commandé et peut-être exploité les petites gens dont on vient d'esquisser la figure.

Beaucoup d'historiens se sont occupés depuis fort longtemps de ces brillants personnages, princes laïques ou ecclésiastiques, juges éminents, grands négociants ou discrets banquiers. Mon intention première était de ne pas m'attacher à eux, puisque d'autres les avaient étudiés, et allaient persévérer. Il m'apparut pourtant vite que les ouvriers en laine et les paysans du Beauvaisis allaient me conduire à ces personnalités parfois prestigieuses, souvent discrètes, généralement efficaces.

Naturellement sergers, tisserands et tixiers (de toile) dépendaient étroitement de leurs employeurs, qui souvent leur fournissaient outils et matière première (ou semi-ouvrée) pour travailler à domicile ou en de modestes ateliers urbains, garnis de quelques métiers. Ces patrons, qui vivaient pour une bonne part du travail des autres, dépendaient eux-mêmes du marché, et de ceux qui en fixaient ou en subissaient les lois. Bref, de très grands négociants, souvent de stature internationale, se trouvaient à Beauvais comme à Amiens ou à Reims, mais en moindre nombre. Cependant, deux membres de la famille Danse attirent la célébrité ; l'un, Nicolas, inventa un nouveau type de toile de lin et mérita de figurer dans le *Dictionnaire du commerce* de 1723 ; l'autre, Gabriel, personnage d'une envergure considérable, acquit la noblesse et fut probablement en son temps (vers 1700) le seul millionnaire de Beauvais. On en a trouvé aussi en d'autres villes : Pierre Deyon à Amiens, Charles Carrière à Marseille, André Lespagnol à Saint-Malo, pour s'en tenir aux hommes et aux lieux les plus remarquables.

Bien que ces négociants n'aient pas souvent négligé les charmes et les profits de la terre, ce fut habituellement de personnages bien différents que dépendaient étroitement les petites gens des bourgades et des villages : ceux qui tenaient en leurs mains la terre, les contrats, la justice et l'énorme usure. Des chanoines, des religieux et religieuses, des juges du présidial, de l'élection, du comté-pairie, percepteurs de la foule très bigarrée des impôts royaux, décimaux, seigneuriaux, dont ils déléguaient souvent le ramassage à de discrets et efficaces financiers. Tous, bien sûr, détenteurs il est vrai inégaux, de beaux domaines, de riches corps de fermes, mais aussi de réserves de grain, de vin, de bétail, de toisons, de grimoires apparemment complexes, souvent pures reconnaissances de dettes (portant hypothèque), et de bien plus de réserves monétaires qu'on a parfois imaginé.

Mais il fallait quitter la simple province et remonter très haut dans ce qu'on n'appelait pas l'échelle sociale pour atteindre les grands noms, les grands pouvoirs, les grandes fortunes, les trois coïncidant le plus souvent. Entre 1950 et 1960, on ne soupçonnait pas ce qu'avaient été les énormes (et durables) fortunes de la très grande noblesse, les Condé en tête, puis de la Robe parlementaire, puis des financiers (si bien débusqués par Daniel Dessert), puis des très grands marchands, dont les Marseillais et les Malouins (et Nantais et Bordelais) déjà évoqués.

Tous ces puissants, que j'avais tout juste entr'aperçus dans mon expérience beauvaisine, sont aujourd'hui assez bien ou très bien connus. Mais leurs vastes domaines comme leurs « ors et argents » (comme on disait) provenaient, reposaient sur le travail inlassable de tous les humbles précédemment évoqués, qui constituaient le socle solide de la puissance du royaume.

I

ÊTRE RICHE AU GRAND SIÈCLE*

Être pauvre, au temps des fils et des petits-fils d'Henri IV, et même un peu après, on savait fort bien ce que cela signifiait : ne pouvoir assurer continûment le pain quotidien — le pain seulement — à sa famille et à soi-même. Le cas n'était pas exceptionnel, puisqu'il était entré dans le discours politique aussi bien qu'ecclésiastique (Bossuet, *Sermon sur l'éminente dignité des Pauvres*, 1662), et que les institutions charitables, encore rares malgré M. Vincent (au rôle exagéré et surtout symbolique), se trouvaient souvent débordées, donc insuffisantes, surtout aux « mauvaises » années (épidémies, disettes). Des « pauvres » de ce type, des vrais et non des simulateurs, on en trouvait facilement dans le royaume de un à quatre millions, selon le bonheur ou le malheur des temps.

Être riche, en revanche, voilà qui se définissait alors malaisément, puisque justement les « riches », sauf quelques vantards, affirmaient généralement qu'ils ne l'étaient point, sinon simplement « aisés ». En ville, cela ne les empêchait pas de posséder une bonne maison, des équipages, des domestiques, plus des biens au soleil et des sacs d'écus soigneusement dissimulés. À la campagne, tout le monde pleurait misère ; on peut pourtant supposer qu'un solide laboureur qui exploitait une centaine d'hectares avec une douzaine de chevaux, ou qu'un éleveur qui détenait quelques douzaines de bovins

---

* 1982. Publié dans *L'Histoire*.

n'étaient pas à inscrire sur la liste de ceux qu'on n'appelait pas encore des « assistés sociaux ». En réalité, l'historien peut assez souvent démêler ces variables hypocrisies, puisqu'il dispose parfois, ou souvent, selon les temps et les lieux, des moyens de savoir, de façon approchée — et généralement minimale —, ce qu'il en était au juste de ces richesses et de ces riches.

Trois catégories de sources peuvent en effet apporter leurs inégales lumières. L'une admirable, mais rare : les comptabilités personnelles ou collectives qu'on retrouve dans les archives privées (ou devenues publiques) des grandes familles (Condé, Conti, Penthièvre, Orléans...) d'antan ou de solides institutions ecclésiastiques (chapitres, couvents...), — plus rarement de marchands ou de sociétés marchandes.

La seconde source, plus fréquente, gît dans les minutes des notaires : les contrats de mariage (plus ou moins fréquents selon les provinces) livrent habituellement le montant des dots, parfois des apports venus des deux côtés ; reste à savoir la coutume juridique qui régit ce mariage... et si les dots promises ont été effectivement versées. Quoi qu'il en soit, il s'agit alors de fortune de départ, et non de fortune achevée. Force est tout de même de reconnaître qu'une dot de mille livres tournois qui peut correspondre vaguement à 60 000 de nos francs (1982), exprime une bien moyenne aisance ; qu'une fille de bon marchand pourvue de dix mille livres (600 000 francs) démarre fort bien dans la voie d'une certaine richesse, et que tout le monde ne peut donner, comme Colbert, 400 000 livres (plus de vingt millions de francs) à sa fille aînée pour épouser même un duc (et Mazarin, 600 000 à chacune de ses nièces). Il est vrai que, dans ces deux derniers cas, fort exceptionnels, les sacs d'or donnés sont pour une bonne part ceux de l'État, donc des contribuables...

Les papiers de succession — inventaires après décès, plus rares actes de partage — permettent d'approcher plus sérieusement les fortunes d'antan, si l'on sait éviter les pièges que réservent ces actes, ce qui au demeurant ne suppose qu'une certaine culture juridique, et un solide esprit critique d'historien, vertu en voie de raréfaction. Par surcroît, la lecture de ces inventaires réserve souvent les émotions ou les joies que l'on peut éprouver à suivre le commissaire-priseur et le greffier énumérant tous les meubles « meublans », la batterie de cuisine, les vêtements, le linge, etc. et surtout, les « titres et papiers » qu'on rencontre parfois chez des gens assez humbles (des dettes, souvent !).

En ce domaine comme dans tous les autres, le monde paysan diffère toujours. Richesse fondamentale et très largement majoritaire du royaume de France, la terre leur échappe pour au moins la moitié : celle-ci — la meilleure, avec presque tous les prés et les bois, perles de ces terroirs — appartient à la noblesse surtout, au clergé ensuite, à la bourgeoisie (au sens urbain) enfin.

Environ quatre millions de familles paysannes se partageaient donc la plus maigre moitié de la terre du royaume. Fort inégalement, on le sait bien. Espèce rare, les « propriétaires-exploitants » purement paysans possédaient au plus vingt hectares dans les grandes campagnes à blé, un peu plus en pays de bocage, de montagne à vaches, d'élevage. Cela leur procurait la sécurité du lendemain, de quoi payer leurs tailles et autres impôts (proportionnellement bien plus élevés qu'au XXe siècle) et de quoi doter leurs enfants, plus peut-être un petit sac d'écus dont les inventaires ne font jamais mention. À la campagne, la richesse réelle, en dehors bien sûr des nobles et du clergé, se découvre plutôt chez les très gros fermiers, notamment du Bassin Parisien, exploitant cent hectares et plus, pourvus d'une dizaine de chevaux, de vingt ou trente vaches, de trois cents à quatre cents moutons et le reste à l'avenant ; en outre, percepteurs des droits seigneuriaux et de la dîme ecclésiastique, et ayant au minimum trois valets ou servantes. Ces « coqs de village », comme peut-être on les appelait (je n'ai jamais rencontré l'expression), laissaient, au maximum, des successions comprises entre dix et vingt mille livres, plus quelques écus sans doute bien dissimulés (rappelons qu'on ne payait pratiquement pas de droits de succession). Pour mon compte, avant 1730, je n'ai pas rencontré de succession atteignant vingt mille livres dans ce milieu paysan, le plus riche de tous.

Vingt mille livres, cela pourrait correspondre grossièrement à un million et demi de nos francs actuels dont le revenu (si tant est que ce terme ait un sens à la campagne) — guère plus de 3 % au temps de Louis XIV, quarante-cinq mille francs l'an, pas quatre mille francs par mois — apparaît évidemment ridicule pour des exploitations de cette taille, avec un « cheptel vif et mort » de ces dimensions, et ne s'explique que par un autre mode de vie que le nôtre — car on dissimulait plutôt moins en ces siècles lointains. De toute manière, on ne rencontrait pas plus d'un ou deux de ces gros fermiers laboureurs par village — et certains n'en recelaient aucun ; et même si leur fortune avait atteint les cinquante mille livres (ce qui put arriver), ils se seraient classés très en deçà des bons bourgeois et surtout de la noblesse.

La campagne, par vingt canaux, engraissant surtout la ville, c'est là qu'il faut chercher les vraies fortunes, moyennes ou grandes ; on les trouve d'ailleurs sans trop de difficulté.

D'abord, on s'y attendait, sans doute trop, chez ces roturiers urbains aisés et avides de pouvoir qui constituent ce qu'on appelle la « bourgeoisie ». Un mot qui, au Grand Siècle, ne signifiait pas autre chose que ce qui vient d'être dit : l'habitat urbain, la roture, la richesse, et l'aptitude à certains commandements (non militaires habituellement). Mais, dans la bourgeoisie, il existait bien des espèces. Si on laisse de côté les boutiquiers et les simples maîtres de métiers, il s'en trouvait au moins trois catégories dans les villes de quelques milliers d'habitants, si nombreuses et caractéristiques de l'ancienne France : les officiers, les marchands, les rentiers, assez souvent apparentés et plus souvent qu'on aurait pu le croire. Au Grand Siècle, un nombre de cinq chiffres exprime habituellement leur niveau de fortune ; les plus gros, quelques-uns par cité, peuvent atteindre ou dépasser les cent mille livres (six ou sept millions de nos francs de 1982, ce qui n'est pas si mal). Il va sans dire que tous possèdent, outre leur maison de ville, grande, bien située, avec pignon sur rue, une ferme proche, dont ils tirent à peu près toutes leurs provisions de bouche et de chauffage, plus quelques suppléments. Pour le reste, il faut distinguer.

Les officiers du roi, surtout les magistrats — de bailliage, de présidial, de prévôté, d'élection, de grenier à sel, ces deux derniers relatifs aux finances, moins estimées mais plus « juteuses » — répartissent généralement leur fortune, outre leur maison et la valeur (variable) de leur office (cinq mille à dix mille livres, plus pour certains offices de finances), entre les terres et les rentes. Certains préfèrent les premières, sûres, mais de revenu souvent faible (3 % ?), d'autres les secondes qui offrent des caractères inverses. Bien peu ne travaillent pas à rassembler, durant plusieurs générations, à la fois de beaux « clos de vigne, de grasses prairies de rivière s'il s'en trouve, et des ensembles de parcelles si possible jointives et disposées autour d'un solide corps de ferme, qu'on baillera, selon la région, à un fermier ou, plus souvent, à un métayer, qu'on pourra surveiller de près ». C'est ainsi qu'une belle part des meilleurs terroirs péri-urbains sont tombés dans les mains des plus solides bourgeois (dont, soit dit en passant, une bonne part aussi se trouvera plus ou moins anoblie un siècle plus tard).

L'autre part principale de leur fortune se composait de rentes « constituées » sur des particuliers. Des astuces juridiques permettant de tourner l'interdiction canonique du prêt à intérêt, il s'agissait d'actes de vente. On « vendait » une rente annuelle pour un certain prix, appelé « principal » — nous dirions « capital ». Ainsi, on achetait à quelqu'un, pour mille livres, une rente de cinquante livres par an (donc à 5 %, on disait le « denier 20 ») ; bien sûr, le versement annuel de la rente était gagé sur des maisons et surtout des terres, par cela même hypothéquées, et que le « crédirentier » (le créancier) s'empressait de faire saisir puis de s'approprier dès que le débiteur manquait à ses devoirs — d'autant plus facilement que ledit créancier était souvent magistrat... L'élémentaire précaution consistait à choisir des débiteurs ayant « de quoi » — des nobles un moment gênés, des bourgeois plus modestes mais non dépourvus, de robustes paysans aussi. L'honnêteté oblige à dire que bien des communautés religieuses — surtout les couvents de femmes —

collectionnaient les titres de rentes constituées. Mais, chez beaucoup d'officiers laïcs, il arrivait que les « constituts » (rentes en capital) forment les deux tiers ou les trois quarts d'une fortune qui semblait à l'abri de toute surprise — sauf les dévaluations, fréquentes à partir de 1689, puisque les contrats étaient bien entendu rédigés en « livres tournois nominales », et non en onces d'or ou en marcs d'argent (un marc = une demi-livre). Vingt astuces subalternes pouvaient d'ailleurs agrémenter les contrats, avec la complicité du notaire : par exemple on versait un « principal » — un prêt — moindre que celui qui était inscrit. En principe, de telles rentes étaient dites « perpétuelles » ; mais les débiteurs pouvaient toujours les rembourser à leur valeur nominale initiale, ce qu'ils faisaient en temps de rude dévaluation, ou en billets de banque comme sous la Régence, aux temps bénis (pour eux) de l'affaire Law.

Le propre de la bourgeoisie appelée « rentière » était justement de vivre principalement de ce type d'activité, mais aussi de louage de maisons ou d'appartements, au moins dans les grandes villes, où la demande était forte. Dans ce groupe qui survécut jusqu'au début du XXe siècle (mais alors en jouant sur la rente d'État, peu sûre au XVIIe siècle), on trouve beaucoup de veuves, de « filles anciennes » (célibataires), d'officiers en quelque sorte retirés... et aussi de chanoines à qui leurs saintes prébendes (souvent substantielles dans la moitié nord de la France, et agrémentées de quelques suppléments) ne suffisaient sans doute pas, ou bien songeaient-ils à doter quelque nièce ?

Avec les marchands, les grands, ceux qui ne vendent pas au détail et en boutique, nous entrons dans un autre monde. Sans doute détiennent-ils eux aussi maison de ville et parfois des champs, quelques rentes ou terres venues d'héritages, mais l'essentiel n'est pas là. Il consiste dans le rassemblement, l'achèvement, le conditionnement, l'emballage et l'expédition proche ou lointaine de marchandises (souvent des étoffes) fabriquées dans les campagnes et les faubourgs, et destinées, par exemple, à vêtir les Parisiennes, les gens du Proche-Orient, d'Espagne, ou des « Indes » et des « Isles », c'est-à-dire de l'Amérique espagnole et des Antilles, dont le marché « éclate » en quelque sorte dans la seconde moitié du règne de Louis XIV. Cette activité prenante suppose des correspondants dans les grandes villes (Paris, Lyon, Troyes aussi), les grands ports (de Saint-Valéry-sur-Somme à Bayonne, plus Marseille), et à l'étranger (essentiellement Amsterdam, Londres, Hambourg et de plus en plus Cadix). Ce qui nécessite aussi des déplacements nombreux et une correspondance incessante. Lorsque meurt, surtout dans la force de l'âge, donc de son commerce, un négociant de ce style, l'inventaire de ses biens, difficile, offre un tableau qui ne ressemble à peu près en rien à celui des sages fortunes « officières » ou rentières. Elles présentent un caractère essentiellement mobilier, et probablement moins stable ; parfois aussi, elles sont énormes. Prenons par exemple un gros marchand d'étoffes de la moyenne ville de Beauvais, Gabriel Motte, mort en 1693. Certes il possède sa maison, une vigne, quelques terres, quelques rentes ; mais on découvre en stock dans son « magasin » 2 363 pièces d'étoffe (surtout des toiles de lin) valant plus de 60 000 livres (près de quatre millions de francs 1982) ; d'autres ont été expédiées dans les grandes villes et les grands ports : Lyon, Toulouse, Paris, Rouen, Bordeaux et Marseille ; de plus nombreuses sont à Cadix, aux Antilles, bientôt en Amérique du Sud : elles représentent une valeur sûre (selon les papiers conservés) de plus de 163 000 livres, somme prodigieuse, qui permettrait d'entretenir pendant un an au moins 500 curés à portion congrue... On ne trouve en caisse, outre ces créances, qu'une dizaine de milliers de livres en or ou en argent, bagatelle équivalant peu ou prou à six cent mille de nos francs de 1982.

On comprend aisément toutes les difficultés qui pouvaient se présenter pour récupérer ces créances, vendre ces étoffes, ne pas les savoir abîmées par les voyages, éviter les clients en faillite, et continuer à entretenir cette incessante circulation de marchandises, de lettres, de reconnaissances de dettes et de billets à ordre. Il s'agissait bien du monde hardi des négociants et des armateurs, qu'on retrouve, avec des nuances, à Rouen, à Nantes, à Bordeaux, à Marseille, pour ne pas parler de Saint-Malo, prestigieuse et richissime cité des années 1700. Il est probable que des hommes de cette espèce portaient l'avenir économique du royaume, et que pourtant les sages rentiers et propriétaires terriens en assuraient en quelque sorte la sécurité de base. Quoi qu'il en soit, les uns et les autres, par leur activité et leurs revenus comme par leur capital, se plaçaient très au-dessus des petits boutiquiers ou des maîtres-serruriers, qui se saignaient pour donner en dot à leur fille un ou deux milliers de livres, une misère pour les vrais et solides bourgeois, officiers, rentiers, ou négociants.

Sur ces personnages, les contemporains semblaient assez mal renseignés, car on mettait toujours en exergue les fortunes déclarées scandaleuses des « traitant » des « partisans » (les PTS de La Bruyère), des financiers, hommes de peu, disait-on, qui bâtissaient leur splendeur sur la misère publique, et dont Turcaret demeure le type littéraire aussi talentueux que faux. Ce n'est pas anticiper beaucoup sur les travaux admirables de Daniel Dessert que de souligner déjà que les financiers sont les hommes qui prêtent au roi l'argent dont il a besoin, perçoivent pour lui les impôts qu'il est incapable de faire percevoir, fournissent ses armées et sa flotte, et en retirent, grâce à une organisation efficace, des bénéfices en partie fort légaux, en partie beaucoup moins. Ils descendent d'officiers de finances (ils le sont encore), trésorier et receveurs d'impôt « maniant les espèces », comme on disait..., et ayant déjà prêté au roi son propre argent. Presque tous sont anoblis, presque aucun n'est protestant ou étranger. Si les fortunes de quelques-uns paraissent faramineuses (quelques millions) beaucoup ont connu des difficultés, et certains ont dû effectuer une sorte de banqueroute, pas souvent frauduleuse. Presque tous ont brillé, au moins un moment, et beaucoup ont terminé dans l'ombre — parfois celle d'un couvent. On sait peu que ces personnages aux patronymes bien innocents (Aubert, Bernard, Bonneau, Chastellain, Galland, Girardin, Gon, Gruyn, Jeannin, etc.) ne détenaient pas personnellement tout l'argent — des dizaines de millions en or — qu'ils avançaient au roi, mais que sous leur nom se dissimulaient les véritables prêteurs, qui ne pouvaient être que ceux qui détenaient les plus grandes fortunes du royaume, c'est-à-dire les nobles, qu'ils soient d'épée, de robe de gouvernement ou d'Église, par exemple Mme de Longueville, Turenne... ou Bossuet et le « grand Colbert » lui-même.

Abusés par des idées toutes gratuites, nous avons longtemps cru dans ce pays que la bourgeoisie s'enrichissait et « montait » tandis que la noblesse s'appauvrissait et s'affaiblissait du XVIe au XVIIIe siècle — et même au XIXe. Peu d'assertions s'avèrent désormais aussi inexactes, à condition de bien considérer un certain nombre de réalités simples, souvent oubliées, ou volontairement gommées.

D'abord que la noblesse, juridiquement, gît aussi bien dans les vieilles familles dites d'épée, que dans la robe (les parlementaires bretons furent les plus anciennement nobles de tous), dans l'État (le « gouvernement de vile bourgeoisie » est une méchanceté gratuite de Saint-Simon, fils de financiers par les femmes), et surtout dans l'Église, où presque tous les prélats appartenaient à la vieille noblesse ainsi que les abbés et les abbesses des plus prestigieux et riches couvents. Ensuite que cette noblesse qui, avec l'Église qu'elle avait investie par le sommet, possédait 35 ou 40 % de la terre française, et la plus riche (dont presque toutes les forêts), percevait des droits féodaux ou seigneuriaux, certes variables, mais souvent substantiels, sur la totalité ; et, par la dîme ecclésiastique — 8 % en moyenne —, des sommes encore plus considérables, dont une partie seulement retournait au clergé roturier. Et il convient de rappeler aussi que l'Église de France jouissait de revenus qu'aucun historien n'a osé évaluer à moins de 90 millions par an — l'équivalent du budget de Colbert en temps de paix — dont la majorité, insistons-y, allait à des fils et filles de familles nobles, évêques, dignitaires des grands chapitres, abbés ou abbesses qui la plupart du temps résidaient peu ou se contentaient d'être « commendataire » (ce qui consiste à percevoir le tiers ou plus des revenus d'une abbaye sans en remplir les charges). Si l'on veut vraiment découvrir la grande richesse au XVIIe siècle — et au moins autant au XVIIIe —, c'est de ce côté qu'il convient d'abord de se tourner.

L'opulence des grandes maisons nobles — la plupart

étaient millionnaires, une fois, cinq fois, dix fois, vingt à trente fois pour les « princes du sang » — éclatait aux yeux par la magnificence des résidences, des équipages et des toilettes ; certains « grands seigneurs » s'endettaient-ils ? Ou bien ils ne s'acquittaient jamais (qui les poursuivrait ?) ; ou bien le roi leur concédait des « grâces » (monnayées), des charges (fructueuses), des pensions et des titres. Bien entendu, tout cela provenait des diverses formes d'impositions qui étaient perçues sur un royaume qui passait (la Hollande mise à part) pour le plus riche d'Europe. En fin de compte, c'était la terre de France qui engraissait, directement ou non, les maisons millionnaires de la grande noblesse, d'épée, de robe, d'Église ou de gouvernement (tous les ministres s'enrichissaient largement, cela se ramenait à une véritable institution, et « l'honnête M. Colbert » pas moins que les autres).

Il arrivait toujours un moment où cette opulence nobiliaire (et bourgeoise, à un degré généralement moindre — mais les plus riches bourgeois devenaient nobles) se concrétisait par de lourds sacs d'écus, or ou argent, qu'il fallait bien faire « voiturer » par des convois encadrés de soldats armés, qui cheminaient vers telle caisse du Trésor royal (il devait en exister une vingtaine), ou plus couramment chez un notaire, pour honorer la signature d'un contrat de mariage, d'une grosse constitution de rente, plus solidement d'un bail de ferme conclu avec les hommes du roi par un ou deux hommes de paille. Quelques-uns de ces convois, surtout en province, étaient parfois pillés, mais rarement. Ce qui était sûr, c'est qu'on trouvait toujours à l'une des extrémités de cette chaîne argentée ou dorée un ou deux représentants de la très grande noblesse.

De telles évocations, qui n'offrent aucun caractère romanesque, nous emmènent très loin, et très au-dessus du petit monde urbain des marchands épiciers ou des maîtres-tisserands ; bien plus loin encore de ces gros laboureurs ou de ces maîtres de mas puissants en leur village, rouages essentiels de la société et de l'économie du royaume, mais si petits, si petits avec leur probable « capital » d'une dizaine de milliers de livres tournois ;

cinq cents, mille fois, deux mille fois moins que tel éminent parlementaire, tel prélat titulaire de six abbayes, tel trésorier des guerres, et surtout tel illustre prince plus de vingt fois millionnaire.

Immanquablement, une question se pose : de tels écarts de fortune et de revenus provoquaient-ils des jalousies, des colères, des révoltes ? Des jalousies, sans doute, mais localement ; des colères, fort rarement ; de vraies révoltes, à peu près jamais, puisque celles qu'auront à combattre Louis XIII et Louis XIV présentaient ou bien un caractère religieux (les protestants) ou bien, le plus souvent, anti-fiscal. Sans doute les gens n'imaginaient-ils pas que la société puisse changer un jour. On peut penser aussi qu'il ait pu se trouver quelque habileté à détourner les émeutes des petites gens vers les percepteurs des impôts accrus et surtout des impôts nouveaux, les plus mal ressentis, comme de laisser se populariser l'horrible figure — parfaitement fausse — du traitant, du financier, du fermier général sorti de la lie du peuple, « monté » par on ne sait quelles voleries et qui, tels une pieuvre, une hydre, un vampire (l'imagerie bestiaire de la satire est inépuisable), respirait le sang et la sueur des pauvres paysans et des ouvriers urbains. Paravent commode pour détourner l'ire populaire des véritables responsables et des véritables riches, dont l'existence et l'activité se trouvaient d'ailleurs parfaitement indispensables pour la politique et l'existence même d'une royauté et d'un État dont la guerre constituait, en fin de compte, la principale activité et, par ricochets, la cause essentielle de sa chute future.

II

LES DIAMANTS DE MAZARIN OU COMMENT CONNAÎTRE LA FORTUNE DES FRANÇAIS DU XVIIᵉ SIÈCLE*

« Le Sancy », 55 carats 3/4, valeur 600 000 livres tournois : le « Miroir du Portugal », 25 carats 3/8, 150 000 livres ; un anonyme de 33 carats 3/8 et 15 autres cailloux pesant de presque 9 à plus de 24 carats : au total 1 931 000 livres et quelque 370 carats. En ce temps-là, 1661, les diamants ministériels pouvaient constituer des valeurs-refuges de quelque consistance. Encore ces dix-huit « mazarins » (le nom leur est resté) ne représentent-ils que le legs du cardinal mourant à son filleul Louis XIV. Pour la jeune reine, il réserva « un bouquet de 50 diamants taillés en pointe » ; à la reine-mère Anne d'Autriche — il le lui devait bien —, la « rose d'Angleterre » plus un brut de 14 carats et quelques menus bijoux ; à Monsieur, frère du roi, l'ineffable duc d'Orléans, seulement 31 émeraudes et 62 marcs d'or (une quinzaine de kilogrammes). Pour en revenir aux diamants, on en comptait 629 sur l'épée d'apparat offerte au connétable Colonna, neveu par alliance, et 357 sur le baudrier correspondant ; sans doute étaient-ils plus petits puisque cette arme redoutable valait à peine 225 000 livres, ce qui ne représentait après tout que 0,6 % de la fortune probable du Cardinal.

Si l'on considère la coïncidence fréquente entre le pouvoir et l'argent et l'efficace et rapide moyen d'enrichisse-

---

* *Le Monde*, 4 novembre 1979.

ment que peut constituer une carrière politique, jamais la France et les Français n'ont fait mieux qu'au XVIIᵉ siècle, et jamais aucun ministre ne surpassa Mazarin, même pas son disciple Colbert et son maître Richelieu qui, lui, n'avait laissé que vingt et quelques millions, mais avec plus de six de dettes. Le grand Giulio et sa fortune exercent conjointement une espèce de fascination. Qu'il touche les revenus de vingt abbayes, dont Saint-Denis, Cluny et Moissac, passe encore, Richelieu et bien d'autres lui avaient montré le chemin, et puis le tout atteignait à peine 600 000 livres, qui auraient tout juste pu faire vivre modestement 2 000 curés de campagne ; que les diverses charges dont le roi l'avait pourvu lui rapportent autour de deux millions un quart, c'était aussi la coutume et en quelque sorte un salaire, ou des honoraires ; qu'il ait lui-même prêté (à quel intérêt, on ne sait) à des débiteurs aussi apparemment solvables qu'un roi (d'Angleterre), deux reines (Suède, Pologne), quatre ducs et duchesses (dont l'aimable Chevreuse, redoutable femme d'affaires) et une brochette de banquiers, dont les Tallemant, un peu plus de 2 700 000 livres, cela ne devrait pas surprendre au siècle tartuffien de l'usure à la fois interdite et ostentatoire ; qu'il ait rassemblé des terres pour plus de cinq millions et des maisons pour un million et demi, cela constitue un placement assez modéré, du moins à ce niveau : même pas 20 % de la fortune totale. Ce qui surprend plus, outre les bijoux et objets précieux dont on n'a signalé qu'une partie, ce sont les lourds amas de louis d'or et de pistoles qui ont été accumulés ici et là, soit à Paris, soit fort prudemment tout près des frontières. On compte en effet des centaines de milliers de ces pièces — 100 000 rien qu'à Sedan — ; leur valeur approchait 9 millions de livres, leur poids 6 tonnes, soit plus que l'encaisse métallique de la première banque mondiale d'alors, celle d'Amsterdam, et presque autant que les dépôts que ladite banque avait reçus. À ce même moment, les caisses de l'État étaient vides. Comme d'habitude, l'argent circulait en dehors.

38 ou 39 millions du temps : la fortune de Mazarin était, de fort loin, la plus grosse fortune de France, deux à trois fois plus que les Condé, médaille d'argent, si l'on

peut dire, en la matière ; mais aussi la plus curieusement composée avec ses quintaux d'or, ses milliers d'objets d'art, ses créances privilégiées sur l'État ; la plus rapidement constituée enfin, ou plutôt reconstituée, puisqu'il semble prouvé qu'il en avait perdu une première durant la Fronde, terminée en 1652. Quant à en démêler l'origine, il y faudrait un livre, s'il peut être écrit, dont le caractère édifiant ne serait pas évident ; disons simplement que cet étonnant diplomate et cet excellent homme d'État fut encore plus remarquable dans le maniement des finances, surtout les siennes.

On peut rêver sur ces données surprenantes et sûres. Elles amènent aussi à poser quelques questions. On ne peut échapper à la première : tenter de traduire en valeurs actuelles ces « livres-tournois » (à l'origine monnaie tourangelle qui a supplanté la parisienne). Avouons tout de suite que l'opération rigoureuse est impossible, peut-être sans grande signification, le « contexte », comme on dit, ayant tellement changé. Il n'est pourtant pas inutile de risquer des comparaisons, dont voici quelques-unes.

Le louis d'or du temps valait 10 livres tournois, était frappé au titre de 23 carats (plus de 92 % d'or pur) et pesait 6,75 grammes ; ce qui met la livre tournois à 0,65 grammes d'or pur, le million de livres à 650 kilogrammes, et la fortune de Mazarin aux environs de 25 tonnes, toujours d'or pur. Reportez-vous à votre journal habituel, chronique boursière, et essayez de calculer : suivant la conjoncture, cela pourrait mettre la livre à 30 ou 35 de nos francs de 1979, donc à plus de 3 000 de ces pseudo-centimes qui sont historiquement les véritables francs — hélas ! Grossières indications. Ajoutons celle-ci, qui frise l'absurde : en argent-métal, la fortune de Mazarin pèserait quelque 300 tonnes !

Laissons là ces calculations un peu trompeuses, pour nous rapprocher de la vie réelle, celle des années 1660.

Avec une livre tournois, on pouvait acheter en année d'abondance, donc de bon marché, une quinzaine de kilos de pain, nourriture de base dont les adultes consommaient chaque jour un à deux kilos, parfois plus. Mais le salaire quotidien d'un travailleur non spécialisé, manouvrier ou journalier, disait-on, atteignait à peine dix sols, la moitié d'une livre ; compte tenu des dimanches, des fêtes obligatoires et d'un peu de chômage, cela ne pouvait pas faire plus de dix livres par mois, pour un niveau de vie bien plus proche du petit travailleur du Tiers-Monde que du « smigard » français. Les ouvriers bien spécialisés comme les serruriers et les charpentiers pouvaient gagner deux à trois fois plus ; les femmes et les enfants (dès 8 ans) deux à trois fois moins. Un curé de paroisse vivait fort honnêtement avec 20 ou 30 sols par jour, soit autour de 40 livres par mois, presque la valeur d'un médiocre cheval de labour. Un petit officier civil, sorte de fonctionnaire avant le nom, pouvait encaisser chaque année quelques centaines, voire un millier de livres. À partir de 5 000 livres de rente (nous dirions : de revenu), c'était l'aisance ; au-dessus de 10 000, la fortune, du moins en province ; 50 000 livres de rente faisaient un « millionnaire » en livres tournois, puisqu'on capitalisait alors couramment au « denier 20 », c'est-à-dire à 5 %. Or les millionnaires ne devaient pas être légion dans le beau pays qu'avait gouverné Mazarin : une bonne centaine, au plus deux cents, pratiquement tous nobles. Ainsi le fameux « éventail » des revenus, et des fortunes, était plus ouvert que jamais au milieu du Grand Siècle : du zéro du mendiant à l'infini mazarinesque.

Mais, dira-t-on, comment savez-vous tout cela ? Ces assertions ou approximations assez choquantes, sont-elles bien fondées ? Il se trouve que nous connaissons probablement mieux, ou moins mal, la fortune de nos lointains ancêtres que celle de nos contemporains, qui savent mieux dissimuler. Il est vrai que la recherche en ce domaine demande une longue patience, une grande méfiance, et une connaissance approfondie des mécanismes juridiques et financiers de l'Ancien Régime, assez subtils, et souvent variables d'une province à l'autre. Les textes officiels et littéraires étant habituellement peu crédibles, il faut dénicher dans des fonds d'archives longtemps abandonnés et peu inventoriés des documents aussi humbles et courants que les contrats de mariage et les papiers de successions. Parmi tout cela, l'inventaire après décès est, avec ses limites, le plus fréquent, le plus vivant et le plus précis, surtout s'il a été précédé d'un testament et suivi d'actes de partage et de liquidation, ce qui fut le cas pour Jules Mazarin. On trouve ces précieux grimoires dans les minutes des notaires (à Paris par exemple) et surtout dans d'obscurs papiers de justice, souvent d'humbles tribunaux, comme ceux des seigneurs (par exemple en Bretagne). En général, il était en effet obligatoire de faire inventaire quand le défunt laissait des enfants mineurs (cas fréquent), quand des héritiers étaient absents, ou quand des contestations s'annonçaient : l'inventaire faisait toujours foi en justice, et sauvegardait les droits des uns et des autres. D'où la précision et le sérieux qui le marquent habituellement.

Pourtant un inventaire ne peut prendre en compte que les « meubles » au sens du temps ; c'est-à-dire qu'on n'y trouvera estimées ni les maisons ni les terres, dont on pourra cependant repérer parfois les actes d'achat ou de louage. En revanche, meubles « meublans », effets, linge, ustensiles, vaisselle, décoration, livres, outils, bétail, provisions de toutes sortes, papiers, titres sont énumérés à leur place, décrits et généralement estimés (20 % au-dessous de leur valeur vénale, habituellement). Juges, notaires, greffiers, « priseurs » et estimateurs font souvent un beau travail, surtout si la succession est importante. La faiblesse des droits à payer (rien au roi au XVIIe siècle) et la surveillance des héritiers et créanciers garantissent la valeur de cette sorte de dénombrement, où ne sont guère dissimulés que l'argent comptant — et pas toujours au XVIIe siècle — ou quelques bijoux. Comme fournisseurs de pittoresque et de « cadre de vie », ces documents sont inégalables. On y lit l'évolution (et les variations sociales et géographiques) du mobilier, de la vaisselle (bois, terre, étain, porcelaine, argenterie), de la literie, du vêtement, du décor et des bibliothèques quand il y en a. Pour la description minutieuse d'un atelier, d'une boutique, d'un stock de marchandises, de livres de comptes, de papier commercial ou financier aussi bien que des boisseaux de seigle, des têtes de bétail et des muids de vin, rien ne peut remplacer cette source vivante et riche, toujours à condition de bien la critiquer. Ainsi, on cherchera à deviner les omissions volontaires, on pensera que le document est toujours un instantané, propre à telle situation familiale, à telle coutume régionale, et variable aussi avec l'âge du défunt ; et l'on n'ira pas rechercher fébrilement les inventaires des pauvres (bien qu'on en trouve parfois, lamentables), puisqu'on ne dénombre pas la misère, même gratuitement.

Croisés avec d'autres, comme les contrats de mariages, les constitutions de rentes (simples prêts à intérêt, d'une incroyable fréquence) ou de beaux procès civils, ces précieux inventaires permettraient d'aller assez loin : connaître au moins en partie, mais avec justesse, la composition des fortunes, leur niveau comparé, leur géographie, leur évolution. Ambitieux programme, en voie de réalisation, mais dont on aperçoit déjà quelques résultats.

Il est alors patent que les villes sont toujours plus riches que les campagnes, d'autant que les grands propriétaires y habitent souvent. Même en mettant Paris à part, les villes du Nord sont presque toujours bien plus riches que les villes du Midi. Simple exemple : les dots et les successions des meilleurs négociants de l'active petite ville de Beauvais sont généralement supérieures à celles des parlementaires du Midi. Ce qui ne veut pas dire que la bourgeoisie marchande, si opulente à Amiens, à Reims, sans doute à Troyes et sûrement dans les quatre ou cinq grands ports, ait drainé l'essentiel de la fortune du pays. Prise massivement, la fortune est immobilière, surtout foncière, principalement rurale et toujours seigneuriale, au moins à 70 %. Les grands bourgeois richissimes sont quelques poignées, qui d'ailleurs s'anoblissent très vite (la noblesse s'achète). Mais surtout presque les deux tiers des millions d'hectares de terre française appartiennent à la noblesse, ancienne ou récente, d'épée, de robe, de finances ou de tonsure (puisque presque toute la Haute Église est noble). Il y a peu d'exemples de fortunes à six chiffres et surtout à sept qui ne soient nobiliaires, et très souvent de fort ancienne noblesse, mis à part de remarquables financiers engagés dans les « affaires du roi », qui ne sont nobles que depuis peu. Excepté bien sûr Mazarin, qui était à la fois, en tant que cardinal, à part et très au-dessus de ces sommaires ou subtiles distinctions.

Révélée par un document aussi banal qu'un inventaire

après décès, sa fortune pose des problèmes d'une grande ampleur : le rôle exact de l'or (et secondairement de l'argent) dans le gouvernement d'un pays ; par quels moyens et par quels canaux cet or circulait ; quel était le rôle exact des papiers de commerce et d'État, qui circulaient aussi en grand nombre ; quelles personnes enfin « maniaient les espèces », comme on disait ; qui étaient exactement les « financiers », et qui les... finançait ; quelle était l'attitude réelle de la grande noblesse devant l'argent ? Ce ne sont pas là de minces interrogations ; les poser, les résoudre en partie bouleverserait peut-être les traditions, les habitudes et les paresses mentales, ce qui n'est jamais facile, ni bénéfique.

En attendant, saluons une dernière fois les diamants de Mazarin, qu'ils aient été payés avec l'argent des terres du Maine, de Nivernais ou d'Alsace, avec les revenus de Corbie ou de la Chaise-Dieu, avec les pensions royales, les revenus des prêts, les tripatouillages sur l'armée, la marine, le sel ou l'impôt. Ils symbolisent le suc de la terre et la peine des hommes, pour la jouissance pure ou impure de quelques grands de ce monde, ce qu'un historien ne peut que constater.

N.B. Tout ce qui concerne la fortune de Mazarin résulte du travail pionnier et inlassable de Daniel Dessert, dont on a publié en 1984 un livre fort neuf sur *Les Financiers sous Louis XIV*. Le dossier de la fortune du Cardinal a été exposé dans un article de la *Revue d'histoire moderne et contemporaine* (avril-juin 1976, pp. 161-181).

Le reste provient d'une expérience d'historien déjà longue.

III

LES RENTES CONSTITUÉES ET LE CRÉDIT : NATURE ET RÔLE ÉCONOMIQUE DES CONSTITUTIONS DE RENTES DANS LA FRANCE DU NORD AU XVIIe SIÈCLE *

Lorsque l'auteur de ces lignes commença vers 1950 à étudier de près la ville de Beauvais et la campagne environnante, il éprouva à la lecture de quelques fonds d'archives, notamment des minutes notariales, un certain nombre de surprises. L'une d'elles concernait les « constitutions de rentes », actes habituellement passés devant notaire, et l'évolution des rentes ainsi constituées. Le chercheur d'alors avait entendu très peu parler de ce genre d'actes. On les trouvait cependant cités dans quelques travaux de juristes, travaux presque uniquement théoriques, assez sibyllins, qui ne donnaient pas une vue exacte des réalités vécues. En revanche, on retrouvait ces rentes constituées dans les travaux érudits des premiers historiens de la société : Roland Mousnier les rencontrait à tout moment dans la fortune de ses officiers, mais il ne les étudiait pas alors en tant que telles, car elles ne constituaient pas l'objet de sa recherche.

Or, sans avoir dressé de statistique par catégorie d'actes, comme l'a fait depuis Jean-Paul Poisson, il était patent que, dans les minutes notariales, tout ce qui concernait les constitutions de rente venait quantitativement au deuxième rang, immédiatement après les innombrables actes de vente ou de location de minuscules

---

* Actes du IIe Colloque de méthodologie historique appliquée, 1979, Université de Saint-Jacques-de-Compostelle, pp. 245-252.

parcelles de terre, ou de portions de maisons. Signalons en passant qu'il se trouvait dans ces minutes peu d'actes d'apprentissage ou de mariage, fort peu de testaments (d'ailleurs rédigés sur le même modèle) et pratiquement pas d'inventaires après décès : dans cette région c'étaient les justices seigneuriales qui s'en chargeaient, et fort bien. Or, ces derniers contiennent de nombreuses mentions de constitutions de rentes, et il nous faudra en tenir compte.

On trouve aussi de grands marchands, comme un Danse mort en 1661, dont les constitutions de rentes s'inscrivent au passif, et non à l'actif. Ce qui signifie que sept personnes (deux officiers, trois marchands, un chanoine, une rentière) lui avaient effectivement *prêté* 26 000 livres (à des taux d'ailleurs bas, signe de confiance) pour l'aider à construire deux grandes blanchisseries de toiles de lin, les premières et les plus belles de France à cette époque.

Ces simples exemples montrent l'omniprésence des rentes constituées et leur rôle évident comme instrument de placement et de crédit. On peut même se demander si elles ne furent pas, au XVIIe siècle, le plus important de tous les instruments de crédit d'un royaume démuni de banques, et qui peut-être n'en avait pas besoin.

Mais qu'était donc une rente constituée ?

Il existait un certain nombre de types de « rentes » ; ce mot qui, en français, comporte pas mal d'acceptions, désigne habituellement un revenu annuel, souvent en argent, versé par une ou plusieurs personnes à une ou plusieurs autres personnes, généralement à date fixe. La *constitution de rentes entre particuliers* prend la forme juridique et le plus souvent notariée d'un contrat d'achat. Ainsi, un quidam que nous appellerons *A* achète à un autre quidam dénommé *B*, une rente annuelle de cent livres (par exemple), en échange de la somme de deux mille livres, que *A* remet à *B*. On a compris tout de suite qu'il s'agit d'un prêt de deux mille livres à 5 % d'intérêt. Ledit prêt à intérêt est maquillé en acte de vente parce que l'Église a toujours interdit le prêt à intérêt (qu'elle a toujours pratiqué sous une forme plus ou moins détournée, dès l'époque de la Croisade, notamment pour aider les croisés à s'armer). Dans le cas simple qu'on vient de citer, *A* est appelé le crédirentier, et est en réalité le créancier ; *B* est appelé débirentier, et est en réalité le débiteur, l'emprunteur. Cela dit, qui est l'essentiel, les choses se trouvaient tout de même un peu plus compliquées.

Tout d'abord, la rente était en principe « constituée à toujours » ; ce qui signifie que l'acheteur ne peut jamais demander le remboursement de son capital (de son prêt) et qu'il doit se contenter de la rente donc de l'intérêt qui lui est versé en principe à jour fixe.

En revanche, le débirentier (l'emprunteur) peut toujours rembourser le « principal » de la rente, c'est-à-dire le capital prêté ; dans ce cas, le créancier ou crédirentier *ne peut refuser ce remboursement*, dès que son débiteur lui a « montré les espèces » (c'est-à-dire les pièces d'or ou d'argent) habituellement en présence de notaire. Clause particulièrement précieuse lors des modifications officielles du « denier », c'est-à-dire du taux d'intérêt, dont nous allons parler. Le « denier » est en quelque sorte l'inverse arithmétique du taux d'intérêt : au lieu de 5/100, 100/5 qui équivaut à 20 et donne donc le denier 20.

Or le denier maximum était fixé par ordonnance royale depuis le début du XVIIe siècle ; on sait moins qu'il variait d'une province à une autre et que par exemple il n'était pas le même dans le ressort du Parlement de Rouen que dans celui du Parlement de Paris. Dans ce dernier ressort, très vaste — un tiers de la France —, le denier 16 (6,66 %) régna de 1601 à 1634, le denier 18 (5,55 %) de 1634 à 1665, et le denier 20 (5 %) ensuite, avec des variations importantes et momentanées lors de l'affaire Law autour de 1720 (avec des deniers 30 et 50 — soit 2 % — effectivement appliqués, les débiteurs l'exigeant). Naturellement, les fraudes, faciles, sont certaines, mais les minutes notariales, forcément conformes à la législation, ne les révèlent presque jamais, sauf exception : il suffisait, par exemple, que la somme prêtée fût inférieure à celle qui était inscrite dans le contrat, ou que le débiteur en reverse ensuite une partie (il arrive qu'on retrouve la trace de ces pratiques dans les minutes qui suivent la constitution de rente).

Les avantages du débiteur (outre la disposition, parfois

apparente car il pouvait s'agir de dettes antérieures compensées, d'argent frais, d'espèces « sonnantes et trébuchantes » dont la circulation est essentielle) se ramenaient à deux. Le premier, profiter de la dévaluation fréquente et parfois rapide de l'unité monétaire, la livre tournois (surtout sous Richelieu et après 1689) qui lui permettait, la rente étant naturellement libellée en livres tournois nominales, de donner de moins en moins d'or et d'argent pour une somme apparemment similaire (l'État pratiquait d'ailleurs le système pour ses propres dettes).

Le second avantage provenait de la réduction des taux d'intérêt. En principe, elle ne s'appliquait pas aux contrats anciens. En fait, il suffisait que le débiteur « montre les espèces », donc propose de rembourser son créancier, pour que celui-ci (qui désirait donc conserver ses « rentrées » annuelles de rentes constituées, preuve de leurs avantages) consente habituellement à « réduire » la rente « pour leur faire plaisir », dit par exemple une minute beauvaisienne de 1666 (de petits nobles, les Bruneval, obtiennent du riche marchand Regnonval le passage du denier 18 au denier 20, soit de 5,55 % à 5 %). Bien plus avantageuses encore pour les débiteurs, les décisions du temps de Law : le « denier » glissait à 30, puis à 50 (3,33 et 2 %). Les débiteurs se précipitèrent en masse pour rembourser leurs créanciers (on pense même qu'ils purent le faire, quelques semaines, en billets de banque, qui se dévaluaient très vite), afin d'obtenir un rabais de leurs rentes. Il semble bien que les crédirentiers se soient dérobés, que les notaires aient fait la sourde oreille et que cette catastrophique conversion fut assez rarement réalisée. Elle le fut pourtant de temps à autre, comme le prouvent péremptoirement des documents beauvaisiens des années 1725-1735 (notamment des papiers de succession) ; j'ignore ce qu'il en fut ailleurs.

Cette lutte autour de la réduction du « denier » montre à quel point les crédirentiers tenaient au versement régulier des rentes qu'ils avaient « achetées », qu'ils s'étaient constituées. Remarque révélatrice, pas seulement du goût bien français pour les « rentes », qui dura jusqu'au début du XXe siècle, sur laquelle il faudra revenir.

Pour les créanciers, les rentes constituées offraient

aussi une autre source de profit, d'une importance probablement considérable. Dans tout contrat de « constitution » (on les appelle parfois « constituts »), il est spécifié que le débirentier consent, en garantie de son paiement régulier, à hypothéquer l'ensemble de ses biens, et plus particulièrement telle maison, telle terre, tel ensemble agricole toujours désigné avec la plus grande précision (clause qui montre, en passant, que ces contrats étaient toujours conclus entre gens qui avaient « de quoi », c'est-à-dire généralement du bien au soleil). Lorsque le débiteur ne pouvait acquitter sa rente à la date fixée, le créancier, après plusieurs rappels, finissait par le traîner en justice, habituellement au bailliage royal voisin. Après une mécanique juridique admirablement réglée, dont le détail était implacable, les immeubles qui garantissaient le paiement de la rente constituée passaient au créancier. Il arrivait même que tel ancien débirentier, un laboureur naguère solide, se retrouve fermier de son ancien créancier sur ses propres terres, que ce dernier venait de faire « saisir ».

Par ce biais, les rentes constituées (comme, à un niveau plus modeste et rarement notarié, les reconnaissances de dettes écrites) ont largement contribué à l'enrichissement foncier de quelques groupes dominants, essentiellement la bonne bourgeoisie et le moyen clergé (chanoines, couvents, de femmes surtout), aux dépens de groupes en difficulté progressive ou momentanée : la petite noblesse, la bonne paysannerie (la grande, jamais, sauf cas particuliers). En effet, la noblesse provinciale devait à certains moments faire face à de grosses dépenses : doter une fille, armer et équiper un fils ; elle détenait peu de disponibilités monétaires, mais encore pas mal de terres : il se trouvait donc toujours un solide bourgeois, une vieille fille ou des ecclésiastiques pour lui avancer les espèces nécessaires, contre bonne hypothèque : c'était ainsi que « montait » la bourgeoisie, et massivement.

Du côté des paysans qui tenaient au moins une maison, quelques arpents et du cheptel, les difficultés avaient deux origines : la maladie de l'homme ou du bétail, ou bien une suite de deux ou trois mauvaises récoltes, qui contraignaient à l'endettement pour survivre, récolter et surtout semer. N'ayant presque rien vendu, obligé d'acheter (des grains, du bois, un cheval) et de régler ses impôts, le laboureur hier solide ne pouvait régler son créancier, son débirentier. L'affaire allait encore plus vite : l'exploitation rurale changeait rapidement de propriétaire. C'était ainsi que de fort nombreux bourgeois se taillaient des domaines ruraux et les étendaient. Des transferts massifs avaient lieu au moment des « crises » de cherté, lors de graves crises comme celles de la Fronde, de la prise de pouvoir de 1661-1662, et dans l'année 1693 (catastrophique) et les suivantes : il suffit d'ouvrir des liasses de minutes notariales, ou des sacs de procès civils pour déceler sans peine ces larges expropriations, dont le détail se retrouve dans la liste de papiers accompagnant tel ou tel inventaire après décès... La chute de la partie « moyenne » du monde paysan dérive souvent de ce mécanisme parfaitement légal.

Les rentes constituées avaient pour leurs heureux possesseurs, au moins à Paris, d'autres avantages. Un article de Jean Nagle, sur les lods et ventes à Paris au XVIIe siècle, paru dans la *Revue d'histoire moderne et contemporaine* en 1977, l'a signalé clairement. Pour toute acquisition d'immeuble, il était normal que le seigneur (il en existait plus de 25 à Paris, dont le roi) prélève comme « lods » un peu plus de 8 %, en moyenne, du montant de la vente (et ailleurs, souvent bien plus). Or, si l'on réglait l'achat avec des rentes constituées, le droit de 8 % n'était pas dû, en vertu de la qualité d'« immeuble » affecté aux « constitutions » par la coutume de Paris ; il s'agissait alors en effet, non pas d'une acquisition, mais d'un simple échange d'immeubles, qui ne donnait pas lieu au versement des lods. S'il en était de même en d'autres lieux (ce qui est probable, mais non prouvé encore), les constitutions de rentes jouaient donc le rôle d'une monnaie particulièrement privilégiée, et l'on s'explique encore mieux qu'on les ait recherchées avec tant d'ardeur.

Il faut bien se dire que des milliers et des milliers de rentes constituées dorment, sous diverses formes, dans les minutes des notaires, sont citées dans les papiers de succession, et doivent figurer dans les archives des tribunaux civils. Leur abondance et leur rôle — sur lequel il faut revenir — n'ont pas toujours été bien compris par les historiens de l'économie, souvent attirés par le prestige (et la relative facilité) que présente l'étude des très grands marchands et des grandes banques (jamais françaises au XVIIe siècle), en paraissant considérer que l'essentiel et la clé de toute interprétation se trouvaient forcément là ; opinion qui, pour le royaume de France, est très partiellement exacte.

Il faut d'abord remarquer que les « constituts » donnent un intérêt qui, au XVIIe siècle, va de 6,33 à 5 % ; et que le paiement annuel de la rente est toujours « assis » (comme on disait) sur de solides immeubles, *ipso facto* affectés à ce paiement. Or, la vogue des constituts et la place qu'ils tiennent dans beaucoup de fortunes, notamment bourgeoises, montrent évidemment qu'on leur faisait confiance (bien plus que dans les rentes sur l'Hôtel de Ville, ou rentes d'État, mal payées et souvent rabaissées). Il est à peu près certain aussi qu'elles rapportaient bien plus que la terre, que la rente dite « foncière » qui souffrait notamment de l'irrégularité des récoltes, et que les meilleurs connaisseurs estiment se situer aux alentours de 3 ou 3,5 % (peut-être plus pour les prés). La terre donnait simplement sa sécurité : elle demeurait, malgré des fléaux toujours passagers. Certes, des « parts » sur les vaisseaux et leurs cargaisons, ou la participation aux « affaires du roi » (ferme d'impôts, munitions) pouvaient rapporter beaucoup plus (10 % et au-delà). Mais les « risques de mer » étaient grands (avaries, pirates, naufrages, friponneries), et le roi était bien souvent un fort mauvais payeur. Ainsi, les rentes constituées offraient l'avantage de la sécurité d'un revenu relativement élevé.

On a aussi l'impression qu'il existait une sorte de « monde » de la rente constituée. Un monde qui excluait naturellement le petit peuple, urbain et rural, qui ne possédait aucun bien au soleil, ou des bribes. Un monde centré sur la bonne bourgeoisie, qu'elle soit d'office, de boutique et de marchandise, d'Église ou simplement oisive. Un monde qui englobait la meilleure part de la paysannerie propriétaire, et les couches de la noblesse (d'épée et de robe) qui n'étaient ni gênées (y en avait-il vraiment ?) ni prodigieusement riches, comme les familles ministérielles ou les familles très titrées, qui pourtant entraient aussi parfois dans le mécanisme des constitutions de rentes.

Il a souvent été soutenu que la fortune française avait manqué l'aventure du capitalisme commercial, colonial et industriel (ce qui n'est pas tout à fait vrai) parce que la bourgeoisie avait trop investi dans les offices. Or Roland Mousnier a montré depuis plus de trente ans que la valeur de l'office entre habituellement pour une part relativement faible dans la fortune des officiers, les rentes et les immeubles l'emportant. Il est non moins évident que l'achat, la revente, la conversion et l'utilisation des rentes constituées (à des accroissements immobiliers notamment) tiennent une place fondamentale dans des fortunes françaises à la recherche de la sécurité alliée au bon rendement.

On remarquera enfin (on aurait dû le faire depuis longtemps, au lieu de discourir sur le manque d'espèces monétaires, sur la « famine » monétaire dans la France du XVIIe siècle, ou sur son « retard » technique et bancaire) que toute création et paiement de rentes entraîne une sortie de pièces d'or et d'argent souvent décrites et « nombrées » par le notaire devant les parties, ce qui entraîne la circulation des monnaies et non leur thésaurisation (qui n'en existe pas moins, surtout au moment des dévaluations). Malgré quelques exemples faramineux, le prix des offices n'était rien à côté de ces dizaines et centaines de milliers de livres qui s'échangeaient couramment (et pas en papier) aux alentours et à l'intérieur de la solide et traditionnelle bourgeoisie française.

Si l'on désirait aller plus loin, il conviendrait de réexaminer, outre le crédit privé (qui, chez les marchands, repose sur des marchandises et sur la confiance réciproque), le crédit public. Les ressources principales des rois, c'étaient les impôts et les emprunts ; les uns et les autres leur étaient avancés par des compagnies de financiers, le plus souvent d'anciens officiers de finances anoblis, dont Daniel Dessert vient d'achever l'étude. Derrière ces financiers — qui donnaient de l'or et de l'argent, et non du papier — se dissimulaient (assez mal) des commanditaires richissimes, pratiquement toute la haute noblesse, qui plaçaient dans les « affaires du roi » leurs considérables revenus et parfois une part de leur capital liquide. Dans toutes ces opérations (en partie reconstituées avec les minutes notariales parisiennes), les rentes constituées jouaient aussi un rôle non négligeable, la grande noblesse ne pensant pas se déshonorer en se mêlant d'en acheter ou d'en vendre.

Apparemment, nous voici fort loin de notre point de départ : la présentation d'une catégorie particulièrement abondante de minutes notariales. Du moins espérons-nous avoir montré leur très grand intérêt, dont ne doutent d'ailleurs pas un certain nombre d'historiens : à partir de quelques constitutions de rentes, on peut aller très loin, avec un peu de chance et d'astuce.

Ma longue expérience me permet-elle d'ajouter une légère mise en garde ? On se rappelle qu'il a existé des constitutions de rente sous seing privé, qui en principe ne peuvent se retrouver que dans les papiers de succession (et pas toujours peut-être) mais non dans les archives des notaires. On se souvient aussi que ces contrats se trouvent commodément cités et regroupés dans beaucoup d'inventaires après décès, et que ceux-ci ne sont pas toujours dressés devant notaire (et parfois, pas du tout). Cela revient à dire qu'il est excellent de presser comme autant de citrons les sources notariales, à condition d'en sortir, naturellement ; cette archive, comme la plus belle fille du monde, ne peut donner que ce qu'elle a.

IV

LA FORTUNE DES MARCHANDS
L'EXEMPLE D'AMIENS AU DÉBUT DU XVIIe SIÈCLE*

La littérature historique portant sur le commerce, surtout maritime, et sur les marchands, surtout étrangers, s'enrichit avec rapidité. Mais les historiens se penchent de préférence sur les époques antérieures au XVIIe siècle, ou bien sur la fin du XVIIIe siècle. Les raisons de ce choix ne sont pas bien difficiles à découvrir : influence de certains maîtres ; attrait du plus ancien, ou du plus facile ; extrême richesse de certaines sources, espagnoles, flamandes, italiennes surtout[1] ; désir d'aller au plus important, ou au plus grandiose : grands ports internationaux, grands centres bancaires et grandes places de change. Dans la perspective actuelle, nous n'apercevons les marchands français du XVIIe siècle, surtout ceux d'avant Savary[2], que dans une très vague grisaille. On éprouve même quelque peine à émettre, à leur sujet, des idées générales qui soient autre chose que des hypothèses de travail. Seules, des études approfondies et localisées pourraient apporter un peu de lumière. Elles pourraient aussi permettre de pénétrer la complexe hiérarchie qui va des Capponi aux derniers des colporteurs, en évitant d'attirer continuellement l'attention sur les grands marchands-banquiers.

L'étude amiénoise qui suit essaie de répondre à ces soucis. Elle utilise presque exclusivement une catégorie de sources largement représentée à Amiens comme dans

---

* XVIIe *Siècle*, 1956, pp. 648-670.

toute la France du Nord : les inventaires après décès, qui peuvent présenter quelques défauts mais dont on ne soulignera jamais assez les mérites[3]. Ils nous permettent de « voir » la boutique, le magasin, le cabinet, les papiers, la fortune mobilière (et même, parfois, immobilière) d'un marchand, au moment de son décès ; mieux encore, au moment du décès de sa femme : en effet, on ne risque pas alors de prendre connaissance d'une maison de commerce en pleine décadence, mise en sommeil du fait de la longue maladie ou de l'âge avancé du maître des lieux. La belle précision des grands documents amiénois, leur nombre, leur continuité durant les trois siècles de l'Ancien Régime, tout incitait à les choisir comme source principale. Nous présenterons seulement quelques-unes des conclusions auxquelles conduit une « lecture à la fois naïve et attentive[4] » des inventaires après décès des marchands amiénois des vingt premières années du XVIIe siècle — cette si mystérieuse période de l'histoire économique et sociale de la France.

*

Cité épiscopale et administrative comme tant d'autres, la capitale picarde offrait alors deux caractères originaux vigoureusement marqués : c'était une grande ville frontière, et un très grand centre de manufactures textiles, probablement le premier du royaume.

La proximité de la frontière amenait fréquemment dans la ville — ou tout près d'elle — les soldats passant, cantonnant ou guerroyant. Le fait présentait de rudes inconvénients, dont les Amiénois se plaignent vigoureusement. Il présentait aussi de solides avantages, sur lesquels ils demeuraient beaucoup plus discrets : qui dira ce que gagnaient alors, non seulement les innombrables aubergistes et cabaretiers, mais surtout les fournisseurs de l'armée, les soumissionnaires des « estappes » : boulangers, bouchers, marchands de vin, d'avoine, de fourrages, rouliers, spéculateurs, prête-noms et « advanceurs de deniers » ?

La présence, à quelques lieues de distance, d'une des plus riches contrées de l'Europe occidentale : les

Flandres, flanquées du Brabant, du Hainaut et de l'Artois, favorisait à Amiens l'activité d'un énorme marché, pratiquement permanent — les diverses halles étant ouvertes tous les jours non fériés — qu'on pourrait comparer, en risquant l'anachronisme, à l'une des grandes gares de triage proches des actuelles frontières. Il se tenait à Amiens un marché quotidien des blés : marché de consommation d'une grande ville peuplée d'un abondant prolétariat de « saiteurs[5] » ; marché d'exportation, rarement, par la Somme et la mer ; marché d'importation, parfois, lorsqu'une météorologie picarde défavorable conduisait à faire venir de Dantzig, par la Hollande et Saint-Valéry, l'indispensable céréale. Marché de vins plus encore, mais d'exportation plus que de consommation : on y trouvait sans doute les principaux « crus » régionaux — vins de Somme, de Soissonnais, de Noyonnais, de Beauvaisis — mais aussi les produits les plus renommés des grandes provinces viticoles : vins de « France », d'Ay, d'Auxerre, de Beaune, de La Rochelle, de Graves et de Guyenne, venus par terre et par eau pour être exportés vers les Flandres, le Brabant et le Hainaut[6]. La « plaque tournante » amiénoise (risquons ce nouvel anachronisme) recevait aussi le beurre et les fromages « d'Olande », les barils de harengs et les « mollues » (morues) des Flandres, qu'elle dirigeait vers Paris et les villes du voisinage ; elle recevait même le fer de Thiérache à demi ouvré, qu'elle revendait, transformé en socs, en bandages de roues, en essieux, en clous, dans tous les bourgs et villages picards. Les laines d'Espagne, d'Angleterre, de « France », de Berri et surtout de Picardie se négociaient encore sous les halles d'Amiens ; d'autres produits encore, généralement cotés à la mercuriale d'Amiens, la plus riche des mercuriales françaises et même européennes actuellement connues.

Quels types de marchands se livraient à un commerce aussi varié ? La réponse est complexe.

Une telle activité économique n'était pas forcément le fait de personnages décorés du titre de « marchand ». Par ses dîmes, ses champarts, ses fermages en nature, le clergé, l'un des plus riches propriétaires de Picardie[7], participait activement au commerce régional des céréales, et même du vin. Par le fait qu'ils possédaient des écus à faire fructifier, de simples bourgeois s'occupaient volontiers d'acheter et de vendre : notamment, des vins. Ceux d'entre eux qui « faisoient la recepte » d'une ou plusieurs seigneuries étaient admirablement placés, par les stocks qu'ils rassemblaient, pour jouer à la hausse ou à la baisse ; parmi ces receveurs, on comptait de nombreux officiers, de finance surtout, de justice aussi. Les « marchands » nommément désignés n'étaient donc pas les seuls à pratiquer le commerce.

Parmi les marchands proprement dits, nous n'avons rencontré aucun de ces « marchands-banquiers », de ces « hommes d'affaires[8] » dont l'occupation principale consistait à faire passer des lettres de change de place en place, afin d'en retirer de substantiels bénéfices. La plus prestigieuse catégorie marchande ne se rencontrait donc pas à Amiens, ce qui s'accorde avec ce que l'on sait du commerce de l'argent vers 1600. Cette remarque suffit-elle pour ne pas classer Amiens parmi les centres économiques de premier plan ? On devra répondre à cette question.

Parmi les plus importants marchands d'Amiens — ils avaient tous droit au titre d'« honorable homme[9] » —, on trouve souvent les merciers. Le sens de ce terme varie d'une ville à l'autre[10]. À Amiens, il est le suivant : un mercier vend à peu près de tout ; il est généralement en relation avec l'étranger ; il est à la fois importateur, marchand de demi-gros et boutiquier. Ainsi Pierre Hémart, dont l'épouse mourut à l'automne de 1608[11], avait au moins un facteur à Rouen et un autre à Middelburg ; il était en relation d'affaires avec Dantzig, Amsterdam, Anvers et Bilbao ; en boutique, en magasin ou « sur l'eau », il possédait des produits alimentaires, des produits pour apothicaires, des produits tinctoriaux, du fil, de l'huile de navette pour le graisser, de la colle de poisson pour encoller les étoffes, du « cotton tant fillé qu'à filler », de la cire, du suif, du goudron, jusqu'à du chènevis, de l'acier et des aiguillettes. Le « cent » (cent livres) de beurre estimé à l'inventaire venait de Frise ; les quinze « cents » de fromage, de Hollande ; les morues, des Flandres ; le blé et le seigle de Dantzig étaient entreposés à

« Mildebourg » et estimés 4 000 livres ; le fil de laine venait d'Angleterre et de Leyde ; le miel, le goudron et la colle, de la Baltique, via Amsterdam ; et l'extraordinaire réserve de produits tinctoriaux — garance, fleurée, « brezil », « bois d'Inde », fustre ou fustel, vermillon, cendres, alun — venait à peu près du monde entier, et était passée par l'Espagne et Rouen, ou par les Pays-Bas. Hémart vendait aussi bien des pruneaux à la livre que de l'alun au quintal, du poivre à l'once et des clous au détail que de la garance par balles, du « brésil » par barils et du seigle par « last[12] ». Sa richesse et sa position sociale seront suffisamment caractérisées si l'on rapporte qu'il avait acheté deux fiefs dont il portait le nom, que sa femme possédait plusieurs diamants, que ses marchandises et ses créances commerciales représentaient un actif supérieur à 30 000 livres tournois, alors que son passif commercial n'atteignait pas 10 000 livres.

Ce type de mercier, grand marchand non spécialisé, à la fois importateur, redistributeur et détaillant, peut être considéré comme une survivance du marchand médiéval. Il n'est cependant pas près de disparaître : on le retrouve à Amiens pendant tout le XVIIe siècle, mais il offre peu à peu quelques aspects nouveaux. Il perd l'habitude de vendre au détail, adopte bientôt la dénomination de « marchand grossier », puis de « négociant » et s'intéresse de plus en plus au commerce de mer. À partir de 1700, on le verra prendre des intérêts dans les vaisseaux havrais, participer même à l'armement des fameux voiliers qui iront trafiquer à la « mer du Sud », et boucler parfois le tour du monde.

Mais ce type de marchand n'est pas spécial à Amiens. Un second type exprime clairement ce qui fut longtemps la vocation principale d'Amiens, la « saiterie », la fabrication sur plusieurs milliers de métiers — ordre de grandeur unique en France[13] — des petites étoffes d'apparence brillante, dans lesquelles le lin, la soie, le coton et le poil de chèvre se mêlaient à la laine du pays, ou à la laine importée. Vingt sortes de « camelot » tenaient la première place parmi une prodigieuse variété d'étoffes : fragiles étamines, burails à chaîne de soie, bassins et futaines de coton, solides serges croisées, toutes de laine, sayettes à fil spécial, parfois relevées de soie ou de poil, velours et taffetas de haut prix, tout de soie organsin ; puis les « façons » de Chartres, de Lille, d'Ascot, du Mans, de Tours, de Gênes [14] : toute la gamme des imitations plus ou moins avouées, qui témoignent de l'habileté des tisserands picards. L'essentiel de cette énorme production était écoulé hors d'Amiens : c'était la tâche de ceux qui portaient le simple titre de « marchands », sans qualification supplémentaire. Leur nombre et leur puissance méritent qu'on définisse exactement leur rôle.

Le « marchand » amiénois, comme le beauvaisien, se plaçait au point terminal de la fabrication. Il achetait les étoffes à leur sortie du métier et se chargeait de la teinture et des derniers apprêts. Mais il mettait rarement la main à l'ouvrage. Il faisait porter les étoffes écrues chez les teinturiers de la ville, ou même jusqu'aux teintureries d'Abbeville ; à l'étoffe teinte, il faisait donner, par des ouvriers spécialisés et bien payés, les ultimes apprêts, ceux qui confèrent aux étoffes leur plus belle apparence : friser, « laner », presser, marteler, moirer, « ramer » quelque peu pour allonger la pièce, puis la plier avec habileté. Ainsi parachevées, les étoffes pouvaient être négociées.

Mais notre marchand se contentait rarement de vendre les seules étoffes fabriquées dans sa ville et dans les campagnes voisines. Il achetait (surtout à Lille) les étoffes de l'ensemble des Pays-Bas, les regroupait en son magasin, et les redistribuait. Il lui arrivait même d'acheter ces étoffes écrues pour les faire teindre à Amiens. Aussi trouve-t-on dans les inventaires une tourbillonnante variété d'étoffes étrangères, surtout septentrionales : revêches et futaines d'Angleterre, futaines, satins et damassés de Bruges, serges d'Hondschoote (les fameux « ascots »), droguets et tripes de Tournai, toiles « naturelles » de Flandre, et toute la gamme des camelots de Lille : le « vray Lisle » à 12 livres la pièce, le « Lisle » tout court à 10 livres, le « façon de Lisle » à 6 et 8 livres, probable contrefaçon. Tous ces lainages (plus ou moins mélangés), importés ou non, étaient débités dans la « boutique » — car tout bon marchand tenait encore boutique au début du XVIIe siècle — ou bien expédiés dans d'autres localités. La nécessité d'offrir à la clientèle locale un riche assortiment explique la présence, en quantités moindres, des draps et serges de Beauvais, de Mouy, d'Aumale, des bougrains, droguets, draps et toiles de Rouen, des taffetas de Tours, des futaines de Troyes, des soieries lyonnaises, des burails espagnols et des prestigieuses serges de Florence à 8 et 10 livres l'aune — le prix d'un porc gras, peut-être le salaire mensuel d'un ouvrier saiteur [15].

Mais la plus grande partie de ces marchandises, picardes ou non, était expédiée dans les principales villes de l'intérieur du royaume. À cet égard, les marchands amiénois paraissent s'être réparti la France par secteurs géographiques. Jean de Sachy [16], spécialisé dans la vente des draps — ceux de Beauvais d'abord, de Rouen ensuite, puis de nombreuses autres places —, réexpédiait dans une aire limitée : vers l'est ; ses meilleurs clients étaient des marchands de Noyon et de Saint-Quentin ; sa clientèle amiénoise comprenait surtout des nobles et des officiers. Son cousin Charles de Sachy exerçait une activité tout à fait comparable. Jacques Mouret, qui négociait toutes sortes d'étoffes, s'occupait surtout de Paris : plus des deux tiers de ses ventes s'effectuaient dans la capitale. D'une part, il fréquentait régulièrement la foire Saint-Germain, où il possédait deux loges, et la foire Saint-Denis, où il en possédait six ; ce type de vente, qui persistera jusqu'au XVIIIe siècle, pourrait inciter à réexaminer la prétendue décadence des foires parisiennes. Mais Mouret livrait surtout directement, par quantités considérables, à de grands marchands parisiens. Les plus importants étaient les frères de Creil, beauvaisiens installés à Paris au siècle précédent, puis Jacques Delavier et Jean Bachelier, également d'origine beauvaisienne, les Patrillat et les Le Roy, probablement Amiénois transplantés, les Sanson, Brisseau, Amyot, Malpart, de Riberolles, que des commandes de 4 à 6 000 livres n'effrayaient pas. On peut penser qu'une partie des marchandises envoyées à Paris était redistribuée dans d'autres villes. Jacques Mouret effectuait volontiers des expéditions plus lointaines, pourvu qu'elles fussent importantes : à Chartres, à Orléans, à Troyes, plus encore à Angers et à Lyon. Guillaume Revelois avait deux pôles à son activité commerciale : Paris, Troyes. L'importance du marché de redistribution de Troyes paraît considérable : Revelois (et l'exemple n'est pas isolé) y expédiait en effet autant qu'à Paris, mais à un nombre plus réduit de correspondants, dont les commandes se trouvaient donc plus importantes. Louis de Villers exerçait une activité du même type ; mais il ne craignait pas de dépasser Troyes, et de livrer ses camelots jusqu'à Dijon et Lyon. Chez tous ces marchands, le débouché intérieur et continental l'emportait largement sur le débouché maritime et extérieur.

Des hommes comme Firmin du Crocquet et son frère Jean orientaient différemment leur négoce. Ils vendaient directement à Lyon, et tout au long de la grande route Paris-Toulouse, surtout à Limoges ; ils avaient de gros clients dans les grands ports : Rouen, Nantes, Bordeaux, La Rochelle surtout, où l'on pointe les célèbres frères Tallemant, débiteurs de Jean pour un envoi valant 11 313 livres. Mais les clients les plus considérables se trouvaient à Toulouse : à la mort de Marie de Hangest, femme de Jean du Crocquet, ils devaient au veuf plus de 57 000 livres, qui représentaient une partie des envois de l'année écoulée ; un seul Toulousain, Antoine Castaignac, devait 22 506 livres. C'est que le marché toulousain offrait, pour des Amiénois, un grand intérêt : les « retours » étaient constitués par des balles de pastel[17], qui arrivaient par la Garonne, la mer et la Somme ; le pastel était souvent broyé dans des moulins amiénois, et toujours revendu aux teinturiers. Le marché lyonnais offrait un intérêt au moins aussi grand que le toulousain : d'une part, Lyon était admirablement placé pour les expéditions ; d'autre part, il demeurait un grand centre de banque et de change[18]. Aussi les Du Crocquet y vendaient presque autant qu'à Toulouse, et par grosses quantités : une seule maison lyonnaise, Goyer et Descoulleurs, avait reçu en avril 1616 pour 17 800 livres d'étoffes. Un Lyonnais, Antoine Carcany (italien ?), se chargeait des paiements de Firmin du Crocquet, le seul marchand amiénois dans les papiers duquel il est fait mention de lettres de change.

Aux divers types de marchands qui viennent d'être

décrits on pourrait ajouter encore quelques exemples : les marchands de fer, qui étaient, ou bien des merciers, ou bien de véritables entrepreneurs de ferronnerie ; plus bas dans l'échelle sociale, des chefs d'ateliers textiles qui se risquaient parfois — rarement — à vendre à d'autres personnages qu'aux grands marchands amiénois ; loin derrière, la foule des petits et moyens boutiquiers. Ces distinctions sont évidentes, et nous ne nous y attarderons pas. Il nous paraît plus utile de dégager quelques-uns des traits communs aux « merciers » et aux grands « marchands » d'étoffes.

En premier lieu, une très forte impression d'activité générale, de prospérité, d'opulence privée, se dégage de toute la documentation.

Il n'est pas rare qu'un marchand possède en « magasin » de 500 à 1 000 pièces d'étoffe : Guillaume Pingré — l'un des grands noms amiénois — en possédait 1 198 au lendemain de la mort de son épouse[19]. Comme les pièces mesuraient souvent de quinze à vingt aunes, que beaucoup étaient doubles (les camelots, notamment), on imagine aisément le nombre de lieues qu'auraient pu couvrir, déroulés, tous ces tissus. La valeur représentée par ces stocks atteignait couramment 10 000 livres ; chez Louis de Villers et les Du Crocquet, 18 à 20 000 ; chez Revelois, 50 648 livres, soit dix-sept fois la valeur de sa belle maison du « Griffon », rue des Orfèvres, qu'il avait payée 3 000 livres. Presque toujours, ces marchandises étaient entièrement payées : les listes de « dettes passives » nous l'apprennent clairement ; tout au plus restait-il à régler les teinturiers, habituellement payés à l'année. Mais ces stocks, ces « magasins », ne représentaient-ils pas une richesse « dormante » ? On pourrait le prétendre, si les listes de créances commerciales, les « debtes actives », ne fournissaient les éléments du tableau de la fiévreuse activité des maisons de commerce, durant les mois antérieurs au décès de la femme du maître.

Le montant des dettes actives non casuelles — donc des livraisons non réglées afférentes aux douze ou dix-huit mois précédents — est toujours très supérieur au montant du stock. En d'autres termes, les « magasins » accumulés ne pouvaient jamais suffire à alimenter les livraisons pendant plus de quelques mois. Pour 12 600 livres de marchandise en stock (chiffres arrondis), Jean de Sachy possédait 40 000 livres de créances valables, réparties sur les quinze mois antérieurs ; une partie des livraisons ayant dû être réglée (les paiements à six mois sont fréquents, pour lui), son chiffre d'affaires annuel dépassait donc 40 000 livres, plus de trois fois son stock. Pour 18 000 livres de stock, Louis de Villers possédait 114 000 livres de créances valables, dont 20 000 seulement étaient antérieures à un an. Revelois, dont le stock dépassait 50 000 livres, détenait des créances d'un montant supérieur à 97 000 livres. Enfin les marchands de Lyon, Toulouse, La Rochelle, Limoges, et d'autres places devaient à Jean du Crocquet quelque 127 000 livres — en négligeant les dettes trop anciennes ou déclarées « casuelles » et de « non-valeur ».

Ces chiffres, non exceptionnels, constituent un important élément de successions toutes largement positives, extrêmement opulentes. Il faut ajouter qu'ils sont énormes : à Beauvais par exemple, nous n'en avons pas trouvé d'équivalents, au moins à cette époque. Bien mieux, ils ne souffrent pas d'être comparés à ceux qui expriment l'activité commerciale (non financière) de prestigieux commerçants comme les Ruiz espagnols ou nantais[20]. Et la comparaison peut s'étendre aux fortunes personnelles. M. Lapeyre estime la fortune totale de Michel Le Lou, ou du maire de Nantes André Ruiz, morts en 1586 et 1580, à environ 200 000 livres. La seule fortune mobilière de la plupart des marchands amiénois que nous avons cités avoisine ce chiffre[21]. Rien qu'en marchandises, en solides créances commerciales et en espèces sonnantes, Louis de Villers détenait un actif de 177 000 livres, que 8 500 livres de « debtes passives[22] » dûment énumérées ramènent à 168 500 livres. Or Louis de Villers avait hérité de deux maisons en ville et de plusieurs centaines de « journeulx » de terre picarde que l'inventaire n'estime pas, puisque ce sont des immeubles (il donne seulement la liste des papiers qui s'y rapportent) ; quelques références à des minutes notariales (dans les « papiers » inventoriés) permettent d'ajouter que Louis avait acheté deux autres maisons à Amiens, trois fiefs, de nombreuses terres, et la seigneurie de Rousseville qui, à elle seule, lui coûta plus de 10 000 livres. Revelois, les Mouret, les Hémart, les Sachy, les Du Crocquet, les Pingré possédaient des fortunes mobilières et immobilières du même ordre ; leur opulence et leur rang les rendaient tout à fait comparables aux grands personnages nantais étudiés par M. Lapeyre. En déduirons-nous que le commerce des lettres de change n'était pas seul à procurer de gros bénéfices et à entretenir d'importantes fortunes ? que le seul commerce des étoffes produisait, à Amiens, des résultats équivalents ? Il faut répondre affirmativement.

L'ampleur de l'activité commerciale, la solidité des fortunes marchandes amiénoises au début du XVIIe siècle, viennent d'être soulignées. Plus caractéristiques encore étaient la composition de ces fortunes, et les techniques commerciales qui aidaient à leur constitution et à leur accroissement.

Le trait le plus surprenant de toutes nos successions, c'est l'abondance des espèces monétaires. La remarque va à l'encontre de toutes les idées reçues ; depuis Raveau et MM. Doucet et Meuvret, on a toujours souligné la faiblesse, sinon la nullité des encaisses monétaires, même et surtout chez les marchands. À Amiens, comme à Beauvais, comme à Rouen, la documentation consultée permet de conclure avec la plus grande netteté : les encaisses métalliques sont considérables ; on y trouve souvent autant d'or que d'argent ; les monnaies étrangères y tiennent une place secondaire. Un modeste maître saiteur comme Claude Ponchon [23], qui ne faisait battre que trois estilles (métiers) et vendait ses camelots à l'un des Hémart, laissait 370 livres en or et en argent ; Jean de Sachy, marchand drapier, plus de 2 500 livres ; Guillaume Revelois, plus de 5 200 (dont 863 seulement en monnaie espagnole) ; quand Jacques Mouret perdit sa femme, on trouva « dans le coffre-fort... en diverses especes de monnoie tant d'or que d'argent la somme de $XVIII_M \ V_C$

XVI livres et VII sols tournois » (18 516 livres 7 sols). Quant à Louis de Villers, il laissait la considérable somme de 45 077 livres : peut-être l'équivalent du salaire annuel de près d'un millier d'ouvriers saiteurs. Des travaux en cours diront si ces fortunes en numéraire constituent un trait particulier à la ville d'Amiens et au début du XVIIe siècle — ce que je ne pense pas, et ce dont je suis sûr pour le plus modeste centre de Beauvais. On ne peut évidemment savoir si ces encaisses métalliques constituaient de pures thésaurisations, ou des réserves pour de futurs paiements — vraisemblablement, les deux. Peut-on soutenir que ces amas d'or et d'argent traduisent, chez leurs possesseurs, un état d'esprit assez « retardataire » ? Une méfiance, peut-être justifiée, à l'égard des savants moyens de faire fructifier les écus qui étaient courants en des régions qu'on tient habituellement pour plus évoluées : constituer des « partis », faire le change de place en place ?

Ce qu'on peut du moins constater, c'est que les pratiques du commerce amiénois paraissent très traditionnelles, sinon routinières.

Quelles sortes de livres tenaient nos marchands ? À lire les inventaires après décès, l'on serait bien souvent tenté d'affirmer qu'ils n'en tenaient aucun. Les obligations, promesses, cédules, sentences, minutes, trouvées le plus souvent en vrac par les « priseurs jurés », parfois cependant attachées ensemble, ne paraissent « reprises » et enregistrées nulle part. Pas de livre de copies de lettres... Autant de documents qu'on trouvera partout, soixante ou quatre-vingts ans plus tard, après Savary. Chez les Du Crocquet existe cependant l'amorce d'une comptabilité : elle paraît seulement le résultat d'un désir spontané d'ordre, et inspirée par le simple bon sens. Il y a des livres de vente et des registres d'achat, un pour chaque place importante ; il y a des « carnets pour les tainturiers » et des « carnets de foire ». Mais jamais personne n'eut l'idée, en dehors des successions, d'arrêter le moindre compte, partiel ou général, ni de dresser le moindre inventaire. Il fallait qu'un décès survienne pour qu'on se résolve à semblable tâche.

Le même caractère élémentaire apparaît dans les habitudes de paiement. Le client qui recevait un chargement d'étoffes renvoyait une « promesse », qui lui faisait « obligation » de payer à telle date : c'était un petit papier, daté et signé, par lequel il s'engageait à régler le montant de son achat dans trois mois, ou six mois, ou neuf mois, ou un an, rarement plus, ou bien à tel des quatre termes lyonnais (ce qui ne signifiait pas que le paiement se faisait à Lyon) ; l'on pouvait faire enregistrer la reconnaissance de dette par un notaire (ce qui, à Amiens, n'était ni obligatoire ni fréquent) : elle prenait alors, semble-t-il, le nom d'« obligation » ou de « cédule ». Mais cette dernière distinction toute formelle n'est pas certaine, pour la simple raison que nous ne possédons aucun de ces documents, que nous connaissons par les seules mentions qui figurent dans les inventaires après décès. Deux choses paraissent cependant certaines : il ne s'agissait pas de lettres de change, et la signature du client suffisait à l'engager. En cas de non-paiement, ou de paiement retardé, un notaire intervenait pour enregistrer la créance. Si les parties ne s'accordaient pas sur quelque transaction (nouveaux délais, par exemple), la juridiction consulaire compétente résolvait le conflit rapidement et sans frais. Lorsque arrivait enfin le jour du règlement, comment procédait-on ?

Trois cas pouvaient se présenter : le règlement à Lyon, le troc plus ou moins compensateur, le règlement intégral en numéraire. Le troisième cas était le plus fréquent. Le système du troc ne pouvait se pratiquer qu'avec des marchands qui détenaient des produits susceptibles d'intéresser les Amiénois : les Toulousains surtout, avec leur pastel ; à un moindre degré, les marchands des grands ports (La Rochelle et Rouen, les plus fréquemment cités) qui pouvaient fournir en « trocq et contr'eschange » diverses « espiceries », des colorants, des laines espagnoles ; mais les marchands d'Amiens vendaient surtout à l'intérieur du royaume. Bien entendu, la valeur des « retours » correspondait rarement à la valeur des envois ; la différence, d'abord « mise en compte », finissait par être fournie, en espèces ou en papier. Ce qui nous ramène aux deux autres cas.

Seul, Firmin du Crocquet utilisait les paiements en foire de Lyon, pour une assez faible partie de son activité commerciale. On connaît le « billan » ou « resultat » des « paiements » de Toussaint 1620 et des Rois 1621 : Antoine Carcany, l'agent de Du Crocquet à Lyon, avait retiré des diverses compensations effectuées la somme de 2 438 livres, qu'il avait été autorisé à conserver « en compte ». On a le détail des opérations effectuées par ou « resultat » des « paiements » de Toussaint 1620 et des Rois 1621 : sept lettres de change « baillées » par cinq clients toulousains et deux limousins, montant ensemble à 12 190 livres, avaient été remises au « serviteur », c'est-à-dire à l'homme de confiance du défunt, qui les avait envoyées à Carcany ; toutes étaient tirées sur des marchands lyonnais, le plus souvent sur les héritiers Zolikoffer. Carcany récupéra l'argent, désintéressa un créancier lyonnais de l'Amiénois Mouret (qui se trouvait donc créancier de Du Crocquet), et envoya la différence, en espèces, à Paris, où la veuve de Firmin devait la récupérer.

Et c'était bien là le mode de paiement le plus fréquent : le paiement en espèces sonnantes. Il explique probablement l'abondance habituelle des espèces en caisse. Laissons maintenant la parole aux greffiers qui rédigeaient les inventaires. Les paiements sont saisis sur le vif.

« Et laditte veufve a declaré que deppuis le decedz dud deffunct... Pierre Ricard, facteur dud. deffunct, a receu de divers marchants tant de la ville de Toullousse que de Limoge et quil a aporté en ceste ville été delivré... en un pacquet de plusieurs especes d'or la somme de deux mille cincquante et une livre douse sols... et led. Ricart a dict qu'au retour de son voyage de Toullouze et Limoge en passant par Paris les sieurs de Lubait et Pocquelin marchands a Paris lui ont mis en mains un pacquet de thoille fermé et cacheté du cachet du sieur Thierry... de Troyes... contenant en testons de Loraine (?) la somme de trois cens cincquante deux livres... »

Après Crestienne Muette, veuve de Firmin du Crocquet, écoutons Marie Grumel, veuve de Louis de Villers :

« Lad. Damoiselle a declaré que depuis le decedz dud. feu elle a receu par les mains de Pierre Chalon demeurant en sa maison les sommes cy apres declarees apres que led. Chalon a esté de retour en ceste ville d'Amyens qui fut le Xe de decembre mil six cens quatorze... » (suit le détail de quarante-sept paiements encaissés à Dijon, Troyes, Châlons et Laon) « touttes lesd. sommes receues par lad. vefve des mains dud. Chalon montantes a la somme de XV$_M$ VI$_C$ V livres tournois » (15 605). « Plus lad. Damoiselle a declare quil y a apertenant a lad. succession en la ville de Parys aussy en argent monnoié la somme de III$_M$ LXX livres... Plus a dict quelle a receu depuis la mort dud. feu... la somme de... » (1 452 livres provenant de cinq clients, dont quatre de Rouen).

Faut-il donc ériger en règle générale que les plus grands marchands d'étoffes d'Amiens, au début du XVIIe siècle, envoyaient leur « facteur » — leur principal employé [24] — sur les routes de France, avec mission d'aller encaisser les espèces sonnantes que devaient leurs clients, et de les rapporter scrupuleusement en leur bonne ville ? Les documents que nous avons consultés n'autorisent pas à en douter [25] : cette étonnante méthode de recouvrement, qu'on aurait pensée surannée, est solidement attestée.

Au surplus, elle s'explique fort bien : par l'énormité même des ventes amiénoises d'étoffes. Lorsque les marchands avaient rapporté, de Toulouse ou d'ailleurs, en guise de « retour », des laines, quelques draps, des produits de teinture et quelques « espices », ils avaient épuisé toutes les possibilités d'achat qui pouvaient tenter leurs concitoyens. C'étaient en réalité les pays septentrionaux qui détenaient les produits les plus nécessaires aux Amiénois : étoffes flamandes, fils anglais ou hollandais, blés de la Baltique et produits divers du « Nord », entreposés à Middelburg ou à Amsterdam. Pour régler ces indispensables achats, comment procédaient nos Amiénois ? La documentation ne permet pas de répondre avec assurance ; mais, en l'absence de toute mention fréquente de lettres de change et en présence des fréquentes mentions d'espèces monnayées, l'on peut avancer que ces achats septentrionaux étaient réglés en or et en argent. Si bien qu'on croit pouvoir dessiner deux grands courants de marchandises et d'argent qui cheminaient en sens inverse : des Pays-Bas (considérés en eux-mêmes et comme relais des produits du « Nord ») vers Amiens, grand marché frontière, puis d'Amiens vers les grandes places continentales du royaume, un lent et abondant écoulement de produits, où les étoffes tenaient une place prédominante ; du Sud et du Centre du royaume vers Amiens, puis d'Amiens vers les Flandres, les Pays-Bas et le nord, un lent et abondant écoulement de monnaies d'or et d'argent. Courants inverses et complémentaires dont l'existence s'accorde avec ce que nous croyons savoir de la marche des « trésors d'Amérique » à partir de l'Espagne, de la marche des produits de l'énorme fabrique textile qui s'étendait de la Normandie au Zuyderzee.

Avant de clore cette étude des marchands amiénois au début du XVIIe siècle, il conviendrait d'ajouter que ces marchands étaient tous des propriétaires urbains, des propriétaires ruraux, souvent des seigneurs ; qu'ils occupaient la première place dans l'administration, les finances, la vie sociale, religieuse, artistique de leur grande cité ; qu'ils étaient tous les créanciers de la noblesse provinciale, dont ils guignaient les terres, les manoirs et les titres. Mais tout cela est bien connu.

Ce qui l'est moins, c'est la situation exacte des plus grands marchands d'autres grandes cités, voisines ou lointaines, à la même époque. Des enquêtes qu'on mènerait à Saint-Quentin, à Reims, à Troyes, à Rouen, seraient particulièrement intéressantes ; des enquêtes d'abord limitées, puis qui s'élargiraient... Pour revenir au passionnant cadre amiénois, il serait aisé d'y retrouver les types de marchands pendant tout le XVIe, tout le XVIIe, tout le XVIIIe siècle ; des comparaisons fructueuses, enfin précises, pourraient alors être menées. La documentation dort, surabondante : elle attend le chercheur[26].

V

LES OFFICIERS ROYAUX DES PRÉSIDIAUX, BAILLIAGES ET ÉLECTIONS DANS LA SOCIÉTÉ FRANÇAISE DU XVIIᵉ SIÈCLE *

Dans le titre qui avait été primitivement prévu pour cette communication, il était seulement question des officiers de bailliages et de présidiaux. Pour autant qu'on puisse en ce domaine effectuer des comparaisons, leur qualité et leur compétence seraient voisines de celles de nos juges de tribunaux civils et correctionnels, siégeant dans nos chefs-lieux d'arrondissements et de départements. Entre officiers de présidial et officiers de bailliage, les différences n'étaient pas considérables. En effet, le siège présidial constituait une juridiction en principe accolée à un bailliage important, dans le dessein théorique de simplifier la justice et de limiter le nombre des appels en Parlement. La justice s'est-elle trouvée simplifiée par la création, au XVIᵉ siècle, d'un rouage judiciaire nouveau ? Il est permis d'en douter très fortement. En réalité, la création de 1552 (les présidiaux naquirent cette année-là, sous leur première forme) visait principalement à trouver de l'argent pour un roi qui préparait une grande expédition en direction de l'Allemagne. Au XVIIᵉ siècle, il est bien certain que les juges des bailliages et ceux des présidiaux étaient rigoureusement les mêmes. Ils siégeaient tantôt en tant que juges de bailliages, tantôt en tant que juges de présidiaux ; bien mieux, les affaires dont ils avaient à connaître dans les deux cas étaient assez sou-

---

* XVIIᵉ *Siècle*, 1959, pp. 54-75.

vent les mêmes. Dans la pratique, au temps de Louis XIV, les offices mêmes étaient confondus : on était « conseiller au bailliage et siège présidial » de telle ville ; si bien qu'un juge de présidial était une sorte de juge de bailliage de première classe.

On ne m'a pas demandé de décrire par le menu les fonctions de ces officiers royaux, en me référant à des édits, à des arrêts du Conseil, ou à de simples règlements ; même pas d'étudier leur activité professionnelle, telle qu'elle s'exerçait effectivement et quotidiennement, ce qui constituerait d'ailleurs un travail intéressant, qui n'a pas souvent été entrepris. On m'a demandé de les étudier en tant qu'officiers royaux appartenant à un groupe social bien défini, ne serait-ce que par la fonction ; de les replacer dans la société de leur temps, société qui s'organisait en une hiérarchie très longue, à laquelle chacun portait la plus grande attention, le plus simple manouvrier tout comme le noble de race. Pour des raisons sociales, je me suis senti contraint d'introduire dans mon sujet les officiers royaux des Élections, parce que j'ai toujours observé, spécialement dans la société provinciale, l'étroite liaison des deux groupes d'officiers : ceux des Élections, officiers de finances, ceux des bailliages et présidiaux, officiers de judicature.

Distinction d'ailleurs en partie inexacte. D'une part, les Élus sont aussi des juges, notamment des juges en matière fiscale, souvent fort actifs. D'autre part, les officiers de bailliages ne sont pas uniquement des juges. De leurs anciennes fonctions d'administrateurs royaux, il leur reste des fonctions étrangères à leur fonction principale, qui est bien de juger. Par exemple, c'est le lieutenant-général du bailliage qui reçoit directement les lettres du roi ; avant la généralisation de l'institution des intendants, c'est lui qui enregistre et publie les ordonnances royales. Autre exemple : lorsque Louis XIV entreprit, en réveillant un vieil usage féodal, de convoquer l'arrière-ban de ses vassaux, ce fut pratiquement le lieutenant-général du bailliage qui prit la direction locale de l'opération, rassembla les vassaux, les conduisit en personne à l'armée. Du fait que le lieutenant-général était souvent un roturier, il résultait des situations fort délicates, mais intéressantes pour l'historien : on eut le spectacle de roturiers commandant à des nobles authentiques. On vit mieux encore : pour d'évidentes raisons fiscales, le roi imagina à plusieurs reprises de transformer le service personnel d'arrière-ban en un impôt sur les fiefs, fixé au cinquième de leur revenu annuel. Or, ce furent les lieutenants-généraux de bailliage qui durent estimer les revenus et fixer les impôts des « possedans fiefs ». Si bien que ces officiers de judicature devinrent, au moins dans ce cas, des officiers de finances. Chacun sait bien que, sous l'Ancien Régime, les fonctions des serviteurs du roi n'étaient pas aussi spécialisées que le laisseraient supposer leurs titres, et surtout que nous l'imaginerions avec nos habitudes modernes de spécialisation rigoureuse.

Ces officiers de bailliages, de présidiaux, d'Élections, je suis très loin de les connaître tous. L'absence du terme de « sénéchaussée » dans le titre de cet exposé montre déjà que je laisse de côté une bonne partie du royaume. Je ne connais personnellement et assez en détail que le groupe des officiers royaux du bailliage et de l'Élection de Beauvais. Cependant, j'ai fait des « sondages » plus ou moins importants en Picardie et en Brie, notamment à Amiens, Coulommiers et Melun. M. Meuvret m'a permis d'utiliser quelques-uns de ses dossiers, particulièrement des notes prises sur le livre de raison d'un officier du présidial de Bourges. Je l'en remercie vivement, comme je remercie M. Deyon, le futur historien d'Amiens au XVIIe siècle, qui a mis à ma disposition un très bel ensemble d'inventaires après décès d'officiers royaux. Enfin, aucun travail sérieux sur les officiers ne peut être effectué sans un recours constant à la thèse de M. Mousnier, fondement de toute étude en cette matière ; je me suis même permis d'emprunter parfois quelques exemples à *La Vénalité des offices*.

Ce groupe d'officiers royaux va être étudié à trois points de vue. D'abord, l'on tâchera de définir aussi exactement que possible sa place dans la hiérarchie sociale. L'on risquera ensuite sa définition économique, surtout en analysant le montant et la composition des fortunes et des revenus de quelques-uns de ses membres : tâche plus ardue, qui demanderait une documentation d'archives plus large et plus considérable que la mienne. En troisième lieu — tâche fort délicate —, l'on essaiera de savoir ce qu'ils pensaient, ce qu'ils croyaient. Enfin, gardant le moins connu pour la conclusion, l'on se demandera s'il est possible de retracer l'évolution d'ensemble de ce groupe de serviteurs du roi, depuis le règne du roi Henri jusqu'en 1715.

1

L'un des meilleurs connaisseurs de la France de Henri IV, le juriste parisien Charles Loyseau, consacrant un ouvrage au *Droit des offices*, définit tout de suite l'office comme une « dignité ». Dans son esprit, l'office est une marque d'honneur, une distinction, un titre, une sorte de signe qui donne à celui qui en est pourvu, dès le moment qu'il en est pourvu, une place nouvelle, une place plus élevée dans l'échelle sociale. L'attribution d'un office amène donc presque toujours une promotion sociale, même s'il s'agit d'un très petit office.

Naturellement, il y a office et office. Du Premier président du Parlement de Paris au dernier des sergents, la distance est très grande. Dans toute cette longue distance, à quel endroit placer nos hommes des Élections et des bailliages ? Si l'on veut répondre sommairement, l'on dira qu'ils se placent quelque part vers le milieu. Si l'on veut préciser, il faut faire entrer en ligne la notion d'anoblissement. L'on peut dire, en gros, que les offices que nous étudions sont, en partant du bas et en remontant, les derniers qui n'anoblissent pas. À une date plus ou moins tardive, qu'il s'agisse de noblesse immédiate ou de noblesse graduelle, les offices immédiatement supérieurs anoblissent leurs titulaires. Car au-dessus des Élus il y a les Trésoriers de France ; au-dessus des présidiaux, les Parlements. Ainsi, nos officiers ne trouveront pas dans leurs fonctions le moindre espoir de noblesse, bien qu'ils émettent de temps en temps des prétentions dans ce sens. Ils sont les premiers des officiers attachés à la roture. Remarque importante, qui les situe socialement, qui permet aussi de comprendre, au moins en partie, le mépris peu charitable que leur témoignaient les officiers des Cours souveraines, et ce qu'il put souvent y avoir chez eux d'envie, d'amertume, en un temps où l'anoblissement était la grande ambition des bourgeois.

Et pourtant, lorsque nous avançons ce mot « bourgeois » à propos de nos juges et de nos Élus, nous n'énonçons pas une vérité parfaite. Certains étaient nobles, mais à titre personnel, et antérieurement à leurs provisions : ils étaient nobles avant. Mais cette remarque vaudrait surtout pour le XVIᵉ siècle, ou la fin du Moyen Âge : on voyait alors de nombreux nobles de race accéder aux fonctions de juges de bailliage, et même de conseillers en les Élections. Au XVIIᵉ siècle, la chose devint de plus en plus exceptionnelle. Dans beaucoup de sièges, la totalité des officiers étaient alors des juristes roturiers. Leur espoir d'anoblissement résidait seulement dans la grâce royale, rarement dispensée (sauf pour quelques lieutenants-généraux de bailliage), ou bien dans l'achat d'un nouvel office, d'un véritable office anoblissant, généralement celui de Secrétaire du roi.

À cette énorme majorité de juristes roturiers, peut-on attribuer alors le terme « bourgeois », bien général et souvent équivoque ? Sans aucun doute, ils n'auraient pas été flattés qu'on le leur attribuât. Dans la plupart des cas, on appelait alors « bourgeois » un homme qui avait fait son domicile habituel et effectif dans une ville où, le plus souvent, il était né (et c'est pourquoi baptiser « bourgeois » un riche paysan est toujours un contresens) ; mais tous les habitants des villes n'étaient pas réputés « bourgeois » : l'étaient ceux qui ne travaillaient pas de leurs mains, qui se distinguaient de la « gent mechanique », qui participaient pleinement aux privilèges de la ville, qui souvent étaient propriétaires. Mais le terme « bourgeois » revêtait fréquemment un sens plus restrictif : le pur bourgeois était un homme aisé qui vivait de ses rentes sans travailler, et n'était donc ni officier ni marchand. À ces observations générales, on pourrait d'ailleurs opposer quantité d'observations particulières et locales. Il reste cependant que nos officiers se plaçaient d'eux-mêmes dans les degrés supérieurs du Troisième État, et qu'ils étaient généralement reconnus comme tels par les autres officiers non nobles, par tous les marchands (non sans quelque mauvaise humeur parfois), et par les simples bourgeois *stricto sensu* qui vivaient de leurs seules rentes.

Ces remarques ne peuvent concerner que les villes où n'existaient pas de Cours souveraines. Dans les villes parlementaires, nos modestes conseillers venaient loin, très loin derrière « Messieurs » (ainsi désignait-on habituellement les parlementaires). Aussi est-ce surtout dans les villes non parlementaires que nous les observerons, et, grâce à eux, la pittoresque société des petites villes de province.

C'est bien là en effet qu'ils se laissent observer le plus complaisamment. Sauf exception, ils occupent les toutes premières places, ils sont parfaitement en vue, et ils tiennent à l'être. Leur banc à l'église, leur rang à la procession, leur place dans les grandes cérémonies publiques, le moment auquel ils votaient aux élections échevinales : préoccupations pour eux essentielles, capitales, vitales. Nous avons tendance à en sourire ; mais notre sourire est seulement anachronique. Ils ne cédaient le pas, ils ne cédaient la place qu'à des nobles authentiques (et encore pas toujours, lorsque ceux-ci n'étaient que de pauvres gentilshommes ruinés), et naturellement au clergé.

Le plus souvent, les officiers de bailliages et d'Élections ont en main les échevinages, les organismes paroissiaux, les organismes charitables. Si le seigneur de la ville n'est pas un trop grand personnage, et un grand personnage présent ou fortement représenté, ils essaient de dominer toute l'administration urbaine, souvent avec l'appui du roi. Mais, dans cette conquête politique et honorifique, ils rencontrent la concurrence des grands marchands, qui recherchaient souvent aussi les fonctions échevinales, toujours honorables et parfois profitables — du moins tant que Louis XIV n'eut pas achevé la domestication des échevinages (terminée généralement en 1692).

Ces corps d'officiers étaient unis par une très forte solidarité. En étudiant l'action des syndicats d'Élus, Roland Mousnier en donnait déjà un exemple frappant. Je voudrais insister sur d'autres formes de solidarité, qui se manifestent dans la guerre et dans l'hyménée. La guerre que j'ai à rappeler est une guerre d'officiers, une guerre de plume, de procès et de pamphlets. Elle sévit contre les collèges d'officiers du grade immédiatement supérieur, et du grade immédiatement inférieur. Elle sévit entre collèges égaux et voisins, dont la juridiction territoriale est mal délimitée. Plus souvent, entre officiers royaux et officiers seigneuriaux. À ce dernier point de vue, Beauvais fournit un bon exemple : la querelle du bailliage royal et du bailliage comtal dura deux siècles, et nous a laissé d'énormes et précieuses liasses de papier. Dans ce cas précis, les officiers seigneuriaux obtinrent presque toujours gain de cause : cela tint surtout à ce que le seigneur était l'évêque, comte et pair de France, qui appartenait le plus souvent à la grande famille parlementaire des Potier. Mais on doit alors observer cette conséquence grave : les officiers du bailliage royal comptèrent parmi les plus chauds partisans de la Révolution, première manière. Ainsi se renforçait, par des luttes de ce genre, la solidarité des officiers royaux, surtout ceux des présidiaux.

Elle se renforça d'une seconde manière : par la politique de mariage des officiers. Leur idéal consistait à faire épouser au fils d'un conseiller la fille d'un autre conseiller. Ces inter-mariages d'enfants d'officiers constituent une règle presque absolue. S'il n'y avait pas assez de filles dans le présidial, on s'en procurait chez les Élus, et vice-versa. Il était bien rare qu'on se mariât hors de sa condition, de son état, de sa dignité ; et cette observation ne s'applique pas aux seuls officiers, ni même aux seuls habitants des villes. Pour les enfants de nos conseillers, deux exceptions pouvaient cependant se présenter : une riche héritière, fille de négociant, et on condescendait alors à l'accueillir dans un milieu social que tout le monde tenait pour plus distingué ; ou bien quelque jeune gentilhomme, aussi authentiquement noble qu'authentiquement ruiné, qui cherchait à sauver son patrimoine (Mme de Sévigné employait une expression plus imagée), et qu'on accueillait alors avec les marques de la plus vive satisfaction, tout en prenant d'utiles précautions dans le contrat de mariage, notamment quant aux propres de l'épouse.

Il est peu de documents aussi savoureux et riches que

les contrats de mariage de nos officiers. L'habitude s'était instaurée assez tôt de donner un « dîner de contrat », à l'issue duquel tous les invités signaient le solennel document orné de rubans roses ou bleus. Quinze, vingt, trente signatures livrent ainsi, avec la plus grande exactitude, les fréquentations habituelles, le milieu social effectif des parents des futurs époux. Voici le « lieutenant particulier, civil, et assesseur criminel du bailliage et siège présidial » de Beauvais qui se prépare à l'hymen, en 1692. Le père de la future épouse est conseiller au présidial ; l'un de ses grands-pères est conseiller au présidial ; des deux oncles, l'un est conseiller au présidial, l'autre président en l'Élection ; des quatre cousins, l'un est conseillé en l'Élection, l'autre avocat, le troisième docteur de Sorbonne et chancelier du chapitre cathédral ; le dernier, conseiller du roi en sa Cour des monnaies de Paris, ce qui signifie qu'il est en train d'accéder à la noblesse. Du côté du futur époux, contexte social assez différent : le père, « officier de la feue reine », titre surtout honorifique, encore qu'il comportât quelques privilèges : mais en pratique un rentier ; les trois oncles étaient trois marchands fort riches, destinés à un rapide anoblissement.

Il serait facile de multiplier les exemples. Il serait seulement long de dresser de solides statistiques. Le seul contrat analysé ici montre bien, d'abord, que notre groupe d'officiers constituait un noyau solidement agglutiné, mais situé dans un milieu social plus large : en gros, le milieu le plus bourgeois. Il comprenait des ecclésiastiques de bon rang (notamment des dignitaires de chapitres), des rentiers, des officiers des Maisons royales et princières, et même des marchands, quand leur fortune autorisait l'oubli de leur indignité. Ce même contrat montre aussi l'origine et l'évasion des officiers de présidial : le fiancé venait d'une famille de marchands, dont plusieurs rameaux restaient encore dans le négoce : cas fréquent, mais non général ; l'officier de la Cour des monnaies qui paraît comme témoin montre une voie de sortie fréquente : l'évasion des officiers roturiers vers la noblesse d'offices, cas très fréquent qui n'est cependant pas un cas général.

La noblesse restait pourtant, pour la majorité de nos

héros comme pour bien d'autres bourgeois, le but à atteindre. On a parlé de « trahison de la bourgeoisie » : y a-t-il vraiment trahison lorsqu'on se conforme aux coutumes habituelles de l'évolution sociale ? Au demeurant, les nobles plus ou moins anciens faisaient durement sentir aux officiers de bailliage, dans les causes qui les concernaient comme dans les affaires d'arrière-ban, la distance qui séparait les gentilshommes des petits robins, en des termes souvent très durs. « Quand des gens telles que nous disent quelque chose, qu'on y ajoute foi », écrivait au lieutenant-général de Beauvais le marquis de Saint-Rémy. Menaçant le même lieutenant d'un placet au roi, le chevalier du Metz d'Hécourt ajoutait : « Il est assez extraordinaire qu'un juge prenne un aussi meschant party... contre des gens de qualité pour qui vous devez naturellement avoir plus de considération. » Et le président Perrot de Fervourt, du Grand Conseil, adressait au même des reproches cinglants, en un billet que ne terminait même pas une formule de politesse.

Devant des humiliations de cette taille, les officiers de présidial réagissaient toujours, mais en silence et progressivement. Ou bien ils visaient à entrer dans la noblesse, d'une manière ou d'une autre ; ou bien ils se coupaient de tout contact avec elle, et notamment de tout contact avec les officiers des Cours souveraines. Dès l'époque Louis XIII (R. Mousnier y a insisté dans sa thèse), il y eut rupture entre les officiers des Cours souveraines et ceux des juridictions subalternes. Tandis que les revenus et les dignités des premiers croissaient sans cesse, et dans des proportions considérables, les revenus et les dignités des seconds croissaient très peu. Un fossé s'était creusé. Cette rupture à la fois sociale et économique joua sans doute un rôle dans l'échec de la Fronde, au moins sous son aspect parlementaire. La fidélité au roi des officiers de Beauvais, par exemple, fut à peu près sans défaut pendant cette période difficile, et leur attitude envers les parlementaires parisiens extrêmement réservée, et bientôt hostile.

Ainsi peut être socialement défini ce groupe homogène des officiers de bailliage, de présidial et d'Élection : un corps très solidaire, assez fermé, très imbu de ses prérogatives, installé au sommet du Tiers État provincial, au-dessus des rentiers et des marchands ; un corps qui a des liens étroits avec une partie du clergé, notamment les chanoines, qui sortent souvent de son sein ; un corps qui est tout près de la noblesse, mais qui en demeure séparé par une barrière sensible, qu'il essaie assez souvent de franchir, généralement à deniers comptants. Dans les villes non parlementaires, dans les centres régionaux, ils formèrent un incontestable élément de direction et d'administration, avant et après la régularisation de l'institution des intendants.

2

Parmi les officiers de bailliage, de présidial et d'Élection que j'ai rencontrés, je n'en ai trouvé aucun qui fût pauvre. Les plus défavorisés jouissaient au moins d'une petite aisance, et le problème du pain quotidien ne se posait jamais pour eux. La raison en est simple : ces offices coûtaient, au début du XVIIe siècle, de 3 000 à 6 000 livres en général ; en 1665, leur prix moyen approchait de 10 000 livres. Je ne voudrais pas risquer des équivalences monétaires qu'on pourrait critiquer de vingt manières, mais je ne dois pas être tout à fait dans l'erreur en avançant que ces offices coûteraient, en monnaie de 1958, plusieurs millions. Le fait d'être officier de bailliage, de présidial ou d'Élection indique donc déjà une certaine aisance. Les offices les plus chers, ceux de lieutenant-général de bailliage et de receveur des tailles d'une Élection, atteignaient facilement 30 000 à 40 000 livres, parfois plus : chez ceux qui s'en faisaient pourvoir, ils révélaient une fortune antérieure déjà très substantielle.

Cela dit, de quels genres de fortunes s'agit-il ? Quels types de revenus procuraient-elles ? Les uns et les autres ont-ils varié au cours du XVIIe siècle ? Telles sont les questions auxquelles nous allons essayer de répondre, en nous appuyant principalement sur ces documents précieux que sont les papiers de successions (inventaires, partages, tutelles), documents rédigés avec un soin particulier dans les régions picardes, notamment à Amiens, plus encore qu'à Beauvais, plus même qu'à Paris.

Dans la plupart des fortunes que nous avons examinées, deux éléments l'emportaient presque toujours, la terre et les rentes. La terre un peu plus souvent que les rentes, spécialement dans la première moitié du siècle ; les rentes de plus en plus fréquemment à mesure qu'on avançait dans le règne de Louis XIV. De cette évolution que j'indique trop rapidement, et qui mériterait bien des études approfondies dans des cadres étroits, l'explication paraît être la suivante : si la terre joue un rôle moins grand dans les fortunes sous Louis XIV que sous Louis XIII, c'est peut-être parce qu'elle rapportait moins ; c'est peut-être parce que, dans l'ensemble, mis à part les années de cherté exceptionnelles, les prix agricoles étaient emportés par un mouvement de baisse plus ou moins accentué. À partir de 1665, on sait que le taux maximum officiel des rentes constituées entre particuliers est de 5 %, au moins dans le ressort du Parlement de Paris ; on dit que le « denier du roi » est le denier 20. Dans la pratique, le taux avoué d'intérêt est de 4 à 5 % — il s'agit d'intérêt à long terme. Il apparaît que la terre était tout à fait incapable de donner cet intérêt. L'essentiel consistait à trouver des emprunteurs sérieux, solides, qui aient du « répondant », car toute constitution de rente entraînait hypothèque ; en cette recherche, on pouvait faire confiance à nos moyens officiers : ils trouvaient assez bien d'irréprochables débirentiers. Si nous mettons à part les rentes constituées entre parents, nous voyons que les débirentiers (les emprunteurs) appartenaient à deux groupes : les nobles, les négociants. Dans les deux cas, l'officier était tranquille : les hypothèques étaient bien prises, bien désignées et, sauf accident, l'argent prêté ne pouvait être perdu. Du côté de la noblesse existait un agrément supplémentaire. L'expérience prouvant abondamment que la noblesse payait très mal ses annuités de rente, on finissait souvent par arriver au « décret », c'est-à-dire à la vente par autorité de justice. Et les terres de la noblesse, qui étaient souvent des terres nobles, qui comportaient souvent des droits seigneuriaux, parfois des manoirs, sinon des châteaux, finissaient par tomber entre les mains des officiers. À la valeur de l'acquisition s'ajoutait sa qualité, tout à fait enviable : le juge devenait seigneur et châtelain ; il ajoutait le nom de sa terre à son nom roturier ; quelques années plus tard, il effaçait son nom roturier, il ne se faisait plus appeler que Monsieur de Quelquechose ; l'effet trompeur de la particule commençait à se faire sentir... Ainsi se produisirent, au sein des officiers de bailliages et d'Élections, de nombreux faux anoblissements. Des familles devenues illustres sous le nom d'une métairie ont eu des débuts de ce genre. Je me garderai bien d'en citer une seule. Quoi qu'il en soit, il y eut, à l'origine de ces ascensions, des rentes constituées sur la noblesse ; rentes qui formaient une part importante, parfois prédominante, des fortunes d'officiers.

Le second élément qu'on voit aussi prédominer, c'est la terre. Chaque famille d'officier possédait au moins une vigne — même en Picardie. Elle la faisait exploiter par des vignerons payés à la tâche, et surveillés de fort près. Chacun tenait visiblement à boire le vin de sa vigne, quelle qu'en fût la qualité. Il arriva souvent, surtout vers la fin du siècle, que chaque famille eût aussi son jardin. Mais c'était un jardin d'agrément avec une serre, de beaux arbres, quelques fleurs rares, et un petit pavillon où l'on trouvait une table, un banc, des sièges. On y allait passer, entre amis, de belles après-dînées de dimanche... Naturellement, c'étaient des jardiniers à la tâche qui entretenaient le jardin. Cependant, à une époque où les « amateurs de jardins » n'étaient pas rares, M. le Conseiller, en personne, se penchait parfois sur des tulipes ou des pots d'orangers. Mais les revenus essentiels provenaient des terres labourées et des prés (ces derniers, de beaucoup les plus précieux). Tous étaient affermés ou confiés à des métayers, selon l'usage local. Le plus souvent, la ferme la plus proche de la ville était affectée à la nourriture et à l'entretien du ménage. Le fermier ne devait que des redevances en nature, souvent fort complexes. Il fournissait d'abord le grain, que le maître conservait en son grenier, partie du logis dont le rôle effectif correspondait alors à l'étymologie. Car, en plein XVIIe siècle, MM. les Conseillers cuisaient encore leur pain, par le truchement de leurs serviteurs. La ferme ou la métairie proche donnait autre chose encore : le beurre, le lard, les œufs, les chapons de Noël et l'agneau pascal ; elle fournissait même le bois de chauffage et les fagots, souvent aussi le fil, la laine, la toile, que les femmes du logis ouvraient encore, dans une atmosphère patriarcale longtemps conservée. Fermiers et métayers étaient surveillés de très près par des maîtres qu'on avait bien du mal à tromper. Assez souvent, malgré le caractère un peu avilissant de cette spéculation, MM. les Conseillers ne dédaignaient pas d'acheter quelques vaches ou un troupeau de moutons, et de les confier à un de leurs fermiers par un acte spécial, qu'on appelle « bail à cheptel » ici, « bail de vaches » ailleurs : c'était une espèce d'exploitation à moitié, qui entraînait sur les agneaux, les veaux, les peaux de bêtes, une comptabilité compliquée et des discussions assez pénibles, dans lesquelles Messieurs ne jouaient pas toujours un rôle très noble.

Ainsi, qu'on examine la structure de leur fortune ou la composition de leurs revenus, Messieurs du présidial et de l'Élection apparaissent surtout comme des propriétaires sourcilleux et des prêteurs avisés. Les revenus d'une seule de leurs fermes pouvaient presque suffire à faire vivre toute leur famille ; le reste était pour l'agrément, ou pour l'ambition... Si bien qu'on est tenté de demander si ces hommes avaient vraiment besoin, dans leur situation matérielle, de s'embarrasser de l'achat d'un office et de l'accomplissement d'une fonction publique.

Car il est tout à fait certain, comme R. Mousnier l'a déjà montré pour les époques Henri IV et Louis XIII, que la place des offices dans les fortunes des officiers était généralement secondaire et parfois insignifiante ; il est non moins certain que les revenus des offices ne constituaient qu'une faible part des revenus globaux des officiers. Il est plus certain encore que ces constatations générales comportent de notables exceptions.

Sur la faible place de l'office dans la fortune des officiers, R. Mousnier a donné de très nombreux exemples. En voici deux autres. En 1648, partage de la succession d'un Élu, Pierre Leuillier, de Beauvais : il porte sur 53 000 livres — chiffre modeste —, la moitié en terres, le quart en rentes, le sixième représenté par l'office lui-même. Trente ans plus tard, partage de la succession d'un conseiller au présidial, nommé Aux Cousteaux : grosse fortune de 350 000 livres, dont une moitié en rentes constituées ; l'office compte pour moins de 5 % du total. Plutôt que de multiplier les exemples, presque tous concordants, signalons des exceptions possibles : la principale est constituée par les offices de receveurs des tailles, qui valaient jusqu'à 80 000 livres, et pouvaient donc tenir une belle place dans une fortune d'officier. Il est enfin nécessaire de préciser que l'estimation de la valeur des offices dans les partages de successions est habituellement trop forte. L'estimateur ajoute habituellement au prix effectivement payé de l'office le montant de tous les emprunts forcés que le roi arrache à son propriétaire. Emprunts forcés qui prenaient les formes les plus étonnantes, mais dont les plus innocentes étaient les « augmentations de gages » et les dédoublements, avec obligation pour le possesseur de l'office dédoublé d'acheter la seconde moitié. Dans la vie d'un seul officier, il était courant qu'il y eût une vingtaine d'« augmentations » de ce type ; il n'est même pas exceptionnel d'en trouver jusqu'à cinquante ! Or, aucun acheteur, surtout à partir de 1635, ne voulait payer le total de ces sommes ; de nombreux papiers de succession déclarent sans fard que tel office de présidial ou d'Élection n'est pas vendable, personne ne voulant payer à son titulaire (ou à ses ayants droit) le prix qu'il lui a effectivement coûté. En fin de compte, l'office restait dans la famille parce qu'elle n'arrivait pas à s'en débarrasser, ou qu'elle refusait de le vendre à perte. Cette remarque ne s'applique naturellement qu'à mon sujet précis et au domaine géographique que je connais ; encore conviendrait-il de consentir quelques exceptions, toujours les mêmes : les lieutenants-généraux de bailliage, et surtout les receveurs de tailles, qui exerçaient des offices fort lucratifs, bien que les techniques d'enrichissement de ces officiers n'eussent pas toujours brillé par une éclatante honnêteté.

Si l'office était si difficile à vendre, c'est aussi parce qu'il rapportait très peu. Les gages étaient infimes, et le roi oubliait souvent de les payer. Les épices, dont on a tant médit, étaient fixées par des règlements, réparties selon des règles strictes, en fin de compte fort modérées. R. Mousnier a montré que l'intérêt sécrété par ce capital qu'était le prix d'achat d'un office était presque toujours très faible, voire insignifiant ; dans sa thèse, R. Mousnier n'a pas dépassé la date de 1643 ; j'ai la conviction (qui repose sur des exemples régionaux) qu'il aurait obtenu des chiffres encore plus bas en avançant dans le règne de Louis XIV, tout au moins pour les moyens offices dont il est ici question.

Si bien qu'on finit par voir surgir, au lieu de solennels juges en robe longue, des rentiers du sol, des prêteurs d'argent, des hommes d'affaires qui guignent les terres hypothéquées et qui ne dédaignent pas de placer leurs deniers dans le commerce, dans la marine, et même dans la course... (mais rarement, au XVIIe siècle et en province, en rentes sur l'Hôtel de Ville). À nouveau, on se demande pourquoi ces propriétaires et ces rentiers étaient aussi des officiers, pourquoi ils s'embarrassaient d'une charge qui leur coûtait si cher et leur rapportait si peu.

Parmi les facteurs d'explication, il faut faire une large place aux raisons familiales et à la mentalité sociale. Une famille, même de petite robe, tenait à rester de robe : il fallait qu'un fils ou un gendre reprît l'office paternel, office qui, assez tôt, devint, on le sait, difficile à vendre. En second lieu, il ne faut pas oublier la très grande dignité qui était attachée à un office de magistrat royal, au présidial plus qu'au bailliage simple et plus qu'en l'Élection. Ce réel prestige, ce rang, cette dignité éminente donnait un prix supplémentaire, une valeur nouvelle à ces offices moyens. Enfin, il ne faut pas pousser trop loin le paradoxe : ces offices pouvaient offrir un grand intérêt, même matériel.

Certes, gages et épices n'étaient presque rien. Certes, les accusations de concussion qu'on lance volontiers contre les magistrats d'Ancien Régime manquent souvent de fondement. Pour les avoir vus travailler d'assez près, je suis prêt à témoigner de la fréquente honnêteté des juges de Beauvais, surtout ceux du présidial, et même, mais avec de plus graves réserves, de l'équité de leurs sentences. Ce n'était point dans l'exercice courant de la justice que gisaient les profits substantiels : je crois qu'ils étaient dans les « à-côtés ». Il y avait d'abord les privilèges fiscaux, qui prenaient un intérêt croissant à mesure que croissait le poids des impositions royales, et l'on sait qu'il a effectivement crû dans l'ensemble du XVIIe siècle. Il y avait ensuite les cumuls, qu'interdisaient un certain nombre de textes législatifs, ordinairement violés. Les plus fréquents étaient les cumuls d'offices royaux et d'offices seigneuriaux : tous les magistrats de Beauvais, par exemple, étaient baillis des justices seigneuriales importantes du voisinage, notamment des justices des grands seigneurs ecclésiastiques, particulièrement puissants en Beauvaisis. Beaucoup de magistrats, surtout les Élus, dont l'expérience financière était grande, étaient en même temps receveurs d'une ou plusieurs seigneuries ; cumul d'ailleurs formellement interdit, bien qu'une recette ne fût pas un office, mais une simple fonction, ordinairement très fructueuse, et souvent assez scandaleuse. L'on vit ainsi une famille beauvaisienne d'Élus, la famille Foy, cumuler au temps de Louis XIII la recette de trois abbayes et celle de l'évêché. Il est permis de penser que le juge pouvait alors être, jusqu'à un certain point, au service du receveur, notamment lorsqu'il s'agissait de faire rentrer des redevances ou des sous-fermages en retard : c'est dans ce sens qu'il y eut, semble-t-il, des abus dans les sentences des tribunaux ; encore conviendrait-il d'observer chaque procès de fort près avant d'admettre cette hypothèse ; mais chacun sait que les archives judiciaires sont les plus inextricables...

Il y avait encore, dans l'exercice de ces charges, un avantage accessoire qui ne devait pas être insignifiant ; sauf erreur, il n'a pas été souvent signalé. Par leurs fonctions, ces hommes, qui étaient des hommes du pays, attachés à la terre par leurs champs et leurs prés, connaissaient admirablement la situation foncière de leur « département ». Par l'enregistrement qu'ils faisaient de la plupart des contrats, notamment des obligations et des hypothèques, ils connaissaient les terres chargées de dettes, les propriétaires en difficulté. Je crois qu'une étude méthodique et complète (quand elle est possible) des ventes par décret fournirait des conclusions intéressantes.

Peut-être s'apercevrait-on que les magistrats, en personne ou par des hommes de paille, s'adjugeaient à eux-mêmes la plus grande et la meilleure part des terres « décrétées » ? Et cette constatation permettrait alors d'identifier l'une des plus grandes sources de profit conférées par les offices de judicature et de finance dont nous nous occupons. Mais, en l'absence de toute étude rigoureuse et détaillée, toute conclusion sur ce point doit être suspendue.

3

Il est assez hardi, dans l'état actuel de la documentation, d'esquisser cette entreprise difficile : pénétrer la pensée, la culture, l'âme même des officiers de bailliage, de présidial et d'Élection. Dans ce dessein, les inventaires de bibliothèques et de tableaux (particulièrement détaillés à Amiens, ce qui va donner une « couleur » picarde à ce qui suit) peuvent rendre les plus grands services, à condition d'être maniés avec précaution et bon sens (notamment, en considérant l'âge du défunt).

En Picardie, il faut distinguer, en gros, deux périodes : avant 1680, après 1680 (date approximative). Il faut aussi formuler une constatation générale, qui vaut pour les deux périodes : il est certain que les officiers représentent, au fond des provinces, l'élément cultivé par excellence. On ne peut les rapprocher que des chanoines, qui sont fréquemment aussi des hommes d'étude et de cabinet ; mais les chanoines étaient très souvent de proches parents des officiers. Sauf exception, très rare avant 1680, un officier de province est beaucoup plus cultivé qu'un marchand, chez qui on trouve ordinairement trois livres pieux et deux barèmes — et même qu'un gentilhomme provincial, dont l'inculture est trop souvent notoire au XVIIe siècle, sauf de très brillantes individualités.

Cela dit, on affirmera témérairement que, jusque vers 1680, la culture des officiers est une culture de type ancien. Leur bibliothèque est abondamment garnie d'ouvrages de droit, qui leur étaient indispensables. On y trouve également, en assez grand nombre, les Latins et les Grecs, le plus souvent dans le texte original ; souvenir de collège, sans doute, au moins pour les Latins ; mais aussi goût profond et fréquent pour la culture antique, pour une sorte d'humanisme prolongé, dont on se serait attendu à trouver les productions beaucoup plus tôt, ce qui donne une impression mixte de sérieux et de retard. Même sévérité dans le choix des religieux : des Bibles, des Pères de l'Église, beaucoup moins de livres de piété que de livres de théologie, avec une fréquente prédominance des grands ouvrages jansénistes, à commencer par l'*Augustinus* lui-même. Presque aucun de ces auteurs que nous appelons classiques, sauf Pascal, de temps en temps. Jamais rien pour la distraction ou pour le dépaysement ; les rares livres d'histoire concernent seulement la France, les grands rois, les grands personnages. Même impression de sévérité dans les intérieurs : d'anciennes tapisseries, souvent flamandes, par droit de voisinage ; de nombreux tableaux à l'huile, qui sont parfois des portraits de famille, bien plus souvent des sujets pieux.

Après 1680, changement considérable. Naturellement, il ne se produit pas en quelques mois ; il est progressif, mais la progression est rapide. Dans la décoration des intérieurs, les sujets pieux dominent moins, puis subissent une éclipse. Voici, par exemple, une demoiselle Damiens, issue d'une illustre famille amiénoise qui comprit des juges, des Élus, des marchands, des chanoines et des anoblis, qui laisse à sa mort, en 1711, une galerie de tableaux. On y relève immédiatement des pièces qu'on n'aurait jamais trouvées cinquante ans plus tôt : des paysages, des sujets antiques qui semblent traités de manière assez libre, des peintures de bouquets, de fruits, d'animaux, de sujets intimes, influence évidente des Flandres et des Provinces-Unies, qu'achève de ratifier l'identification d'un Cuyp, d'un Téniers et d'un Rubens (ce dernier, estimé 20 livres). L'art français n'est pas absent, puisqu'on ne compte pas moins de seize estampes attribuées à Poussin. Si l'on pénétrait, à la même époque, dans certains hôtels de Beauvais, l'on découvrirait des tableaux et des grisailles de sujets fort profanes, qui rappelleraient même la manière de Boucher ou de Fragonard. Mais ce seraient alors, entre 1700 et 1715, des intérieurs d'officiers jeunes, dont la carrière, si elle s'était achevée, se serait inscrite dans la première moitié du XVIIIᵉ siècle. À Beauvais, ville lente et traditionnelle, on trouvera longtemps, surtout chez les officiers, des intérieurs austères, sévèrement décorés de tapisseries anciennes, de peintures pieuses, de bustes d'orateurs romains. En cette ville sévère, l'atmosphère nouvelle fut apportée surtout par les marchands, beaucoup plus ouverts à l'évolution du monde.

En revanche, même chez les officiers, les bibliothèques changent plus vite que le décor de la vie. Sans doute reste-t-il l'indispensable fonds des livres de collèges et des traités professionnels. Sans doute se maintient-il un grand intérêt pour les ouvrages d'histoire et les Mémoires. Mais ce type d'ouvrage concerne plus fréquemment les pays étrangers, surtout la Hollande, mais aussi l'Angleterre. Trois catégories nouvelles de livres apparaissent, et une ou deux prennent presque toujours une importance démesurée. D'abord, les ouvrages de voyages, description des Indes, mœurs des « sauvages », correspondances de missionnaires en Chine ou au Siam, ouvrages hollandais sur l'Extrême-Orient, en nombre parfois considérable. Le plus surprenant est bien que cette curiosité « exotique » ne se soit pas manifestée avant 1680, parfois même avant 1700. En second lieu, des pièces de théâtre : les deux Corneille, Racine et surtout Molière sont à peu près partout ; les dames ont volontiers des « livres d'opéra ». Le plus intéressant n'est pas là. Il est dans la présence d'ouvrages de critique et de polémique, dans la coexistence sur les mêmes rayons d'ouvrages antagonistes, dont le voisinage surprendrait, s'il ne révélait un grand fait spirituel : l'éveil de l'esprit critique, et même d'un certain dilettantisme. Face à face, Calvin et saint François de Sales, le grand Arnauld et le *Dictionnaire* de Bayle, Érasme, Bacon, Saint-Évremond, Bussy-Rabutin, Descartes et Bossuet, Théodore de Bèze et Basnage, Machiavel et Hobbes, bien d'autres encore, notamment dans la bibliothèque d'un Pingré d'Amiens, procureur du roi au présidial.

Ainsi, nos officiers de bailliage et d'Élection furent souvent, dans leur province, des hommes cultivés, parfois très cultivés. Presque certainement, leur culture, longtemps de type ancien et traditionaliste, alla en se diversifiant vers la fin du XVIIe siècle ; observation qui va tout à fait dans le sens du célèbre livre de Paul Hazard sur *La Crise de la conscience européenne*. Peu avant 1700, il y eut bien, dans les élites qui pensaient, quelque chose qu'on serait tenté d'appeler « révolution », si le terme n'avait été si souvent galvaudé...

Continuant à aller du mieux connu au moins connu, je voudrais, en terminant, poser une question, et proposer en guise de réponse quelques hypothèses : entre 1600 et 1715, quelle fut l'évolution de ces groupes de moyens officiers de judicature et de finances ?

À travers le XVIIe siècle comme à travers le XVIe, il semble que les offices de bailliage, de présidial et d'Élection aient servi de « marchepied » à un certain nombre de familles. La plupart sortaient de tout petits offices (huissiers, avocats, praticiens), ou bien de la simple bourgeoisie rentière, ou bien de la marchandise. Au bout d'une à trois générations, la famille abandonnait volontiers ces offices moyens. Ou bien elle achetait franchement la noblesse, par un nouvel office dont c'était la vertu principale. Ou bien elle choisissait la carrière des armes, qui amenait parfois l'anoblissement. Ou bien, l'ancien et modeste conseiller de province entrait franchement dans les Cours souveraines : les fils d'Élus accédaient au corps des Trésoriers de France (nombreux exemples à Amiens), les fils de juges présidiaux entraient au Parlement. À ce sujet, le *Dictionnaire des parlementaires parisiens* de F. Bluche est vraiment instructif. Un grand nombre de parlementaires du XVIIIe siècle, peut-être le quart, eurent des aïeux qui appartinrent aux corps que nous étudions ici. Citons au moins quelques noms illustres : les d'Aligre sont passés par le présidial de Chartres ; les Bèze, par l'Élection de Clamecy ; les Phélypeaux, par le présidial de Blois ; les Trudaine, par l'Élection d'Amiens ; les Turgot, par le présidial de Caen ; presque tous d'ailleurs, non pas au XVIIe siècle, mais au XVIe. D'autres, moins illustres parce que parvenus plus tard, étaient encore, au XVIIe siècle, dans nos cours provinciales, par exemple : les Bory à Angers, les Brizart à Billom, les Brochet à

Gien, les Tavernier de Boullogne à Clermont-en-Beauvaisis. Enfin une dernière catégorie, composée surtout de descendants de receveurs des tailles, fit une carrière éclatante et fructueuse dans les Affaires du roi, les différents partis, la Ferme générale.

À côté des familles qui montaient, il y avait les familles qui stagnaient, qui restaient volontiers de petite robe pendant plusieurs générations. C'étaient des provinciaux de goût et d'intérêt, des hommes moins ambitieux, moins brillants, plus casaniers, qui n'étaient pas toujours les moins riches. C'étaient souvent des gens que leur fortune foncière liait au terroir ; peut-être aussi des sages, amoureux de leur ville natale ; pratiquement, des rentiers qui, par surcroît, comme pour se procurer une occupation honorable, flatteuse, intéressante, s'occupaient de justice ou de finances. On exagérerait à peine en disant que leur office était un moyen d'utiliser intelligemment et dignement leurs loisirs, car l'essentiel était souvent pour eux l'administration de leur fortune, la vie mondaine, ou bien même la vie de cabinet. Ce type d'officier un peu dilettante apparaît plutôt au début du XVIIIe siècle et ira, semble-t-il, en se développant. Il formera les cadres du mouvement « philosophique », des « sociétés de pensée » et de culture. Il jouera un rôle important dans la préparation des États Généraux et de la Révolution de type « constituant ».

Mais ce type d'officier nous transporte bien loin du XVIIe siècle. Au début de ce dernier, on aperçoit, semble-t-il, des hommes plus rudes, plus efficaces, plus âpres au gain, souvent bien moins aisés, mais qui songent surtout à devenir plus riches et plus honorés, à s'évader de leur situation d'officiers subalternes. Vers la fin du siècle, il semble que le personnel se soit décanté ; que, sauf exception, les situations familiales soient fixées, les carrières choisies, le type d'existence définitivement adopté. Forçant un peu, on ira jusqu'à dire : après les générations d'« arrivistes », les générations d'« arrivés »...

En vérité, tout cela n'est qu'impressions, qui reposent sur l'examen de quelques dizaines de familles dans des régions très réduites du royaume de France. Bien d'autres familles d'officiers, en bien d'autres régions, sont encore à découvrir. Je souhaite vivement que les auteurs d'indispensables monographies viennent de plus en plus nombreux, et qu'ils démolissent les fragiles remarques présentées dans cet exposé.

SECONDE PARTIE

LOUIS XIV

CHAPITRE I

LA FRANCE DE LOUIS XIV

De la France de Louis XIV, une bonne partie de ceux qui s'y intéressent ont une vision simple : de l'or surtout, de la grisaille parfois. Dans le premier cas, il s'agit de la descendance spirituelle de Gaxotte, de son inépuisable continuateur François Bluche, plus des épigones, tâcherons honnêtes ou gentils plumitifs. Cette vision, largement majoritaire, conforte le très vif besoin de gloire et d'orgueil national qui habite tant de nos contemporains en cette fin de millénaire. Mieux vaut retrouver la gloire dans un passé joliment reconstitué que dans les satisfactions inégales du présent. Cependant, ce qu'on appelle parfois la descendance de Lavisse (qu'il vaudrait mieux lire qu'exécuter sommairement) se trouve plus réservée, plus critique, parfois trop, et se voit souvent accusée de propager une légende noire.

Tout cela n'est pas sérieux. La France de Louis XIV n'est pas à connaître par des formules, mais par une analyse en quelque sorte interne, et même approfondie, et tendant vers l'honnêteté et si possible l'objectivité, dont tant de gens qui en sont dépourvus nous expliquent qu'elle est impossible à atteindre. Il me paraît depuis longtemps nécessaire d'abandonner la pratique des mots en « isme » ou d'expressions comme « État de droit », qui ne veulent dire que ce qu'on y met. Depuis des lustres, je ne suis jamais arrivé à comprendre ce qu'était l'absolutisme, sinon un substantif prétentieux, pas plus que le colbertisme — une invention très postérieure — et même je ne sais quel mercantilisme. J'avoue aussi sans honte que, malgré Braudel, je n'ai jamais compris ce qu'a pu être le « capitalisme » dans la France de Louis XIV, sinon une dérive de la vulgate marxiste, qui doit valoir surtout pour des périodes bien postérieures. Laissons en paix le bavardage.

Je n'ai jamais abordé cette période de notre histoire avec je ne sais quel programme, idée préconçue ou « présupposé », comme on dit. Une fois encore, mon seul objectif fut de comprendre, si possible de bien voir, et de dire de mon mieux ce que j'avais cru voir. Bien modeste, et peut-être pitoyable méthodologie, qui d'ailleurs ne cherche pas à en être une.

Je puis bien dire que je vois maintenant cette France, non comme une Nation, mais comme une patrie seulement au niveau de la terre des pères, comme un royaume qui s'agrandit peu à peu, et qui est constitué de provinces originales, presque toutes privilégiées (sauf le vieux cœur capétien), où l'on parle une bonne demi-douzaine de langues et dix fois plus de dialectes, qui se régit bien plus par des coutumes locales que par une loi générale et royale, souvent ignorée, vite oubliée ou périmée. Un royaume qui va commencer à ne plus désobéir à son roi — en gros après 1675, camisards en plus —, et qui parvient à extraire de sa richesse profonde suffisamment d'espèces sonnantes (les seules qui comptent) pour que, malgré les nécessaires malversations des officiers de finance, des fermiers d'impôts et des ministres, il arrive dans la vingtaine de « caisses » centrales suffisamment d'or et d'argent pour régler les dépenses royales, c'est-à-dire l'armée et la guerre, toujours majoritaires et croissantes depuis Richelieu (sauf un répit dans les paisibles années soixante).

Cette France, paysanne à 80 % au moins, se trouvait heureusement renfermer la population la plus nombreuse d'Europe — et de loin — heureusement aussi pourvue d'une puissance de travail, donc de production, qui se découvre peu à peu à mesure qu'on s'enfonce en ses provinces. Certes, la Hollande surtout, l'Espagne encore, l'Angleterre bientôt et des terres italiennes bénies des dieux détenaient des richesses plus remarquables, souvent plus modernes et mieux administrées (la France restera longtemps lourde), mais enfin il s'agit pour ces pays de richesse *per capita*, et leurs têtes sont bien moins nombreuses, et souvent moins efficaces leurs ramasseurs d'impôts.

Sur un fond, jamais disparu, bien que poursuivi ou estompé, de croyances en des arbres, des fontaines, des voyantes, des sorcières, des guérisseurs et des « j'teux d'sort », le christianisme avait superposé son influence, son enseignement, ses institutions, ses architectures, ses richesses (égales à celles du roi ?) et son autorité ; dans ce pays, incroyable originalité, il revêtait deux formes majeures, que Louis XIV tenta d'unifier par la persécution, applaudie en ce temps (et en d'autres). M'apparut donc, avec du flou, une France « toute catholique » — par la force — reposant sur un solide fond, fort durable, de « paganisme » (mot sans doute impropre) venu de très loin.

Dans le tableau à la fois incomplet et progressif qu'on va trouver, quelques points étaient apparus assez vite au jeune chercheur des années cinquante, qui s'en trouva bien surpris, surtout parce qu'ils ne coïncidaient pas avec la « vulgate » qu'on lui avait enseignée. En voici quelques-uns :

D'abord, l'extrême inégalité de la condition des paysans : des « animaux farouches » certes, ici ou là, certaines années surtout ; des « riches laboureurs » et des coqs de village, assurément, mais à un niveau imprévu ; mais surtout, toute une gamme de situations rurales allant de la demi-aisance à un dénuement rarement complet.

En second lieu, l'évidente aisance matérielle, sinon l'opulence, tant de fois prouvée par les textes, des curés de campagne qu'on nous disait presque nécessiteux (les vicaires, oui). Curés d'ailleurs dont la qualité s'améliora nettement au cours du siècle.

Et aussi l'évidence qu'une petite minorité — un quart ? — des bons paysans et des artisans savaient signer lisiblement leur acte de mariage, tel inventaire après décès ou tel acte notarié. Sans compter la surprise de trouver des « partyes » (factures ou mémoires) rédigées — avec peine — par le chef d'une équipe de bûcherons travaillant pour l'hôtel-Dieu de Beauvais, et cela sous

Henri IV ! Exception sans doute, mais qui se retrouvera parfois de la Normandie à la Lorraine et à l'Artois.

Surprise aussi, presque naïve, de constater que la haute noblesse, même ecclésiastique, est *toujours* plus riche que la bourgeoisie, sauf la très grande, qui atteint d'ailleurs son suprême désir en achetant la noblesse (plus souvent vendue, y compris par Louis XIV, qu'héritée).

Cette esquisse à la fois liminale (pour ce recueil) et finale (pour l'auteur) ne prétend à rien d'autre qu'à relever des aspects peut-être inattendus de cet « agrégat inconstitué de peuples désunis », comme dira (exagérément) un Mirabeau, à quoi se réduisait peut-être le royaume de France.

I

LA FRONDE ET LE PROBLÈME DES RÉVOLUTIONS DU XVIIᵉ SIÈCLE*

À partir de travaux sur la France, je voudrais essayer de présenter les éléments d'une discussion sur un triple problème qui a souvent été posé par les historiens depuis une vingtaine d'années, et jamais clairement élucidé :
— le premier, c'est l'interprétation des phénomènes français auxquels on a donné le nom de « Fronde » (1648-1653) ;
— le deuxième, c'est la fréquente constatation d'un parallélisme et même l'affirmation d'une unité entre les nombreuses « révolutions » européennes du milieu du XVIIᵉ siècle (l'anglo-saxon Merriman en comptait six en 1938) ;
— le troisième, qui transcende les précédents, est celui de la « crise », ou de la prétendue crise du XVIIᵉ siècle. Cette dernière discussion date des années 1950 ; elle vint au premier plan grâce à des articles de *Past and Present* (Hobsbawm, 1956 ; Trevor-Roper, 1959), et aux positions de Roland Mousnier dans un manuel sur les XVIᵉ-XVIIᵉ siècles dans l'*Histoire générale des civilisations*. Depuis, le problème a été un peu perdu de vue, probablement à tort.

Il me paraît plus honnête de partir du cas français, parce que c'est le seul que je connaisse un peu, particulièrement par les archives et les imprimés du temps.

---

* Conférence donnée au Japon, 1975. Inédit.

1

La Fronde est restée l'une des périodes les plus chères au grand public français passionné d'histoire (ou de ce qu'on appelle ainsi), parce qu'elle est habituellement présentée comme un mauvais roman d'aventures et d'amours, plein d'intrigues, de coups d'épée, de bagarres et de surprises. Le principal responsable est l'excellent romancier Alexandre Dumas (*Vingt Ans après*), dont le récit plein de talent et de vie n'est pas toujours entièrement faux. Ce caractère romanesque a été abondamment exploité par les sous-Dumas, les raconteurs d'historiettes, le cinéma, la télévision, la bande dessinée, etc. Il faut bien dire d'ailleurs qu'il existe dans ce tissu d'intrigues des côtés réellement romanesques et compliqués (intrigues des princes et des grandes dames, relations entre Mazarin et la Régente, etc.).

Au-delà de ces amusettes, ce qu'on appela Fronde (du nom d'un jeu d'enfants assez dangereux) offrit, durant cinq ans, une accumulation peu logique et mal coordonnée d'événements extraordinaires, graves, qui auraient pu ébranler le régime, celui d'une minorité royale dirigée par un couple d'étrangers : la reine-mère Anne d'Autriche, espagnole ; l'italien et surtout cardinal romain Jules Mazarin, Premier ministre.

Énumérons ces événements graves :

— à Paris, trois journées de barricades, donc d'émeutes, en août 1648, ce qu'on n'avait pas vu depuis la Ligue (soixante ans auparavant) et qu'on ne reverrait pas de sitôt ; émeutes d'ailleurs vite conjurées par la bourgeoisie parisienne, l'armée, et la diplomatie de Mazarin ;

— les troupes royales obligées à deux reprises (1649, 1652) d'assiéger Paris à nouveau révolté, avec l'appui de plusieurs grands seigneurs et d'une partie du Parlement (on ne le reverra pas avant la Commune de 1871) ; ce qui signifie que le roi et la Cour ont été obligés d'abandonner la capitale.

On comprendra tout de suite que la gravité des faits provient de ce qu'ils se sont produits à Paris. La ville, 400 000 habitants, sans doute la première d'Europe, est à tous points de vue la capitale : politique, économique, financière, artistique, culturelle, etc. Depuis 1625 et surtout 1635, il avait en effet existé en France des révoltes, un peu partout, mais toujours en ordre dispersé ; à Paris, on n'avait noté que quelques incidents. C'est dire qu'aucun des événements antérieurs n'avait vraiment secoué le régime. Avec Paris révolté, tout changeait.

Si nous reprenons la liste des événements extraordinaires, nous relevons :

— deux fuites à l'étranger du tout-puissant Premier ministre (mais ce sont des départs volontaires et calculés) ;

— les trahisons successives et désordonnées, accompagnées de prises d'armes également successives et désordonnées de presque toute la grande noblesse, y compris les princes du sang royal (le duc d'Orléans, oncle du roi, le grand Condé, son cousin) ; ils soulevèrent (toujours en désordre) les provinces dont ils étaient les gouverneurs, les maîtres, les « proconsuls ». Signalons en passant que presque tous les généraux ont trahi à un moment ou à l'autre (même Turenne), et rejoint les révoltés de l'intérieur comme l'ennemi extérieur, l'Espagne. Ce qui paraît aussi montrer que le patriotisme est alors une notion douteuse. Ajoutons qu'une bonne partie des officiers du roi, officiers de justice ou de finances, ont également comploté ou trahi, à un moment ou à un autre ;

— on oublie souvent que la guerre sévissait depuis treize années, et qu'elle ne cessa pas avant 1659. Or, une bonne part des origines de la Fronde gît dans la guerre elle-même : parce qu'elle mettait en présence des milliers de soldats, parce qu'elle coûtait très cher, qu'elle avait provoqué depuis 1635 un large doublement des impôts, et que c'est contre ces impôts que bien des révoltes se sont dressées, à la campagne comme à la ville et même à Paris. On peut même se demander si la Fronde aurait eu lieu sans la longue guerre ;

— on oublie plus souvent encore le contexte économique et démographique de la Fronde. Sauf en Bretagne et dans le Midi, la plus grande partie du pays a supporté trois mauvaises récoltes, de graves épidémies, des passages de soldats dévastateurs. Il en est résulté une misère décrite dès 1862 par Feillet, et de sévères crises de mortalité. Ces catastrophes renouvelées ont à la fois nourri la Fronde et été aggravées par elle. Dans certaines provinces, elles ont pesé lourdement et longtemps : autour de Paris, au moins dix ans, comme l'a montré Jacquart ; vers l'est, il a fallu un siècle pour que Champagne, Lorraine, Bourgogne et Franche-Comté se relèvent. Il est vrai que les romanciers de l'histoire et les historiens des « idées » portent peu d'attention à tout ce qui concerne le petit peuple. Mais ils s'attachent volontiers à la littérature du temps de la Fronde ;

— car c'est un autre trait de l'époque de la Fronde que l'énormité de la production littéraire. Outre de nombreux mémoires et correspondances, et les remontrances des parlements, il faut insister sur les brochures de circonstances, les feuilles volantes, les pamphlets, les poèmes, les gravures, les chansons, auxquels on a donné le nom de « mazarinades », parce qu'ils visaient habituellement Mazarin, « tête de Turc » de tous les frondeurs. On en connaît environ 25 000, qui répondent à environ 5 000 « modèles » de base. Plus jamais, avant la fin de l'Ancien Régime, on ne reverrait une telle abondance et une telle ébullition. Il faut dire tout de même que, depuis les guerres de Religion de la fin du XVIe siècle, cette littérature pamphlétaire était presque une tradition. Mais jamais avec cette abondance, ni avec cette hardiesse (les brochures les plus hardies venaient de Bordeaux, grand port influencé par la Révolution anglaise la plus radicale). Il s'agit d'une véritable explosion littéraire (et aussi verbale, semble-t-il) qui annonce à la fois 1789 et 1968, moments privilégiés où toute contrainte disparaît, et où chacun s'exprime surabondamment, surtout en ville, où l'on vivait beaucoup dans les rues et sur les places. Inutile d'ajouter que, un peu plus tard, le rude gouvernement de Louis XIV mit bon ordre à cette marée littéraire et verbale.

Nous avons ici essayé de souligner l'essentiel. Habituellement, les historiens essaient de raconter et d'ordonner quatre années d'événements tantôt graves et tantôt insignifiants, sinon ridicules : intrigues entrecroisées de Mazarin, de tels princes, de l'archevêque de Paris, futur cardinal de Retz, les duels, les emprisonnements, les levées d'armes de quelques semaines dans telle ou telle province, etc. Ce sont les ressorts des événements qui sont les plus difficiles à déceler. J'en vois personnellement deux (la Régence, la guerre) sur lesquels je reviendrai plus longuement à la fin de cet exposé.

En effet, il me paraît convenable d'exposer désormais le choc des théories que les historiens se sont depuis longtemps jeté à la figure, et d'essayer d'y voir clair.

2

La première querelle, qui est ancienne, a consisté à se demander si la Fronde anticipait sur l'avenir, ou si elle était profondément réactionnaire et rétrograde.

Les tenants de la première interprétation furent les grands historiens bourgeois et libéraux du XIXe siècle. Ils croyaient en une évolution linéaire de la société française, partie des ténèbres du Moyen Âge autocratique et féodal pour aboutir aux « lumières » de la liberté et de l'égalité, incarnées pour eux dans la monarchie parlementaire puis la république parlementaire du XIXe siècle, toutes deux caractérisées par la séparation des pouvoirs. Ils distinguaient des étapes dans ce lent progrès vers la « lumière » : le mouvement communal au XIIe siècle, les jacqueries rurales et urbaines des XIVe et XVe siècles, la Fronde enfin, en attendant la Révolution de 1789. En fait, il n'était pas très difficile de dégager dans des remontrances des Parlements frondeurs comme des mazarinades des formules et des idées qui remuaient des notions de liberté, de contrôle du pouvoir tyrannique, de séparation des pouvoirs et, très rarement, de « république ». Pourtant, aucune de ces formules ne reçut en définitive le moindre début d'application, bien au contraire ; d'autre part, ceux qui les avaient lancées, une infime minorité de parlementaires, d'officiers, de littérateurs, s'étaient très vite ralliés à la victoire totale de la monarchie en 1653, et la monarchie les avait fait taire bien plus souvent par des subventions que par des sanctions. Et puis, qui veut trouver des origines anciennes à des idées récentes en trouve toujours.

Anglo-saxons ou français, les historiens du XXe siècle ont habituellement adopté l'orientation exactement opposée. Pour eux, la Fronde offre un caractère profondément « réactionnaire » : elle a réuni tous les nostalgiques du passé, tous ceux qui par sentiment ou par intérêt (ou les deux à la fois) résistaient à l'action « progressiste » et bénéfique d'une monarchie qui, depuis Henri IV et Richelieu, est devenue de plus en plus absolutiste et centralisatrice, pour le plus grand bien de tous les Français (selon ces historiens). Ce fut en France la position de Chéruel, de Gaxotte, de Mousnier, trois historiens ayant en commun une admiration sans bornes pour la royauté, spécialement « absolutiste ». Autre argument qui peut justifier cette position : les hommes du XVIIe siècle mettaient habituellement leur idéal dans le passé, où se trouvait, pour eux, l'« âge d'or ». Ainsi, les grands nobles révoltés les uns après les autres désiraient jouer comme par le passé (pensaient-ils) un rôle important dans les conseils du gouvernement, et dominer « librement » leurs grands fiefs provinciaux, comme naguère ; de même, les officiers royaux, qui avaient payé de nombreuses taxes, dont le nombre s'était accru et les revenus diminués d'autant, désiraient retourner à une idyllique situation antérieure (avant Richelieu) ; et les populations des villes et des campagnes ne désiraient, au fond, rien d'autre, que ce retour à un âge d'or presque sans impôts... De même, les provinces périphériques voulaient retrouver leurs « privilèges » et leurs États en grande partie supprimés ou suspendus, et se gouverner avec plus d'indépendance. Tous ces gens mettaient la liberté et le bonheur dans le passé, et non dans l'avenir. Et c'est pourquoi, sans doute, ces positions fort évidemment « passéistes » peuvent difficilement être appelées « réactionnaires », puisque c'est dans le passé qu'on place la liberté. Et ce n'est sans doute pas le seul exemple, en France, de positions qualifiées trop vite de « réactionnaires » qui sont, en fait, des positions libérales, et sans doute progressistes !

Quoi qu'il en soit de ces querelles d'historiens, elles ne semblent pas aller très loin : elles consistent à appliquer, de l'extérieur, des étiquettes, au plus des jugements de valeur parfaitement anachroniques, à un ensemble d'événements, la Fronde, qu'il s'agit surtout de connaître, de comprendre, et si possible d'expliquer.

3

On peut se demander également si la seconde querelle qui a divisé les historiens un peu plus tard — la Fronde fut-elle, ou non, une révolution ? — offre beaucoup plus d'intérêt et de signification.

Vers la fin des années 1950, presque tous les historiens voyaient en la Fronde une révolution, et généralement une révolution manquée. Il n'y avait guère qu'un oublié, Chéruel (mort depuis longtemps), un Néerlandais, Ernst Kossmann (et moi-même) pour repousser le qualificatif. Tous les Anglo-Saxons, Doolin et Merriman en tête, presque tous les historiens français, académiciens comme Hanotaux et Madelin, universitaires comme Mousnier (qui, par la suite, dit le contraire), parlaient sans arrêt de « révolution », tantôt libérale, tantôt réactionnaire, le plus souvent « manquée ». Il faut bien dire que c'était alors le temps où les historiens voyaient des révolutions partout. Ils en voyaient au XVIe siècle une bonne demi-douzaine : la révolution des prix, la révolution économique, la géographique (les découvertes des Européens), la religieuse, la culturelle, la sociale ; l'Américain John U. Nef découvrait même en Angleterre une première « révolution industrielle » (par le charbon). Au XVIIIe siècle, on en découvrait au moins autant : la démographique, qui aurait agi à la fois sur les mariages, les naissances et les décès ; l'agricole, venue d'Angleterre avec beaucoup de discours, un peu de luzerne et quelques navets ; l'industrielle aussi, bien sûr ; sans compter cette révolution qualifiée d'« atlantique » par Palmer et Godechot et qui, partie des rives américaines, aurait traversé l'Atlantique avec le Gulf Stream et touché la Hollande, la Belgique, la Suisse, le Tyrol, l'Ukraine, et accidentellement la France en 1789... Il ne restait plus que le malheureux XVIIe siècle (sauf en Angleterre) à être entièrement privé de « révolution ». Il suffisait de rebaptiser la Fronde, ce qui fut fait ; dans la foulée, Merriman en dénombrait six, sur lesquelles nous allons revenir.

Cependant, j'ai toujours pensé qu'il fallait réserver le terme de « révolution » aux choses sérieuses, et ne pas en qualifier trois jours de batailles de rues ou des révoltes provinciales sans dessein et sans lien, qui toutes ont avorté. Le mot « révolution », distinct du mot « émeute » et de celui de « révolte », devrait être réservé à de profondes transformations, comme celles-ci :

— un transfert important de propriété foncière, par exemple lors de la sécularisation des biens d'Église en pays protestant (Angleterre, Suède, Allemagne au XVIe siècle), ou en France lors de la Révolution (nationalisation des biens, puis revente), ou en cas de collectivisation au moins partielle (U.R.S.S. et pays socialistes au XXe siècle) ;

— disparition assez rapide d'une classe sociale — la paysannerie — par suite de bouleversements économiques de caractère capitaliste (enclosures en Angleterre dès le XVIe siècle ; États-Unis au début du XXe siècle ; France d'après 1950) ; et émergence d'une classe nouvelle (prolétariat industriel du XIXe siècle ; prolétariat d'immigrés non qualifiés plus récemment, etc.) ;

— transformation politique profonde (à ne pas confondre avec un simple ou provisoire changement de gouvernement) ; par exemple, France de 1789 à 1799, U.R.S.S. et Chine au XXe siècle ; Japon au XIXe... ;

— moins souvent étudiées, d'importantes révolutions de caractère « culturel » : l'extension de l'alphabétisation et de la lecture à de nouvelles couches de population (Grande-Bretagne dès le XVIIe siècle ; France aux XVIIIe et XIXe siècles), le passage global de la licence des mœurs et de la tiédeur religieuse à un régime sévère de contrôle (France de la Contre-Réforme, 1650-1750 ; Angleterre puritaine et victorienne succédant à la *merry England* d'avant 1750, etc.), et, inversement, instauration d'une liberté nouvelle, comme en France à la fin du XVIIIe siècle : recul de la piété ; contrôle des naissances ; illégitimité des naissances ; laïcisation partielle des obsèques... L'intervention massive des *media* du

XXᵉ siècle (radio, puis télévision) représente aussi une révolution, dont on n'a pas fini de mesurer la portée.

Bien entendu, rien qui ressemble à un seul de ces exemples ne s'est produit pendant la Fronde, sinon certains transferts de propriété (au détriment des petits paysans) qui n'ont jamais été étudiés à fond, et sont dus bien plus à la crise économique qu'à la Fronde elle-même.

La majorité des historiens a donc confondu émeute et révolution, escarmouches locales et guerre sociale, ou pris au sérieux des remontrances parlementaires et des libelles qui sont de tous les temps (surtout les remontrances) et dont les rois se moquent habituellement. L'interprétation du phénomène de la Fronde ne peut se limiter à quelques épisodes spectaculaires et à quelques formules à sensation. Elle requiert que l'historien s'élève au-dessus de ces bruits et de ces bavardages, et envisage l'ensemble du XVIIᵉ siècle français.

D'ailleurs, depuis quelques années, la plupart des historiens sérieux, dont Roland Mousnier, ont abandonné cette conception superficielle de « révolution » qui n'est plus guère soutenue qu'aux États-Unis — et encore, de moins en moins.

4

Comme si une révolution ne suffisait pas (il s'agit de l'anglaise, qui mérite bien ce nom), les historiens en avaient donc découvert toute une série, à peu près contemporaines, puisque comprises entre 1640 et 1650. Merriman en comptait six : dans l'ordre chronologique, Portugal, Catalogne, Angleterre, Naples, France, Hollande. Avec un peu plus de travail, il aurait pu en découvrir en Suisse (canton de Berne), dans l'actuelle Autriche (Tyrol), naturellement en Russie (une révolte de Cosaques), et peut-être en Chine, pourquoi pas ? L'accumulation en quelques années de phénomènes baptisés « révolutionnaires » ne pouvait, bien sûr, que s'expliquer par une interprétation d'ensemble, et même par des causes communes. Hobsbawm, Mousnier, Trevor-Roper et quelques autres s'attelèrent à l'explication, et inventèrent une expression sensationnelle et simple : la « crise » du XVIIᵉ siècle.

En bon marxiste, Hobsbawm voyait une crise principalement économique, mettant en avant quelques modifications ingénieusement rapprochées dans les modes de production, dans l'appropriation des profits, dans l'évolution générale des prix, des revenus, des indices commerciaux, et dans le laminage de la classe moyenne ici et là. Inversement, en bon libéral anglais antimarxiste, Trevor-Roper insistait sur une crise des « rapports entre la Société et l'État », cet État « issu de la Renaissance » devenant trop envahissant et trop gourmand, et la société (considérée globalement) s'adaptant mal à cette évolution. Quant à Mousnier, il voyait la crise absolument partout, pendant tout le siècle et dans toutes les manifestations de l'activité humaine, ce qui était vraiment beaucoup.

Il nous faut désormais rejeter, et la « crise générale » du siècle, et l'assimilation grossière des six ou douze « révolutions » du XVIIᵉ siècle. Le comparatisme historique, après avoir été bien utile, paraît devenu une véritable maladie.

De la « crise », on peut avancer sans crainte qu'à peu près aucun des jeunes historiens, au moins en France, n'y croit plus.

D'abord parce que, dans la langue française, le mot de « crise » ne peut concerner un siècle entier. Il désigne quelque chose de violent, de douloureux, mais de bref, et qui se termine souvent par un retour au moins apparent à la situation antérieure. Une « crise » de cent années, c'est un non-sens. Mais l'on peut certes dire que, durant le XVIIᵉ siècle, et au moins deux fois pendant les années de Fronde, se sont produites des crises de « cherté des subsistances », des crises démographiques, des révoltes courtes et brutales. Mais cette observation exacte n'est en rien propre au XVIIᵉ siècle ni à la Fronde ; elle vaut aussi pour tout le XVIᵉ siècle (et les siècles précédents) et pour tout le règne personnel de Louis XIV.

Ce que des historiens comme Hobsbawm (et bien d'autres) ont plutôt voulu mettre en relief au XVIIᵉ siècle, c'est une certaine baisse des indices de prix, de la production industrielle (textile français et italien), des trafics maritimes commerciaux (Espagne, Baltique, France, Londres peut-être), une baisse notable de la production américaine d'or et d'argent (Hamilton) ; en somme une longue, lente et inégale dépression (ou récession), une sorte de langueur et de marasme bien plus qu'une crise. Malheureusement, il est désormais prouvé que les données chiffrées d'Hamilton sont incomplètes et fausses (travaux de Michel Morineau), que la Hollande n'a connu aucune « dépression » de même peut-être que l'Angleterre, et qu'en France la plupart des indices économiques, commerciaux et même démographiques ont plutôt monté jusque vers 1640, 1650, parfois au-delà. La plupart des jeunes historiens français, comme Le Roy Ladurie, ne voient guère de « crise » au XVIIe siècle, même dans l'essentiel monde agricole, sauf exceptions régionales (l'Est) avant la fin du règne de Louis XIV (ce que ne confirme d'ailleurs pas Jean Jacquart dans sa thèse qui vient d'être publiée).

Quant à parler comme Trevor-Roper d'un « divorce entre la société et l'État », et d'une « hypertrophie de l'État », voilà qui ne signifie pas grand-chose. L'hypertrophie de l'État, en Europe et spécialement en France, est surtout un fait du XIXe siècle, et bien plus encore du XXe. Quant à la « société » prise en bloc, qu'est-ce que cela veut dire ? Dans l'Ancien Régime français, il existait au moins deux sociétés, très inégales par le nombre, la richesse et le pouvoir. Le petit peuple, plus de 90 % des Français, faisait vivre les classes dominantes, et tâchait lui-même de survivre, en y parvenant inégalement selon les lieux et les époques. Son sort n'a pas fondamentalement changé au XVIIe siècle ; des études très précises et localisées montrent qu'il se serait plutôt aggravé (sauf chez une élite). Pendant la Fronde, après la Fronde, avant la Fronde, au XVIe siècle et au Moyen Âge, il s'est livré de temps à autre à ce que Mousnier a excellemment appelé des « fureurs », brûlant, détruisant, massacrant parfois ceux qui l'exploitaient ; et tout cela, sans organisation, sans persévérance, et toujours localement. Depuis Louis XIII, le percepteur le plus gourmand étant devenu l'officier des finances du roi, c'est à lui et à ses agents qu'il s'en est pris le plus souvent ; mais le petit peuple révolté a toujours été vaincu, battu, durement châtié. Quant à la haute société, celle des puissants, qu'ils soient nobles, ecclésiastiques ou grands bourgeois, elle a connu des querelles internes, passagères ou non ; mais elle a toujours retrouvé une belle unanimité pour exploiter le peuple et mater ses courtes révoltes ; de plus, ce sont à peu près les mêmes familles qui ont gouverné et tenu les principaux postes depuis Henri IV jusqu'à Louis XV : nobles d'épée ou de robe, anoblis, clercs et laïcs, tous étaient en dernière analyse des hommes d'argent étroitement apparentés, et unis pour exploiter la richesse du royaume dans la seule religion qui compte : l'argent. Dans tout cela, y compris les querelles d'« ordres » chères à M. Mousnier, je n'aperçois pas la moindre « crise » de société, du moins en France ; simplement, des disputes passagères et des conflits d'influences.

Je soutiens donc qu'il n'y eut pas de grande crise qui fût propre à l'ensemble des cent années qui composent le XVIIe siècle, du moins en France. La Fronde est justiciable d'autres explications.

Mais est-elle comparable aux autres « révolutions » d'Europe ? C'est le dernier point qui reste à examiner avant de proposer une interprétation.

5

Trois des six révolutions citées par Merriman intéressent le domaine espagnol. Or, celui-ci est dominé par les hommes, les institutions, la langue et les mœurs qui sont ceux de la Castille, cœur de la péninsule espagnole. Ni les Portugais, ni les Catalans, ni les Napolitains ne se sont jamais sentis castillans en quoi que ce soit, au XVIIe siècle comme aujourd'hui. Le Portugal avait été brutalement annexé par Philippe II en 1580, et ne l'avait pas accepté ; l'ancien royaume d'Aragon, capitale Barcelone, fier de sa civilisation urbaine et de sa riche bourgeoisie, n'avait jamais supporté l'autorité brutale de Madrid (ce qui reste vrai au XXe siècle). La diplomatie de Richelieu, en guerre contre l'Espagne depuis 1635, ne pouvait qu'exploiter des mouvements nationalistes et séparatistes naturels ; les deux révoltes de 1640, en Portugal et en Catalogne, constituent donc à la fois des protestations armées contre l'absolutisme castillan et des manœuvres diplomatiques et militaires françaises, que Mazarin continua. Si le Portugal récupéra son indépendance après plus de vingt ans de lutte et l'appui d'une armée française, les Catalans se lassèrent vite de la lourde occupation des régiments français, et préférèrent rentrer dans le giron de l'Espagne. On se demande en quoi ces mouvements de caractère à la fois nationaliste et diplomatique peuvent bien être comparés à la Fronde, et à la révolution d'Angleterre.

Quant à la révolte napolitaine de 1647, elle naquit d'une simple émeute de marché, d'une révolte de pauvres gens de la ville contre la taxation (décidée par les autorités espagnoles) des fruits et légumes, et fut conduite d'abord par un simple pêcheur, Masaniello ; les quelques autres révoltes qu'on peut trouver en Sicile et dans les États du pape (à Fermo, notamment) ont des caractères voisins. Mais il se trouva que Mazarin essaya d'exploiter la révolte napolitaine, et l'éphémère petite république qui en sortit, en envoyant un noble français prendre le pouvoir à Naples ; il expédia donc une minable petite escadre, mais les régiments espagnols avaient déjà rétabli l'ordre un moment troublé dans la grande ville italienne. On a plus l'impression d'un mauvais roman que d'une révolution.

Quant à la « révolution » hollandaise, il faut beaucoup d'imagination pour y voir autre chose qu'une médiocre modification politique dans le pays qui était alors, et de loin, le plus riche d'Europe. Le stathouder (chef de l'État) Guillaume II d'Orange mourut en 1650, sans héritier ; les États-Généraux des Provinces, émanation de la riche bourgeoisie marchande du pays, reprirent simplement la totalité du pouvoir, et s'empressèrent d'adopter une politique pacifique qui convenait à leurs intérêts. Où peut-on voir là-dedans une révolution ?

Quant à l'Angleterre, il n'est pas douteux qu'elle ait connu une véritable et longue Révolution, très étudiée, terminée par une République, puis une dictature (Cromwell), bien que la Restauration de 1660 ait à peu près rétabli l'état de choses antérieur. Cette révolution fut postérieure aux « révolutions » du Portugal et de Catalogne (qui n'exercèrent aucune influence sur elle), mais nettement antérieure à la Fronde. L'a-t-elle influencée ?

De deux manières :

— puritaine et régicide, la Révolution anglaise a horrifié les classes dominantes françaises (et la part de la petite bourgeoisie urbaine qui l'a connue). Rappelons en effet qu'il n'y eut *aucun* protestant français parmi les frondeurs (la plupart étant de stricts dévots nettement pro-espagnols), et que tous respectaient profondément et la personne du roi (le roi anglais fut décapité en 1649) et le principe de la monarchie. La Fronde française ne s'est pas faite contre le roi, ni même vraiment contre la reine-mère, mais contre Mazarin, chargé de tous les péchés ;

— cependant quelques idées anglaises (assez bien connues en France, bien que l'anglais y ait été fort peu compris) ont inspiré quelques groupes de frondeurs. D'abord, l'importance donnée au Parlement, bien que le Parlement d'Angleterre ne ressemblât à peu près en rien aux parlements français, réunions de juges et non de députés. Ensuite, les idées républicaines et sociales des *levellers* anglais ont, par l'intermédiaire de Bordeaux et de la radicale Fronde bordelaise, influencé quelques mazarinades, mais non pas leur majorité. L'influence anglaise fut donc marginale, ambiguë, et plutôt dissuasive.

Si elles ont pu avoir quelques influences, jamais décisives, les unes sur les autres, les « révolutions » du milieu du XVIIe siècle ne sont donc pas comparables entre elles, et sont encore moins justiciables d'une explication globale et unique. Leur relative contemporanéité est due au hasard. Et, sauf s'il croit à l'astrologie, l'historien enregistre le hasard, simplement.

Reste à présenter une interprétation de la Fronde.

6

Je n'ai rien d'un nationaliste forcené (en France, on me reprocherait plutôt le contraire). Et pourtant, à une époque comme le XVIIe siècle où les communications de pays à pays sont rares, difficiles, lentes, je pense que les phénomènes français s'expliquent essentiellement, sinon uniquement, par des raisons françaises. Lesquelles ?

La Fronde n'est ni un point de départ, ni une unité isolée dans un ensemble. Elle n'« ouvre » rien ; elle ne « préfigure » rien. Elle est un point d'aboutissement ; elle renseigne bien plus sur le passé que sur l'avenir. C'est le dernier sursaut d'un monde qui va mourir en plein milieu d'un XVIIe siècle qui n'offre aucune unité.

Va donc mourir, en France, le temps de la récupération démographique et économique d'après les catastrophes de la fin du XVIe siècle ; en effet, l'apogée économico-démographique du XVIIe siècle se place bien plus au temps de Richelieu-Mazarin qu'au temps de Colbert, quoi qu'on en ait dit depuis quelques années en reprenant les thèmes du vieux Lavisse.

Va aussi mourir le temps des grandes dynasties nobiliaires soutenues par des cohortes de vassaux et de fidèles, capables de dominer des provinces entières, d'y lever des troupes et d'y résister quelque temps au roi. On ne reverra jamais cela.

Va mourir aussi, mais il y faudra encore un quart de siècle, le temps où le petit peuple osait prendre les armes contre un impôt nouveau. Va mourir aussi un monde où traîne la peste, où l'on brûle couramment les sorcières, où l'on peut imprimer et diffuser des pamphlets cinglants, dans une relative liberté. Le temps de la Fronde en porte les dernières manifestations, avant 1789.

Second point, trop souvent oublié : la Fronde (comme une bonne partie des agitations européennes, d'ailleurs) est issue directement de la guerre, et l'on ne le dira jamais assez, tant les historiens des récentes décennies se sont sottement appliqués à exclure la guerre de l'histoire. Cette guerre, dite de Trente Ans, avait commencé dans l'Empire (l'Allemagne) en 1618. La France y était entrée en 1635. Presque tout découle de cette simple remarque.

La France faisait la guerre aux deux plus grandes puissances catholiques, Empire et Espagne, et avec l'alliance des plus grands États protestants, Suède et Hollande. Bien mieux, la diplomatie française avait essayé de lancer contre l'empereur la Hongrie alors protestante et la Turquie musulmane (en attendant de s'allier au régicide et puritain Cromwell). Pour tout le clergé, pour la plupart des nobles et surtout des grands bourgeois très dévots, fils d'anciens ligueurs et souvent jansénistes, c'était une trahison, presque une hérésie, sinon un sacrilège. Richelieu, puis Mazarin, ont toujours eu contre eux les ultra-catholiques, tous partisans de l'Espagne contre leur propre pays : les jésuites, les jansénistes, la Compagnie du Saint-Sacrement, aussi secrète que puissante, beaucoup de nobles, de parlementaires, et les curés de Paris, alors très influents. Tout ce monde s'est retrouvé à un moment ou un autre parmi les frondeurs, y compris l'illustre Vincent de Paul, et Louis XIV jeune leur a voué une solide rancune, qui explique qu'il ait pu soutenir quinze années plus tard le *Tartuffe* de Molière. Ce parti dévot avait pesé lourd dans les complots contre Richelieu et Mazarin qui avaient le tort de mettre la raison d'État au-dessus des intérêts de l'Église catholique et romaine. Il faut ajouter qu'on n'a jamais étudié la Fronde sous cet aspect, parce que les pistes sont brouillées, et surtout parce que la plupart des historiens français sont des catholiques traditionalistes.

Choisir la guerre en 1635, et la continuer pendant un quart de siècle, c'était aussi renoncer à toute idée de réforme intérieure du royaume, et Richelieu comme son disciple Mazarin l'ont bien compris, et l'ont dit et même écrit. C'était surtout s'engager dans des difficultés financières considérables, car les troupes françaises de 1635 étaient peu nombreuses, mal armées, indisciplinées. Pour y remédier, il n'y avait qu'un moyen : trouver de l'argent. Comment faire ?

Résumons. En quelques années, le montant des impôts fut multiplié au moins par deux, sinon par trois. Or, depuis la pacification du temps de Henri IV, les seigneurs et l'Église avaient récupéré leurs terres, leurs droits, leurs dîmes et pesaient plus lourd sur le peuple paysan. Y ajouter cette crue des impôts royaux, c'était sans doute beaucoup trop. D'où ces émeutes provinciales contre l'impôt qui se développent en tous sens après 1635 ; d'où une sorte de résistance passive à l'impôt, qui bien entendu continua pendant la Fronde, d'autant que l'autorité du gouvernement avait faibli. Pour trouver quand même de l'argent, le roi envoya après 1640 des intendants pourvus de tous les pouvoirs financiers, accompagnés d'huissiers et de soldats, ce qui n'arrange rien. De plus, l'arrivée de ces personnages nouveaux mécontenta les anciens officiers de finances du roi (Élus, Trésoriers de France) qui pratiquèrent une sorte de grève et se groupèrent en syndicats intrigants, qui organisèrent parfois des révoltes, même pendant la Fronde. Comme le gouvernement ne pouvait pressurer les paysans au-delà d'un certain niveau, il essaya de faire payer les riches, en particulier les grands bourgeois et les parlementaires. Or une telle opération est toujours difficile, car les riches savent se défendre, directement par les remontrances parlementaires et le sabotage administratif et financier, indirectement en fomentant des révoltes nouvelles... En bref, toutes les mesures qui visaient à rendre facile et victorieuse une guerre (dont chacun paraissait se désintéresser) accrurent le mécontentement, les intrigues et les révoltes.

Et, circonstance éminemment aggravante, depuis 1643, le royaume de France était en état de régence, le jeune Louis XIV étant devenu roi à 5 ans. Et l'on sait qu'un roi enfant et la régence d'une femme d'origine étrangère, même aidée d'un Premier ministre également étranger, cela a toujours constitué pour la monarchie française un important facteur de faiblesse. Les nobles et les parlementaires désiraient jouer un rôle politique, et la tradition des minorités en France ne s'y opposait d'ailleurs pas. Des personnalités puissantes et intrigantes, l'oncle du roi, l'archevêque de Paris, le jeune Condé, des parlementaires ambitieux, prétendaient se mêler de tout, et concentraient leurs attaques contre Mazarin, accusé de tous les péchés du monde, et notamment d'être un voleur, un tyran et l'amant de la reine (seule, la première de ces accusations est acceptable). Le cardinal, dont le génie diplomatique, l'habileté financière et le dévouement au royaume et au roi ne sont pas douteux, servait ainsi de bouc émissaire à tous les ambitieux et à tous les mécontents. Sa personnalité détestée est d'ailleurs le seul facteur commun à toutes les catégories de frondeurs, petits et grands, permanents ou occasionnels. Le seul, précisons-le : au-delà, aucun projet clair, aucun programme sérieux dans ce ramassis d'agités et d'agitateurs. C'est ce qui fera la force du cardinal, et celle de la royauté : il lui suffira d'attendre que tous ces frondeurs se disputent et à l'occasion s'entr'égorgent, il lui suffira de disparaître au bon moment pour se faire oublier, puis de corrompre à coups d'or et de places les derniers survivants de l'aventure, ce que ces derniers attendaient d'ailleurs presque tous. Pour achever de peindre cette pseudo-révolution, rappelons que Paris la frondeuse, qui l'avait pendu en effigie et pillé ses biens, lui fera à son retour d'exil un accueil enthousiaste. Certes, la versatilité parisienne est de tous les temps (même du nôtre), mais elle achève de donner la mesure de l'absence de sérieux de cette caricature de révolution.

En somme, on avait assisté aux derniers soubresauts d'un monde en partie révolu, à un dernier grand défoulement verbal et écrit, à une espèce de crise infantile et égoïste contre un absolutisme mal accepté de tout ce que le pays comptait de mécontents, de nostalgiques d'esprits légers, d'intrigants et d'ambitieux. Rien de plus.

7

En revanche, les conséquences, immédiates et lointaines, de cet ensemble incohérent de bavardages, d'intrigues et de prises d'armes sont de celles qui ne peuvent être négligées.

Pour aller à l'essentiel, nous considérerons séparément les conséquences au niveau de l'État, puis au niveau du petit peuple.

Dans l'immédiat, la lâcheté, la patience, la force militaire et surtout la corruption étaient venues à bout des derniers frondeurs, à Paris dès 1652, à Bordeaux en 1653 seulement. Puis tout reprit comme auparavant. Mazarin acclamé reprit tranquillement sa politique ; il lui était toujours apparu que le temps et l'argent venaient à bout de tout, et il avait probablement raison. Les Parlements, même celui de Paris, naguère si hautain, s'engagèrent à ne plus délibérer sur les affaires de l'État, et tinrent à peu près leur promesse. Louis XIV achèvera leur parfaite soumission. La noblesse, achetée elle aussi, et devenue plus respectueuse d'un roi qui n'était plus un enfant, se tint à peu près tranquille, sauf quelques complots vite réprimés en Normandie et dans les pays de la Loire. Son chef le plus illustre, Condé, le seul qui n'était pas à vendre, était passé au service de l'Espagne, et faisait la guerre à son pays et à son roi, félonie féodale bien plus que haute trahison. Louis XIV aura bien du mal à lui pardonner et à lui rendre ses biens en 1659, lors de la paix générale. Les intendants, que Mazarin avait fait semblant de supprimer pendant la Fronde, furent rétablis avec des pouvoirs accrus, et les officiers royaux qui avaient frondé, bien obligés de leur obéir, comme le peuple de leur verser l'impôt. Mazarin reconstituait même en quelques années, sur le dos des Français, une fortune de 40 millions en or, la plus grosse de tout le siècle. Contre cette remise au pas et cette recrudescence d'impôts, il y eut encore des révoltes localisées, vite réprimées. Des résistances plus graves et plus subtiles vinrent du clan des dévots pro-espagnols, puisque Mazarin avait été obligé de s'allier au protestant régicide Cromwell pour venir à bout des armées espagnoles ; Colbert, intendant de Mazarin, surveilla de près ces groupes de « malintentionnés », comme on les appelait. Tout cela n'était pas nouveau.

En somme, tout paraissait recommencer comme auparavant, et la Fronde avait eu sur l'évolution de l'État un rôle exactement nul, au moins dans l'immédiat. Mais tout changea quelques années plus tard, quand Louis XIV fut devenu pleinement roi après la mort de Mazarin, en mars 1661.

Durant la Fronde, Louis XIV était âgé de 10 à 14 ans. Il avait connu l'humiliation de fuir sa capitale de nuit, de dormir dans des châteaux mal meublés et mal chauffés, de disposer d'une garde-robe très modeste, d'errer en province avec sa mère et une faible suite, de voir autour de lui (à quelques exceptions près dont Le Tellier et Colbert) la trahison de presque tous les nobles, des généraux, des présidents de parlements, le rôle douteux de l'Église et des dévots dans les révoltes et la politique extérieure. D'autre part, son tuteur Mazarin l'avait formé à la diplomatie, à l'absence de scrupules, au réalisme et à l'achat des consciences. Aussi peut-on affirmer qu'une large partie de son action entre 1661 et 1675 fut déterminée par le souvenir de la Fronde, par les vengeances qu'il en tirait, par une universelle méfiance. Et ce souvenir de la Fronde suffit presque à expliquer comment il réduisit en esclavage les Parlements et les petits officiers, domestiqua et avilit la noblesse tout en faisant son éloge, annihila presque les États provinciaux et les échevinages urbains, fut impitoyable pour les jansénistes comme pour les dévots excessifs (de type Tartuffe), n'accepta jamais en son Conseil les grands nobles (même sa mère et son frère), ni les grands capitaines (même Turenne), ni les grands prélats (même Bossuet), et s'entoura au contraire de la poignée de ceux qui lui avaient été fidèles ainsi qu'à Mazarin, sans oublier la férocité particulière avec laquelle il réprima les dernières révoltes provinciales, par exemple en Bretagne et dans les Cévennes. La seule concession qu'il put paraître faire aux anciens frondeurs, ce fut de ne jamais prendre de Premier ministre, ni d'admettre d'étrangers en son entourage immédiat ; mais, de toutes manières, son caractère entier n'aurait jamais admis le moindre partage du pouvoir : même les conseils qu'il sollicitait parfois n'entraînaient pas sa décision, bien au contraire. L'absolutisme de Louis XIV, dans la mesure où il put réellement s'appliquer, dériva du caractère profond d'un monarque fortement traumatisé par l'anarchie, les humiliations et les trahisons que la Fronde lui avait apportées.

Et pourtant, un historien américain, Lloyd Moots, qui a étudié en 1971 *The Revolt of the Judges* (l'action des parlementaires surtout parisiens pendant la Fronde) avec de la pertinence, soutient en conclusion une thèse étonnante. Il affirme que le parti modéré des parlementaires parisiens a fait triompher ses points de vue devant le roi par l'intermédiaire de Colbert. C'est ignorer et le caractère de Louis XIV, et celui de Colbert, et leurs relations réciproques, et le mépris dans lequel tous les deux tenaient les parlementaires. On se demande par quelle aberration, ou après quelles curieuses séances de *brain storming* à l'américaine une telle thèse a pu être formulée.

Elle est tellement invraisemblable qu'elle n'appelle aucune réfutation.

En revanche, ce qui a toujours été négligé, même dans le livre si intelligent (à vrai dire, le seul) qu'Ernst Kossmann consacrait à la Fronde en 1954, ce sont les souffrances des deux tiers des provinces françaises pendant la Fronde, et en partie à cause de la Fronde. Pestes, mortalités et disettes profondes et répétées de 1649 à 1652 ; destruction de récoltes, de maisons, et, ce qui est plus grave, d'arbres et de bétail ; recul de la production essentielle, le textile, dans les grandes provinces du Nord, de l'Est, du Centre ; appauvrissement et endettement des petits propriétaires et des petits fermiers, qui les amena à céder leurs biens à leurs créanciers pour presque rien ; effondrement de divers types de rentes, en particulier de la rente d'État (gagée sur l'Hôtel de Ville de Paris) ; tripatouillages monétaires ; accroissement net du vagabondage des enfants, des misérables et des soldats déserteurs ; accélération des mesures de « renfermement » des pauvres et des mendiants. Sauf en Bretagne et dans le Midi, l'ensemble complexe de crises qui a durablement et profondément secoué le petit peuple (et que Jean Jacquart vient de préciser pour l'Île-de-France) ne sera égalé que quarante ans plus tard, lors de ces années 1693-1694 dont Jean Meuvret a depuis longtemps souligné calmement et savamment les horreurs. Mais les historiens habituels de la Fronde se sont-ils quelquefois intéressés au petit peuple ? On dirait que la foule des paysans leurs ancêtres leur est absolument indifférente, tant il est facile de raconter des amours célèbres et des bagarres forcenées, qui sont l'écume et la honte de l'histoire.

II

LA FRANCE DE LOUIS XIV : ÉTAT ET SOCIÉTÉ *

L'entrée du roi

À l'aube du 10 mars 1661, lendemain de la mort de Mazarin, Louis XIV, âgé de 22 ans, réunissait dans son cabinet trois hommes, et trois hommes seulement. Ils n'appartenaient pas à sa famille, n'étaient ni prélats, ni généraux, ni grands seigneurs : Lionne, Le Tellier et Fouquet (en attendant Colbert) étaient tous d'anciens serviteurs du cardinal défunt, et leur noblesse était assez récente. Louis leur annonça immédiatement qu'il régnerait désormais seul, ne prendrait pas de Premier ministre, et qu'eux trois auraient à lui donner leur avis, quand il le leur demanderait ; il en tiendrait compte, ou non.

On crut, dans l'entourage royal, que ces belles décisions seraient sans lendemain, et que le gouvernement absolu d'un seul ainsi proclamé ne durerait que quelque temps. Tout au contraire, le roi persista à prendre seul les décisions importantes ; il ne s'entoura jamais de plus de cinq personnes, de naissance non éclatante ; le gouvernement central ne compta jamais plus d'une centaine de responsables vrais, conseillers d'État ou maîtres des requêtes (ces derniers, plus jeunes) d'où sortaient une trentaine d'intendants pour les provinces. Hommes courageux, méthodiques, de formation juridique, sans ancêtres illustres (sauf deux ou trois exceptions), souvent apparentés, jamais pauvres, toujours fidèles. Moins d'un millier de secrétaires et d'avocats les entouraient. La

---

* Original inédit d'un texte publié en italien, Turin, 1987.

maréchaussée chargée de maintenir l'ordre dans le royaume ne comptait guère plus de deux mille cavaliers. Il est vrai que la troupe, d'une part, et l'ensemble des officiers de judicature, de l'autre, les épaulaient de façon permanente ou passagère. À nos yeux d'hommes du XXe siècle, cette monarchie dite absolue paraît avoir disposé de bien faibles moyens : on savait alors s'en contenter, et on n'imaginait pas nos pesantes administrations.

Le travail ne manquait pas. Louis XIV écrivit, ou fit écrire, dans ses *Mémoires pour l'année 1661* : « Le désordre régnait partout. » Quel désordre ?

La société française au début du règne de Louis XIV

Une vieille dispute : ordres ou classes ?

Qu'il ait longtemps existé dans beaucoup d'États trois Ordres, le premier qui prie, *oratores*, le second qui, au moins théoriquement, se bat, *bellatores*, et le troisième, *laboratores*, énorme, qui travaille bassement, roturièrement, laïquement, sans mériter d'autre dénomination que d'être le troisième, le tiers : voilà une évidence sur laquelle il est inutile de s'attarder. Pourtant, deux remarques réduisent la puissance apparente de ce tripartisme d'origine fort ancienne. D'une part, les roturiers riches et puissants ont très souvent essayé d'entrer dans la noblesse, dont les plus anciennes lignées s'éteignaient naturellement ; comme les rois de France ont depuis longtemps vendu des offices anoblissants et même des lettres de noblesse, ils y sont souvent parvenus, provoquant la rancœur des nobles d'ancienne extraction, probablement minoritaires dans leur ordre. Quant au Clergé, il comprenait à la fois des nobles et des roturiers ; seuls, l'onction sacrée ou les vœux prononcés les distinguaient du reste des sujets ; avec ce détail peu négligeable que les nobles étaient habituellement évêques ou abbés — c'était le haut-clergé — et les enfants de roturiers curés ou simples moines, ce qu'on nommait le bas-clergé.

Ce tripartisme fut repris et en quelque sorte perfectionné dans les années 1950-1960 par des historiens hostiles aux thèses matérialistes et marxistes qui mettaient en avant le féodalisme et la société de classes reposant sur toute une théorie de la production. Les tenants de la thèse idéaliste présentèrent une société dite à ordres, divisée horizontalement en une vingtaine de strates ; chaque strate reposait sur la dignité, les titres, l'honneur, l'estime sociale, l'inter-mariage ; les critères bassement matériels, comme la possession de terres, de maisons, d'or, de rentes ne jouaient qu'un rôle très subordonné, ce qui paraît tout de même assez surprenant.

Inversement, ou presque, les tenants du matérialisme historique ramenaient tout à une situation économique et sociale dominée par le mode de production appelé féodal : il oppose tous les grands propriétaires, seigneurs et rentiers du sol (dont le roi) aux masses paysannes de quasi-serfs sans terre, ou de petits manouvriers dont les maigres lopins sont soumis à des prélèvements lourds et variés. Pour atténuer ce contraste trop brutal, on convient volontiers qu'il existait des formes d'activité secondaires ou parasites, comme la manufacture, le commerce, la navigation et la banque, forcément aux mains des bourgeois, lesquels progresseraient au XVIIe siècle, réalisant une première étape dans la transition du féodalisme au capitalisme. À long terme, soit entre le XIIe et le XIXe siècle, cette théorie offre de la séduction.

Cependant, les études régionales les plus approfondies ont montré que tout ne se ramène ni aux strates superposées, ni à la belle opposition grand féodal/pauvre paysan, qu'un certain nombre de ruraux étaient fort aisés, que la banque joua un rôle très faible en France (la lettre de change aussi), que les affaires qui remuaient les sommes d'argent les plus importantes étaient celles du roi — perception des impôts, équipement et ravitaillement des armées —, affaires généralement dominées, non par des bourgeois, mais par des nobles (par ailleurs les plus riches personnes du royaume, et pour longtemps), il est vrai d'origine bourgeoise parfois assez récente, comme les Colbert.

Les deux théories longtemps adverses, société d'ordres, société de classes, s'avèrent donc inadéquates, parfois caricaturales.

Une troisième théorie : les solidarités verticales

Celle-ci est vieille comme le monde, et sans doute aussi durable. Elle repose à la fois sur la notion romaine de clientèle et sur les liens médiévaux de la vassalité. En voici deux exemples fameux, pris justement dans les débuts de notre période.

D'abord une famille de sang royal, celle de Louis de Bourbon, prince de Condé, de son cadet Conti et de leur sœur l'aimable duchesse de Longueville. À eux trois, ils ont possédé le gouvernement de plusieurs provinces : Bourgogne, Berry, Normandie, Guyenne, Languedoc. La noblesse et les villes de ces provinces leur sont généralement fort dévouées, car les princes les protègent et leur font obtenir de sérieux avantages, notamment des privilèges financiers. Les vassaux des princes sont à leur disposition, et leur doivent normalement l'appui de leurs armes et de leurs propres vassaux et arrière-vassaux ; en échange, il arrive que les princes les logent, les arment, les nourrissent. Une longue chaîne de dépendances, de fidélités, de services descend souvent jusqu'au monde paysan ; il arrivait fréquemment que les uns et les autres disent qu'ils appartenaient à M. le Prince, ou qu'ils étaient à lui. De telles solidarités verticales ont beaucoup joué pendant les pénibles épisodes de la Fronde ; on vit les princes révoltés prendre les armes contre le gouvernement légal, sous prétexte de chasser Mazarin, escortés par une nuée de grands et petits nobles, des villes entières et même de fidèles paysans. Assez peu, tout de même, suivirent M. le Prince lorsqu'il partit pour les territoires espagnols, mais tout de même un nombre non négligeable, surtout des nobles et des soldats.

L'adversaire, Mazarin, avait également sa clientèle et son réseau de fidèles. En bon Romain, il avait grandi sous l'efficace protection des Colonna et des Barberini. Puis il s'était entièrement donné à Richelieu entre 1630 et 1640, et Richelieu avait récompensé, outre son évident génie, sa fidélité et ses services en faisant de lui son successeur. À son tour, Mazarin avait transporté en France sa clientèle italienne : des ecclésiastiques dont il fit des évêques (son frère, Zongo Ondedei), des confesseurs (le théatin Bissaro), des banquiers qu'il exploita beaucoup, puis sa famille et ses fameuses nièces. Il sut surtout se constituer une clientèle bien française, notamment dans le monde étroit et précieux des conseillers d'État et des hommes de gouvernement : les Bouthillier, Le Tellier, Lionne, Fouquet, Colbert ; Louis XIV en héritera, et s'en trouvera bien.

Puis Colbert, ayant éliminé en 1661 Fouquet et sa propre clientèle, s'installera dans le ministère en y constituant très vite un puissant lobby : des frères, beaux-frères, fils et gendres, neveux, nièces et cousins ; on les retrouve à la fois dans les évêchés, les intendances, les affaires militaires, maritimes et financières, entourés d'une sorte d'agglomérat de clients fidèles, astucieux et aussi malhonnêtes qu'efficaces, comme ces hommes de toutes les affaires que furent Berryer et Daliès.

Les familles remplaçaient-elles les vassalités ? Les deux n'étaient pas forcément contradictoires.

Les liens familiaux

Ils dominent de toute évidence la vie privée des petites gens. Dans les groupes familiaux simples, dits nucléaires ou conjugaux, de la France du Nord, l'autorité paternelle est absolue, et la solidarité de la proche parenté plutôt solide (avec des querelles d'intérêt parfois). Dans les familles du Midi, à double noyau — un couple de parents, un couple d'héritiers choisis —, elle est encore plus forte et se transmettra intacte à la mort du maître. Dans les familles complexes du Centre et des montagnes, associations parentales à la fois verticales et collatérales, un maître et chef de communauté a été choisi, généralement le plus âgé et le plus vigoureux des mâles, et son autorité est absolue : qui la refuse doit partir, avec un écu et un maigre baluchon.

Ces liens du sang, ces solidarités et ces obéissances se retrouvent naturellement dans les bourgeoisies, les noblesses, les hommes de gouvernement et les hommes d'affaires. Certaines familles semblent vouées, depuis Henri IV ou Louis XIII, à la fonction ministérielle. Ainsi, il y a toujours eu des Phélypeaux, sous divers noms (dont les deux Pontchartrain) dans les secrétariats d'État, comme il y aura souvent des Colbert ou des descendants des Le Tellier-Louvois. Des lignées se succèdent même (d'oncle à neveu) dans les bons évêchés : ainsi, les Potier (qui viennent du Parlement) accéderont cinq fois, d'Henri IV à Louis XV, à l'évêché-comté de Beauvais. À lire les fastes des échevinages urbains, on éprouve l'ennui qui naît de l'uniformité des patronymes. Dans le milieu discret et capital de la haute finance d'État, tout le monde, de la Loire à Paris et à la Champagne, est apparenté, de préférence par les femmes, ce qui se voit moins ; or cette intéressante faune réunit plus de 500 personnes, Louis XIV régnant.

De quelque nature qu'elles soient, ces liaisons verticales, horizontales ou latérales ont précédé le règne de Louis XIV, et lui ont en partie survécu ; même dans notre fin de XXe siècle, il suffit de feuilleter un *Who's who* quelconque pour en déceler beaucoup...

Cela dit, la société actuelle ressemble peu à celle que connut ou que méconnut Louis XIV au début de son règne personnel. En ce temps-là, l'Église n'avait pas encore perdu sa puissance temporelle et même spirituelle ; la noblesse consistait en bien autre chose qu'une survivance vieillie ou une décoration mondaine achetée, l'ensemble de ce que les juristes appelaient *complexum feodale* n'avait pas été détruit (il le sera de 1789 à 1793), et personne d'ailleurs n'y songeait.

Les fondements de la société : la paysannerie

Elle constituait au moins 80 % de la population, soit environ 15 millions de personnes. Elle se distinguait des autres paysanneries d'Europe par trois caractères principaux. D'abord, elle tient et pense posséder (sous réserve des droits du seigneur) environ la moitié des terres du pays, proportion égalée nulle part, du moins sur une superficie aussi grande, près de 500 000 kilomètres carrés ; sans doute est-elle très inégalement propriétaire, mais elle l'est très fréquemment, ne serait-ce que d'une chaumière et d'un jardin, ce qui l'attache fortement au sol natal. Les paysans totalement dépourvus de terre paraissent fort minoritaires, mais difficiles à dénombrer : un cinquième du total ? En outre, la condition servile avait à peu près disparu ; on disait, par un jeu de mots, que l'air de France affranchissait. Il survivait cependant, dans le Centre et l'Est, surtout sur les terres d'Église, ce qu'on appelait des mainmortables, condamnés à demeurer sur la terre de leur seigneur et à s'y marier (sinon, ils payaient une amende) ; de plus, ils ne pouvaient transmettre leurs héritages qu'à des enfants vivant constamment avec eux, sinon le seigneur héritait. Dans l'ensemble pourtant, les coutumes de succession, bien que variables, se montraient assez libérales. Si bien que le sort du paysan français était sans doute bien meilleur que celui de beaucoup de paysans d'Europe (orientale, centrale, espagnole), sauf ceux des Pays-Bas, de Rhénanie et des meilleures terres de Toscane ou d'Italie du Nord.

Cela dit, il importe de bien souligner l'extrême variété de leurs occupations, de leur statut et de leurs conditions de vie.

Il existait des paysans fort riches, le plus souvent fermiers des belles exploitations céréalières du nord de la Loire, du Toulousain et de quelques plaines du Midi ; ils joignaient à de considérables ensembles agricoles, d'environ cent hectares, un cheptel important et la perception des droits du seigneur et de la dîme ecclésiastique. Cette position leur communiquait une partie des avantages des classes privilégiées, et faisait d'eux ces coqs de village qui pouvaient spéculer sur les blés ou les vins, donner du travail saisonnier aux modestes villageois, ou jouer le rôle de l'usurier local.

À l'autre extrémité de l'échelle rurale, vingt fois plus nombreux, de pauvres diables détenaient au plus une masure, un enclos, deux brebis ou une vache, quelques poules, et ne pouvaient assurer l'existence de leur famille qu'en se livrant à de multiples travaux supplémentaires, souvent exténuants, depuis la fabrication des clous jusqu'au creusement des fossés, au filage du chanvre ou de la laine, ou au bûcheronnage ; il leur arrivait aussi de migrer quelques mois par an pour maçonner (les Limousins), scier le bois ou la pierre (Auvergnats) ou chercher fortune en Espagne (pour les habitants du Sud-Ouest). Dans l'ensemble, ces petites gens, très sensibles aux mauvaises récoltes, au froid, à la maladie, au chômage inopiné, se nourrissaient et s'habillaient mal, et se faisaient décimer par les disettes, les épidémies, les dysenteries qu'ils assimileront longtemps à la peste, pourtant en train de disparaître. Les plus démunis, souvent cadets de famille sans terre et sans aptitudes, allaient courir les chemins, mendier ou tenter leur chance dans les grandes villes comme manœuvres, crocheteurs, domestiques ou prostituées.

Entre la pointe aisée et la masse besogneuse, de bons laboureurs, des jardiniers de faubourgs, des éleveurs avisés en pays bocager ou montagnard, et surtout des vignerons de talent capables d'abreuver les villes assoiffées (Lyon et Paris, un litre de vin par adulte et par jour) occupaient des situations souvent fort honnêtes, bien qu'ils se soient plaints autant que les autres, parfois avec quelque raison.

En effet, en moins de trente ans, la fiscalité royale avait plus que doublé. Depuis 1635, le roi de France avait fait la guerre à la fois à l'Empire et à l'Espagne, ses troupes étaient toujours plus nombreuses et mieux armées, et il subventionnait en outre ses alliés. Richelieu avait donc dû exercer sur les tailles, les gabelles (du sel), les aides (surtout sur la vente du vin) un exceptionnel tour de vis fiscal qui, par comparaison, rendait presque supportables dîmes et droits seigneuriaux, d'ailleurs fort inégaux d'un lieu à l'autre. Le monde paysan — l'urbain aussi — avait fort mal accepté ces crues d'impôts, souvent refusé de payer, et molesté parfois les agents du fisc, les huissiers et les soldats venus pour les percevoir. Depuis 1635 (et jusqu'en 1675), les révoltes avaient éclaté chaque printemps, dans une province ou une autre, mais jamais ensemble. Habituellement, les nécessités de la moisson ou de la vendange et l'apparition de quelques troupes suffisaient pour que rentrent chez eux des révoltés armés surtout de bâtons, de fourches et de faux ; mais il avait fallu plusieurs régiments et des châtiments sévères contre les Croquants du Périgord et les Nu-Pieds de Normandie entre 1636 et 1640 ; Louis XIV devra reprendre la même technique entre 1662 (Boulonnais) et 1675 (Bretagne). Malgré tout, ces révoltes pas toujours spontanées (de petits nobles, quelques officiers et curés y poussèrent ou y participèrent) purent gêner parfois la monarchie, surtout pendant les guerres ; elles ne la mirent jamais en danger.

Jamais non plus elles n'entamèrent sérieusement l'économie du royaume, qui reposait principalement sur une production rurale multiforme, ni les évidents excédents de la balance commerciale, qui amenaient en France l'or et l'argent qu'elle n'extrayait pas (mais qu'elle avait depuis longtemps copieusement stockés) ; les grands articles d'exportation, blés, vins, eaux-de-vie, draps et surtout toiles, sortaient tous des forces de travail paysannes, même si les étoffes étaient achevées dans les villes et leurs banlieues.

Avec ses contrastes, ses misères, ses crises, son opulence cachée et inégale, la campagne soutenait la monarchie française comme Atlas était censé soutenir le Monde. Mais les paysans avaient besoin d'être mis au pas. Ils le seront.

Les noblesses : l'épée

On parle rarement au pluriel du second ordre, parce qu'on pense toujours à la noblesse d'épée, la plus ancienne, grande ou petite, en principe à vocation militaire, et fière d'être et de combattre. On oublie souvent de dire qu'elle constituait le groupe social le plus riche du royaume, et de fort loin (et pour longtemps), avec ses terres (le tiers du sol peut-être), ses châteaux dont peu étaient en ruine, ses droits seigneuriaux presque partout, et ses énormes réserves d'or, d'argent, de bijoux et de vaisselles, qui devaient peser des dizaines de tonnes. Épée, faste et jactance, elle demeure le modèle social le plus fréquent, même si peu de familles remontent aux croisades (quelques douzaines ?), et sans doute minoritaires celles dont les titres ont plus de deux siècles. Jamais vraiment pauvre, même dans le fond des provinces bretonnes ou gasconnes (avec leurs cadets victimes des coutumes successorales), cette noblesse sert à l'armée moins souvent qu'on ne croit, et on la trouve tapie dans des manoirs rarement délabrés, pressurant parfois les paysans, mais pas toujours. Mais, petite ou grande, elle a toujours prétendu jouer un rôle éminent dans l'administration du royaume, localement ou à son centre. Elle a parfois favorisé en sous-main des révoltes paysannes, et souvent participé aux soulèvements plus importants de la Fronde des Princes. Dans les contrées isolées, beaucoup de nobliaux se conduisent comme des tyranneaux, molestant les paysans, dérobant leurs revenus, leur bétail ou leur fille ; des juridictions exceptionnelles, les Grands Jours, ont révélé leurs excès, comme en Auvergne en 1665, ainsi que l'a conté le jeune abbé Fléchier en un récit spirituel.

Bref, le roi devra régler avec ce qui n'est pas vraiment sa fidèle noblesse un certain nombre de problèmes de discipline.

Les noblesses : la robe

Il en aura d'autres avec sa douzaine de parlements, doublés d'autres Cours dites souveraines à caractère plus financier : Cours des aides, Chambres des comptes.

Parmi tous ces grands juges nobles ou anoblis, les parlementaires sont chargés en outre de mettre sur registre et de publier les décisions royales. À cette occasion, ils peuvent présenter ce qu'on appelle des remontrances, à l'origine simples remarques juridiques qu'ils ont toujours essayé, et parfois réussi, à transformer en observations acerbes. Ces hommes ont acheté leurs charges ou en ont hérité. Presque tous sont riches, surtout d'immeubles et de rentes, mais moins que la grande noblesse d'épée ou que les ministres. Férus de droit, leur orgueil est considérable ; ils se donnent comme les égaux du Conseil du roi, surtout en temps de régence, et cherchent à retarder, modifier ou supprimer la partie de la législation royale qui leur déplaît, généralement parce qu'elle attente à leurs privilèges ou à leurs intérêts. Ceux de Paris, suivis par d'autres en province, ont été à l'origine de la Fronde en 1648, du moins pour la portion de parlementaires la plus hardie, à la fois de jeunes loups et de vieux renards, comme l'octogénaire Broussel, à l'origine des journées de barricades d'août 1648. Sans doute se sont-ils assagis par la suite, et Mazarin en a acheté beaucoup.

Il n'empêche que Louis XIV n'a jamais oublié leur attitude passée, et n'était pas disposé à leur témoigner beaucoup d'amitié.

L'Église de France

Elle se trouvait alors à un important tournant de son histoire.

En tant que corps, elle ne désirait rien autant que supprimer le protestantisme, toléré à l'intérieur du royaume depuis l'Édit de Nantes (1598), qui avait cependant perdu depuis Richelieu (grâce d'Alès, 1629) toute organisation politique et militaire. Mais les centaines de milliers de protestants du royaume avaient été très sages depuis trente ans, et ils avaient fidèlement soutenu Mazarin pendant les troubles de la minorité. Rien ne les menaçait donc pour le moment. L'Assemblée quinquennale du clergé devait se contenter de tonner éloquemment contre la funeste hérésie et la non moins funeste liberté de conscience.

D'autant que le clergé et beaucoup de fidèles catholiques n'avaient pas toujours brillé par leur comportement ou leur tenue. Paul de Gondi, coadjuteur et bientôt archevêque de Paris et cardinal de Retz, avait été l'un des plus actifs frondeurs, et sûrement pas le plus chaste. Derrière lui s'étaient regroupés une série de curés parisiens intrigants, la plus grande partie des jansénistes et des dévots, et la Compagnie du Saint-Sacrement, association en principe charitable et pieuse, en fait politisée et insinuante. Si Mazarin persécuta les jansénistes et dissolut la pieuse Compagnie, et si Louis XIV finit par autoriser *Tartuffe*, qui la dénonçait, ce ne fut pas innocemment, ni par simple caprice. D'autre part, l'Église de France, arguant de ses privilèges, se faisait généralement tirer l'oreille pour consentir au monarque ce qu'elle appelait un don gratuit, qui ne la ruinait guère, afin de contribuer, par pure bonté, disait-elle, aux finances de l'État.

D'autre part, la grande vague de Contre-Réforme, ou réforme catholique, issue du concile de Trente, terminé cent ans plus tôt, n'avait atteint en France que quelques ordres religieux, une partie de la bourgeoisie, de la robe et de l'épiscopat, et bien peu le bas-clergé, pour qui l'on commençait tout juste à fonder des séminaires. La tenue habituelle de la plupart des curés de campagne et des moines pouvait assez rarement être donnée en exemple.

Louis XIV aurait donc à résoudre des problèmes ecclésiastiques et même religieux ; en 1661, ces derniers ne le souciaient guère.

Villes et bourgeoisies

Le langage du temps appelait « bourgeois » tout urbain roturier et assez riche. Il appelait « ville » tout espace rempli de maisons, clos par des murs et des fossés, et généralement pourvu de sérieux privilèges. Une seule très grande ville, Paris, 4 à 500 000 habitants, fort remuante et qui avait montré son excessive vitalité pendant la Fronde. Les autres, dont aucune n'atteignait 100 000 habitants, étaient de grands ports comme Rouen, Nantes, Bordeaux et Marseille, de grands centres commerciaux comme Lyon, ancienne capitale des Gaules, ou de réelles capitales provinciales pourvues de parlements comme Dijon, Rennes, Toulouse et bientôt Lille (annexée en 1668). Toutes ces villes closes et privilégiées (dont beaucoup d'assez petites) étaient administrées par des échevinages où des bourgeois riches (négociants et officiers royaux) tenaient le premier rôle. Toutes n'avaient pas été sages (Bordeaux, pas du tout) durant la Fronde, et toutes se trouvaient lourdement endettées par des dépenses militaires et somptuaires.

Sous les bourgeoisies dominantes (parfois vaguement anoblies) vivaient et travaillaient des centaines ou des milliers de petits patrons, de boutiquiers, de commis et de compagnons. Ils assuraient les diverses activités qui permettaient à la ville de subsister et parfois de prospérer. La plupart, mais pas tous, étaient groupés en des corps ou métiers que nous appelons corporations, qui suivaient, en principe plus qu'en réalité, des règles strictes de fabrication, de discipline et de promotion. Un certain nombre révélaient déjà une grande spécialisation dans le travail, comme les métiers de la soie à Tours, Lyon et Nîmes et plus encore ceux de la draperie de Rouen à Reims et surtout à Amiens. Le petit peuple des métiers vivait honnêtement quand les commandes étaient abondantes et le pain bon marché ; il tombait vite dans la détresse et l'émeute quand le contraire survenait, comme en 1662.

En somme, au sortir de dix-huit années (1643-1661) de guerre, de désordres, de révoltes, de dépenses excessives et incontrôlées (ou trop bien contrôlées par ceux qui en profitaient, Mazarin en tête), il apparaît que le plus peuplé et sans doute le plus riche pays d'Europe avait besoin d'être sérieusement repris en main.

Aussi grands soient-ils, les gouvernants ne suffisent pourtant pas à déterminer le destin d'un pays ; il leur faut des sujets dociles, des guerres rares et peu coûteuses, une conjoncture économique favorable ; les uns et les autres furent inégalement donnés à Louis XIV.

L'action de Louis XIV sur la société française : remise en ordre et retour à l'obéissance

Les réussites aisées

La grande noblesse, la robe, les villes, trois objectifs assez faciles à atteindre.

Pour les villes, les solutions essayées déjà par Richelieu, Henri IV et même Louis XI furent portées à leur point extrême. Le roi décida de nommer désormais lui-même le maire et les premiers échevins des grandes villes ; il y installa des fidèles, habituellement officiers de justice. Il ordonna qu'on néglige désormais l'entretien des murailles (sauf aux frontières), confisqua les vieilles artilleries municipales et transforma les anciennes milices bourgeoises en organismes de parade. Parallèlement, Colbert décidait une révision générale des dettes des communautés (urbaines mais aussi rurales) afin de les éponger progressivement ; l'opération dura plusieurs années et aboutit à une véritable mise en tutelle des finances municipales. À partir de 1692, la tutelle confina au ridicule : les fonctions échevinales furent mises en vente, parfois par moitiés ou par quarts, et les bons bourgeois se précipitèrent pour les acquérir, souvent par pure vanité.

Paris constituait, à elle seule, un problème d'une autre dimension. L'Hôtel de Ville mis en tutelle dès le lendemain de la Fronde, il fallait essayer d'en finir avec les compagnons remuants, les laquais débauchés, les mendiants abusifs et organisés, les milliers de prostituées souvent clandestines, et les soudaines émeutes qui embrasaient parfois les boulangeries, les marchés et les quais lorsque flambait le prix des denrées. Il existait aussi trop d'imprimeurs et de colporteurs de libelles, qui s'en étaient donné à cœur joie durant toute la Fronde, distribuant quelque 5 000 mazarinades. Un serviteur avisé et organisé, Nicolas de la Reynie, pourvu du titre de « lieutenant de police » (qui a survécu jusqu'à nos jours dans celui de préfet de police), réussit à vider les cours des miracles, renfermer des mendiants, surveiller places, cabarets et taudis, nettoyer, paver, éclairer, nourrir, abreuver et chauffer la grand'ville, et plus facilement encore à tenir de fort court les imprimeries et toute la librairie ; la censure devint féroce, mais rendit plus précieuses les feuilles clandestines, souvent hollandaises. Et pourtant Paris n'avait pas fini de donner des soucis à l'État. Du moins les troubles ne dépassèrent-ils pas, sous ce roi, les émeutes parfois vives liées à la cherté de la vie.

Mazarin avait payé les parlementaires frondeurs pour qu'ils se soumettent, et laissé une partie des officiers de finances piller quelque peu le royaume lors des levées d'impôts ; moyennant quoi, ils s'assagirent après avoir frondé, de même que les officiers de justice, qui supportaient mal l'autorité des intendants.

Pour tous ceux-là, la réduction à l'obéissance fut radicale. Louis XIV ordonna à ses parlements d'enregistrer immédiatement ses ordonnances, quitte à lui présenter ensuite quelques remarques polies, s'ils les jugeaient nécessaires. Ils ne le jugèrent pas. Dès 1665, le roi avait autoritairement diminué la valeur de leurs charges, et donc leurs revenus. Désormais le beau monde de la grande robe se rua dans la servitude, et enregistra tout ce que le Grand Roi voulut, y compris la légitimation de bâtards nés d'un double adultère (la Montespan était elle aussi mariée).

Quant aux petits officiers de province, on amoindrit la valeur de leurs charges et on les dédoubla aussi. Ils n'eurent qu'à se soumettre à la toute-puissance des intendants, leur fournissant même quelques subdélégués, au début simples agents de renseignements, bientôt sorte de subordonnés. Le quadrillage administratif du royaume s'installait lentement, sans eux, par-dessus eux, parfois avec eux. Mais les mailles de cette administration théoriquement systématique demeuraient fort larges : beaucoup de petits officiers passaient au travers et, dans l'ensemble du pays, une large part restait aux habitudes locales, aux initiatives privées et à une désobéissance passive souvent innocente. Mais les officiers trop indépendants avaient été matés, ou mis hors de course.

En ce qui concerne la noblesse, on pouvait risquer des pronostics défavorables : depuis des décennies et même des siècles, elle avait l'habitude d'en faire à sa tête, de dominer les provinces entières avec ses clientèles, et de tenir la dragée haute aux envoyés du pouvoir central.

L'autorité personnelle du jeune roi fournit la clé d'une réussite qu'on ne pouvait espérer aussi facile, surtout au lendemain de la Fronde. Les plus grandes familles se soumirent ; certaines, comme les Bourbons-Condé, avaient beaucoup à se faire pardonner. Comme on l'a souvent souligné, Louis XIV sut les domestiquer dans les cérémonies et les fêtes ; plus jamais (deux ou trois exceptions en fin de règne), il ne les appela en son Conseil étroit, ni ne leur confia d'importantes missions. En revanche, il n'hésitait pas à les envoyer briller (et se faire tuer) à la guerre, et ne lésinait pas sur les pensions et gratifications qu'il leur distribuait, des centaines de milliers de livres. Quant aux hobereaux violents et rapaces, il les fit passer en jugement, comme en Auvergne, et réserva de rudes châtiments à ceux qui se mêlaient de soutenir des révoltes populaires : ainsi, en Languedoc, Du Roure finit coupé en cinq morceaux (1670).

L'administration tracassière et perfide de Colbert fit entreprendre ce qu'on appelait une recherche de noblesse : contraindre les gentilshommes ou prétendus tels à faire preuve de leur nobilité (habituellement, quatre générations) ; en cas d'échec, ils étaient réduits à la roture, et imposés à la taille, à moins qu'ils n'aient su soudoyer les enquêteurs ; de toutes manières, cette vexatoire inquisition fut utile, même politiquement.

De plus Louis XIV, souvent à court d'argent, vendait de plus en plus des offices qui anoblissaient graduellement, souvent à la troisième génération ; à partir de 1695, il vendit même, pour 6 000 livres (le prix d'une bonne maison en ville), la noblesse simple et immédiate ; des financiers furent même chargés de placer en province des lettres d'anoblissement en blanc : ils n'avaient qu'à inscrire le nom de l'acheteur. Les listes de ces derniers existent un peu partout : à les voir, on ne s'étonne plus qu'elles n'aient jamais été publiées... Mais la vieille noblesse, robe ou épée, reçut très mal ces opérations financières : même au XXe siècle, ses derniers représentants les reprochent encore à Louis XIV.

Suspicion ou largesses, domestication dorée ou gloire militaire, éloges ou vexations, la noblesse française avait cessé de troubler le roi de France. Sans doute, après 1700, une sorte de groupuscule de haute aristocratie (illustrée par le mémorialiste Saint-Simon) se mobilisa pour défendre le véritable sang noble, désira participer de plus près au gouvernement pour pratiquer une politique pacifique et tenter quelques réformes. Elle gêna peu le Grand Roi et se mit en réserve pour le règne suivant.

Les réussites difficiles

Les classes rurales nourrissaient à l'égard du roi, souverain juge, père de son peuple, image de Dieu, une parfaite vénération. Mais beaucoup de paysans étaient également persuadés que des ministres et des financiers fripons le trompaient, et tondaient le bon peuple à son insu. S'y ajoutait, dans les provinces les plus originales et les plus récemment annexées, le vif sentiment de jouir de privilèges, notamment fiscaux, venus du fond des temps, donc parfaitement respectables. Que surviennent des augmentations d'impôts ou, pire encore, des taxes inhabituelles et levées par des gens étrangers au pays, et tous ces malheureux innocents continuaient à se mutiner sous le Grand Roi comme sous son père. La différence, la force de la répression, tenait à ce que la paix régna à peu près douze années, et à ce que le personnel gouvernemental, avide d'argent et d'ordre, ne manifestait aucun scrupule.

De 1662 à 1675, on ne trouve pratiquement pas d'année sans révolte rurale (et parfois urbaine), toujours contre l'impôt. Dès 1662, dans le Nord du pays, en Boulonnais, il fallut plusieurs milliers de soldats pour venir à bout des émeutiers, dont 400 partirent aux galères et quelques-uns furent pendus ; en 1663, on continua en Auvergne ; en 1664, on pendit aussi quelque peu en Poitou et Berry, mais le plus grave se produisit en Béarn : la vieille terre du roi Henri refusait de payer la gabelle, et le chef des mutins, un gentilhomme brigand, Audijos, tint la campagne dix années durant ; en Roussillon, morceau de Catalogne récemment annexé, les luttes ne cessaient guère. Le pire était pourtant à venir.

En 1670, un mauvais hiver, l'annonce d'impôts nouveaux et quelques fausses nouvelles soulevèrent les montagnards languedociens du Vivarais, en gros le futur pays camisard ; il fallut les mousquetaires de D'Artagnan (le vrai), les régiments suisses et plusieurs escadrons pour en venir à bout ; le chef, encore un petit noble, fut découpé et exposé.

Le caractère spécifique des révoltes suivantes (Guyenne et Bretagne, 1674-1675) fut de survenir durant une guerre difficile, et d'ouvrir une sorte de front intérieur. Il était encore question de gabelle et d'impôts nouveaux, comme le papier timbré. La brutalité de la répression surpassa tout ce qui avait précédé : Mme de Sévigné l'a décrite, pour sa Bretagne, avec une légère et talentueuse compassion. On pendit beaucoup, et l'on décapita... des églises.

Après 1675, les paysans français ne bougèrent quasiment plus, sauf pour des questions religieuses (les protestants des Cévennes) ou par un réflexe attardé de misère (Tard-Avisés du Quercy, 1707). Ils ne se réveilleront qu'aux approches de 1789. Ils avaient assez à faire pour assurer leur vie quotidienne, devenue sans doute plus difficile. En outre, les nouveaux curés, plus sérieux et instruits, bien soumis aux évêques et à l'administration, leur apprenaient la résignation et que les jours heureux (et sans impôts) viendraient au Paradis, s'ils étaient sages. Résignation ou non, le silence tomba pour un siècle sur les campagnes de France, qui n'avaient point facilité les débuts du Grand Règne.

La banque au sens habituel du mot jouant un rôle très faible en France (à la différence de l'Italie, de la Hollande et bientôt de l'Angleterre), la circulation des marchandises et des espèces à l'intérieur comme à l'extérieur était assurée (les financiers du roi mis à part) par les plus importants marchands des grandes villes et des ports. Ils parachevaient la fabrication, notamment des étoffes, conditionnaient et expédiaient ballots et barils, soit par terre, soit par rivière, le plus souvent par mer ; dans ce cas, les négociants se faisaient tout naturellement armateurs, assureurs, et experts dans les papiers commerciaux, parmi lesquels les lettres de change, qui reposaient sur des marchandises et la confiance réciproque. Ces personnages importants dont la fortune foncière était solide mais assez modeste, et dont les vraies richesses étaient stockées, circulaient ou revenaient sous forme de monnaies et de produits étrangers, avaient toujours refusé de se constituer en corporations, habitués qu'ils étaient à une totale indépendance, meilleure garante de leurs intérêts. Chacun avait noué ses propres chaînons de fournisseurs et de clients, de facteurs et de correspondants, les Marseillais dans toute la Méditerranée, ceux de l'Océan avec l'Angleterre, l'Espagne et ses Indes et de plus en plus les Isles, les Antilles, ceux de la Manche avec tout le Nord, Baltique comprise, mais surtout avec la richissime et minuscule Hollande.

Colbert nourrit le dessein à la fois magnifique et maladroit d'imposer aux commerçants et aux manufacturiers des règlements tatillons, un carcan corporatiste et des Compagnies royales de commerce, pâle et bureaucratique imitation des réussites anglaises et surtout hollandaises comme les Compagnies des Indes. Mais manufacturiers et commerçants ne professaient comme religion et comme politique que leur intérêt bien compris, et voyaient dans toute initiative de l'État un impôt déguisé. Ils appliquèrent des règlements ce qui les arrangeait, et les oublièrent vite. Ils refusèrent toujours de se corporer : il leur suffisait que leurs ouvriers le fussent, ce qui permettait de les contrôler mieux. Lancées à grands frais, la plupart des manufactures royales et privilégiées, ou bien sombrèrent, ou bien ne se maintinrent que par des subventions (tapisseries), à l'exception de celles qui travaillaient pour l'armée et la marine : canons, poudre, ancres, mâts, toile à voile, etc. Elles fournirent du travail à quelques milliers de spécialistes et de manœuvres, mais les bénéfices allaient à des protégés des ministres, comme le financier Dalliez, à la fois vendeur de bois et fabricant de mâts.

Quant aux beaux projets de Compagnies des Indes, du Nord, ou du Levant, leurs commanditaires marchands furent très rares, elles ne distribuèrent qu'exceptionnellement des dividendes, et sombrèrent plus ou moins vite : elles ne tenaient pas devant les concurrentes et n'attiraient pas les capitaux ; l'une survécut, en partie privatisée, occupée surtout à la traite des Noirs, mais les Malouins la reprirent heureusement vers la fin du règne, lorsqu'ils s'orientèrent vers le Pacifique et la Chine.

Dans l'ensemble, la politique de Colbert gêna plus qu'elle ne servit les affaires de négoce. Son protectionnisme provoqua des protectionnismes adverses : ainsi l'Angleterre refusa désormais de s'approvisionner en toiles bretonnes, ce qui ruina pour longtemps cette brillante industrie, dont la production chuta des trois quarts après 1680. Même la si coûteuse marine de guerre ne parvenait pas à empêcher le blocus anglais des ports français lors des deux dernières guerres : le trafic de Nantes et Saint-Malo, bien connu, s'effondra de 1689 à 1697 et de 1702 à 1712. Il est vrai qu'on utilisait les navires neutres, la contrebande et la course, qui pouvaient donner des profits consistants, mais aussi des pertes cruelles. De toutes manières, les grands marchands continuaient à mener le jeu ; les derniers ministres de Louis XIV le comprirent, et firent entrer les plus importants dans un Conseil du commerce créé en 1700. Ce n'était pas ce que Colbert avait prévu. La liberté des affaires l'emportait décidément. La volonté royale ne pouvait tout régler.

Des facteurs étrangers à l'action gouvernementale orientaient aussi l'évolution de la société française ; parmi ceux-ci, la simple météorologie, ou la marche des épidémies, mais aussi des phénomènes conjoncturels et psychologiques parfois inattendus.

La société française sous Louis XIV : les évolutions internes

L'imprégnation catholique

Le mythe de la France toute catholique depuis le fond du Moyen Âge a subi, en une ou deux décennies, de sérieux correctifs. Depuis Jean Delumeau et quelques autres, on sait bien que les gestes et les paroles principales de la religion chrétienne recouvraient plus qu'ils ne remplaçaient les vieux mythes et les vieux rites venus du fond des temps, de l'essentiel paganisme attaché aux saisons, aux arbres, aux fontaines, aux éminences, au calendrier agraire, aux signes du ciel et à l'astrologie, aux sorcières et aux guérisseurs. S'étaient ajoutés le culte des saints, dieux ou génies d'hier, de la Vierge-Mère, et la crainte de l'enfer. Tout ce qui précède concerne principalement le fond des campagnes, les villes et les élites instruites participant plus subtilement aux diverses dévotions, à la connaissance de la foi dite vraie, et aux disputes théologiques.

Après les rudes secousses de la Réforme et des guerres de Religion, l'Église de France, tout en conservant son originale et respectueuse indépendance à l'égard de Rome (le gallicanisme), s'était enfin décidée à se réformer elle-même, et montrait sa vitalité dans des disputes d'écoles et d'influences, qui opposaient notamment les jansénistes, plus rigoristes, aux pieux et laxistes partisans des jésuites, qui tentaient de monopoliser les collèges et l'oreille des rois.

Pour toucher la société dans son ensemble, les moines (sauf quelques-uns) ne jouissant plus d'une réputation très pure, c'était le clergé séculier, les curés, qu'il fallait atteindre. Jusque vers 1660 au moins, une bonne partie brillait surtout par sa médiocrité, intellectuelle et morale. Depuis les années 1640-1650 jusqu'à la fin du siècle, de sérieux séminaires s'installèrent dans la plupart des diocèses. Les futurs prêtres, qui progressivement allaient remplacer les médiocres de l'époque précédente, furent formés dans la discipline, la compétence, les certitudes simples et la chasse systématique aux reliques, processions et cultes douteux. À partir de 1700 environ, ils avaient ramené l'ordre et le silence dans les églises, jugulé les excessives effusions de piété, organisé les catéchismes et l'école quand elle existait, surveillé la sanctification des dimanches, interdit les bals et surtout les bains en rivière, surveillé la vertu des filles et régné sur un troupeau apparemment assagi avec une insistante compétence. Le temps des bons curés et des sages paroissiens — paroissiennes surtout — commençait.

Comme Louis XIV avait extirpé, pensait-il, l'hérésie

protestante en révoquant l'Édit de Nantes (1685), chassant les pasteurs et pourchassant les convertis douteux, l'Église ne pouvait que lui en être reconnaissante en contribuant à la bonne tenue du troupeau. D'autre part, à partir de 1695, le roi avait mis tous les curés, jusque-là relativement indépendants, dans les mains des évêques (tous nobles, et qu'il choisissait), qui désormais pouvaient les envoyer méditer dans un couvent bien clos s'ils se conduisaient mal. Et les prêtres de France organisaient la crainte de Dieu et l'obéissance au roi. Leur culture et leur sérieux amèneront, bien plus tard, des influences moins lénifiantes, puisque les curés du XVIIIe siècle ne seront pas, au début, hostiles à la phase réformatrice de la Révolution. Mais, vers 1700, personne ne pouvait le prévoir, et surtout pas eux.

Les forces de la conjoncture

Voici un quart de siècle, nombre d'historiens portaient une grande attention aux mouvements longs et courts de ce qu'ils appelaient la conjoncture ; surtout économique, celle-ci se calculait assez aisément à partir du mouvement des prix (bien connus), des échanges, des revenus et parfois de la production. Les crises courtes, violentes, marquées par des hausses brutales des prix alimentaires, des chutes de l'emploi et des secousses démographiques, différaient par leur nature des phases longues de cinquante à cent ans. Aux phases *A* d'expansion progressive (la plus grande partie des XVIe et XVIIIe siècles) s'opposaient les phases *B* de récession ou de stagnation d'ensemble, dont l'une semblait marquer le temps de Louis XIV (sans que ce dernier y soit pour quelque chose). Souvent trop systématiques, ces manières de voir ont été brutalement et assez sottement abandonnées, parfois même par ceux qui les avaient naguère mises en relief. Pas question qu'elles puissent déterminer l'évolution d'une société, d'une économie ou d'un règne ; pas question non plus de les ignorer, puisqu'elles ont tout de même existé ; il convient plutôt d'en nuancer l'analyse et l'impact.

Pour la France de Louis XIV, des nuances chronologiques et surtout régionales sont à présenter : ni le Midi ni la Bretagne n'ont réagi aux crises courtes comme le reste du royaume, pour la simple raison que leur climat diffère profondément : ainsi le terrible hiver de 1709 toucha assez peu la Bretagne, aux hivers habituellement doux ; les régions maritimes réagirent souvent mieux que les continentales, et les provinces d'élevage de manière forcément tout autre que les céréalières. Il n'empêche que, dans l'ensemble, il faut être aveugle ou de mauvaise foi pour ne pas reconnaître que la plus grande partie du règne personnel de Louis XIV s'est placée sous le signe de la stagnation ou de la récession, et que des crises épouvantables en secouèrent les premières années (avec culmination en 1662 dans les pays de la Loire) et plus encore les dernières avec les tragédies de 1693-1694 et 1709-1710 (plus l'épizootie de 1713-1714). Le nier signifie qu'on n'a jamais regardé une mercuriale, un livre de comptes ou un registre paroissial.

On n'a pas à traiter ici des problèmes démographiques, mais il est désormais patent que le royaume de France, à frontières constantes, est passé par un apogée entre 1630 et 1645 (selon les provinces) ; qu'ensuite, presque partout, la population atteinte par les méfaits des soldats (Nord et Est), ceux de la disette (moitié Nord) et de dures épidémies un peu partout, s'est affaissée de 15 à 20 % entre cette première date et les années 1715-1720. Ce déclin a pu d'ailleurs entraîner des conséquences fort variables (moins de bouches à nourrir, mais aussi moins de producteurs et de contribuables) qu'il n'est guère possible de mesurer.

Apparaît au moins aussi certaine la chute de la production connue de quelques régions textiles. La toilerie bretonne s'effondre des deux tiers après 1680. La draperie d'Amiens, la plus puissante de France, et à un moindre degré celle de Beauvais, a connu sa production maxima entre 1630 et 1640, puis un lent déclin, vite accéléré après une passagère reprise au temps de Colbert. Il faudra l'ouverture du marché espagnol et américain après 1700, et aussi la fourniture d'uniformes à une partie des soldats pour qu'une reprise se dessine, laissant présager les robustes bien qu'inégales croissances du XVIIIe siècle. Or, tout ce textile comportait à la base une abondante main-d'œuvre paysanne, qui avait bien besoin de quelques suppléments de salaire.

Car, du côté de la terre, qui demeure l'essentiel, le règne avait été bien décevant, sans que Louis XIV y soit pour quelque chose, on s'en doute. De 1665 à 1687, une longue période de récoltes généralement abondantes, mais difficiles à écouler malgré un prix très bas, avait entraîné des conséquences apparemment contradictoires. D'une part, le tout petit peuple des villes et des campagnes avait pu se procurer à vil prix les grains ou le pain qu'il ne produisait pas, ou insuffisamment ; d'autre part, les paysans vendeurs, modestes ou gros, recevaient fort peu de monnaie en échange de leurs produits, alors que s'élevait le montant des impôts au début des guerres importantes (Hollande, 1672) ; enfin, les grands propriétaires, seigneurs et rentiers du sol se lamentèrent (Mme de Sévigné elle-même) de la faiblesse de leurs revenus ruraux, ce qui entraîna la chute du prix des terres, au moins d'un tiers, parfois de moitié, bien que la valeur des pâturages et surtout des bois se soit maintenue. Cette atonie de la rente principale aide d'ailleurs à expliquer le semi-marasme de la manufacture et des villes.

Il semble aussi que ces médiocrités accumulées contribuent à interpréter un phénomène assez curieux, mais nettement prouvé : le retard de l'âge au premier mariage dans la plupart des campagnes : du début à la fin du siècle, il a reculé, pour les filles qui seules comptent, de la vingtième à la vingt-cinquième année (et les garçons, souvent pas avant 28 ou 30 ans) ; on dirait que l'installation des jeunes couples est devenue de plus en plus difficile.

Ce marasme ambiant se transformait souvent en catastrophe lors des exceptionnelles crises du début du règne, et plus encore de la fin (après 1690). Certes, de piètres récoltes laissaient des bénéfices considérables aux vendeurs privilégiés (gros fermiers, grands propriétaires, seigneurs, décimateurs), le niveau triplé des prix rattrapant aisément le déficit modeste, environ d'un tiers, de la récolte négociable. Mais le bonheur de quelques-uns n'empêchait pas les souffrances de la majorité : paysans parcellaires, manouvriers ruraux et urbains, touchés par la grande cherté autant que par un chômage peu secouru (la charité ne pouvait suffire), atteignaient le fond de la détresse, étaient plus que décimés par la disette et les épidémies digestives (ils se nourrissaient d'aliments infects), tandis que les moins démunis engageaient leur chaumière et leur dernier lopin, signant des reconnaissances de dettes qui entraînaient toujours hypothèque. Se répétait alors, comme sous la Fronde et auparavant, cette expropriation systématique des moyens et des petits par les gros, qui semble l'une des caractéristiques fondamentales du règne. Quant aux très pauvres, il ne leur restait qu'à aller mendier, voler ou mourir.

Rappelons cependant que le renouveau colonial et maritime des quinze dernières années du règne a procuré, en même temps que des quintaux d'argent américain au roi et aux armateurs, pas mal de travail aux gens des ports et des rivières : ravitailler et vêtir les Indes et les Antilles, construire et équiper des navires, transformer ou revendre des produits tropicaux comme le sucre. Ces prospérités maritimes touchaient cependant assez peu l'intérieur du royaume, enfoncé dans la médiocrité, l'appauvrissement parfois, au mieux l'immobilité.

La société louis-quatorzienne devant la guerre

Le Grand Roi, avide de gloire et d'accroissements de territoire, adorait la guerre et ne cessa de la faire à la plus grande partie de l'Europe de 1672 à 1678 puis de 1689 jusqu'à sa mort, ou presque ; même les trêves se ramenaient à des préparatifs militaires. Ce n'était pas une nouveauté : la guerre avait déjà sévi de 1635 à 1659, entraînant naturellement des accroissements de dépenses et d'impôts. Louis XIV fit comme ses prédécesseurs, mais eut le malheur de frapper une économie déprimée, ce qu'il ignorait, et ses ministres aussi.

Deux nouveautés marquent pourtant les guerres de Louis XIV dans leurs retentissements à l'intérieur.

La première fut heureuse : les combats eurent généralement lieu à l'extérieur du royaume, et ses habitants en souffrirent donc bien moins que précédemment. Cependant, les troupes royales prenaient leurs quartiers d'hiver (en ce temps-là, on ne se battait habituellement qu'à la belle saison) dans les villages (peu dans les villes, très privilégiées), et les soldats, faute de casernes, vivaient souvent chez l'habitant qui, pour leur hébergement, recevait en principe une compensation monétaire, de même que pour les étapes, campements provisoires d'une troupe en marche. Mais ces indemnités étaient fort irrégulièrement payées, et les soldats, tous volontaires, ne se conduisaient pas toujours de manière angélique. Certes, le ministre Louvois entama un gros effort pour discipliner la troupe et mieux payer les logeurs. Il commença même à construire quelques casernes. N'empêche que les logements gardaient mauvaise réputation, et que les paysans y laissaient souvent leur cochon, leurs poules, leur vin ou leur fille. Cependant, le *Temps des Horreurs de la Guerre* gravées par Callot était terminé.

Malheureusement pour les paysans, Louvois dès 1688, puis ses successeurs à partir de 1702, réanimèrent et transformèrent considérablement une vieille institution, la milice. Afin de renforcer une armée pourtant nombreuse (plus de 200 000 hommes), mais dispersée sur trois ou quatre fronts, ils imaginèrent de lui adjoindre une sorte de force supplétive, pour garder les places ou accomplir des besognes peu combattantes. Elle fut recrutée dans les campagnes, à raison d'un paysan en moyenne par paroisse : un célibataire ou un veuf sans enfant, puis un jeune marié, les célibataires se raréfiant et les veufs valides se trouvant rares ; le milicien devait s'équiper, s'entraîner et être entretenu aux frais de la communauté villageoise. Sauf dans les régions-frontières ou les côtes menacées, les paysans français, casaniers et micro-propriétaires, éprouvaient fort rarement la vocation militaire, et ne demandaient qu'à labourer leur champ au sein de leur famille. Quand la milice était convoquée, les jeunes gens fuyaient, avec la complicité des adultes. Parmi bien des difficultés, la milice forma tout de même une trentaine de régiments, qu'on finit par envoyer se battre. Ils firent ce qu'ils purent, mais la désertion sévit beaucoup. Cette institution rénovée, coûteuse en argent et en hommes, n'aida pas la popularité du Grand Roi au fond des campagnes, et accrut leur fardeau.

Elle l'aggravait justement au plus mauvais moment :

au lendemain des grandes crises de 1693 et 1709, l'État se vit contraint de lever deux impôts nouveaux, la capitation (1695) et le dixième (1710), qui tentaient d'atteindre l'ensemble des revenus de tous les sujets ; les plus privilégiés et les plus riches (dont l'Église) étant parvenus à se faire exempter ou modérer, une fois de plus l'ensemble du monde rural paya l'essentiel, mais ne put donner tout ce qu'on lui demandait. Le dernier ministre des Finances de Louis XIV, l'habile Desmarets, parvint pourtant, à coups d'astuces, de ventes d'offices, de semi-banqueroutes et d'emprunts, à finir la guerre et le règne en ne laissant que quelques milliards-or de déficit, que dix années de Régence astucieuse surent éponger.

Cette dernière guerre, qui avait fortement tondu la majeure partie du peuple, avait assez bien arrangé les affaires d'un autre groupe d'hommes, que la vindicte populaire, bien travaillée, vouait aux gémonies sous le nom de laquais-financiers, de vils roturiers-partisans, d'étrangers-suceurs de sang. On sait bien que ces hommes d'affaires, tous français et presque toujours nobles, s'employaient à fournir aux armées tout ce dont elles avaient besoin, à collecter des fonds dans le royaume pour le compte du roi, qui s'aidait tout de même d'emprunts à l'étranger, notamment en Suisse. La plupart de ces munitionnaires et ramasseurs d'impôts, tous indispensables, profitèrent assez bien des opérations financières indispensables à la conduite de la guerre. En réalité, certains s'enrichirent modérément ou firent faillite, et d'autres passèrent en 1716 devant une Chambre de justice convoquée pour juger les plus avides, ou les moins adroits. Le roi avait eu besoin d'eux, comme de quelques banquiers, et se trouva plus heureux encore de recevoir d'Amérique des navires chargés d'argent sonnant, comme ceux de Chabert à Pâques 1709. Les problèmes financiers s'alourdissaient, les hommes d'argent devenaient des personnages de premier plan, mais ils ne dictaient pas encore leur volonté.

Pendant ce règne, la guerre aidant, l'équivalent-argent de la livre tournois, unité de compte monétaire du royaume, avait chuté d'un peu plus de 8 grammes en 1661 aux environs de 5 grammes ; la grande stabilisation de

1726 la maintiendra aux environs de 4,5 grammes, et cela pour deux siècles, malgré la passagère bourrasque de l'assignat révolutionnaire.

En somme, le glissement de l'unité monétaire avait payé à la fois les dépenses militaires et le probable appauvrissement du royaume.

La société française vers 1715

On peint habituellement la France à la mort de Louis XIV sous les couleurs les plus sombres, et sur le mode tragique. C'est prendre trop au sérieux les lamentations de quelques écrivains, le souvenir de l'horrible hiver de 1709 et le déficit financier. Aucun de ces trois phénomènes n'était nouveau : si les grands hivers furent rares, les soupirs littéraires et le désordre financier ne constituaient en rien des anomalies. La France en avait connu bien d'autres, et en connaîtra encore. De toutes manières, ces appréciations pessimistes reviennent à prendre la conjoncture passagère pour la structure profonde, et même à n'apercevoir qu'une partie de la conjoncture, loin d'être entièrement défavorable, notamment, on l'a souligné, dans les mers lointaines.

L'idéal consisterait à comparer point par point la situation de 1661 et celle de 1715, ce qui n'est pas facile. On peut cependant relever quatre différences principales : elles concernent l'ordre, l'obéissance, l'amorce de nouveaux contrastes sociaux, et de timides ou décisives nouveautés culturelles.

Ordre et obéissance vont en principe de pair

Frondeuse et comploteuse depuis des siècles, et récemment plus encore, la noblesse paraissait décidément entrée dans l'ère de la sagesse et de la soumission. Décimée à la guerre, domestiquée et endettée par la Cour et ses fastes, ou tranquille dans le fond de ses provinces, elle ne pose plus de problème au monarque, qui l'a encore avilie en la vendant pour six mille livres. Seule, vers la fin du règne et la Régence, une partie de la haute aristocratie, irritée d'avoir été négligée au profit de ceux qu'elle appelait vils bourgeois (Colbert, Louvois, anoblis assez récents), réclamera sa place au gouvernement ; elle l'obtiendra après 1715, sans y briller vraiment.

Les principaux officiers royaux avaient été matés, leurs charges et leurs revenus abaissés, et les remontrances des parlements réduites à néant. Tous avaient été placés sous la dépendance du Conseil ou des intendants. Les parlements abaissés se vengeront de Louis XIV sous Louis XV et Louis XVI, et ne seront pas pour rien dans les difficultés internes et le déclenchement de la Révolution de 1789. À la mort du Grand Roi, on pouvait prévoir cette revanche.

De l'Église, comblée et surprotégée, le roi n'avait naturellement rien à craindre. La querelle janséniste et la querelle gallicane, qui apparemment ne touchaient que des cercles restreints, contribueront pourtant aux difficultés de Louis XV, après avoir seulement agacé Louis XIV.

À part quelques agitations locales du style émeute de marché, le roi n'avait également rien à craindre des villes administrées par ses agents, des grandes bourgeoisies qui ne demandaient que la liberté de gagner de l'argent comme elles l'entendaient, et des campagnes également matées depuis longtemps par les soldats et leveurs d'impôts, et tenues en laisse par un clergé aux ordres des évêques, donc du monarque.

Un schéma idéal devait hanter les cervelles des grands administrateurs, celui d'un harmonieux centralisme qui, de Versailles au fond des provinces par l'intermédiaire des intendants, des subdélégués et des organismes locaux, porterait les ordres royaux, qui remonteraient en beaux comptes rendus par les mêmes canaux. Cette vision naïve avait reçu un commencement d'application, et la mécanique administrative était certes très supérieure en 1715 à ce qu'elle était en 1661. Elle s'était un peu étoffée et commençait à constituer des archives ordonnées, grande nouveauté en ce pays. De plus, elle bourgeonnait en quelques sections mieux spécialisées, surtout financières : les bureaux du tabac et du timbre dataient des années 1672-1675 ; l'enregistrement systématique d'une partie des actes des notaires et des mutations immobilières s'esquissait vers 1700, s'apprêtant à fournir aux historiens les précieux registres dits du centième denier, une taxe de 1 % sur la plus grande partie des mutations ; après des essais manqués, l'administration des Ponts et Chaussées parvenait à sortir de l'habituelle improvisation, avant de constituer l'une des gloires du XVIIIe siècle routier, et le Contrôle général des finances comme l'Académie des Sciences commençaient à s'intéresser aux travaux des cartographes, parmi lesquels les célèbres Cassini, ainsi qu'aux premiers sérieux essais de recensement effectués par l'admirable maréchal de Vauban.

Ces améliorations de détail et d'ensemble peuvent-elles autoriser à qualifier d'absolutisme cette manière de gouverner ? Le mot lui-même n'a pas de contenu très précis, ou alors signifie simplement volonté de commander sans limite et d'être toujours obéi. C'est justement sur ce dernier point que la définition et l'affirmation défaillent.

Ce qui manquait le plus dans le royaume de France, c'était l'uniformité et la discipline. Presque toutes les provinces, sauf les vieilles entre Seine et Loire, détenaient des privilèges traditionnels, confirmés par chaque monarque à son avènement : chacune suivait une ou plusieurs coutumes juridiques sans trop se soucier des ordonnances civile et criminelle rédigées par les bureaux de Colbert ; certaines ignoraient la gabelle ; dans d'autres, comme on disait, les aides (impôts sur les boissons) n'avaient pas lieu ; ailleurs on ne payait aucun droit de douane, etc. Par surcroît, aux privilèges des lieux s'ajoutaient les privilèges des groupes sociaux, et pas seulement de la noblesse et du clergé. En outre, les ordres venaient de Versailles à la vitesse maximum d'un cheval au trot, et il dépendait des petits baillis locaux et surtout des curés d'en donner connaissance à leurs administrés, et dans le langage du lieu, qui n'était pas le français deux fois sur trois. Et puis, le petit peuple vivait selon des traditions ancestrales et locales, qui fixaient généralement l'âge d'or dans le passé, et souffrait mal toute nouveauté, vécue souvent comme scandaleuse, sinon impie. Enfin, dans sa longue expérience, ce peuple méfiant cherchait habituellement, dès qu'il était menacé d'une nouvelle charge, les plus habiles moyens de s'en dispenser : la passivité, l'ignorance simulée, le silence et la fraude.

Malgré ces difficultés, une administration améliorée parvint à faire succéder, après une bonne crise de 1715 à 1726, une riche France de Louis XV à l'apparrement pénible France de Louis XIV. Il est vrai que la richesse fondamentale du royaume — la terre, le travail, l'astuce — lui facilita grandement la tâche.

Mais cette nouvelle et relative prospérité se distribuait, semble-t-il, plus inégalement ; et cette inégalité accrue peut caractériser aussi la France de 1715.

Amorce de contrastes internes dans la société

Ils sont difficiles à déceler, mais c'est dans les campagnes du Nord et du Centre, assez bien étudiées, qu'on les aperçoit le mieux.

Vers le milieu du XVIIe siècle, entre deux ou trois très gros fermiers et la plèbe des manouvriers presque sans terre, il existait des laboureurs moyens, pourvus d'un ou deux chevaux, deux ou trois vaches, quelques brebis et sept ou huit hectares de terre, partie leur appartenant, partie affermés. Atteints d'abord par la baisse des prix, puis par de brutales crises, ils se sont endettés, et ont dû céder leurs propres terres pour rembourser leurs emprunts. Ce type ancien d'évolution a joué lourdement sous Louis XIV, si bien qu'on ne retrouve vers 1715 que les gros fermiers, encore plus puissants, et une nuée de pauvres diables qui ne tiennent presque plus rien — un jardin, quatre poules, deux brebis — et dépendent d'eux pour leur travail et leur subsistance. Le laboureur moyen s'est habituellement évaporé.

Sauf accidents, les pays bocagers d'élevage et surtout les vignobles n'ont pas subi — ou très peu — cette manière de polarisation ; les régions maritimes, avec une économie double — mer et terre —, se sont également mieux maintenues. Si bien que les contrastes inter-régionaux s'ajoutent aux contrastes internes, et que la France du XVIIIe siècle se révélera plus encore comme un monde de diversité.

Dans les villes assez bien connues (sous Louis XIV, elles ne sont pas nombreuses), on a observé aussi des phénomènes de polarisation, spécialement dans le domaine des activités textiles. Les maîtres de modestes ateliers se sont raréfiés ; le nombre des ouvriers à domicile, en campagne comme en ville, s'est accru ; de véritables chefs d'entreprise émergent puissamment : ce sont des négociants, en relations étroites avec des clients souvent lointains dont ils connaissent les besoins, par exemple en toiles de chanvre ou de lin ; ils répercutent alors de véritables commandes sur des toiliers éparpillés, concentrent, blanchissent, parachèvent, emballent et expédient la marchandise, souvent par l'intermédiaire de facteurs situés dans les grands ports français et étrangers. Cette proto-industrialisation menée par des commerçants d'envergure s'amplifiera au siècle suivant, et s'appliquera alors aux cotonnades.

Ces nouveautés se limitent-elles à quelques villes (ce qui est probable) ou annoncent-elles le début d'une prolétarisation et d'une concentration industrielle ? Le moment ne semble pas encore venu. En fait, beaucoup de villes stagnent, conservent leur vieil aspect artisanal et boutiquier avec leurs quartiers ruraux et leur marché hebdomadaire, et une administration qui semble s'endormir plus que se rénover, malgré les curieuses instructions venues de Versailles ou de l'Intendance, qu'on ne lisait peut-être pas.

Ce qui avait dû changer le plus dans les villes — mais bien moins dans les campagnes —, ce devait être l'opinion, l'état des esprits, quelques manières de penser et de sentir.

Cultures et mentalités : des changements très inégaux

Outre mille nuances, il existe en ce domaine une opposition majeure : la France des analphabètes, majoritaire, et celle des élites instruites, qui ont connu précepteurs, collèges, académies, ou les trois. Naturellement, la seconde est mieux connue ; elle a fortement évolué à partir de 1680-1690.

À côté de la majesté du style classique et versaillais pointaient déjà, dans les hôtels particuliers, les résidences de délassement et les *folies*, le charme et la délicatesse de ce qu'on appellera le style Régence. Les horizons intellectuels, s'écartant un moment de la Grèce et de Rome, s'élargissaient aux nouveautés de l'Angleterre des savants et des libertés parlementaires, à la découverte de la Chine et des Sages chinois — pourtant non catholiques —, aux merveilles des Isles et des Indes Occidentales, et bientôt, du bon sauvage. Dans la plupart des collèges, surtout chez les oratoriens, Descartes avait depuis longtemps triomphé, et Locke, Leibniz et Spinoza n'étaient pas ignorés. Les voix éloquentes et hostiles venues du Refuge, hollandais surtout, faisaient succéder aux *Soupirs de la France esclave* (1689) le *Dictionnaire historique et critique* (1697) de Pierre Bayle, véritable brûlot ; en France même, les *Caractères* de La Bruyère, plusieurs fois réédités, allaient bien plus loin que le scandale mondain des portraits à identifier ; et il faudra que le roi intervienne en personne pour interdire le dernier ouvrage de Vauban, cette *Dixme Royalle* (1707) dont s'inspirera tout le XVIIIe siècle réformateur. Cette mutation des esprits et des curiosités, ici simplement rappelée, trouvait des sortes de caisses de résonance dans les salons, les premières académies encore timides, les premiers cafés, les premiers clubs à l'anglaise, les premiers cabinets de physique. Montesquieu et Voltaire pointaient à l'horizon. Vingt ans plus tôt, Bossuet dénonçait déjà le grand combat qui se préparait contre la religion, et aussi contre la monarchie absolue.

Les seules et relatives nouveautés qui ont pu apparaître dans l'immensité d'un peuple étranger à la culture livresque doivent se réduire à peu de chose : un peu plus de calme, de sagesse, peut-être aussi d'alphabétisation.

On sait déjà comment les soldats, la maréchaussée et les prêtres ont assuré l'obéissance et la discipline. Messe et catéchisme deviennent très fréquentés ; le cabaret et le bal sont surveillés ; une législation plus sage ne poursuit plus les sorcières, assimilées à des malades ou des charlatans ; si l'on en croit les registres paroissiaux, les enfants illégitimes se font bien plus rares que précédemment, et les nouveaux mariés n'ont de progéniture qu'au moins huit mois après leur union, au moins quatre fois sur cinq : on croit rêver, et pourtant non, car cette retenue croulera avant la fin du siècle suivant.

Quant aux écoles de village et de petite ville, elles demeurent plus nombreuses et mieux fréquentées dans les pays au nord de la Loire (sauf la Bretagne). La législation encourageait leur multiplication, mais sans prévoir de les financer, les parents payant le magister surveillé par le curé ; mais on ordonna de séparer les sexes, ce qui excluait pratiquement les filles, toujours désavantagées. Quelques ordres religieux commençaient à s'occuper des petites écoles, mais surtout en ville. Au demeurant, le net développement de l'école viendra un peu plus tard, et les paysans aisés ont toujours su lire et écrire (compter, ils savaient tous).

Cela dit, il est probable que, dans l'ensemble des campagnes, continuaient à régner les contes et les légendes antiques, les croyances magiques, les vieilles histoires de chevalerie et de miracles racontées aux veillées, les beuveries et les bagarres du dimanche soir. L'essentiel consistait pourtant à travailler jusqu'à l'épuisement, à survivre, à payer ses dettes et à éviter un enfer que l'Église rénovée brandissait plus que jamais pour assurer le salut et la sagesse de tous.

Certes, les élites avaient dépassé de très loin la pensée classique et louis-quatorzienne : elles anticipaient ; mais il faudra attendre trois quarts de siècle pour que le petit peuple des campagnes et des villes s'éveille quelque peu, et sorte décidément d'une soumission au moins apparente. Quand mourut le Grand Roi, le 1er septembre 1715, absolument rien ne pouvait laisser prévoir les soulèvements ruraux qui ouvrirent la Révolution de 89, ni les journées parisiennes qui décidèrent de sa réussite.

Conclusion

En cinquante-cinq années, l'évolution lente et inégale de la société française tint bien plus à des influences extérieures à l'État qu'à l'action impérative du roi de France. Celui-ci assura assez rudement l'ordre intérieur et obtint une obéissance au moins apparente, et le paiement assez satisfaisant des impôts. L'administration se structura mieux, s'étoffa, s'organisa et encouragea quelques nouveautés, surtout financières, qui ont duré jusqu'à nous (timbre, tabac, enregistrement...). Les groupes sociaux qu'il sut mater — noblesse et parlementaires notamment — réservaient à ses successeurs quelques mauvaises surprises. L'évolution de l'élite se fit malgré le monarque, et en partie contre lui. Il est impossible de dire si l'ensemble du petit peuple, gouverné par la conjoncture économique, météorologique, épidémique et même militaire, vivait mieux en 1715 qu'en 1661. Il avait surtout connu des regroupements internes, vers le haut comme vers le bas, et souvent de rudes crises, qui ne reviendront plus ; ces glissements sociaux, comme la constitution d'un corps de curés instruits, préparaient les éléments d'oppositions futures. À cela, personne ne songeait.

Quant à Louis XIV, ce n'était pas à ses humbles sujets qu'il s'intéressait préférablement. Il lui suffisait qu'ils se courbent et qu'ils paient, afin qu'il puisse atteindre son seul objectif : la Gloire.

III

LES PROBLÈMES FINANCIERS
DANS LA FRANCE DE LOUIS XIV*

Pendant très longtemps, les historiens du XVIIe siècle ont abordé les problèmes financiers sous deux aspects :
— le premier pour montrer que le peuple français était écrasé et quasiment ruiné par des impôts de plus en plus élevés, et qu'il s'est souvent révolté contre eux, surtout après 1630. Image de la misère populaire croissante ;
— le deuxième, pour souligner les dépenses croissantes de la royauté, à cause des dépenses de la Cour, des constructions comme Versailles et aussi de la guerre incessante ; cet accroissement aboutissait au fait que les caisses royales étaient le plus souvent vides, et l'endettement de la royauté toujours croissant ;
À vrai dire, ces deux façons de voir auraient dû entraîner des réfutations immédiates, que voici :
— révoltes ou non, le peuple français a fini toujours par payer, ou à peu près, les impôts qu'on lui demandait ; or, ils ont triplé au temps de Richelieu, et n'ont guère varié ensuite (sauf durant les guerres) ;
— si les caisses de l'État sont parfois vides, c'est que l'argent est ailleurs ; le royaume qu'on nous montre toujours au bord de la faillite a été de plus en plus prospère du XVIe au XVIIIe siècle, du moins jusque vers 1780. Il a bien fait quelques petites banqueroutes et des dévaluations çà et là ; les Espagnols aussi ; seuls, les Hollandais

---

* Conférence donnée à La Nouvelle-Orléans, 1984.

font exception, mais ils étaient un tout petit peuple (le dixième de la France).

Tout était donc à reprendre ; et nous devons beaucoup à ce sujet aux historiens de langue anglaise, qui se sont occupés, d'une part, de la fin du XVIIIe siècle (Bosher), de l'autre de la première moitié du XVIIe siècle : Buisseret, Julian Dent, et surtout Richard Bonney. Tout récemment, à Lyon, une thèse de 2 000 pages a mis un point actuellement définitif au problème : Françoise Bayard, *Finance et financiers en France dans le première moitié du XVIIe siècle* ; saluée par Braudel et d'autres ; mais non éditée encore.

Par son sujet, elle précède un autre livre — qui va paraître fin 1984 — rédigé par son ami et mon meilleur disciple, Daniel Dessert, le même sujet, les *Financiers au temps de Louis XIV (1653-1720)*.

Ces deux ouvrages renouvellent tout ce sujet. Je voudrais vous présenter les lignes majeures de celui de Daniel Dessert.

Pour bien comprendre le système financier du royaume de France au temps de Louis XIV, il faut bien avoir à l'esprit les trois ou quatre vérités que voici :

1. Les dépenses comme les recettes se font uniquement en « espèces sonnantes et trébuchantes », comme on disait, c'est-à-dire en pièces d'or et d'argent ; les dépenses annuelles oscillant de 100 millions de livres (unité monétaire) en temps de paix à plus de 200 en temps de guerre, cela représente en moyenne mille tonnes métriques (plus de deux mille tonnes anglaises) d'argent-métal (pour obtenir l'équivalent en or, diviser par 12 ou 13). Le papier n'est utilisé que pour les petites transactions locales (reconnaissances de dettes, billets à ordre, etc.) ou dans le grand négoce international, sous forme de lettres de change, qui représentent des marchandises. Le roi de France n'utilise pas de lettres de change, sauf lorsqu'il a des paiements à faire à l'étranger pour ses armées ou ses alliés (alors il utilise de grands marchands, et parfois des banquiers, souvent des Suisses à la fin du règne).

Les rois de France ont utilisé des banquiers italiens (souvent établis à Lyon) au XVIe siècle, quelques autres au début du XVIIe, mais jamais de banquiers génois comme le roi d'Espagne. La France est un pays qui n'a pas de banque, et n'en a pas besoin, sauf épisodiquement.

2. L'utilisation d'une telle quantité de monnaie (mille tonnes, cela fait deux ou trois mille charrettes transportant le métal) suppose la richesse du pays. Des historiens l'ont estimée à moins d'un milliard de livres, soit dix mille tonnes d'argent. Il est probable qu'elle atteignait au moins le double. Mais alors, que faut-il penser des historiens qui montrent la misère du peuple de France ?

Ceci : un dixième des Français, tout de même deux millions, vivait dans une pauvreté réelle ; la moitié, peut-être, vivait difficilement. Mais une sorte de classe moyenne, paysanne aussi bien qu'urbaine, détenait un capital immobilier, mobilier et monétaire assez moyen pour chaque famille, mais important si l'on additionne le tout. Enfin et surtout, quelques milliers de familles et quelques institutions (je pense à l'Église) pouvaient détenir à elles seules la moitié de la fortune et des revenus du royaume : les plus riches étaient la grande noblesse et les ministres ; venaient ensuite les parlementaires et les principaux officiers de finances ; loin derrière, la bourgeoisie négociante et marchande. La plus grande richesse se trouvait pourtant dans l'Église catholique, dont les revenus globaux se trouvaient presque égaux à ceux du roi. Ces fortunes étaient principalement composées de deux éléments : l'un, non productif apparemment, l'or et l'argent, thésaurisés sous formes de pièces de monnaie, de bijoux, de vaisselle ou d'œuvres d'art ; l'autre, la richesse foncière et manufacturière (très secondaire celle-ci) du pays, qui produisait un revenu de l'ordre de 3 à 4 %, qui allait essentiellement aux grands propriétaires, aux seigneurs et aux décimateurs. Or, la noblesse et l'Église détenaient près de la moitié de la richesse foncière du pays et prélevait des revenus sous forme de droits seigneuriaux et de dîmes sur la totalité.

Il suffisait donc au roi de mobiliser cette fortune et surtout ces revenus pour son usage et le bien du royaume.

3. La difficulté, et c'est notre troisième remarque, c'est que le roi n'en avait pas les moyens et pour deux raisons :

— la première, c'est que les ordres dits privilégiés,

c'est-à-dire les plus riches, se refusaient à l'impôt, par tradition et par orgueil ; leur exemption était d'ailleurs tout à fait légale ;

— la seconde, c'est que le roi ne possédait pas un personnel administratif et financier suffisant pour prélever rapidement sur ses sujets l'argent sonnant dont il avait besoin à tout moment. Ainsi, dans chaque village, et même dans les villes, c'était les échevins, ou le conseil municipal qui procédait lui-même à la répartition des impôts et à leur perception. De plus, les Français payaient très lentement, en protestant, et les chariots chargés de monnaie étaient lents à remonter vers Paris.

Ayant toujours eu besoin d'argent sonnant immédiatement, les rois devaient trouver des prêteurs. Lentement, après une phase bancaire, le système des financiers s'est parfaitement organisé, surtout entre 1600 et 1650.

Principe, très simple ; les hommes prêtent au roi, immédiatement, par avance, l'argent que pourront produire diverses sortes d'impôts, et même tout celui dont il a besoin dans l'immédiat. Le tout moyennant un contrat, appelé bail, ferme, traité, parti, qui réserve aux signataires-prêteurs un honnête bénéfice, souvent voisin de 10 %.

Tout le problème était de savoir qui étaient ces hommes. Le problème semble aujourd'hui résolu.

Quel qu'il soit, pour avancer les impôts, pour fournir des munitions pour l'armée, ou simple prêt, un contrat est toujours signé, d'une part par un ou plusieurs ministres (parfois le roi), et d'autre part par un individu au nom peu connu, généralement qualifié de « bourgeois de Paris », ce qui ne veut rien dire. Cet homme est un « prête-nom », un « homme de paille ». Un acte complémentaire passé chez un notaire apprend qui sont les véritables financiers, ceux qui avancent l'argent au roi. Daniel Dessert en a étudié en détail plus de 500 sous le règne de Louis XIV, les 500 plus grands. Françoise Bayard beaucoup plus pour la période précédente, mais elle a aussi collectionné les plus modestes. Nous savons désormais qui ils sont.

Nous savons surtout qui ils ne sont pas. Ils ne sont pas ceux que dénoncent les pamphlets, les mazarinades, les chansons et bientôt le théâtre : jamais des juifs, jamais des étrangers, presque jamais des protestants, presque jamais des banquiers, probablement jamais des fils de cabaretiers, de domestiques ou de palefreniers ; on n'en connaît aucun qui soit d'humble origine.

Alors qui sont-ils ? À plus de 80 %, des nobles, généralement des anoblis de plus ou moins longue date ; au temps de Louis XIV, il semble même obligatoire, pour devenir financier, d'acheter un titre de noblesse, généralement celui de « secrétaire du roi », sorte de droit d'entrée qui vaut au moins 80 000 livres. Ils sortent de familles d'officiers, généralement d'officiers de finances, presque toujours de receveurs ou de trésoriers généraux ou particuliers, ceux qui sont justement chargés de ramasser les revenus du roi et de les lui envoyer. D'autres gèrent les fortunes des grands nobles, des évêques, des chapitres, des couvents ; un certain nombre sont officiers de justice. Dans leur ascendance, le grand-père ou l'arrière-grand-père a pu être marchand. Autres traits des financiers :

— presque tous sont originaires de Paris et de la région parisienne, mais un certain nombre sont venus de la Champagne (les Colbert), de Normandie (Berryer) ou des pays de la Loire (où la monarchie a vécu). Il y a peu de méridionaux, mais quelques très gros (Daliès, de Montauban ; Reich de Pennautier et Pierre-Paul Riquet, du Languedoc). Les négociants et les armateurs des grands ports ne s'occupent jamais de finances ;

— autre trait : presque tous sont apparentés, généralement par les femmes (dont certaines sont de bonnes financières) ; ils s'épousent entre eux, et parfois les fils de grande noblesse, fort riches aussi ;

— leur honnêteté est relative, mais leur malhonnêteté est rarement scandaleuse : c'est plutôt le roi qui néglige souvent de les rembourser, et les poursuit parfois devant les tribunaux (chambres de justice — 1661-1665, 1716...) ;

— il en résulte que si certains financiers meurent très riches, ils le sont toujours beaucoup moins que la grande noblesse, de cinq à dix fois moins : la raison en est le caractère instable et incertain de leur métier ; mais ils ont généralement fort bien marié et doté leurs fils et leurs filles.

D'autres laissent une fortune très moyenne, parfois modeste, et un certain nombre, pas loin de 10 % terminent par une faillite ou une banqueroute parfois fictive, parfois réelle : c'est qu'ils ont pris trop de risques, parfois dépensé trop, ou que le roi les a mal remboursés, en monnaie dévaluée, en billets sur l'avenir, ou proprement annulé ses propres dettes. Mais enfin il s'agit là d'une petite minorité ; les financiers, comme les fermiers généraux (c'est le nom qu'on donne aux plus importants) ne sont pas à plaindre.

Il me faut enfin poser un dernier problème, le plus important. Le voici : lorsque le roi a besoin d'argent, c'est immédiatement, et en écus ou en louis d'or et d'argent : plusieurs centaines de milliers de livres, un million, parfois plus, donc beaucoup de chariots pour le transporter, puisqu'un million en argent pèse sept ou huit tonnes. Les financiers ne conservent pas toute cette masse dans leur maison. Ils doivent eux-mêmes demander des prêts à d'autres personnes. *A priori*, il ne peut s'agir que de personnes très riches, qui ne peuvent se trouver que dans la haute noblesse, d'épée, d'Église, de robe, ou de ministère. Eux seuls perçoivent en quantité suffisante les immenses revenus de la richesse française par excellence, la terre, la propriété foncière.

Mais ces gens se dissimulent habituellement très bien, et feignent de mépriser l'argent. On les découvre lors des faillites, lors des procès succédant à un décès, lors des « chambres de justice » qui sont des formes légales de récupération de ses dettes par le roi. En voici quelques-uns, qui furent « cautions » des fermiers des gabelles de 1656 à 1663 : deux évêques, celui de Meaux et celui de Mâcon, le Premier Écuyer de France Beringhen ; des ducs, comtes et marquis de Candale, de Charost, d'Olonne, de la Trémouille, de Rochefort, de Laval et de Bois-Dauphin, le maréchal de Clérambault, des présidents en Parlement comme Tambonneau, Le Coigneux, d'Aligre, Hurault de l'Hospital, de Mesmes, des veuves de ministres comme Chauvelin, Chavigny, Phélypeaux, etc.

Ceci n'est qu'un exemple. Vous verrez bientôt, dans l'ouvrage de Daniel Dessert, que la plus grande partie de l'aristocratie a placé de l'argent dans les fermes et les finances du roi, par l'intermédiaire de ces personnages longtemps méprisés appelés financiers.

Ainsi, le temps de Louis XIV, comme presque tout l'Ancien Régime, a réussi un double miracle :

1. faire payer des impôts à la partie la moins fortunée, mais la plus nombreuse du peuple roturier, non sans difficultés, ni retard ;

2. se faire secourir d'espèces monétaires par la partie la plus noble et la plus riche, qui refusait de payer l'impôt, mais consentait à prêter au roi ses énormes revenus, par l'intermédiaire très discret des financiers. Financiers et cautions en retiraient naturellement des intérêts en monnaie et aussi en dignité (places, fonctions, offices). Le roi profitait du tout.

Ce système assez surprenant a bien fonctionné tant que les dépenses royales n'ont pas atteint un niveau exagéré. Dans ce cas, le roi oubliait de payer une partie de ses intérêts, ou les payait en monnaie dévaluée. Dans les cas graves, il recourait à la banqueroute, donc à la cessation des paiements, au moins pour quelque temps. La chose se produisit trois fois, après trois périodes de guerres très coûteuses :

— en août 1648, durant la guerre de Trente Ans ;

— en 1720-1723, après les guerres de Louis XIV (et l'échec de l'intelligent système de Law) ;

— une troisième fois... après la guerre d'Amérique, entre 1783 et 1789 ; personne ne voulant plus donner de l'argent au roi, même pas les banquiers suisses, il y eut la Révolution, qui inventa de payer les dettes du roi avec les biens de l'Église de France.

Ainsi, ce fut par ses conséquences financières, au moins autant que par ses idées généreuses, que l'Amérique contribua à la Révolution française...

CHAPITRE II

LE ROI

Les pièces de théâtre de Jean Anouilh étaient dites ou roses ou noires. Quant aux images qu'on donne de Louis XIV, il convient à la fois de forcer et de nuancer : les unes sont d'or, les plus nombreuses, les autres grises, avec vingt nuances tirant vers le noir. Le talent comme la vulgarité, l'esprit comme le délire ont trouvé place dans une surabondante production : des centaines de livres de toutes épaisseurs, des milliers peut-être, et pas seulement en France. C'est la sérénité qui manque le plus.

Voici plus de trente ans parut un livre dans lequel vingt millions de Français furent étudiés avec beaucoup plus d'attention, et peut-être de sympathie que le monarque qui régnait sur eux. À vrai dire, Louis XIV m'intéressait alors assez peu : je m'étais contenté, dans le sillage partiel de Lavisse, de livrer quelques réflexions pas toujours tendres, ni même justes sur un personnage considérable qui avait été porté aux nues (et le fut encore) avec une adoration proche de la béatitude. Si les sujets furent assez bien reçus, le traitement infligé à leur maître suscita des commentaires divergents. Ils me touchèrent peu : un livre publié est pour moi définitivement terminé. Mais je me promettais vaguement de tenter de voir l'homme de plus près. Ce qui advint bien plus tard, après lecture attentive de ses écrits authentiques (publiés pour la première fois en 1806, et perdus de vue, et une seconde fois en 1860, par un érudit mal compris) puis par ce que j'eus l'occasion d'aborder directement, après 1990.

On ne peut dresser un portrait en pied de Louis XIV,

et moins encore l'affubler d'épithètes sombres ou dorées ; après tout, l'historien n'est pas celui qui juge, mais celui qui essaie de comprendre.

Il me semble de plus en plus qu'on peut voir dans ce personnage éminent des figures successives, et quelques traits, peu nombreux, mais solides, de constance.

Les douze ou quinze premières années du règne personnel sont embellies par la joie que dégage cet homme jeune, sportif, galant — chasses, ballets, chevauchées, filles butinées —, qui aime le théâtre somptueux, brillant et même hardi — il soutint, presque seul, le premier *Tartuffe*, puis Condé prit le relais ; grand amateur de musique, guitariste habile, en partie formé par Marie Mancini, de musiciens aussi, qu'il sut choisir personnellement, et pas seulement Lulli ; chrétien attentif à la pratique, tiède encore dans la piété, et indifférent à toute théologie. À côté de ce charme, que Gaxotte sut comprendre et évoquer, la poigne d'un jeune maître et un désir immodéré et presque maladif de gloire inégalable, de chevauchées victorieuses, de conquêtes presque illimitées, et la volonté à la fois farouche, minutieuse et irrépressible de se voir reconnaître comme le plus grand roi qui fût jamais dans l'Univers. Incroyables visées soutenues par une troupe infatigable de louangeurs sincères, délirants et bien appointés. Plus prosaïquement, essayer de réduire le royaume à une obéissance au moins apparente, avec l'aide d'administrateurs appliqués mais peu nombreux, soutenus par les troupes envoyées dans les provinces pour châtier quelques récalcitrants au fisc et quelques mutins.

Après de grandes victoires de prestige, diplomatiques et militaires, assez vite contenu par une Europe agacée après avoir été étonnée, le monarque qui atteint la quarantaine peut se croire tout permis : se fondant sur des arrêts fumeux de juristes aux ordres, il annexe en pleine paix des villes allemandes, luxembourgeoises, wallonnes ou flamandes pendant que les Turcs assiègent Vienne, rompt avec la Papauté, campe aux bords du schisme, et laisse ses séides et l'Église persécuter les protestants, applaudi par ce qu'on appelle l'opinion. Celui que ses adorateurs commencent à appeler le Grand Roi (pas Voltaire, qui se gausse presque du soleil et de la fameuse devise latine, pour lui intraduisible) et qui vient de s'installer à Versailles dans un cadre grandiose paraît connaître ce qu'on appelle un apogée, alors que l'Europe s'apprête à le mal supporter, et que des puissances presque toutes neuves, Angleterre, Autriche, appuyées sur des militaires exceptionnels — Marlborough, le prince Eugène —, vont lui tenir tête et parfois l'humilier, ce que perçoit fort bien Voltaire, comme l'avaient presque toujours fait ces Provinces-Unies, si riches et courageuses, qu'il n'avait jamais vaincues.

Viennent, dans les fastes du jubilé romain (1700, changement certain de siècle), les rudes épreuves de guerres difficiles, de famines répétées, de vieux conseillers et d'amis qui disparaissent, et bientôt sa propre famille presque entière, sauf un faible enfant sauvé des médecins. Le vieux roi a changé de figure : il ne danse plus depuis trente ans, il ne monte plus depuis vingt ans, il marche avec des souliers fendus, quand il peut marcher ; il n'a trouvé ni nouveau Colbert (sauf Pontchartrain) ni nouveau Condé ; son corps exténué et trop nourri souffre de toutes manières ; son goût pour les lettres et les arts vieillit ; sa piété, l'âge et Maintenon aidant, devient plus profonde et sans doute plus dure. Louis, qui a dépassé la septantaine, rare exploit alors, tient par l'énergie, ne cède jamais, force le respect de ceux mêmes qui ne l'aiment pas, et ils sont nombreux, et beaucoup s'obstinent. Jusqu'à son agonie, fierté et volonté ne lui manquent jamais, même s'il se laisse aller à quelques erreurs comme la persécution des jansénistes, la bulle *Unigenitus*, et cet absurde testament qui visait — inutilement — à priver son neveu de la Régence.

Dans un règne dont on a trop marqué une splendeur qui fut pourtant réelle, mais non universelle ni permanente, il a montré presque toujours des mérites considérables, comme ceux-ci : une application constante au travail journalier (rare vertu) ; le désir de voir l'essentiel toujours remonter à lui : la volonté de régler presque seul guerres, armées, marine même. Dans ces desseins, il fut souvent bien servi, sauf dans les dernières années, par trop de généraux mal choisis, excepté un ou deux. Un courage presque surhumain l'aida à supporter de rudes atteintes physiques, trop de deuils proches, trop de défaites avant qu'une sorte de miracle (Denain) et surtout l'intelligente politique anglaise, qui voyait le Monde avant l'Europe, ne viennent secourir in extremis échecs, misère et fatigue. Il mourut presque octogénaire, alors qu'en Europe (mais pas en France) le respect commençait à succéder à une crainte ancienne et une sorte de haine récente.

Contemporain de la fin du règne — il avait 21 ans en 1715 —, Voltaire put témoigner avec précision de son impopularité finale, parler de lui en termes balancés : sauf erreur, il ne l'appela jamais ni Louis le Grand ni le Roi Soleil, ne lui ménagea pas les critiques, mais moins que les hommages. Il se décida tout de même à donner son nom à un siècle qui n'en était pas un, mais qu'illustrèrent pour lui des hommes d'art et de culture, qui cependant n'étaient pas tous — loin s'en faut — nés ou séjournant dans le vaste royaume de France, et qui d'ailleurs n'étaient sûrement pas les seuls « grands » du siècle de Velázquez, du Bernin et de Rembrandt.

I

L'IMAGE DU ROI DANS LA FRANCE D'ANCIEN RÉGIME *

Malgré cent ans de république et quelques révolutions plus ou moins réussies, les Français nos contemporains semblent toujours en deuil de leur roi. Non pas des rois tardifs et un peu ridicules du XIXe siècle ; mais des vrais rois d'avant 1789, ceux qui avaient été sacrés et couronnés, qui trônaient majestueusement en tenant le sceptre et la main de justice, et qui étaient entourés d'un décor et d'une Cour également magnifiques. Cette inconsciente nostalgie, un personnage hors série comme Charles de Gaulle l'avait comprise. Mais l'imagerie, le roman, le feuilleton et surtout la télévision lui apportent un renfort jamais interrompu. Cette espèce de matraquage d'historiettes et d'illustrations, à vrai dire souvent infantiles, ne semble pas avoir de but politique ; sinon, peut-être, d'endormir l'opinion publique, concurremment avec l'automobile, la gastronomie et le tiercé. Mais il reflète et il flatte une nostalgie romanesque qui mérite réflexion. Il est même arrivé qu'on l'interprète comme une sorte de remords collectif après le « meurtre du Père », c'est-à-dire l'exécution de Louis XVI sur la place de la Concorde le 21 janvier 1793 ; anniversaire toujours célébré par les royalistes français, et annoncé par un journal aussi grave que *Le Monde*... L'image du Roi-Père de son Peuple est d'ailleurs l'une de celles qui furent les plus tenaces.

Mais ce que le public français actuel voit de ses anciens rois, ce sont des images individuelles entourées de for-

---

* Conférence donnée au Japon, 1975.

mules traditionnelles et d'anecdotes inusables, le plus souvent inexactes. Ce public voit « le bon roi » Henri IV avec son panache blanc, son pot-au-feu du dimanche et sa réputation de « Vert-Galant », c'est-à-dire d'amateur de femmes (ce dernier point d'ailleurs rigoureusement exact !). Il voit le pauvre roi Louis XIII avec sa moustache et sa barbiche, dominé par l'impérieux, cruel et génial cardinal de Richelieu. Il voit le « Grand Roi », le « Roi Soleil » dominant le siècle et tout l'univers depuis son palais de Versailles, toujours victorieux, toujours admiré et vénéré d'un royaume où tout était calme, ordre, prospérité (avec l'aide du vertueux Colbert). Du charmant et léger Louis XV, il voit surtout les jolies maîtresses. De Louis XVI le bon gros, la gracieuse et malheureuse épouse, elle aussi décapitée... Tout ce ramassis de clichés peut provoquer l'irritation d'un historien de métier. Mais l'historien de métier a mieux à faire : en dépassant l'anecdote et le particulier, tenter de reconstituer l'image que se faisaient de leur roi et de la royauté l'ensemble des Français, depuis le dernier des paysans jusqu'aux hommes de gouvernement.

Pour y parvenir, ce ne sont pas les documents qui manquent : textes officiels, dissertations juridiques, politiques et philosophiques, discussions et controverses, écrits théologiques et religieux ; documents figurés comme les portraits officiels, les monnaies, les médailles, les arcs de triomphe dressés lors des grandes fêtes de la royauté, la décoration des palais et des places publiques, sans oublier la modeste imagerie populaire, de plus en plus abondante ; enfin, au niveau de ce peuple que nous venons d'évoquer (et dont une partie savait lire), toute la littérature des brochures bon marché et des feuilles volantes, les almanachs, les livrets pour les petites écoles et le catéchisme, et même ces multiples jeux (devinettes, charades, anagrammes, jeux de cartes, de dames, de l'oie) dans lesquels se glissait toujours (et de plus en plus) une représentation du roi et de la royauté. Cette dernière ne manquait pas d'ailleurs d'entretenir de véritables bureaux de publicité, d'abord sommaires et peu durables sous Henri IV et Louis XIII, puis organisés, inlassables et permanents sous Louis XIV et ses successeurs. Malheureusement pour eux, il existait une contre-propagande, dont les officines clandestines se tenaient souvent hors du royaume, en Suisse, en Angleterre, surtout en Hollande, mais aussi dans le royaume lui-même, notamment à Rouen, malgré les efforts d'une police de mieux en mieux organisée et efficace. Ces bureaux de contre-propagande, qui utilisaient beaucoup le pamphlet bref, la chanson, l'image, l'anecdote gauloise et même graveleuse, s'attaquaient très rarement au « mystère sacré » de la royauté, comme on disait alors. Mais il attaquait beaucoup la famille et l'entourage royal, dans ses actes et surtout dans ses mœurs, bien entendu au nom d'une conception saine et pure de la royauté. Habilement utilisés, de simples faits divers comme l'affaire du Collier de Marie-Antoinette firent à la royauté un mal que les graves historiens entichés de leurs thèses et de leurs systèmes ne soupçonnent pas souvent.

Ces représentations vraiment très concrètes, cette imagerie, nous nous proposons de les reconstituer dans leurs grandes lignes et d'essayer de les comprendre. Pour y parvenir, il convient le plus souvent de séparer le point de vue des gens cultivés de celui des analphabètes ; donc, de voir tour à tour le roi et la royauté par les yeux, bien différents, des différentes classes et des différentes provinces qui constituaient le royaume de France.

Il faut d'abord être tout à fait persuadé que la monarchie apparaissait à tous comme le seul régime normal et juste, comme le seul régime pensable, et d'ailleurs traditionnel, d'un pays comme la France qui n'était ni petit ni démesuré. Aux immenses empires, mal connus et redoutés autant que méprisés, mais heureusement fort lointains (la Moscovie, la Turquie, les Indes, la Chine, le Japon), on laissait les despotes cruels et tout-puissants, tsars, sultans, mogols ou empereurs. Ils connaissaient des régimes qu'on qualifiait de tyranniques, de non réglés, et qui ne pouvaient convenir à un vieux pays civilisé de tradition rurale, seigneuriale et chrétienne. Les théoriciens français de la monarchie dite « absolue » prenaient soin de montrer que cet absolutisme n'était pas despotique ;

qu'il était limité et tempéré par un certain nombre de règles et de coutumes que nous retrouverons : par exemple, le respect de la morale, de la religion, de la propriété privée, de ce qu'on appelait « liberté » (c'est-à-dire l'interdiction de l'esclavage).

Inversement, au moins dans les milieux cultivés, l'on reconnaissait que le régime républicain pouvait convenir à de petites villes-États entourées de leur banlieue : villes italiennes comme Gênes ou Venise, villes suisses comme Genève. Et pourtant le cas de Genève la calviniste annonce un glissement de sens du mot « république ». De même pour les Provinces-Unies (qu'on appelait Hollande) : ce pays gouverné par des marchands huguenots constituait un type bien dangereux de république. L'Angleterre même, qui venait en 1649 de tuer son roi Charles Ier, avait glissé durant plusieurs années à ce nouveau type de république trop vaste et trop puissante qu'était la république protestante. Ainsi le mot « républicain », bien que rarement employé, devenait-il synonyme d'esprit fort, de mauvais esprit, d'opposant à la manière dont gouvernait le roi plus qu'au régime monarchique lui-même ; mais tout de même un opposant, presque un sacrilège. À vrai dire, les opposants de ce style se réduisaient à ce qu'on appellerait aujourd'hui des intellectuels « de gauche », une poignée. Il n'en est que plus notable de remarquer et de souligner que, même à la veille de la Révolution de 1789, il n'existait sans doute pas un Français sur mille qui fût républicain : il faudra la trahison et la fuite manquée du roi Louis XVI pour retourner complètement des millions de fidèles. En abandonnant son royaume et ses sujets, le roi paraissait rompre le contrat séculaire qui les unissait à lui, et perpétrait en somme une sorte de sacrilège national.

C'est justement en ce caractère sacré que réside l'une des toutes premières fonctions de la monarchie, l'une des plus importantes images du roi, peut-être la plus populaire. Mais ce caractère sacré se compose d'éléments religieux et d'éléments païens. Mélange qui se retrouve dans le catholicisme français du temps, qui charrie dans un flot composite des croyances et des cultes souvent romains et pré-romains, donc non chrétiens.

La cérémonie du sacre est ici l'essentiel, d'autant que tout le monde en France devait en connaître l'existence, le déroulement, la représentation figurée et sans doute la signification ; mais on ignorait généralement que cette cérémonie n'était pas propre à la France, et avait des origines hébraïques, comme Marc Bloch l'a montré depuis longtemps.

A l'origine donc, et plus de mille ans en arrière, fut le roi franc Clovis, converti et baptisé par l'évêque de Reims, saint Rémi. Afin que ce chef barbare devienne vraiment roi des chrétiens, deux anges apportèrent du Ciel la Sainte-Ampoule, pleine d'une huile qui devait se conserver miraculeusement pendant des siècles. L'onction effectuée sur le corps royal ne fait pas le roi à elle seule ; mais elle est indispensable, et en quelque sorte elle achève le roi ; et elle l'achève en le faisant participer de la divinité. En lui-même, le sacre ressemble donc au sacrement catholique de l'Ordre, ou Ordination, et il fait du roi, sinon un prêtre, du moins, comme on dit, un « quasi-prêtre ». Par là même, il devient inviolable en même temps que sacré. S'attaquer à lui est donc un sacrilège, et ceux qui le font ne peuvent être que des fous, des possédés du démon, des monstres, qu'il convient de faire périr dans les plus affreuses tortures, comme Ravaillac l'assassin d'Henri IV, ou même Damiens, qui ne fit qu'égratigner Louis XV d'un coup de canif.

Bien mieux, et c'est encore Marc Bloch qui souligna le fait : l'huile sainte du sacre fait du roi un thaumaturge, un guérisseur. Dès sa sortie de la cathédrale de Reims, il impose les mains sur quantité de malades, et nul ne doute qu'il ne les guérit (d'une maladie scrofuleuse appelée « écrouelles »). Cette imposition des mains, il la répète à chacune des grandes fêtes solennelles du calendrier religieux. Pour être guéris, des milliers de malades accouraient, même de l'étranger. Les rois du XVIe siècle « touchaient » de mille à deux mille malades par an ; Louis XIII dépassa les trois mille en 1620 ; en un seul jour de 1701, Louis XIV monta jusqu'à deux mille quatre cents. Au XVIIIe siècle, quelques esprits forts commencèrent à douter des pouvoirs guérisseurs du roi ; mais le peuple resta ferme dans sa croyance.

En d'autres rencontres, la présence physique du roi exerçait une action qu'on n'hésitera pas à qualifier de magique. Montrer le roi au peuple, le faire circuler et s'arrêter dans les provinces équivalait à multiplier les prosternations, les serments d'obéissance et, qui plus est, à calmer les révoltes et à faire rentrer les impôts. Et cela, même quand le roi n'était qu'un enfant. Deux des reines-régentes surent admirablement exploiter cette vertu royale : Catherine de Médicis lors des troubles civils et des guerres religieuses du XVIe siècle, Anne d'Autriche pendant la Fronde, qui promenaient leur enfant-roi d'une province à l'autre, apaisant querelles et prises d'armes, pacifiant, levant des subsides pour combattre les révoltés et les ennemis. Adultes, certains rois, comme Henri IV et Louis XIII adoraient visiblement ces « bains de foule », qu'ils prenaient sans précautions, avec de toutes petites escortes. Bien qu'on ait pu aisément l'approcher à la Cour, Louis XIV eut sans doute l'orgueil de ne pas croire à la vertu magique de sa présence au sein de « ses peuples », qu'au fond il aimait assez peu dans leur rusticité quotidienne. Louis XV et Louis XVI jeunes pratiquèrent avec bonheur les mêmes « bains de foule », mais les abandonnèrent sans doute trop vite.

Si l'on revient au sacre et à ses multiples significations, on perçoit d'autres aspects de la fonction royale, d'autres figures du roi.

Bien entendu, il est le « Très-Chrétien », et ce titre décerné par le pape balance sans doute celui de « Roi Catholique » qui fut attribué au roi d'Espagne. Ce qui veut dire, faut-il le rappeler ?, qu'aucune autre religion que la catholique ne peut et ne doit régir la France. L'existence de plusieurs religions dans un même État est alors considérée comme un scandale, un phénomène impensable, une quasi-impossibilité. Il a fallu la dure nécessité politique pour reconnaître, durant moins d'un siècle, qu'il pouvait exister des protestants en France. La tolérance étant incompatible avec l'Église catholique et la monarchie absolue, la révocation de l'Édit de Nantes (1685), qui pratiquement interdisait le protestantisme, fut accueillie par un concert de louanges à peu près unanimes. Deux religions sous un seul roi défiguraient la royauté. Tous les attributs du catholicisme entouraient habituellement l'image royale : Trinité, Vierge (à qui Louis XIII consacra son royaume), saints, anges, croix, etc. Tout ce merveilleux chrétien n'empêchait en rien le merveilleux païen d'accompagner également la figure royale : on y voit des divinités gréco-romaines voisiner avec d'illustres personnages antiques : Apollon-Soleil, Hercule, Jupiter, Persée, Atlas, César, Auguste, Alexandre, sous leurs traits et avec leurs attributs traditionnels. À ce propos, signalons en passant que le signe solaire a été attribué au roi de France avant le règne de Louis XIV, qui l'a seulement mis au premier plan. Ce mélange un peu surprenant ne choquait pas, bien que naturellement il ne dérivât qu'en partie de la cérémonie du sacre.

Le sacre offre aussi un autre ensemble de significations, que le petit peuple ne saisissait guère, mais que les classes supérieures, l'élite cultivée et surtout les juristes (toujours importants en France) ont souligné de plus en plus. Par la présence au sacre des douze « pairs » laïcs et ecclésiastiques, les deux premiers ordres du royaume (clergé, noblesse) s'engageaient à la fidélité et à l'obéissance, et le roi à les protéger. Par les acclamations qui s'élevaient de la foule des assistants vers le roi nouvellement sacré, des liens profonds et stricts se nouaient entre le roi et son peuple, représenté par ces assistants qui n'étaient ni nobles ni clercs. Ainsi, il était couramment admis que le roi venait de s'engager solennellement à traiter chrétiennement et justement ses sujets, à respecter leurs biens privés, à leur assurer liberté et franchise. Mais, à partir du XVIe siècle, des théoriciens allèrent plus loin.

Alléguant une histoire sommairement et hasardeusement reconstituée, ils invoquaient l'antique « élection » du roi mérovingien ou carolingien (avant l'an mil) par son peuple, tout au moins par une assemblée censée le représenter. Allant plus loin encore, ces théoriciens prétendaient que les lois ne pouvaient être décidées qu'à l'intérieur d'une sorte d'assemblée, ou du moins d'un « conseil » censé lui aussi représenter l'ensemble du peuple. De tels principes pouvaient conduire à une théorie de la monarchie reposant sur un contrat (avec le peuple), voire à l'amorce d'une monarchie constitutionnelle, sinon parlementaire. Rarissimes étaient ceux qui franchissaient ce pas, et même ceux qui osaient suggérer que le roi dépendait quelque peu de son peuple. De toutes manières, une conception très ancienne ôtait toute portée réelle à ces idées ; c'était la conception de la *sanior pars*. Elle prétendait qu'une ville, un ordre, une province, et même le peuple tout entier était naturellement représenté par « la partie la plus saine » des habitants. La plus saine, c'était à la fois la plus âgée, la plus instruite, la plus riche, la plus puissante, la plus fidèle. En fait, le roi désignait lui-même cette *sanior pars*, ou bien elle se désignait elle-même dans les cas les plus modestes. Ainsi, dans les municipalités, les États provinciaux et les États généraux, la foule des petites gens se trouvait représentée par des prélats, des nobles, des officiers royaux. Ceux-ci avaient parfois tendance à suggérer que les rois ne pouvaient valablement prendre de décisions graves, surtout financières, qu'en leur présence. Les rois sentirent naturellement le danger. À partir de Louis XIII, ils réunirent de moins en moins les États provinciaux, et plus jamais les États généraux entre 1614 et 1789. Et pourtant, l'idée d'une sorte de contrat très général entre le roi et son peuple ne disparut jamais tout à fait. Un singulier édit de 1717, pris par le duc d'Orléans régent, alors que Louis XV, âgé de sept ans, était fort malade, allait jusqu'à envisager que, si le petit roi mourait évidemment sans héritier direct, ce serait à la « nation française » de décider de sa succession ; ce qui semblait prévoir la réunion de quelque chose qui ressemblât à des États généraux, ainsi pourvus d'un singulier et dangereux pouvoir... Mais Louis XV vécut. Tout de même, l'idée cheminait. Elle finit par aboutir, à la fin du siècle, à la destitution du roi par une assemblée élue, ce que personne n'eût osé prévoir si longtemps auparavant, et surtout pas dans les couches profondes du royaume.

Le petit peuple qui les constituait avait plutôt l'imagination fascinée par des images extrêmement simples et traditionnelles : le roi cavalier, le roi justicier, le roi père de son peuple.

Du roi cavalier, les figurations sont innombrables,

presque autant que les costumes (de plus en plus souvent romains) dont on affublait ledit cavalier. Le cheval évoque naturellement l'antique ordre nobiliaire, constitué principalement de chevaliers ; et justement, seul le roi peut faire de nouveaux chevaliers, ce qui revient à peu près à anoblir celui qu'il a distingué, et lui seul le peut, du moins en droit. Mais le roi cavalier, c'est aussi le roi qui chasse, activité noble et royale par excellence, après avoir été la manière la plus élégante de se procurer de la viande noble, du gibier. Tous les rois sans exception pratiquèrent ce sport aux rites compliqués qu'était la chasse royale dans les forêts royales, ce qu'on appelait les « plaisirs » du roi. On louait couramment les rois pour leurs qualités d'écuyers : l'un des plus endurants fut Louis XIV, sorte d'athlète de petite taille que cent kilomètres dans la journée n'effrayaient pas ; même le volumineux Louis XVI songeait surtout à la chasse en l'été 1789 !

Mais le roi cavalier, c'était aussi le roi-guerrier, accomplissant à la tête de ses troupes la plus haute fonction de son état : la guerre, à la fois pour conquérir la gloire et agrandir son royaume. Occupation « délicieuse » pour Louis XIV ; occupation chevaleresque pour Louis XV jeune allant défendre son beau-père, le roi de Pologne, Stanislas Leckzinski ; sorte de sport exaltant et mâle pour Henri IV et Louis XIII, qui adoraient l'odeur des camps, l'odeur de la poudre et même celle des soldats. Guerre forcément victorieuse pour la légende populaire ; guerre qui ornait de lauriers la tête du roi et le revêtait des attributs souverains de l'*imperator* triomphant, assimilé au roi des dieux. À chaque victoire retentissaient les cloches des *Te Deum* et coulait aux carrefours des villes le vin des tonneaux défoncés et parfois même des fontaines publiques. Jadis, on ne dissimulait pas les défaites : l'on put voir, aux XIV et XVe siècles, tout le peuple pleurer lors de la captivité du roi Jean et de celle de François Ier, et travailler d'arrache-pied pour réunir l'argent de leur rançon. Aux XVII et XVIIIe siècles, seules les villes mieux renseignées ont pu soupçonner les défaites ; la propagande royale les gommait absolument, le roi vaincu étant devenu une conception insupportable. Mais, au fond des campagnes, un curieux divorce existait entre le culte de la victoire et la détestation des soldats et du service militaire, même sous sa forme embryonnaire de la milice. Des soldats, de quelque nation qu'ils fussent, parce qu'ils pillaient et ravageaient ; du service militaire sous ses premières formes, parce qu'il enlevait dans chaque village quelques jeunes gens, dont l'absence allait se faire sentir pour le travail des champs, et qui, d'autre part, éprouvaient du désespoir à partir loin de leurs chaumières, de leurs parents, de leurs horizons habituels, dont alors ils ne sortaient presque jamais. Contradiction qui surprend aujourd'hui, mais qui était très profonde. Et puis, hormis quelques provinces-frontières, on avait généralement l'impression que la guerre était l'affaire du roi et des nobles, et pas celle des paysans. Le mot « patrie » avait généralement un sens extrêmement local.

Du roi justicier, Saint Louis avait légué à son peuple, depuis le XIIIe siècle, une image sereine, attendrissante, presque exacte, et quasi éternelle. Assis sous un grand chêne, il rendait justice à tous ceux qui venaient l'en prier, si faibles et vils fussent-ils. Si l'affluence était trop grande, quelques juges qui l'accompagnaient toujours tenaient auprès de lui les « plaids de la porte » ; c'est-à-dire qu'ils rendaient justice, en son nom, à la porte de son palais. Imagerie fortement ancrée, qui a animé de durables institutions. Toute justice dépendait toujours du roi, soit qu'il l'exerce en personne, soit qu'il la délègue, soit qu'il l'évoque devant lui, soit qu'il la couronne par son droit de grâce (toujours exercé au XXe siècle par le président de la République). On voyait toujours des officiers de justice de haut rang, les « maîtres des requêtes » continuer d'exercer des « plaids de la porte » comme sous Saint Louis. Et il a toujours été possible d'aborder le roi en personne en lui remettant ou plutôt en lui faisant remettre des requêtes, des « placets », fort nombreux, qui semblent bien avoir été examinés, et auxquels il a été le plus souvent répondu. En la justice du roi, comme en sa bonté, le petit peuple semble avoir toujours cru, presque sans limite. Ainsi, la lecture des cahiers de doléances de 1789, même et surtout rédigés par de petites gens, révèle de manière incroyable et naïve la persistance de cette confiance. Et Louis XVI, qu'on croyait capable de chasser les mauvais conseillers et de réaliser de bonnes réformes, eut l'insigne maladresse de ne pas comprendre cette confiance profonde, et de la tromper en fuyant et en trahissant en 1791. Un père en effet n'abandonne pas et ne trahit pas ses enfants. Or, le roi de France semble avoir toujours été considéré comme le père de son peuple.

Pourtant c'est le roi Louis XII (début du XVIᵉ siècle) qui paraît avoir été le plus souvent doté du surnom de « père du peuple », en raison de son âge et de l'image paisible qui est restée de lui. En vérité, chaque monarque, à un moment ou à l'autre, a été qualifié de la même manière, et même Louis XVI au couchant de son règne. Même ceux qui le furent assez peu (comme Louis XIV) savaient qu'ils devaient assumer envers leurs peuples ces fonctions paternelles que sont la nourriture, la protection, l'éducation, et qu'ils devaient recevoir en retour obéissance et respect. Dans ses brefs *Mémoires*, Louis XIV en personne explique comment il s'occupa lui-même d'acheter du blé à l'étranger en 1662 pour venir au secours de son peuple affamé. Mais, dans le même texte, il insiste aussi sur ce fait que l'obéissance absolue lui est due par ce peuple, et qu'il devra châtier impitoyablement les enfants indignes qui oseraient lui résister. La manière très brutale dont il réprima les dernières révoltes (Bretagne, 1675, Camisards, après 1700) a montré que ce n'était pas là un simple exercice de style. Cependant, le réel souci de nourrir le peuple s'accentue par la suite, et un véritable Bureau des subsistances s'installa au Contrôle général des finances, qui jouait de plus en plus le rôle d'un ministère de l'Économie.

Un bon père doit aussi veiller à l'instruction de ses enfants. De nombreux textes législatifs s'en soucient, surtout à partir de la fin du XVIIᵉ siècle. Dans la réalité, on voulait surtout donner au peuple un rudiment d'instruction catholique (afin de le préserver du protestantisme), et de solides principes d'obéissance aux curés et à l'administration. Un désir d'alphabétisation apparaît ça et là, mais la royauté ne donna jamais un sou pour l'éducation du peuple, celui-ci ayant besoin de rester ignorant et crédule. L'instruction était laissée à l'Église et à quelques initiatives privées. Traditionnellement, il appartenait seulement au peuple de travailler et d'obéir ; le reste était l'affaire du monarque et du gouvernement. Le sentiment général des élites, même des philosophes, était à peu près celui-là. Et il ne semblait pas que le peuple, quelques mauvaises têtes mises à part, ait demandé beaucoup plus, puisqu'il manifeste jusqu'en 1789 sa confiance dans le roi paternel et forcément bienfaisant, qui allait écouter ses doléances...

Ira-t-on jusqu'à dire que l'image du Roi-Père, donc du roi forcément géniteur, dérivait parfois jusqu'à l'image du Roi-Mâle, voire Sur-Mâle ? Il convient de rappeler que la fécondité des couples royaux a presque toujours été remarquable, et notamment leur aptitude à procréer des fils. On y voyait certes une bénédiction du Ciel, mais aussi la manifestation d'une flatteuse virilité. La naissance du dauphin (premier fils héritier) et même des autres fils et filles de France donnait lieu à des explosions de joie et à de longues fêtes dans lesquelles le profane se mêlait largement au religieux et au national. En un temps où la vie privée des rois se déroulait presque au grand jour, devenait quasiment publique, on n'en ignorait rien, semble-t-il, assez loin dans le fond des provinces. Que des rois particulièrement amoureux aient des maîtresses qui demeurent auprès d'eux à la Cour, et que même des bâtards royaux (d'Henri IV, de Louis XIV) fussent élevés auprès des « enfants de France », cela ne semblait choquer que de rares dévots (bien que tout cela fût absolument contraire aux préceptes catholiques). C'était, pour le roi, une sorte de mérite supplémentaire : la littérature dite « populaire » et la plus grande partie des chansons paraissent prouver que cette virilité royale était fort joyeusement connue et accueillie. Encore fallait-il que le Grand Roi Viril (le « macho », pour reprendre un terme espagnol fort précis) choisisse convenablement ses favorites, c'est-à-dire dans la meilleure noblesse : une d'Estrées, une Montespan, une Châteauroux, même une La Vallière, plus humble mais si pieuse ! Mais qu'un Louis XV descende d'une Pompadour, fille de la finance, à une Dubarry, franche prostituée, cela paraissait scandaleux, et on le dit sur tous les tons, même les plus bas. Dans le même sens, les très anciens « rois fainéants » (avant l'an 1000) qui se roulaient dans le stupre, étaient unanimement condamnés et servaient en quelque sorte de repoussoirs dans les petits manuels scolaires et les almanachs que possédaient assez souvent les petits bourgeois et quelques riches paysans. Inversement, car elles étaient connues, la quasi-chasteté ou la timidité sexuelle d'un Louis XIII ou d'un Louis XVI n'ajoutaient rien, bien au contraire, à leur popularité. Quant aux reines, elles devaient obligatoirement donner l'image même de la vertu ; la coquetterie (assez innocente, semble-t-il) et les imprudences de Marie-Antoinette ne comptèrent pas pour peu dans le discrédit de la monarchie finissante...

Répétons-le : toutes ces images et toutes ces croyances étaient particulièrement propres à la grande majorité du peuple de France. D'autres conceptions et même d'autres images, plus complexes et plus raffinées, appartenaient au monde beaucoup plus restreint, mais beaucoup plus puissant qui constituait l'élite culturelle, sociale et politique. C'est à elle que désormais nous allons nous attacher principalement.

Dans ce monde, il a toujours été parfaitement entendu que le roi de France était « institué de Dieu » et son « lieutenant sur la terre ». La doctrine fut poussée à son point ultime au temps de Louis XIV. Ce roi n'hésitait pas à écrire que « dans certaines rencontres », le « secours du Ciel » ne lui manquait pas et que son propre esprit royal « participait » de « la connaissance et de l'autorité divine » ; ce qui, en langue vulgaire, signifie que le roi entendait la voix même de Dieu. Le parfait courtisan et orateur que fut Bossuet renchérissait en s'écriant, dans un mouvement d'éloquence assez extravagant, bien que tempéré par l'emploi du latin et un pluriel de circonstance : « Ô Rois, vous êtes des Dieux ! »

Mais pourquoi Dieu avait-il précisément mis dans la famille d'Hugues Capet (et, auparavant, dans celles de Mérovée et de Charlemagne) la couronne de France ? Il s'agit ici, nous dit-on, de l'un de ces « mystères sacrés » dont juristes et prédicateurs ne parlaient qu'avec émotion et retenue. Un mystère, c'est en effet assez commode, même quand on y croit. Mais Dieu avait réellement béni la race royale en lui donnant presque toujours des fils, en un pays où seul un mâle peut monter sur le trône. Et si par malheur un fils manquait, il se trouvait toujours un frère, un neveu ou un cousin pour assurer la continuité d'une royauté qui ne devait jamais mourir. Institué de Dieu, le roi sacré avait juré de protéger toujours la « vraie » religion. Tous le firent, au moins en apparence, même Henri IV après sa renonciation au protestantisme. Cela n'empêchait pourtant pas des alliances militaires avec d'affreux monarques protestants ou même musulmans... Mais alors la « raison d'État » essayait de tout justifier.

Cette « raison d'État » si chère aux Français, surtout à partir de Richelieu et encore au XXe siècle, elle n'a jamais été autre chose que la justification théorique de la volonté absolue du monarque et, le cas échéant, de ses ministres. À vrai dire, elle ne fut guère invoquée avant le XVIe siècle, et surtout le XVIIe. C'est que jusque-là les rois avaient d'abord, et au préalable, eu besoin d'asseoir solidement leur pouvoir.

Dans un premier temps qui remonte au Moyen Âge, le roi avait développé, en même temps que sa fonction religieuse et sacrée, sa fonction proprement féodale. Bien conseillés, les monarques de ce temps avaient su se placer tout en haut de la hiérarchie féodale, se faire reconnaître comme le suzerain des suzerains, c'est-à-dire se faire jurer foi et hommage et exiger le *consilium* et l'*auxilium* (conseil et service militaire) de tous les barons, comtes et ducs si puissants dans les provinces françaises, et tous assistés de vassaux nombreux et dévoués. Cette notion féodale n'était en rien périmée aux XVIe et XVIIe siècles. Passés à l'ennemi, le connétable de Bourbon en 1523 et le prince de Condé en 1652 méritaient d'être châtiés : mais non pas comme traîtres à la patrie, mais comme vassaux félons à leur suzerain le roi. C'est encore au nom de son caractère de « souverain fieffeux » (vieille notion féodale) que Louis XIV tenta en 1692 de supprimer tous les « alleux » (terres sans seigneurs, donc parfaitement libres) pour s'en déclarer le seigneur naturel. C'est au nom du vieux devoir féodal d'aide militaire que Louis XIII et Louis XIV convoquèrent à l'armée « le ban et l'arrière-ban des vassaux », c'est-à-dire les nobles et possesseurs de fiefs (terres nobles) qui ne s'y trouvaient pas encore. Et c'est même au nom de la vieille aide féodale que le roi réclame de son peuple les impôts qui lui sont indispensables (et qu'il proclame toujours provisoires) pour la défense du royaume. Il y eut donc très longtemps une habile et féconde utilisation d'idées et de devoirs d'origine féodale, pour assurer l'autorité et l'efficacité de la monarchie.

En même temps, dans un long effort né autour du roi Philippe IV vers 1300, des juristes formés au droit romain développèrent la notion justement romaine du roi « empereur en son royaume » — c'est-à-dire, en bref, maître absolu. Il fallut bien trois siècles pour que les faits répondissent à peu près au principe énoncé.

Celui-ci fut d'abord défensif. Il s'agissait en premier lieu d'effacer l'espèce de suzeraineté que prétendait sur tous les monarques de la chrétienté l'empereur allemand qui se disait successeur des anciens empereurs romains, et n'en possédait plus guère que le nom et les prétentions. Et pourtant, on voit Louis XIV consacrer de longues pages de ses *Mémoires* à expliquer que le prince allemand n'était rien, et que c'était lui, Louis, qui descendait vraiment de Charlemagne... ce qui montre que le prestige de l'empereur n'était pas seulement une survivance. Le second aspect défensif de l'*imperium* royal français visait le pape, qui s'était longtemps arrogé le droit de lier et délier les peuples de leur serment d'obéissance à des rois indignes, ou hérétiques. La tactique constante fut de se prosterner aux pieds du pape pour des motifs religieux, et rien de plus. Les difficultés furent graves au temps de Henri IV. Par la suite, malgré de rudes querelles, surtout au temps de Louis XIV, d'habiles négociations arrangeaient les détails, tandis que les juristes et théologiens français professaient le « gallicanisme » qui refusait au pape tout pouvoir politique dans le royaume. La faiblesse de la plupart des papes des XVIIe et XVIIIe siècles fit le reste. L'*imperium*, l'absolutisme, la raison d'État, c'est-à-dire la volonté sans limite apparente du monarque, étaient bien établis, au moins juridiquement. L'application était une autre affaire.

Dégagé de la puissance féodale, des prétentions impériales et des prétentions pontificales, le roi de France pouvait-il assumer totalement ses prétentions absolutistes ? En d'autres termes, les aspects et les images que nous venons d'évoquer, qu'elles soient largement populaires ou propres à l'élite cultivée, n'expriment-elles que la force de la tradition et le résultat d'une propagande bien faite ? Où se trouvait la réalité ?

Nous avons déjà dit, en passant, que l'absolutisme royal était considéré, même théoriquement, comme un absolutisme limité, soigneusement distingué de la pure tyrannie, comme du despotisme.

Juristes et politistes ont longuement disserté sur les « lois fondamentales » du royaume, qui s'imposaient au roi, et sur un ensemble de coutumes dont l'ensemble aurait formé une sorte de constitution tacite, qu'on appelait volontiers « constitution coutumière ». Sur ses quelques dispositions essentielles, tout le monde savant était d'accord : éternité de la monarchie, ordre de succession au trône, inaliénabilité du domaine royal, respect de la loi chrétienne et de la propriété privée des sujets, interdiction de l'esclavage. D'accord aussi sur l'énumération des principaux *regalia* (droits du roi) : faire les lois, décider paix et guerre, juger en dernier ressort, faire nobles et officiers, lever les subsides indispensables ; mais, sur cent détails, la discussion et même la discutaillerie étaient constantes. En dehors de tous ces discours, qu'il est bon de connaître, mais qui restent des discours, l'essentiel, pour l'historien, c'est de voir la réalité. Et ce que voit l'historien, ce sont de gros obstacles à la prétendue toute-puissance du monarque.

Le premier est tout à fait fondamental : jamais la monarchie française n'a connu un statut clair de la minorité royale, sinon de vagues coutumes. Théoriquement, le roi de France est majeur lorsqu'il a accompli sa treizième année ; on comprend sans peine qu'il ne puisse vraiment régner avant sa vingtième. Or, Louis XIII fut roi à neuf ans, Louis XIV comme Louis XV, à cinq ans ; si l'on ajoute, pour le XVIe siècle, la minorité des deux premiers fils de Henri II (François II, Charles IX), cela fait cinq minorités pour sept règnes, en un peu plus de cent cinquante ans. Or, la volonté du roi mort ne compte plus, même s'il a rédigé un testament. Quatre fois sur cinq, la régente fut une femme, la reine-mère, toujours d'origine étrangère ; le seul homme, le duc d'Orléans (1715), était un personnage fort discuté. Pour gouverner au nom du jeune roi, tous avaient besoin de l'accord de la grande noblesse (et surtout des princes de sang royal), des officiers, des financiers, et en premier lieu du Parlement de Paris, qui cassa le testament de Louis XIII comme celui de Louis XIV. La coutume voulait, en outre, que tous les conseils royaux fusionnent en temps de minorité en un « Conseil de régence », dans lequel il était d'usage qu'entrent en foule les membres de la famille royale, les grands seigneurs, des prélats, de grands parlementaires, une vraie cohue, et un beau nid à intrigues. Enfin, les grands juristes du Parlement de Paris soutenaient qu'une régence n'était en aucun cas un « règne plein », que les décisions du Conseil devaient lui être soumises, et que ses propres arrêts au Parlement pouvaient, en certains cas, avoir force de loi. Enfin, une bonne partie du petit peuple croyait (ou feignait de croire) que les impôts mouraient avec le roi ! On comprend alors pourquoi toutes les périodes de régence furent des périodes de crises, parfois de levées d'armes (la Fronde, la plus sérieuse), et pour le moins des années de désordre économique et monétaire, même la dernière, avec l'affaire de la banque de Law, qui fit banqueroute.

Au roi devenu majeur, donc en principe maître absolu, il restait à faire appliquer sa volonté. Or, de sérieux obstacles s'opposaient à une obéissance rapide et universelle : le temps et la distance, l'insuffisante armature administrative, la résistance traditionnelle de pouvoirs et de mentalités provinciales et locales, une énorme passivité, de redoutables impératifs ou lacunes financières et économiques enfin.

Et tout d'abord, contrairement à ce que l'on croit souvent, le roi n'était pas le seul législateur de son royaume, et il lui fallut même assez longtemps pour devenir le plus important.

La loi de l'Église, qu'on appelait « droit canon », a longtemps prétendu régir, non seulement la vie des clercs (des hommes d'Église), mais aussi la vie de tout le peuple chrétien ; elle était vieille de plusieurs siècles. En fait, le roi et ses juristes ont constamment travaillé à réduire le droit canon à des limites étroites. Mais au XVIIe siècle, c'est encore lui qui réglait à peu près toute la législation du mariage, pour ne prendre que cet exemple.

Beaucoup plus importante, beaucoup plus vivace et beaucoup plus diverse était la législation coutumière. Elle variait d'une province à l'autre, souvent même d'un canton à l'autre. Ainsi, dans le petit pays de Beauvaisis au nord de Paris, quatre coutumes s'enchevêtraient pour régir les domaines les plus habituels et les plus importants de la vie privée, et aucune des quatre n'était née dans la ville de Beauvais ! Ces précises et tatillonnes habitudes locales, qui remontaient au fond des âges et avaient été rédigées au XVIe siècle, réglaient les successions, le droit de la terre, les institutions agricoles, les aspects non religieux du mariage, les petits conflits, et bien autre chose encore. Petites ou grandes dans leur champ d'application, il en existait plusieurs centaines, dont quelques-unes survivent encore au XXe siècle ; chacun, dans son canton, en avait une connaissance précise et pratique. Les rois ont toujours voulu les simplifier, les unifier, les dominer, spécialement Louis XIV, qui voulut créer et faire enseigner un « droit français ». Peine perdue : si de petites coutumes furent absorbées par les grandes, si la coutume de Paris étendit son domaine, le passé survécut dans l'ensemble, et les vieilles coutumes furent constamment réimprimées, chargées de commentaires rédigés par les juristes, qui les interprétaient et les infléchissaient, exactement comme ils faisaient, d'ailleurs, pour la législation royale.

Cette dernière, qui portait des noms divers (ordonnances, édits, déclarations...) mais s'appliquait rarement à tout le royaume en même temps, devait d'abord être « enregistrée » par chacune des « Cours souveraines » (une douzaine), qui pouvaient présenter des observations, et fréquemment en retarder l'application. Les plus importantes Cours souveraines, les grands « parlements » (Paris, Aix, Rennes) provoquaient bien des difficultés, sous les minorités comme au XVIIIe siècle. La loi enregistrée et publiée, il restait à la faire appliquer. D'autres obstacles, à la fois matériels et psychologiques, se dressaient alors. Sans les analyser à fond, signalons au moins les principaux.

D'abord, l'insuffisance en nombre (et parfois en courage) du corps des officiers royaux (que nous appellerions administrateurs), chargés en principe de la publicité des lois et du contrôle de leur application. Certes, pour les surveiller et les commander, des intendants de province avaient été installés au XVIIe siècle ; mais ils n'étaient qu'une trentaine, ils ne possédaient que des bureaux squelettiques (pas plus de dix personnes), et leurs sous-ordres, les subdélégués, avaient encore moins de moyens. Si les lois du roi étaient assez bien publiées dans les villes (on les criait et on les affichait), comment le faire dans les campagnes ? On en chargeait habituellement le curé, dont ce n'était absolument pas le rôle, et qui le faisait plus ou moins bien. Et puis, il faut bien dire que les paysans étaient assez indifférents à ce langage juridique qui n'était pas le leur. Jusqu'à Louis XIV, la plupart des ordonnances royales furent à peu près ignorées ; mieux connues par la suite, elles semblaient tout de même émaner, sauf exception, d'un monde étranger à la réalité quotidienne et à la langue de chacun (qui, rappelons-le, n'était que minoritairement le français). De plus, les organismes de répression étaient à peu près squelettiques : une excellente police à Paris, quelques « sergents » mal payés dans les villes, et pas plus de deux mille gendarmes pour plus de vingt millions d'habitants ! En cas de révolte grave (rare après 1675), on envoyait simplement l'armée.

De plus, il fallait compter avec la diversité fondamentale du royaume. Hormis le Nord et le Centre, de vieille fidélité capétienne, de langue française ou proche du français, en général prospères, presque toutes les provinces avaient gardé leur langue traditionnelle (mais les élites comprenaient celle de Paris), leurs coutumes propres, leurs habitudes de se grouper, de cultiver la terre, mais aussi leurs assemblées provinciales (sous le nom d'« Estats ») dont une partie tout de même avait été mise en sommeil depuis Richelieu. Elles avaient aussi profondément conservé le sentiment de leur originalité, ce qu'elles appelaient leurs « privilèges » ou leurs « libertés », c'est-à-dire leurs lois propres, bien anciennes souvent. Aussi le centralisme royal, et l'origine trop souvent parisienne des grands administrateurs, les choquaient, même au XVIIe siècle, surtout peut-être au XVIIIe siècle, où l'on vit renaître une sorte de sensibilité provinciale, surtout dans les couches cultivées, qui s'élargissaient d'ailleurs. Moins sage et moins adroit qu'avant Louis XIV, le gouvernement royal ne ménageait plus assez ces mentalités originales, qui n'allaient pourtant pas jusqu'au séparatisme. Et ce n'aurait pas dû être une surprise que de voir monter un provincialisme marqué dans les dernières années de l'Ancien Régime ; provincialisme qui s'exprima fortement dans les cahiers de doléances, et dans les tendances fédéralistes de la Révolution française, notamment à l'époque des Girondins. Par la suite, les Jacobins, puis Napoléon, puis tous les régimes du XIXe et du XXe siècle reprirent la tradition centralisatrice de Louis XIV, avec probablement trop de rigidité, si l'on observe, de nos jours, certains événements des provinces françaises.

Quoi qu'il en soit, la nature profondément provinciale du royaume fut un obstacle sérieux à la législation centraliste. Mais l'essentiel, pour le roi et son entourage, c'était que le calme règne à peu près, et surtout que les impôts rentrent bien.

Souverain monnayeur, le roi l'était devenu, non sans peine. Au XVIIe siècle, la monnaie française était au moins l'une des mieux frappées du monde, si sa valeur continua à baisser jusqu'en 1726 — comme elle l'avait fait depuis des siècles. Le roi eut plus de mal à devenir, non pas le seul et souverain percepteur (il ne le fut jamais), mais le principal ramasseur d'argent de son royaume. C'est qu'il avait de sérieux concurrents ; les municipalités, vraiment peu, et de moins en moins après Colbert ; les seigneurs, plus sérieusement, bien que leurs levées en espèces comme en nature aient considérablement varié d'un lieu à l'autre ; mais l'Église percevait la dîme depuis mille ans, elle était aussi seigneur et propriétaire, et ses revenus globaux étaient probablement égaux à ceux du roi, ce que personne n'a jamais souligné, sauf erreur. Mais surtout, il y avait la tradition et la résistance passive : une très vieille conception voulait que le roi « vive de son domaine » (c'est-à-dire de ses possessions privées) à la manière d'un grand seigneur féodal, bien qu'il fût admis qu'il ait le droit, en cas de nécessité, de « lever des subsides » qui devaient théoriquement rester « provisoires », ou ne durer que le temps d'une guerre. Inutile de dire que ce « provisoire » (qu'on retrouvait dans le texte des lois de finance) devint très vite définitif. Mais ce ne fut jamais sans difficultés, les Français ayant toujours éprouvé très peu d'enthousiasme à donner de l'argent au roi, puis à l'État. Il faut ajouter que les rois ne surent jamais créer une administration financière suffisante en nombre et en efficacité. Les « officiers de finances » (qui achetaient leurs charges et en étaient propriétaires, système déplorable) n'étaient pas deux mille ; beaucoup étaient inefficaces, et un certain nombre assez malhonnêtes. Par surcroît, il n'y avait pas concentration des ressources royales dans une caisse centrale, un « trésor » unique : il en existait une vingtaine, étrangement gérées, et pas toujours honnêtement. Incapables de lever et de concentrer les impôts de leur royaume, les rois ont très tôt confié ce travail à des compagnies privées de capitalistes, appelés « financiers », « partisans », « traitants », « fermiers » (généraux ou particuliers) ; ceux-ci avançaient au roi l'argent dont il avait besoin immédiatement, et se remboursaient largement ensuite sur le pays lui-même, en se faisant aider par des hommes de loi et même par des soldats. En outre, par suite de mécanismes compliqués, la valeur de la monnaie française (or et argent) oscillait continuellement, selon l'arbitrage décisif opéré sur les grandes places de change (Amsterdam d'abord, Londres ensuite) ; il existait des possibilités nationales et internationales de spéculation dont jouaient assez bien les financiers. Finalement, le magnifique roi absolu, grand monnayeur, grand constructeur et grand guerrier, dépendait assez étroitement des hommes d'argent, dont l'impopularité était grande, et peut-être entretenue malicieusement. Ce qu'étaient finalement ces hommes, en qui l'on voit souvent des associations de grands bourgeois capitalistes, on le sait en réalité très mal. Qu'ils aient constitué de grandes familles dont les liaisons internationales sont aveuglantes (et d'ailleurs indispensables), que certaines aient été protestantes, c'est à peu près sûr. Mais des travaux récents montrent que, derrière ces financiers « bourgeois » mis au premier plan, se sont dissimulés et les membres du gouvernement, et la vieille noblesse elle-même, beaucoup moins ruinée qu'on ne l'a proclamé... Une conclusion s'impose pourtant, et ne peut surprendre que les naïfs : si grands et puissants fussent-ils, les rois de France ont toujours dépendu des grandes associations financières et bancaires, qui ne se sont jamais vantées de leurs activités, ni ne les ont étalées au grand jour. Et d'ailleurs, même sans roi, la situation a-t-elle tellement changé ?

Pour le petit peuple, constant jusqu'en 1789 dans son adoration envers le monarque sacré, son père et son recours, il existait bien sûr de noirs personnages, « véritables harpies », véritables « sangsues », qui volaient tout le monde. Mais le petit peuple ne paraissait pas douter qu'avec l'aide de Dieu et les conseils des États Généraux, le roi enfin éclairé ne châtie les méchants, et ne ramène ses sujets vers cet Âge d'or qui avait illuminé un passé embelli et demeuré l'incessant modèle, le temps du « bon roi Henri », par exemple... Surtout si la famille royale consentait à sortir de ce ghetto doré que lui avait construit Louis XIV à Versailles, et à revenir vivre au sein de son bon peuple, dans la capitale abandonnée et les provinces oubliées.

II

UN LONG RÈGNE *

Soixante-dix-sept années de vie, soixante-douze années de règne, l'un des plus longs qui furent jamais, même si le véritable exercice du pouvoir ne dura que cinquante-quatre années et quelques mois. Pour évoquer ce roi et ce règne, des traditions, des légendes, des études, des interprétations, des transfigurations, des querelles, des mises au point plus ou moins partielles sont apparues, disparues, reparues durant trois siècles. Souvent, elles ont traduit autant d'humeurs, de sensibilités, ou plus simplement de manières de penser.

Derrière un roi si diversement éclairé, représenté ou apprécié, un royaume. Sûrement le plus grand royaume d'Europe par sa population et sa richesse (la Hollande exceptée), dont on montre tantôt l'ordre et l'obéissance, tantôt les révoltes et les misères.

Pour tenter de voir clair et si possible de comprendre, deux conditions s'imposent : la chronologie et l'honnêteté. La première est indiscutable ; la seconde, espérée.

Le temps de Mazarin et la formation du roi

Pendant plus de vingt ans, le roi Louis XIII, la plus saine partie de son entourage et sans doute l'ensemble des Français avaient attendu un dauphin. Des accidents ou des imprudences de la reine Anne, enceinte au moins

---

* Inédit, 1973.

trois fois, puis l'indifférence du roi-époux n'engendraient que la déception, sauf chez les aspirants naturels à la succession d'un monarque malade, son frère Orléans ou son cousin Condé (le père du vainqueur de Rocroi). Un véritable complot, agrémenté d'un orage providentiel qui empêcha le roi de sortir de chez la reine... et Louis-Dieudonné naquit en septembre 1638, suivi deux ans plus tard par celui qu'on devait nommer « Monsieur frère unique », le futur mari de la tendre Henriette et de la vigoureuse Princesse Palatine. L'avenir direct de la dynastie était bien assuré, et la construction du Val-de-Grâce, dédié à Jésus naissant et à sa glorieuse Mère par la reine Anne enfin mère, évoque dans le ciel parisien ce qu'on put appeler un miracle.

Moins de cinq années plus tard, Louis XIII achevait de mourir, quelques mois après son ministre et ami, le 14 mai, exactement trente-trois ans après Henri IV.

À quatre ans et huit mois, le dauphin devenait roi.

Bien sûr, il n'était encore qu'un petit enfant, dont la majorité légale (celle des rois, 13 ans accomplis) n'interviendrait qu'en septembre 1651, et le pouvoir effectif dix ans plus tard encore. Mais, aussi jeune qu'il fût, il était le roi, et désormais tous les actes officiels comporteraient dans leur titulature, son nom et l'année de son règne ; toutes les décisions, prises effectivement par sa mère la reine-régente et son parrain le cardinal Giulio Mazarini, le seraient en son nom ; à chaque fois qu'un geste très important serait à accomplir — aller au Parlement, recevoir les Grands —, il serait généralement et parfois obligatoirement présent (au Parlement), et on lui ferait même dire quelques mots, qu'on lui avait appris, et dont une fois ou deux il ne se souviendrait plus. Roi à moins de 5 ans, avec tous les égards, le respect et la révérence qu'il recevait, même dans le relatif désordre d'une famille et d'une Cour souvent ambulantes, et plus encore dans les provinces peu tranquilles où on le montrait pour que justement sa présence ramène le calme et l'obéissance, quelle habitude, pour un enfant, d'être salué, fêté, presque encensé ! Malgré les traverses, formatrices elles aussi, que la Fronde va lui apporter, être roi si tôt constitue une sorte de privilège dont personne ne peut décider s'il fut, pour lui, Louis, bénéfique ou non ; mais il fut, et il put contribuer à lui donner cette sorte de naturel, de hauteur et de plénitude dans la majesté dont ni son père ni son grand-père n'avaient jamais offert le spectacle, pas plus sans doute qu'ils n'y avaient songé.

Le royaume où il était né et sur lequel il régnait désormais, même nominalement, pouvait compter une vingtaine de millions d'habitants, au plus (on ne saura jamais le nombre exact), soit trois fois l'Angleterre ou l'Espagne, et dix fois la Hollande, toute comparaison s'avérant impossible avec l'Allemagne ou l'Italie non unifiées, et de toutes manières moins peuplées. Un agrégat de provinces, petites ou grandes, toutes pourvues de lois et coutumes particulières, réunies plus ou moins tard au vieux domaine capétien, en attendant la majeure partie de l'Alsace (1648), l'Artois et le Roussillon (1659). Une paysannerie majoritaire (80 % ?) et de toutes manières essentielle, puisqu'elle se nourrit et nourrit les villes, avec des hauts et des bas, peut exporter une partie de ses produits (vins, blés sauf exception, toiles et draps façonnés, sinon achevés, le plus souvent à la campagne), et arrive, en rechignant terriblement, à régler la plus grande partie des impôts d'une foisonnante et savante variété que lui demandent les officiers de finances, au nom du roi. L'une des plus grandes villes du monde, une poignée de grands ports et de capitales provinciales brillantes, des douzaines de cités moyennes, murées, privilégiées, plus ou moins prospères, qui toutes dominent un plat pays dont elles rassemblent les productions et les énergies. Une vie spirituelle limitée à d'infimes élites, mais active, brillante, encore fort variée, et qui tient bien sa place au cœur de l'Europe de la culture, à laquelle elle va bientôt donner son langage.

Sur cet arrière-plan qu'on a tendance à oublier pour n'appréhender que ce qui paraît avec le plus de relief ou de couleur, pesaient tout de même trois grandes séries de malédictions, passagères ou non, anciennes ou récentes.

La première vient du fond des temps, avec des résonances bibliques : elle associe presque rituellement la peste, la famine et la guerre. Vieille comme le monde, et presque toujours venue de l'est, la classique peste bubonique, bien connue des médecins, était comme tapie dans toute l'Europe, s'éveillant soudain l'été, dans une ville, une province, rarement un pays entier, quelques mois chaque année, et pas toutes les années. Elle avait causé des catastrophes dans le royaume à la fin du XVIe siècle, et réapparaissait, ici et là, épouvantable, tuant des centaines ou des milliers de gens selon les lieux, dans les années vingt, puis trente, puis quarante du siècle ; elle réapparaîtra sous la Fronde, lancera ses derniers feux au début du règne du Grand Roi (Amiens, 1667), puis de son successeur (Marseille 1720, peut-être 50 000 morts...). Le seul remède était la fuite... à temps. À vrai dire, dans les croyances populaires, toute maladie très contagieuse était déclarée « pesteuse » ou « pestilentielle », en particulier les dysenteries, voire la malaria, qui elles aussi sévissaient surtout l'été ; ce qui n'empêchait pas d'autres épidémies, comme les différents « pourpres » (rougeoles, scarlatines ?), la variole des jeunes enfants, de redoutables grippes identifiées ici et là, de sévir et de se répandre, en un temps qui ne concevait pas la moindre notion d'hygiène, et où l'insalubrité des eaux atteignait un degré qu'on peut difficilement imaginer, du moins hors d'Afrique ou d'Asie. Mais ces très rudes coups du sort, dont le témoignage persiste inéluctablement dans les séries conservées de registres de sépultures, atteignaient une population à la fois épouvantée et habituée. Cependant, à cet égard, les dernières années de Louis XIII et la minorité de Louis XIV furent des périodes où l'épidémie, pesteuse ou non, frappa particulièrement fort.

Les famines du temps, qu'on appelait plutôt « mortalités », terme plus neutre ou « disettes », terme adouci, ou « chertés », terme plus exact, provenaient principalement, dans une province ou plusieurs, d'une ou deux mauvaises récoltes de blé, aliment fondamental ; mauvaises récoltes qui dérivaient bien plus souvent d'étés « pourris » que de « grands hyvers » (comme plus tard en 1709). Récoltes médiocres, grains qui se raréfient ou qu'on dissimule, prix qui montent allègrement du simple au double ou au triple, et le petit peuple des villes, et aussi des campagnes (beau-

Un long règne 261

coup de paysans ne disposent que d'un petit lopin, qui ne peut les nourrir à lui seul), achète de plus en plus difficilement le grain, la farine ou le pain, base habituelle de leur nourriture. Peu meurent d'inanition, beaucoup se rabattent sur des nourritures malsaines ou franchement immondes (grains avariés, herbes cuites, racines de fougères, glands, etc.) qui provoquent évidemment des maladies digestives, aisément transmissibles. Disettes et mortalités traînent, plus ou moins mélangées d'épidémies, d'une province à l'autre, dans les années trente comme dans les années quarante, pendant la Fronde au moins autant, la première année du « grand règne » (1661-1662), peut-être plus encore. Mais on était aussi habitué, dans le fond des provinces, aux misères disetteuses qu'aux misères pesteuses. Et, de toutes manières, une solide natalité, au moins égale à 40 % (trois fois les taux actuels), rachetait, à terme, les ravages réunis des grands fléaux rituels. De grands fléaux rituels auxquels les rois du temps, formés comme ils l'étaient, ne pouvaient rien, même s'ils l'eussent désiré, ce qui arriva au père comme au fils.

Du troisième — la guerre —, on n'était point délivré, bien au contraire. Trois ans avant la naissance du dauphin Louis, Louis XIII et Richelieu avaient décidé d'entrer ouvertement dans la guerre de Trente Ans, pour « arrêter le cours des progrès d'Espagne », avait écrit le ministre ; l'Espagne, mais aussi ses alliés, dont l'empereur et une bonne partie de l'Allemagne. Guerre difficile, qui faillit débuter par une catastrophe : en 1636, la ville de Corbie, sur la Somme, ayant été « surprise », Paris fut menacée. Jusqu'à l'éclatante victoire à Rocroi (1643) de celui qui n'était pas encore « le Grand Condé », les combats furent incertains, les succès partagés, et les hostilités durèrent, du moins avec l'Espagne, jusqu'en 1659, un quart de siècle. On n'avait jamais vu tant de soldats se combattre, ni tant de soldats de métier, ni aussi mal payés. Alors, comme toujours, ils se rattrapaient sur le pays, pillant, rançonnant, volant, brûlant, tuant le bétail non emporté et coupant les arbres, catastrophes longues à compenser. De cette soldatesque assez horrible souffraient surtout, mais souffraient beaucoup, ceux qui se trouvaient dans les zones de bataille, de campement, de « quartiers d'hiver », ou sur les routes d'étapes ; soit, dans le royaume, tout le Nord et tout l'Est, Bourgogne comprise : de ces ravages, certaines parties de la Lorraine (alors non française) et de l'Allemagne centrale ne se sont jamais remises, au moins dans les campagnes. Pour revoir des horreurs pires, il faut attendre le XXe siècle...

Mais cette guerre-là ne concerna pas seulement ceux qui voyaient les soldats. Son extension, sa difficulté, sa longueur entraînèrent, dès 1635 et jusqu'en 1659, des dépenses telles — armée, ravitaillement, subsides aux alliés — que le système traditionnel d'imposition n'y pouvait suffire.

Pour la première fois, semble-t-il, dans l'histoire de ce pays, le montant des impôts doubla en deux ou trois ans, tripla même dans les vieux pays anciennement dominés ou annexés par les rois, comme la Normandie. Comme cela ne suffisait pas, on inventa des impôts nouveaux, on vendit des offices ou des suppléments d'offices, on lança des sortes d'emprunts d'État sous le nom traditionnel de « rentes sur l'Hôtel de Ville » (de Paris) ; on travailla aussi sur la monnaie du royaume, en réalisant sensiblement ce que nous appellerions une sérieuse dévaluation. Comme dans les décennies précédentes, on essaya d'étendre aux provinces récemment réunies, dans l'Ouest et surtout le Midi, à la fois le système d'impositions et les équipes de receveurs d'impôts qui avaient cours dans la plus ancienne partie du royaume. Louis XIII, Richelieu et leurs serviteurs, utilisant à la fois la tradition, l'imagination juridique et financière, et au besoin la force armée, tentèrent donc de réaliser, et réalisèrent assez bien le plus grand « tour de vis » fiscal de tout l'Ancien Régime. Ce que « les peuples » (on ne disait pas : les contribuables) supportèrent dans l'ensemble assez mal ; et ils le firent savoir.

Ils le firent d'autant plus savoir que chaque province avait conservé, avec sa langue ou son dialecte (le français n'était pas majoritaire dans le royaume), ses traditions, ses coutumes, c'est-à-dire sa charte juridique, sa Constitution propre que les rois avaient jadis promis de respecter, ce qu'ils répétaient (moyennant finances...) à chaque avènement, sans trop y croire. Mais les Bretons, les Poitevins du Nord, Vendéens actuels, les Saintongeais, les Périgourdins, les Quercyssois, les Rouergats, les Limousins, les Auvergnats et bien sûr tous ceux de Guyenne, de Gascogne, de Roussillon, Languedoc, Provence, Dauphiné et jusqu'en Bourgogne y croyaient encore dur comme fer. Aussi avaient-ils à peu près tous, à des degrés divers, pris l'habitude de se révolter de temps à autre, dans un soudain et violent embrasement, qui à vrai dire s'éteignait assez vite, soit de lui-même, soit par une répression parfois féroce — comme celle qui s'abattit sur les Nu-Pieds de Normandie juste au moment de la naissance du dauphin. Or, depuis 1635, les provinces avaient de nouvelles raisons de se révolter : l'accroissement des impôts, surtout la « nouveauté » de certains, et toute « nouvelleté » était alors ressentie comme chose mauvaise, quasi démoniaque, nouveauté aussi des agents et des moyens de perception, ces officiers « commis » par le roi, venus du nord, donc étrangers, donc quasi-démoniaques eux aussi, et par surcroît accompagnés souvent de « fuzeliers » (soldats) chargés d'accélérer les recouvrements. Par surcroît, la mort de Louis XIII réveilla cette vieille croyance que l'impôt mourait avec le roi, ce qui incita « les peuples » à ne plus payer, ou le moins possible, d'autant que la poigne de fer du Grand Cardinal ne pouvait plus mener la répression. On verra pourtant que l'apparent gant de velours de l'Éminence Seconde — Mazarin — finit par manifester une certaine efficacité. Mais les révoltes, essentiellement anti-fiscales et régionalistes, ne cessèrent guère avant 1675, et sévirent particulièrement dans les premières années de la Régence. Elles en compliquèrent et en aggravèrent les difficultés, et pourtant n'en constituaient pas la plus grave.

La plus grave, et la plus nouvelle, du moins depuis un tiers de siècle, c'était cette condition même, cette nature profonde de la Régence, traditionnelle et fondamentale faiblesse de la monarchie française. Il y avait longtemps que les juristes proclamaient qu'une minorité ne pouvait être un « règne plein » et le bon sens suffisait pour nier toute autorité autre qu'affective, symbolique, sacrée, presque divine à un enfant de moins de 5 ans. Toute minorité suscite naturellement et ressuscite même des ambitions et des prétentions, qui proviennent de personnes et d'institutions qui ont toujours cru avoir un rôle à jouer dans le gouvernement d'un royaume dont la Régence allait aussi naturellement à la reine-mère Anne, comme jadis Catherine et Marie. Immédiatement, toute la « famille » royale, la légitime avec l'oncle Gaston d'Orléans et les princes du « sang » (Condé le père) et aussi l'illégitime avec les Vendôme, bâtards de Henri IV, dont le plus connu et aussi le plus dangereux est le cynique, intrigant, grossier et charmant duc de Beaufort. Ceux-là, et bien d'autres pourvus de grands noms, désirent entrer au Conseil, et si possible y jouer un grand rôle, tout en ramassant beaucoup d'argent. Tous étaient dangereux, car ils étaient riches, influents, toujours escortés de vassaux armés et d'hommes à eux, puissants dans le royaume où ils cumulaient les châteaux, les terres, les gouvernements de provinces, et donc les clientèles. Au fond, ils ont toujours constitué le principal danger durant cette Régence, bien plus que les révoltes de petites gens, plus peut-être que l'Espagne, plus sans aucun doute que l'orgueilleux Parlement de Paris et quelques autres de province.

Ç'avait été le malheur de ce mois de mai 1643 que la reine Anne ait dû avoir recours au Parlement de Paris (qu'elle méprisait) pour faire annuler le testament du feu roi, qui prétendait lui enlever tout pouvoir réel (Louis XIII avait pour cela de solides raisons : son épouse l'avait positivement trahi plusieurs fois) pour le confier à ses « créatures ». Le Parlement annula tout ce qu'on voulut, confia la pleine régence à Anne, et la « lieutenance générale du royaume » au frère de Louis XIII, l'infidèle, lâche et brillant Gaston d'Orléans. Mais il entendait bien que cette complaisance fût payée de retour, et pouvait brandir de vieux textes (les juristes en dénichent toujours) qui faisaient de lui le « conseil naturel » du jeune roi — et donc de la régente — en cas de minorité ; ces « grandes robes » voulaient se donner de l'importance, et ramasser au passage quelques sacs de monnaie.

Dicté par la raison autant que par le sentiment, le choix de Mazarin par la reine-mère, déçut plus qu'il ne choqua les uns et les autres, qui durent prendre dix ans pour s'en remettre, après avoir commis autant d'imprudences que de vilenies. C'est toute l'histoire de la Fronde, qui ne fut en rien une « révolution », même manquée, mais des assauts désordonnés d'ambitieux à la fois puissants, avides, inconstants et sots, dont le seul but, malgré de belles déclarations, était de remplacer Mazarin, de s'emparer de la puissance ministérielle, et de s'y enrichir, comme le fit d'ailleurs à deux reprises celui qu'on baptisa malicieusement l'« Éminence Seconde ». Le tout, malgré la guerre aux frontières, et avec l'aide d'ailleurs de l'ennemi, et au milieu de désordres provinciaux, d'épidémies et de disettes parmi les plus catastrophiques du siècle.

De la Fronde, dont la tradition veut qu'elle ait d'abord été parlementaire, puis princière, puis les deux à la fois, l'on ne donnera pas le détail, complexe et changeant : il y faudrait un livre entier. On essaiera seulement d'en discerner la signification et la portée, à la fois pour le royaume et pour le jeune roi.

Le Parlement de Paris semble avoir donné le signal, bien avant 1648, à la fois par ses récriminations sur la manière de gouverner et son refus d'accepter, pour lui-même d'abord et apparemment pour les autres, les nécessaires sacrifices financiers qu'entraînait inéluctablement la continuation de la guerre contre l'Empire et l'Espagne, puis contre l'Espagne seule. « Contré » par la reine plus rudement encore que par Mazarin, il rédigea, avec d'autres Cours dites « souveraines » comme la Chambre des comptes, une sorte de Déclaration en 27 articles qu'on a pu interpréter comme une sorte de « charte » à imposer au gouvernement. Après avoir feint de céder, la reine et Mazarin réagissent vigoureusement, au lendemain de la belle victoire de Condé à Lens, en faisant arrêter quelques-uns des meneurs du Parlement, dont le vieux Broussel, populaire en son quartier de la Cité. Suit la journée des Barricades (27 août 1648), vieille institution parisienne, mais qu'on n'avait pas revue depuis les tristes temps de la Ligue. Une nouvelle fois, Mazarin cède, cette fois-ci devant l'émeute, et la reine souffre de s'humilier, à la fois devant les parlementaires, considérés comme des bourgeois que juridiquement ils ne sont plus, devant le petit peuple des barricades, devant le futur cardinal de Retz, alors simple coadjuteur de son oncle Gondi, qui paraît avoir mobilisé ses curés pour « encadrer » peut-être les émeutiers. Aucun n'oubliera cette honte (sauf peut-être Mazarin, qui en a vu et en verra d'autres), et surtout pas le jeune roi, qui aura dix ans dans quelques jours, et qui n'est plus un bambin.

De pires humiliations lui étaient d'ailleurs promises : la fuite à Saint-Germain-en-Laye la nuit des rois 1649, dans le froid, la paille, le dénuement ; la rébellion de Paris, ville qu'il faudra assiéger et affamer pendant deux mois ; plus tard, en février 1651, ce peuple qui défilera pour le voir dormir dans son lit, afin de s'assurer qu'il n'a pas fui avec Mazarin. Et ces tournées peu confortables dans le pays quand la capitale est hostile, qu'il faut lutter contre les rebelles, et assiéger une nouvelle fois Paris (printemps-été 1652). À ce moment-là, Louis était majeur et allait entrer dans sa quinzième année ; il était alors habituellement silencieux, mais il observait, et se souvint toujours : aux parlementaires bavards, à Paris l'infidèle, il le fit bien voir.

La Fronde sans Paris n'eût évidemment pas été la Fronde, mais une révolte parmi d'autres dont on serait venu à bout par la lassitude, la corruption et un cliquetis d'armes. Mais la Fronde avec Paris tout seul, réduit à ses parlementaires, ses bourgeois et son petit peuple, c'eût été assez peu de chose : beaucoup d'argent pour les plus riches, quelques campagnes décidées contre les autres, et l'affaire eût été réglée.

Ce qui fit la gravité de la Fronde, ce furent les Grands, et singulièrement Condé et sa tribu, plus des comparses aussi encombrants qu'inconséquents, parmi lesquels il faut bien ranger l'assez méprisable Gaston, cette girouette peureuse (sauf à l'armée, quand même), triste frère du roi défunt. Sans doute Mazarin parut-il les provoquer lorsqu'en janvier 1650 il fit arrêter soudain Condé, devenu insupportable de prétention, son frère Conti, son beau-frère Longueville. Presque immédiatement, les provinces « tenues » par le trio et leur famille — peut-être le quart du royaume se souleva à l'appel des épouses, des cousins et des amis — et tout d'abord Bordeaux, que l'armée royale dut assiéger... Un an plus tard (février 1651), Mazarin jugea politique de relâcher les trois princes en même temps qu'il prenait la route de l'exil (temporaire). Ce qu'il avait prévu arriva : les princes, la Cour, le Parlement, tout intrigua et se brouilla, jusqu'à la rixe du 21 août, en plein Palais de Justice. En fin de compte, Condé rompit avec la Régence au point de s'offrir au roi d'Espagne, juste après la proclamation de la majorité du roi, ce qui faisait du plus grand des princes le plus grand des félons, ce que Louis XIV eut beaucoup de mal à paraître oublier, bien plus tard.

La dernière année de Fronde (septembre 1651-octobre 1652, plus des « queues » en Provence et surtout à Bordeaux) fut essentiellement une guerre dévastatrice de Condé, de ses alliés français et espagnols contre son roi et son cousin. Sans Condé et sa clique, la Fronde eût été terminée depuis longtemps, ou réduite à quelques agitations provinciales et parisiennes, ces dernières toujours plus graves, malgré la versatilité de la foule parisienne, qui acclama Mazarin en février 1653, après l'avoir abondamment injurié et brûlé en effigie. La Fronde, ce complexe d'agitations de rixes et de guerres mal enclenchées, dut sa gravité à la grande noblesse, même si elle naquit dans les milieux parlementaires.

Et puis, ce furent des révoltes pour rien. Les intendants, que les vieux parlements voulaient voir disparaître, furent tous rétablis ; les impôts, conservés ou accrus ; et leurs propres privilèges, tout juste maintenus.

Quant au petit peuple, de Paris et d'ailleurs, il fut, comme c'est presque toujours le cas, le seul à souffrir. À souffrir triplement, si l'on peut dire : de l'épidémie plus ou moins pesteuse, qui traîna un peu partout, surtout à la suite des soldats, en 1649 comme en 1651 et 1652 ; de la famine, la vraie, dans le Paris assiégé de 1649 et 1652, où le prix des vivres atteignit des altitudes inusitées ; ailleurs (sauf dans le Midi), aux mêmes années, ou peu s'en faut, parce que les récoltes furent mauvaises, le transport et même la conservation des grains, presque impossibles ; à la guerre étrangère — des Lorrains vinrent fourrager et incendier dans tout ce qui est devenu la banlieue est de

Paris — s'ajoutèrent les exploits des armées frondeuses et « mazarines » ; jamais on ne vit tant d'arbres coupés, de récoltes fauchées en vert, de bétail massacré, de chaumières brûlées : la région parisienne, comme les campagnes bordelaises, mit au moins dix années pour s'en remettre. Des organismes charitables, inspirés par Vincent Depaul (il signait ainsi) et de pieuses âmes, ont laissé des correspondances et des mémoires absolument épouvantables, où il est même question d'anthropophagie — fait qu'on ne peut écarter à la légère sous prétexte qu'il fallait seulement éveiller la pitié des éventuels donateurs. On a aussi conservé des recettes peu ragoûtantes de soupes et de pain dans lesquels manquait surtout la farine. Certes, les Frondes n'ont pas provoqué à elles seules ces horreurs, en partie habituelles, quoique rarement à ce degré ; elles les ont fortement aggravées.

Tout cela, dans une inutilité parfaite. Malgré des trahisons, individuelles et d'autres révoltes, localisées (nobles normands, paysans solognots), malgré les soucis provoqués par la montée du jansénisme, cette « secte », Mazarin put terminer victorieusement la guerre contre l'Espagne, annexer deux nouvelles provinces (Artois, Roussillon), trouver une nouvelle infante comme reine de France et une princesse anglaise pour « Monsieur », et transmettre au roi en mars 1661 le royaume dont celui-ci pourra bientôt écrire que « tout était calme en tous lieux » — ce qui constitue l'essentiel, même si « le désordre régnait partout », ce qui est seulement gênant, et que Colbert et quelques autres essaieront de surmonter.

Printemps (1661-1672)

Le 9 mars 1661, après avoir pleuré comme il convenait son parrain, tuteur et principal ministre Giulio Mazarini, Louis XIV fit immédiatement connaître les décisions qu'il avait préparées depuis longtemps : il gouvernait seul, concentrant en ses mains tous les pouvoirs de décision, donc sans Premier ministre, et en prenant conseil, le cas échéant, et sans être jamais soumis à leurs avis, de trois hommes, trois hommes seulement, qui tous les trois lui avaient été légués par Mazarin, excellent connaisseur en la matière. À Hugues de Lionne, venu aux affaires dès l'âge de 19 ans sous l'égide de son oncle Abel Servien, ministre de Louis XIII, il confia « tous les étrangers », dont il s'occupait déjà, sous l'œil de Mazarin, depuis plus de quinze ans : c'est lui qui avait négocié les traités de Westphalie (1648) et il connaissait admirablement l'Europe. À Michel Le Tellier, d'origine parlementaire comme les deux autres, il laissa la Guerre, dont il s'occupait déjà avant la mort de Louis XIII ; l'homme était laborieux, ordonné, très fidèle et associait déjà à sa charge son fils Louvois. Le troisième était le plus brillant, ce que Louis XIV prisait peu, comme il le lui fit rapidement voir : Nicolas Fouquet, d'ascendance parlementaire, avait épousé la plus riche héritière de la finance française, une Castille dont la parenté était installée partout où l'argent pouvait affluer et grossir ; la séduction, la culture et la magnificence de l'homme avaient achevé de captiver Mazarin, qui en fit son surintendant des Finances, le complice de tous ses tripotages, et le fournisseur d'argent frais pour un État qui en avait toujours besoin. Aussi le roi, après un complot ourdi avec Colbert, qui n'aspirait qu'à monter après avoir rempli auprès du cardinal le rôle d'intendant et de majordome, le fit-il rapidement arrêter, essentiellement parce qu'il savait trop de choses et vivait trop magnifiquement, puis juger pour des malversations en grande partie inventées (mais qui dissimulaient celles de Mazarin), et remplacer par Colbert, mais sans les titres ni les honneurs de celui qu'il avait contribué à emprisonner. Trois hommes, de naissance relativement humble, qui devaient tout au roi (vile bourgeoisie dira haineusement Saint-Simon, descendant de financiers), constituèrent donc ce « Conseil d'En-Haut », où ne furent admis ni la famille royale (même pas sa mère, qui en souffrit), ni aucun prélat, ni aucun noble d'épée, même pas l'illustre et sage Turenne, toujours huguenot d'ailleurs, et surtout pas Condé, difficilement pardonné et rentré dans toutes ses charges et possessions sur l'insistance du roi d'Espagne, oncle et beau-père de celui qu'on n'appelait pas encore le Grand Roi. Ces trois hommes préparaient et connaissaient tout, ou du moins le croyaient, avec l'aide d'une poignée de grands administrateurs, de quelques douzaines de scribes et d'une trentaine d'intendants pratiquement sans bureaux. Mais c'était toujours le roi qui décidait, qui, comme il l'a écrit, « réunissait en lui seul l'autorité de maître », poursuivant des projets longuement médités, qu'il a lui-même dictés ou revus dans ses *Mémoires pour l'année 1661*, puis *1662*.

Quatre mots, surtout le dernier, revenaient souvent sous sa plume : « ma dignité, ma gloire, ma grandeur, ma réputation ». Dignité et réputation à l'intérieur, par le rétablissement de l'ordre, par la « réduction à l'obéissance » de tous les grands corps sociaux, institutions, ordres, provinces, et par des règlements « généraux et particuliers » délibérément stricts, comme tentera Colbert. Grandeur et réputation, par les constructions surtout, mais aussi par l'impulsion qu'il pensera donner aux Sciences, aux Arts, aux Lettres, aidés, orientés, contrôlés. Gloire et réputation parmi les princes chrétiens de l'Europe (des autres, il ne dit mot), alors pacifiques, forcément inférieurs à lui, ne serait-ce que par l'ancienneté de la « race », mais « qui ne le connaissent point encore » et face auxquels il brûle de se montrer « à la tête de ses armées ».

Pour réaliser d'aussi grands desseins, quelles ressources apportait ce roi de 22 ans ?

D'abord son éclatante santé, qui rappelle à la fois celle de sa mère et de son aïeul. Comme ce dernier, infatigable à la chasse, à la guerre, à la danse, à la table, à l'amour, ce cavalier sportif qui souffre mal les débiles et les timorés consent à s'enfermer plusieurs heures par jour dans le silence du cabinet, seul ou avec quelques commis. Il persistera, et ménagera à plusieurs générations de médecins la plus opiniâtre résistance, malgré de mauvaises digestions et des purges trop fréquentes. En attendant, il consacre couramment des journées de seize à dix-huit heures à étudier des dossiers, à s'informer, à recevoir, à paraître, à galoper et à aimer.

D'une éducation assez peu livresque, malgré des précepteurs souvent intermittents, parfois fameux comme La Mothe Le Vayer, philosophe célèbre et piètre pédagogue, il savait assez mal beaucoup de choses, même l'histoire, mais manifesta un goût très sûr pour la musique (il choisissait lui-même ses « violons » et, comme son père pinçait le luth ou même la guitare), pour la poésie et pour le théâtre, même le plus hardi puisqu'il soutint Molière et, plus tard, La Fontaine, pourtant ami fidèle du pauvre Fouquet. En fait, il avait surtout reçu les leçons d'une Espagnole et d'un Italien. De sa mère (et donc de son autre aïeul Philippe II), il tient certains traits espagnols de son caractère : le goût du secret, de l'extrême réserve, de l'application besogneuse, de la magnificence, de l'étiquette, une dévotion exacte et régulière dans les « exercices de la piété » (et qui pour le moment ne va guère plus loin), une courtoisie raffinée et froide — et même ce Versailles qui n'est qu'un Escorial gai. De son parrain le cardinal, qui ne l'a fait entrer au Conseil que très tard, mais en témoin muet, il a appris l'Europe, dans toutes ses intrigues, dans le détail des mariages princiers et des consciences à acheter. De lui aussi, comme de la Fronde et, de ses humiliations, il a appris que personne — ou presque — n'est constamment fidèle y compris les archevêques et les princes du sang, et que pratiquement tout le monde l'avait, un jour ou l'autre, trahi — même Turenne un moment. D'où cette méfiance universelle, cette maîtrise permanente, ces rancunes politiques, cette haute conception de la fonction, de la dignité, de la grandeur royale. Avant que Bossuet ne proclame « Ô Rois, vous êtes comme des Dieux ! », il était persuadé que « dans certaines rencontres », ses inspirations « semblaient venir du Ciel », et il se préparait à écrire cette formule péremptoire, qui pour lui allait au fond de toutes choses : « La nation ne fait pas corps en France. Elle réside tout entière dans la personne du roi. »

Un tel orgueil, très naturel, parfois presque touchant, et jamais démenti, et toujours soutenu par l'armée des théoriciens, des juristes, des évêques et des courtisans, lui aura permis ces « grandes choses » dont il se croyait seul capable, et qui éclatent presque joyeusement durant les douze premières années du règne, une sorte de long printemps.

Le roi et sa Cour n'offraient alors rien du spectacle solennel et versaillais qu'ont propagé la légende et l'école. Nomade, la Cour se déplaçait d'un château à l'autre, escortée par une armée de carrosses et de chariots qui portent les meubles et le Grand Sceau, les chandeliers et les archives, les palefreniers et les ministres. L'étiquette règne peu dans ces caravanes où une certaine aisance donne un air de fantaisie. Le roi séjourne parfois au vieux Louvre, à la fois inachevé et croulant, qui baigne dans une humidité puante et une trop parisienne promiscuité. Il va s'aérer à Vincennes, à Fontainebleau, rarement à Chambord, plus souvent à Saint-Germain où il est né, et de plus en plus au petit rendez-vous de chasse de Louis XIII près du hameau de Versailles — où il ne choisit pas encore de s'installer. Pour le moment, le plaisir de la chasse, le caprice d'une favorite ou l'urgence d'un certain nettoyage des lieux ordonnaient les départs. La Cour ambulante campait ici ou là, le temps d'un carrousel (Paris, 1662), d'un feu d'artifice et d'une fête sur l'eau (Fontainebleau, 1661 pour La Vallière ; Versailles, 1664 et 1668 pour celle-ci et la suivante, avec les musiciens de Lulli et les comédies de Molière), sans compter les plaisirs variés des bains de rivière et des courses en forêt. Plus sérieusement, le roi invite parfois la Cour à venir le voir manœuvrer la troupe dans la plaine d'Achères ou de Moret et, plus tard, prendre à l'Espagne des villes flamandes (1667, guerre dite de « Dévolution », facile et insignifiante).

Ici et là, partout où il séjourne un peu, le roi bâtit, agrandit et arrange, même à Paris qu'il n'aime pas (portes Saint-Denis et Saint-Martin, colonnade du Louvre, collège Mazarin, bientôt Observatoire et Invalides). Mais il répare et agrémente un peu partout, à Fontainebleau comme à Vincennes, à Chambord comme à Saint-Germain, qu'il dote de son admirable terrasse. Dans ce dessein, qu'il estime grand, il a capté dès 1661 l'inégalable équipe qui avait construit Vaux pour Fouquet : Le Nôtre, Le Vau, Lebrun, les « ingénieux » des eaux. De Colbert, simple intendant de Finances et ministre en 1661, il fait en 1664 un surintendant des Bâtiments, que désormais il surveillera de fort près, avec un prosaïsme qui agacera parfois son maître. Peu à peu, Versailles s'étoffe, une des premières folies se construit, le Trianon à la chinoise, dit « de porcelaine », tandis que bosquets, labyrinthe, grottes, bassins et canaux, flottille et ménagerie tracés progressivement, montraient qu'il ne s'agissait encore que d'un lieu de réjouissances et de fêtes somptueuses, mais gaies. Malgré Colbert, la transformation en résidence royale sera décidée en 1670, et effective en 1682, seulement, et encore dans les gravats.

Le roi (et donc Colbert) pense que les bâtiments ne suffisent pas à la gloire. Comme au temps d'Auguste, il faut que les arts, les lettres et les sciences concourent à illustrer, à exalter sa personne et son règne. Pour cela, on recourut aux vieux moyens de tous les mécènes : les subventions, les académies. Mais ces dernières furent formées et encadrées de manière à demeurer parfaitement serviles. L'on commença par celle de Peinture et Sculpture, qui d'ailleurs existait au temps de Mazarin, avec un chancelier, un recteur, un directeur à vie (Lebrun, qu'on retrouve partout), quarante fauteuils, le tout privilégié, logé et défendu contre l'éventuelle concurrence d'improbables indépendants. On la prolongea à Rome (Lebrun directeur, bien sûr), par une académie d'architecture, et par la transformation des Gobelins — les tapisseries — en une « manufacture royale des meubles de la Couronne » (directeur Lebrun). Les violons eux-mêmes eurent vite leur Académie, avec Lulli cette fois, qui s'élargit bientôt en « Académie de Musique », qui seule pourrait en fabriquer de petites, et les régenter exactement. Une ancienne société privée de « sçavans » fut priée de s'académifier, et de se réunir désormais chez Colbert, puis chez le roi, au Louvre. Quant à « la Française » société privée « protégée » depuis 1635 par un cardinal, puis par le suivant, puis par Séguier, elle passa sous l'égide du roi en 1671 : il l'installa bientôt au Louvre, la subventionna, la mit même au travail en distribuant aux membres présents (qu'il avait choisis) des « jetons de présence » (en or) qui aidèrent à avancer quelque peu le *Dictionnaire*. Dès 1663, les académiciens des inscriptions et médailles inauguraient leur flatterie métallique avec beaucoup d'art et de latin : *Felicitas temporum* et *Nec pluribus impar* (avec le soleil) illustraient déjà l'an 1663...

Ceux qui n'étaient point académifiés, on les subventionna, même s'ils n'étaient point français. Les meilleurs, ou ceux qu'on jugeait tels, étaient attirés en France pour de l'or et la gloire du roi : des dentellières flamandes aux verriers de Murano, de Huyghens et Van Robais à Cassini et Caffieri. Une « feuille des pensions », détenue par Chapelain (qui se servit le premier) récompensa les meilleurs plumitifs, comme l'abbé Cotin (immortalisé en Trissotin) ou Desmarets de Saint-Sorlin, qui ne vivent plus que par les railleries de Boileau, oublié sur les premières listes, tandis que Molière et Racine recevaient des manières d'aumônes.

Le roi, lui, jugeait bien mieux que Chapelain et Colbert. Il eut le mérite d'imposer Molière, contre les salons, contre une partie de la Cour, et même contre la coterie des dévots. Sans doute n'est-il pour rien dans l'accumulation de chefs-d'œuvre qui illustre le printemps de son règne : tout Molière, presque tout Racine, La Rochefoucauld, les premiers carêmes et oraisons funèbres de Bossuet, les premières satires et les premières fables ; du moins eut-il le talent de distinguer, tôt et fort, presque tous ceux-là. À y bien regarder, l'essentiel du « siècle de Louis XIV » tient en cette douzaine d'années. Ensuite, les créations ne s'accumulent plus, les « bâtiments » ne se dispersent plus, pensions et commandes s'amenuisent et disparaissent, et les écrivains changent insensiblement de registre.

La splendeur ne suffit pourtant pas à caractériser cet apogée cavalier et juvénile du roi et du règne : plus profond peut-être, le retour volontaire à l'ordre et à l'obéissance. Ce fut l'affaire du roi lui-même, mais aussi, dans le détail qui en fin de compte importe surtout, celle de deux hommes de confiance qui, comme presque tous les autres en ce temps-là, furent de très fidèles collaborateurs de Mazarin : le premier comme ministre de la Guerre, et il s'agit de Le Tellier, le second comme intendant et domestique, et il s'agit de Jean-Baptiste Colbert.

Contrairement à ce qui a été cent fois écrit, celui-ci ne sortait pas de la draperie, mais de la banque, de la finance et des milieux d'affaires, dont son père était l'un des plus médiocres représentants. Depuis un demi-siècle, ses oncles, alliés à des Lyonnais et des Italiens, avaient à peu près dominé les trafics d'argent qui se faisaient dans le royaume. Un sien cousin, Colbert de Saint-Pouange, avait eu l'esprit d'épouser la sœur de Le Tellier, à qui il confia Jean-Baptiste comme petit commis. Un peu plus tard, Mazarin l'apprécie, pour son habileté, son ordre et sa discrétion, et l'engage comme homme à tout faire, y compris surveiller son poulailler et ses confitures. Colbert gère presque honnêtement la scandaleuse fortune de Mazarin, ne s'oublie pas au passage, et déniche comme épouse la fille d'un fournisseur aux armées, Marie Charron, dont la dot pouvait équivaloir à son poids en or (et au moins huit quintaux d'argent fin). Prompt à se pousser, au courant de tout, y compris des voleries des uns et des bâtards des autres (Mme Colbert éleva quelque peu ceux du roi), Colbert possédait une grande obstination, une puissance de travail peu commune, une bonne aptitude à la comptabilité, la passion des dossiers, quelques idées claires, souvent fausses, et une avidité immodérée, qu'il communiqua à tout un réseau de frères, de beaux-frères, d'enfants, de neveux et de cousins qu'il installa soigneusement aux places les plus enviables et surtout les plus enrichissantes. Le roi, qui manifestait à son égard une confiance hautaine, attendit 1665 pour en faire son contrôleur général des Finances, et 1669 pour lui confier enfin le secrétariat d'État à la Marine et à la Maison du roi. Pratiquement, à raison de quinze à dix-huit heures par jour, il débite le travail d'au moins six ministres, et connaît tout le reste — ou presque — au Conseil d'En-Haut.

Avec trois autres ministres et quelques dizaines de conseillers d'État et d'intendants, il contribua à mener une œuvre dont l'ampleur nous étonne toujours, même si elle put échouer en certains domaines, comme nous verrons.

De lois anciennes, dispersées, disparates, il tenta, après une sérieuse préparation, de constituer de grandes ordonnances, des codes dont une partie n'est pas périmée, comme l'Ordonnance des Eaux et Forêts (1669) et l'Ordonnance maritime (1681) ; les autres, Ordonnance civile (1667), criminelle (1670) et l'affreux Code noir qu'il n'eut pas le temps de publier (1685) ont été emportés par la Révolution, du moins pour l'essentiel. Parallèlement, il essayait, bien en vain, de constituer un « droit français », abrégé des antiques coutumes ; mais là, il faudra attendre Napoléon...

Dans le domaine financier, où régnait une pagaille qui ne dérangeait pas les gens adroits, il imposa une nouvelle clarté, et essaya même d'apprendre au roi à tenir un carnet de ses dépenses. Diminuant les tailles, augmentant tout le reste, supprimant une bonne partie de la Dette publique (par d'adroites banqueroutes successives), il parvint à mettre en équilibre ce qu'on n'appelait pas encore un budget, et cela précisément jusqu'en 1672. Pendant cette période bénie, Colbert bénéficia de deux chances inouïes : à partir de 1663, les récoltes furent partout bonnes, et la paix régna, ou à peu près, sauf de rares expéditions ou la brève campagne de la guerre contre l'Espagne, dite de Dévolution (1667).

Protectionniste et bullionniste entêté (comme ses prédécesseurs d'ailleurs), il avait conçu une doctrine simpliste pour enrichir la France, donc le roi : importer le moins possible, exporter beaucoup, de préférence sur navires français, et aller chercher l'or et les richesses des « Indes » (même « occidentales », l'Amérique) afin de compenser ce qui manquait au royaume et de faire, au moins aussi bien que les grandes puissances coloniales, à ce moment essentiellement l'Espagne et la petite Hollande. D'où ces tarifs douaniers terribles (qui provoquèrent des ripostes qu'il n'avait pas prévues) qui visaient surtout Angleterre et Hollande ; d'où ces créations et encouragements aux « manufactures » (nous dirions à l'industrie), belle collection d'intentions dont émergèrent quelques règlements (sur la teinture notamment), de bonnes institutions (les inspecteurs des manufactures), et quelques grandes et fameuses maisons, comme les Gobelins, Beauvais (soutenues à coups de commandes royales et de subventions), les draperies Van Robais à Abbeville et quelques autres ; d'où cette attention spéciale portée à la marine surtout à la « Royale », en piteux état avant lui, pour laquelle il fit tant travailler, à Toulon, à Brest, ailleurs et notamment dans les massifs forestiers pour trouver et transporter de beaux arbres à mâter ; d'où encore cette reprise systématique des projets de Richelieu et des réalisations anglaises et hollandaises (encore !) pour créer et faire prospérer des compagnies de commerce : Indes orientales et occidentales (1664), Compagnies du Nord (1669) et du Levant, qui toutes échouèrent sauf la première, et encore après bien des vicissitudes.

Une œuvre peu originale en ses principes, qui tous avaient été formulés auparavant, mais originale par sa clarté systématique, son obstination, ses réussites comme ses échecs. Échecs la plupart des manufactures et presque toutes les Compagnies, parce que les Français, sans doute, avaient l'âme peu maritime et peu portée à la « peuplade » de colonies lointaines, comme les Antilles ou la Nouvelle-France (Canada), sans doute parce que, presque tous propriétaires donc sédentaires, ils se trouvaient attachés à leur lopin et à leur petite province. Échec aussi parce que les grands marchands et les armateurs avaient la séculaire habitude de la liberté, et qu'ils voyaient avec méfiance l'État solliciter leurs écus dans des compagnies et des expéditions coloniales dont ils n'avaient que faire, ou qui leur apparaissaient comme des impôts maquillés. Échec aussi parce qu'il n'y avait quasiment rien à faire contre la richesse hollandaise, la Banque d'Amsterdam (fondée en 1609 !), la Compagnie des Indes hollandaise (en moyenne, 25 % de dividende annuel), et la flotte hollandaise, dont il pensait rageusement qu'elle comptait 16 000 navires, les quatre cinquièmes de la flotte mondiale... Ainsi était née dans l'esprit de Jean-Baptiste cette obsession : détruire la puissance hollandaise, qui faisait ombrage à celle de son roi, et qui se mettait en travers de presque tous ses desseins ; et la détruire d'autant plus qu'il s'agissait d'une République — type d'État presque obscène — par surcroît gouvernée par des calvinistes. Tout, chez Colbert qui détestait tant les guerres dévoreuses d'argent, poussait à la croisade politique, religieuse, commerciale et financière contre les « Seigneurs

États-Généraux des Provinces-Unies », ce qui survint justement en 1672...

En dehors de son œuvre propre — législation, manufactures, marine, commerce, colonies —, Colbert participait à ce grand œuvre, essentiellement royal, qui consistait à réduire le royaume à une obéissance en principe absolue, soit à neutraliser, abaisser ou avilir tout ce qui, pendant cette Fronde qui forma largement Louis XIV, avait franchement ou obliquement trahi.

Aux parlements de Paris et de provinces, comme aux autres « Cours souveraines », qui visiblement avaient été au point de départ de la Fronde, et l'avaient le plus souvent longuement alimentée — cinq années ! —, il ordonna de ne plus désormais s'appeler que « Cours supérieures », puisque tout ce qui était souverain lui appartenait. À partir de 1665, il fit réévaluer en baisse le prix de leurs charges (leurs familles les avaient depuis longtemps achetées au roi, se les repassaient, les revendaient à prix ascendant), ce qui ravala aussi leurs patrimoines, rendit moins faciles les reventes de charges, et permit au gouvernement de leur verser des gages plus bas. Avanie suprême : les parlements reçurent en 1673 l'ordre d'enregistrer immédiatement et sans discussion tous les édits qu'on leur soumettrait ; ensuite, ils pourraient tenter de présenter au roi de respectueuses « remontrances » (simples remarques et non plus récriminations comme pendant la Fronde), mais dans les huit jours pour ceux de Paris, dans les six semaines pour les provinciaux. Le roi en tiendrait compte, ou pas, et tout serait dit. Les parlementaires, jadis fiers, se ruèrent à la servitude et acceptèrent tout sans même « opiner » (acquiescer de la tête), y compris la légitimation des bâtards doublement adultérins issus de la Montespan. Deux provinciaux renâclèrent quelque peu, ou restèrent « mous » devant les révoltes de 1675 : aussi les Bordelais furent-ils exilés à Condom, et les Rennais à Vannes, où ils se morfondirent de longues années. Colbert écrivait en 1679 : « Les bruits de parlements ne sont plus de saison. Ils sont si vieux qu'on ne s'en souvient plus. » Un tel avilissement, accru par des aumônes pour les plus serviles, promettait aux deux successeurs du Grand Roi des lendemains difficiles ; lorsque les parlements se réveillèrent...

Hormis ces nobles de robe, de solides compagnies d'officiers, héréditaires et puissantes, spécialement des officiers de finances comme les Élus et les Trésoriers de France, avaient joué durant la Fronde un rôle considérable ; ils s'étaient même constitués en « syndicats » avec bureau central à Paris et correspondance assez régulière. Colbert se chargea de dissoudre ces syndicats, dès 1662, et réussit à rendre leur rôle dans la répartition des impôts à peu près nul, ou du moins secondaire et honorifique : les intendants et leurs agents cantonaux les subdélégués les remplacèrent peu à peu dans cette tâche ; leurs offices devinrent secondaires, ou illusoires.

L'on sait habituellement à quel point Louis XIV réduisit au silence le grand ordre de la noblesse, âme et arme de la Fronde. À son frère, il redonna son mignon, le chevalier de Lorraine, qu'il avait un moment un peu emprisonné ; aux princes du sang et aux plus anciennes familles, il distribua les grands offices de la Couronne, charges magnifiques, mais sans aucun pouvoir, sinon de servir le roi à table, comme le Grand Condé. Tous ceux qui possédaient un gouvernement en province furent limités à trois années, avec l'ordre de résider le moins possible. À tous les nobles qu'il voyait à la Cour, Louis distribuait des bénéfices ecclésiastiques, des pensions, des charges ; mais le train et le jeu d'enfer de la Cour coûtaient fort cher, et bien des nobles demeuraient en leurs provinces, où ils étaient oubliés, sauf au moment des guerres ou des humiliantes « recherches de noblesse », où ils avaient à « prouver », sinon à payer, parfois les deux ensemble. Asservie par les honneurs ou la vie des champs, tracassée, envoyée à la bataille et s'y faisant tuer bravement, la noblesse énervée ne songeait plus guère à la rébellion. Un peu plus tard, le roi l'humilia encore plus en laissant des bourgeois devenir gentilshommes, ou du moins s'anoblir le plus légalement du monde en achetant les lettres de noblesse qui furent placées, en bon nombre, dans des conditions surprenantes, pour remplir quelque peu un « trésor » souvent gêné. Ce qui n'empêchait pas Louis de couvrir d'éloges l'ordre qu'il avilissait.

Au sein du premier ordre, dont toutes les « têtes », notamment les évêques, dépendaient de son choix, il eut pourtant à souffrir l'opposition résolue d'une coterie de dévots à l'origine pro-espagnols, groupés dès 1630 dans la Compagnie du Saint-Sacrement, qui avait fait le maximum, avec l'aide de ses champions, comme M. Vincent, pour dénigrer Mazarin et soutenir toutes les Frondes. La Compagnie fut officiellement dissoute en 1665, et c'est évidemment elle que visait Molière dans cette pièce en partie politique qu'était le *Tartuffe* qui, ne l'oublions pas, fut obstinément soutenue par le jeune roi, même quand il parut céder devant l'indignation de sa mère, d'une partie de la Cour et de l'Église. Comme beaucoup de jansénistes avaient trempé jusqu'au cou dans les diverses Frondes et l'opposition dévote, que par surcroît ils constituaient l'une de ces orgueilleuses sectes que le roi détestait, on comprend mieux les poursuites ou les persécutions qu'il exerça contre les orgueilleuses dames de Port-Royal, les « messieurs », Pascal dont les *Provinciales* furent brûlées, et quelques évêques obstinés, jusqu'à la paix de l'Église instaurée avec le concours pontifical en 1668. Louis XIV, pratiquant, absolument pas dévot en ses jeunes années, n'avait en l'Église de France qu'une confiance partielle et le lui fit bien voir, avant que les choses changent, et lui aussi.

Il fut en fin de compte, sinon plus difficile, du moins plus long à soumettre le petit peuple des provinces, qui depuis trente ans au moins n'hésitait pas à s'insurger contre l'impôt, et parfois contre la misère. En 1662, 38 compagnies royales furent expédiées en Boulonnais ; en 1663, les soldats opéraient en Auvergne ; en 1664, dans le Poitou, le Berry, et surtout le Béarn, qui refusait la gabelle, et où un chef de bande, Audijos, tint longtemps la campagne ; en 1669, à Lyon, on pendit quelques mutins qui protestaient contre le fermier des aides ; en 1670, un hiver désastreux et la peur de nouveaux impôts enflammèrent les paysans du Vivarais, qui dénichèrent aussi un petit noble, Du Roure, comme chef : il fallut envoyer d'Artagnan, les mousquetaires, les Suisses et plusieurs régiments ; l'on finit par dépecer du Roure, et en exposer les morceaux. Chaque année, le Roussillon prenait les armes contre l'impôt royal et pour les libertés catalanes. En 1675 encore, de puissantes révoltes soulevèrent la Guyenne et surtout la Bretagne. Dans tous les cas, l'on envoya la troupe, l'on pendit, parfois beaucoup, et l'on envoya aux galères. À partir de cette année-là, la province se tut pour trente ans.

Quant aux institutions provinciales qui perpétuaient apparemment d'anciennes indépendances mais aussi des privilèges confirmés, elles furent généralement ignorées, ou achetées : les « États » (plus ou moins représentatifs) de Guyenne, de Normandie ou d'ailleurs ne furent plus réunis, et ceux de Bretagne, de Bourgogne, de Provence furent avilis ou dominés ; seul, le Languedoc, original et puissant, garda en ses États une ombre d'indépendance.

Comme les villes eurent désormais des municipalités imposées par le roi, des murailles désarmées, des finances contrôlées par les services de Colbert sous prétexte de « révision » de leurs dettes, elles ne manifestèrent plus la moindre velléité d'indépendance ; le roi put même aller, suprême dérision mais ressource non négligeable, jusqu'à vendre les charges de maires et d'échevins (1692). À celles qui frondèrent trop, comme Bordeaux, ou qui paraissaient rétives, comme Marseille, il fit imposer des châteaux (Trompette à Bordeaux) ou des tours (à l'entrée du vieux port) qui étaient chargés de leur inspirer le respect. Quant à Paris, la frondeuse par excellence, quatre ou cinq cent mille âmes, dont un dixième de mendiants ou de marginaux, trop de laquais bruyants, trop de petites seigneuries (plus de vingt) dont les tribunaux pouvaient braver la justice et donner asile aux criminels, un Hôtel de Ville et une organisation de quartiers trop libres, il fallut une longue préparation pour y mettre de l'ordre. Ce ne fut qu'en 1667 qu'une lieutenance de police y fut créée, et confiée à Nicolas de la Reynie, serviteur sûr et organisateur impitoyable. Pendant que le roi réduisait l'échevinage à la simple dépendance, et supprimait la plupart des tribunaux particuliers, La Reynie tenta d'y introduire l'ordre, de nettoyer, de paver, d'éclairer, de chasser les brigands et les laquais ivrognes, de nourrir, chauffer et abreuver régulièrement la ville, d'en surveiller les cabarets et les lieux de débauche, les attroupements éventuels, tous les corps de métier et surtout la librairie, en utilisant mieux les « commissaires du Châtelet », les moins infidèles parce que dépendant directement de la justice royale, donc de lui. En cette ville qui devenait insensiblement la capitale intellectuelle et celle de l'imprimerie, tout fut contrôlé, et aucun nouveau maître imprimeur, aucun livre, aucune feuille, aucune gazette, aucune réédition même ne put voir le jour sans le contrôle étroit de la Police, du Parlement et du Conseil ; ce qui assura le succès des clandestins, et particulièrement des Hollandais...

Pourtant, sauf de rares « émotions » lors des chertés de pain — on en reverra en 1709 comme en 1662 —, Paris subjugué ne bougea plus.

Pendant que s'instauraient, rudement ici, lentement ailleurs, la remise en ordre et la réduction à l'obéissance, le roi, tout en travaillant, en paraissant, en galopant, songeait essentiellement à sa gloire. Il était persuadé, on le sait, d'appartenir à la plus grande et à la plus ancienne monarchie du monde entier ; en particulier, il méprisait l'empereur, simplement électif.

Durant six années, il multiplia les signes de magnificence devant l'Europe étonnée. Étonnée non pas tellement d'une ou deux expéditions sur les côtes « barbaresques » (Algérie) pour châtier des pirates qui d'ailleurs reparaissaient toujours ; non pas tellement de l'envoi de quelques troupes pour aider l'empereur et l'Empire à arrêter les Turcs sur le Raab en 1664, près du monastère voué à saint Gothard, malgré le style hautain avec lequel furent expédiés et rappelés ces maigres secours (6 000 hommes). Un peu plus, sans doute, par l'aide apportée aux Portugais pour se libérer du joug espagnol, ce qui advint lorsque son envoyé, Schomberg, remporta la victoire de Villaviciosa (1665). Le plus extraordinaire fut les conflits de préséances.

L'ambassadeur d'Espagne marcherait-il, à Londres, avant l'ambassadeur de France ? Il n'en pouvait être question : Louis négocia durement et obtint, à Paris, une « audience des excuses d'Espagne » qui provoqua une certaine sensation. Bien plus encore, la fin de la sordide histoire de quelques gardes pontificaux d'origine corse qui avaient tué, lors d'une querelle d'ivrognes, un page de l'ambassade de France : Louis écrivit à tous les rois, exigea des excuses et des réparations ; le pape résista deux ans ; il dut céder devant l'invasion d'Avignon et du Comtat et le passage en Italie de 3 000 soldats ; nouvelle séance d'excuses (d'un légat au nom du pape), congédiement de sa garde corse, pyramide expiatoire à Rome, gardée militairement : décidément le Roi Soleil se proclamait supérieur au Souverain Pontife...

Ces hardiesses qui stupéfièrent tout de même l'Europe des Princes et des Cours, en annonçaient d'autres. Le roi d'Espagne étant mort en 1665, Louis et ses ministres Lionne et Louvois s'apprêtaient à réclamer une partie de son héritage, puisque la dot de la reine Marie-Thérèse n'avait pas été payée, et qu'un vague droit « belge » dit « de dévolution » semblait lui réserver une part du dit héritage. Louis réclamait soit la Flandre, soit la Franche-Comté. Après une habile préparation diplomatique, il envahit les deux au printemps 1667. Ses armées — 70 000 hommes bien entraînés — trouvaient devant elles 20 000 soldats espagnols plus ou moins faméliques. En six mois, on vola de victoire en victoire, et Louis invita même la Cour et les trois reines (la vraie et les deux premières maîtresses en titre) à venir voir prendre des villes. Il n'y eut point assez de poètes, de sculpteurs, de peintres, de ciseleurs et de musiciens pour célébrer de telles conquêtes. Seulement, novembre venu, les troupes prirent leurs « quartiers d'hiver » et quelques voisins s'émurent. La Savoie, les Suisses, quelques princes allemands trouvèrent l'armée française un peu proche de chez eux ; les Hollandais bien plus encore (bien qu'ils fussent alors alliés), et les Anglais n'aimèrent jamais voir les troupes d'un grand pays trop près d'Anvers. En quelques semaines, la Hollande méfiante se rapprocha de l'Angleterre à qui elle venait de faire la guerre, acheta l'alliance suédoise et conclut une « Triple Alliance » nettement dirigée contre Louis XIV, à laquelle d'autres princes, comme le duc de Lorraine, paraissaient désireux de s'agréger. Après quelques hésitations, Louis XIV se décida à faire la paix avec l'Espagne : il annexait une douzaine de villes flamandes dont Lille (traité d'Aix-la-Chapelle, mai 1668) et évacuait la Franche-Comté, qu'il se réservait visiblement pour une autre occasion.

Cette guerre facile, brève, peu coûteuse, pouvait paraître bénéfique pour la gloire et pour les acquisitions terriennes. Elle n'en avait pas moins cessé parce que la République calviniste des Provinces-Unies, inquiète de voir s'approcher les troupes françaises, avait rapidement conclu une coalition défensive, prête à devenir offensive. Or cette République se vantait d'avoir été l'arbitre de l'Europe et d'avoir soumis ainsi au moins cinq rois... Cela, ni Louis XIV ni son entourage ne pouvaient le supporter. Les invectives contre les « marchands de fromage », les « maquignons de l'Europe » vinrent sous la plume des uns et des autres réconciliant même Louvois et Colbert, rivaux farouches ; Colbert, pour qui la Hollande représentait tout ce qu'il aurait voulu pour la France : marine, banque, colonies... « Piqué au vif », comme il fit écrire, Louis XIV se contentait de remettre « la punition de cette perfidie à un autre temps ».

À partir de ce printemps 1668, l'obsession hollandaise marque quatre années de négociations, d'achat d'alliés (la Suède, l'Angleterre, des princes allemands), de préparatifs militaires extrêmement sérieux — 120 000 hommes sur le pied de guerre, chiffre inouï, et une flotte de guerre de quelques douzaines de navires, tout neufs.

Le 6 avril 1672, sans avoir déclaré la guerre, Louis XIV, avec 120 000 hommes, Condé, Turenne, Luxembourg, Vauban et la flotte anglaise, attaquaient brusquement une Hollande quasiment désarmée, et qui, curieusement, n'attendait pas une agression aussi soudaine.

Tout commença très bien pour Louis XIV. Il passa victorieusement le Rhin (sans beaucoup de risque d'ailleurs), prit une vingtaine de villes, y rétablit glorieusement le catholicisme. Mais il écarta le conseil de Condé qui suggérait d'enlever Amsterdam avec quelques régiments de cavalerie, et préféra aller se pavaner à Utrecht « délivrée » de l'hérésie. Ce même jour, Guillaume d'Orange, le tout jeune commandant de la petite armée hollandaise, faisait ouvrir les digues de Muiden, transformant le cœur de la Hollande en un petit archipel difficile à prendre. Louis rentrait chez lui humer les encens qu'il adorait, pensant que le reste de la campagne « ne méritait pas [sa] présence »...

Pendant ce temps, la flotte néerlandaise avait battu l'anglaise, débarqué ses marins pour défendre la République, tandis que les Hollandais se fortifiaient, élisaient le prince d'Orange stathouder de toute la République (juillet) et s'assuraient déjà l'alliance de l'Électeur de Brandebourg et de l'empereur Léopold — en attendant mieux.

En cet été 1672 se place peut-être, dans l'inconscience française, le plus grand « tournant » du règne. En tout cas, le temps des hardiesses faciles et de la monarchie cavalière est bien révolu.

Été (1672-1689)

De l'été 1672 à l'hiver 1688, celui qu'on commence à appeler Louis le Grand connaît une maturité pleine de santé, de puissance et de gloire. Du moins est-ce là le jugement habituel, qu'il conviendra peut-être de nuancer, sans quoi les brouillards de l'automne risqueraient d'être mal compris. À bien y réfléchir, le premier grand tournant gît dans l'affaire de Hollande, commencée dans l'ivresse du passage du Rhin, de la conquête et de la recatholicisation du Sud de la République.

À ce moment-là, le 8 juillet 1672, Colbert, dont ce n'était pourtant guère le tempérament, se prenait à rêver. Il écrivait :

« Si le Roy assujettissait toutes les provinces unies des Pays Bas, leur commerce devenant le commerce des sujets de Sa Majesté, il n'y aurait rien à désirer davantage... »

De son côté, Louis XIV quittait vite les pays conquis, écrivant que ce qui restait à prendre « ne méritait pas sa présence », répétait-il.

À distance, de telles illusions confondent.

En effet, les Hollandais, en une rapide évolution, auraient évincé les grands bourgeois qui les avaient gouvernés, et confié tout le pouvoir au prince d'Orange, Guillaume — le futur roi d'Angleterre —, qui passerait désormais sa vie à combattre le roi de France, par tous les moyens, y compris le plus efficace, l'argent, qui procure les amis et les armées. Dès le 15 décembre 1672, il assiégeait Charleroi, place alors française, tandis que deux alliés nouveaux, le Habsbourg (de Vienne) et le Hohenzollern (de Berlin) retenaient Turenne sur le Rhin. Le Grand Roi avait-il « cessé de vaincre » ?

Quelques mois plus tard, trois traités amenaient ou promettaient à la Hollande trois alliés qui n'étaient point désintéressés : la Savoie, l'Espagne, l'empereur. L'année suivante, le roi d'Angleterre Charles II laissait tomber son ex-allié français (auquel il n'avait apporté qu'un faible secours) et signait à Westminster, en février 1674, une paix séparée avec Guillaume d'Orange, à qui il allait bientôt donner pour épouse sa nièce et héritière Marie. En même temps, presque tous les princes d'Empire, le bavarois excepté, puis le Danemark basculaient du côté de Guillaume, tandis que des libelles violents, néerlandais et allemands, dénonçaient les cruautés des troupes françaises en Hollande et au Palatinat. À l'intérieur du royaume de France, les révoltes s'exacerbaient, surtout en Guyenne et Bretagne (1675), ouvrant en quelque sorte un nouveau front.

Cette coalition européenne avait failli, en 1674, envahir le royaume, et y pénétra en fait. Au nord, il avait fallu le génie de Condé pour arrêter à Seneffe (août) trois armées ennemies, dans un des premiers grands bains de sang de l'histoire militaire ; puis le génie de Turenne pour fondre, en plein hiver, sur les Impériaux installés en Alsace, où ils se préparaient à fêter tranquillement Noël. D'heureuses victoires navales autour de la Sicile, un nouveau sauvetage de l'Alsace par Condé en 1675, puis, avec Vauban, une méthodique guerre de sièges dans « les Flandres » amenèrent les armées françaises non loin d'Anvers ; dans l'intervalle, la Franche-Comté désarmée avait été conquise sans difficulté, mais avec beaucoup de fracas. La coalition qui avait mis Louis XIV en difficulté finissait donc par échouer devant la qualité et la méthode des troupes bien organisées par Louvois ; d'autre part, ses membres avaient besoin de la paix pour des raisons intérieures ou économiques, et Louis XIV tenait de bons gages, dans l'actuelle Belgique comme dans la Comté ex-bourguignonne. Après de longues négociations, qui d'ailleurs duraient depuis plusieurs années, cinq traités principaux, dont trois à Nimègue (1678-1679) achevèrent sept ans de guerre.

La République des Provinces-Unies, sans perdre un pouce de territoire, sans renoncer à quoi que ce soit, obtint l'évacuation des places françaises conquises le plus au nord, et la suppression du tarif douanier protectionniste de 1667 ; si l'on pense aux rêveries ou aux rodomontades de Colbert et de son maître en 1672, c'était un triomphe pour les Hollandais. En France, on fit semblant de ne pas s'en apercevoir, et l'on souligna deux faits éminemment glorieux : d'une part, l'annexion définitive de la Franche-Comté et d'une partie de la Flandre, du Hainaut et du Cambrésis, le tout enlevé à l'Espagne, qui payait pour tout le monde, et permettait à Louis XIV (puis à Vauban) de colmater la frontière du Nord ; d'autre part, une sorte de grâce lui fut consentie par tous afin que son allié suédois, copieusement battu sur terre par l'Électeur de Brandebourg (Fehrbellin, 1675) et sur mer par les Danois, pût tout de même conserver les provinces et les îles Baltes qu'il avait perdues. Ainsi, au-delà de ses annexions et de ses victoires, Louis XIV pouvait-il se vanter avec quelque raison d'être l'arbitre de l'Europe, à condition d'oublier Angleterre et Hollande. À ce moment le Grand Roi n'y veut point songer ; au sommet de son âge — quarante ans —, de sa splendeur, de sa puissance, il ne songe qu'à des gloires nouvelles, et garde toute son armée, quelque 150 000 hommes, sur le pied de guerre, tandis qu'à l'intérieur se préparent de nouveaux « coups de maître ».

Il est pourtant une option qu'on doit souligner, même si elle a été rarement perçue : comme son père Louis XIII en 1630, il a opté pour le « dehors » contre le « dedans » ; ou, si l'on veut, pour Louvois contre Colbert. Sept années de guerre avaient en effet contraint à des choix, qui seront maintenus.

D'équilibre financier, il ne pouvait plus être question. Dès 1672, le déficit dépassait huit millions ; le double l'année suivante ; le triple en 1676. L'ennemi juré de la « maxime de la confusion » dut en revenir à ces « affaires extraordinaires » qu'il détestait tant. Dès 1673, il vendait à de petits officiers des exemptions de tailles, ce qui était sacrifier l'avenir au présent ; en même temps, il bradait pour moins de huit millions l'affranchissement d'un droit propre aux roturiers possédant fiefs (le franc fief) ; on vit reparaître les ventes d'offices inutiles : mesureurs de grains, vendeurs de marée, de cochons, de volaille, d'autres encore. Fut revendue en détail une partie du Domaine royal, péniblement racheté auparavant. On ressuscita de vieilles taxes, comme le toisé (mesurage des maisons) contre lequel Paris avait jadis frondé. Bien entendu, tous les impôts augmentèrent et de nouveaux furent inventés, comme la marque de l'étain, le monopole du tabac (déjà !) et le papier timbré (*idem*), étendu aux registres paroissiaux, qui provoquèrent les nombreuses et rudes révoltes dont il a été question, en Bretagne surtout. Dès 1672, il fallait recourir à l'emprunt : on vendit d'abord 200 000 livres de rentes sur la Ville (Paris, plus solvable que l'État) à 6,33 % dont le Clergé de France garantit les intérêts en 1675, huit millions ; en 1676, autant, mais au « denier 14 » (7,1 %) ; on emprunta aux traitants et aux banquiers génois, jusqu'au taux (illégal) de 10 % ; on engagea les recettes de l'avenir ; on tripota un peu les monnaies ; dans une sombre affaire de pièces de quatre sols fut compromis un neveu du ministre. Un essai de Caisse des emprunts, qui permit de trouver de l'argent à 5 % dans le public, fut assez bien reçu, mais trop vite abandonné. La guerre finie, Colbert diminua quelques impôts et remboursa une bonne partie des rentes qu'il avait créées, mais au taux le plus bas, ce qui constituait tout de même une nouvelle petite banqueroute. « Vous faites des merveilles sur l'argent », lui écrivait le roi ravi... En réalité, le malheureux Colbert, sur qui Louvois avait déjà pris le pas, était réduit au rôle de fournisseur d'argent frais. Ce n'était point ce dont il rêvait dans les années soixante...

Fatalement, une grande partie de ses ambitions et de ses initiatives économiques ne pouvait tenir. Dès 1673, les grandes manufactures, royales ou privilégiées, reçurent beaucoup moins de subventions, ou, comme Beauvais, pas du tout. Au Canada naissant dont la « peuplade » s'était faite courageusement, on n'envoya plus « aucune assistance » dès juin 1673. Bruyamment créée en 1665, la Compagnie des Indes occidentales, restreinte au commerce des Noirs dès 1672, y réussit fort mal, Anglais et Hollandais étant mieux placés, et fut obligée de se dissoudre en 1674, avec trois millions de dettes. La Compagnie du Nord, qui rêvait de s'implanter en Baltique, ferme son agence bordelaise en 1673, et la rochelaise en 1677 ; son dernier navire sera vendu en 1684. La plus illustre, l'Orientale, doit laisser mourir son établissement de Madagascar, et prendre ses comptoirs d'Inde et de Ceylan (par les Hollandais, encore) ; elle ne sera sauvée que par le courage de quelques grands négociants, mais en renonçant à son monopole (1682). Du moins Colbert préserva-t-il les Gobelins, Van Robais d'Abbeville, le canal du Midi, quelques routes, les forges et la marine, heureusement nécessaires à la guerre. Du reste, peu de chose : après Nimègue, il quémande cent mille livres par an pour soutenir le commerce : il n'obtiendra même pas ce millième d'un budget royal, consacré à la guerre et à l'armée pour les deux tiers.

Sans doute cet échec de Colbert n'est-il pas dû à la guerre seule : la richesse française, avide d'or, de terres et de spéculations financières sur l'impôt et les munitions, aimait peu se risquer dans des entreprises trop nouvelles ou trop lointaines. Sûrement aussi, les concurrents visés, Angleterre, Hollande surtout, se trouvaient-ils hors de sa portée. Par surcroît le roi qui, en bon Français, n'était pas marin le moins du monde, considérait ces problèmes d'intendance et d'économie comme tout à fait secondaires, et indignes de Sa Majesté. Le plus étonnant demeure bien qu'une partie des desseins et des réalisations de Colbert lui aient survécu, avec une réputation d'ailleurs exagérée. En 1679, Louis XIV, dans sa quarantaine bien nourrie, pense que tout lui est permis, et va tout se permettre, dans son royaume comme dans l'Europe qu'il a quelque raison de penser dominer. Et pourtant, ce brillant été du Grand Roi n'ira pas sans sombres périodes, ni sans orages.

À priori, on n'eût pas attendu de lui des orages à caractère religieux ; il était le « Très-Chrétien », admettant d'ailleurs assez mal que le roi d'Espagne soit seul qualifié de « Roi catholique » ; il recevait de Dieu une partie de ses inspirations, et l'écrivait, certes il manifestait envers les devoirs de la dévotion une attention régulière, mais qui paraissait manquer de chaleur, tout au moins jusqu'à la mort de la reine et au remariage secret avec la veuve Scarron (1683) qu'il avait faite marquise de Maintenon pour la remercier d'avoir élevé quelques-uns de ses bâtards. Jusque-là, le roi avait vécu au « sein du péché », dans un double adultère, ce qui ne paraissait pas choquer outrageusement l'Église de France, malgré quelques remontrances discrètes de Bossuet et du confesseur jésuite, vers 1679-1680. De cette époque date déjà, semble-t-il, un certain retour à une communion un peu plus fréquente que le seul jour de Pâques, et la lecture passagère de quelques textes sacrés.

Dans le domaine politique, qui en fin de compte importe surtout, le roi tenait à certaines idées simples et fortes : le clergé, comme les autres ordres du royaume, devait lui être entièrement soumis ; étant admis que son caractère sacré était respecté, il devait obéir au roi, et non pas à un prélat italien, fût-il pape : ainsi s'exprime très simplement la forme royale du gallicanisme. D'autre part, les biens d'Église, pensait-il, pouvaient être mis à sa disposition, ou du moins être taxés : n'a-t-il pas écrit que « les rois sont seigneurs absolus et ont naturellement la disposition pleine et libre de tous les biens, tant des séculiers que ecclésiastiques », et il a fait mine de se demander :

« Serait-il juste que la noblesse donnât ses travaux et son sang pour la défense du royaume et consumât si souvent ses biens à soutenir les emplois dont elle est chargée, et que le peuple... portât encore lui seul toutes les dépenses de l'État, tandis que les ecclésiastiques, exempts par leur profession des dangers de la guerre, des profusions du luxe et du poids des familles, jouiraient dans leur abondance... sans jamais rien contribuer à ses besoins ? »

Tout cela n'empêche en rien le roi de se proclamer le défenseur-né de la religion « catholique apostolique et romaine » (c'est la formule du temps), la seule vraie puisque c'est la sienne, de refuser toute querelle théologique, comme celle du jansénisme, « longues disputes sur des matières de l'école, dont on avouait que la connaissance n'était nécessaire à personne pour le salut », écrivait-il. Quels qu'aient pu être le grand mérite, la réputation et la piété de ces champions, il voyait chez eux un « esprit de nouveauté » (la pire des choses au XVIIe siècle), et les caractères d'une « secte naissante », ou renaissante, de dévots méprisants et ambitieux. Quant à ceux qui professaient la « religion prétendue réformée » (c'était aussi la formule de l'époque, simplifiée en « RPR »), s'il en comprenait l'existence en se référant (on ne cite jamais ce passage de *Mémoires*) à « l'ignorance des ecclésiastiques au siècle précédent, leur luxe, leur débauche... », s'il accepta dans les débuts qu'on appliquât l'Édit de Nantes consenti par son aïeul, il a tout de suite exigé qu'on ne leur accordât rien de plus, et il pensait de plus en plus que la coexistence dans son royaume de la « vraie foi » et de « l'hérésie » n'était pas acceptable, et constituait comme une tache ; ce qui était d'ailleurs la pensée du temps : tout État, si petit soit-il, ne devait avoir qu'une religion, celle de son prince, et toute tolérance était haïssable, ainsi que cette « malheureuse liberté de conscience » contre laquelle l'Église tonnait régulièrement, et tonna d'ailleurs fort longtemps.

Toute la politique religieuse du roi en sa maturité intraitable découle de ce qui précède, qu'il a écrit ou dit.

Contre les jansénistes, il avait terminé en 1668 une période de relative persécution, que la tradition a beaucoup dramatisée, en présentant comme une tragédie le refus par quatre évêques et par les religieuses de Port-Royal (en 1664) de signer un certain « formulaire », qui condamnait maladroitement la doctrine « augustinienne » janséniste, puis leur « déportation », c'est-à-dire le transport (sans la moindre violence) d'une douzaine des plus entêtées vers des couvents éloignés de Paris. Après Nimègue, Louis a certainement songé à poursuivre à nouveau la « secte » : en mai 1679, l'archevêque de Paris expulsait de Port-Royal une quarantaine de postulantes, afin de tarir le recrutement d'un monastère qui pensait mal, ou trop bien. D'éminents « Messieurs » furent invités à s'exiler, comme Le Nain de Tillemont, Sacy et le grand Arnauld, qui trouva aux Pays-Bas l'accueil toujours réservé aux esprits libres, comme naguère Descartes. En novembre même, Louis XIV chassa de ses Conseils le ministre Pomponne, dont le patronyme était Arnauld. Puis il remit à plus tard la suite d'une persécution qui devait s'achever dans la honte. C'est que d'autres grandes tâches religieuses attendaient Louis : extirper l'hérésie et combattre le pape.

À trois cents ans de distance l'affaire de « la Régale » paraît petite, même si l'on précise qu'il s'agit d'un droit royal à double aspect, spirituel et temporel, que le premier concerne un droit de nomination à certaines abbayes de femmes (non prévu dans le Concordat de 1516) et à certains bénéfices dans un évêché provisoirement sans titulaire, et que le second signifie l'attribution au roi du revenu desdits évêchés, même de ceux qui n'étaient point français en 1516. Par une déclaration de février 1673, Louis XIV s'attribua unilatéralement l'un et l'autre ; deux ans plus tard, un édit donnait à cette décision un effet rétroactif. Timide ou courtisan, le haut clergé de France se soumit, à l'exception de deux petits évêques languedociens passionnément jansénistes. Celui de Pamiers, Caulet, fit appel au pape de cette « invasion » princière.

Il se trouvait justement que le nouveau pape, Innocent XI (1676-1689), fut un pape de vertu et de combat comme on en vit rarement au XVIIe siècle. Tout plein de l'éminente dignité de sa fonction sacrée, et autoritaire dans le fond, il ne pouvait admettre les prétentions du roi de France. Trois brefs se succédèrent (1678-1679) qui lui donnèrent tort, le dernier le menaçant même de sanctions. Dès 1680, le pape refuse la nomination par le roi d'une supérieure à Charonne, ainsi que le vicaire capitulaire qu'il désigne pour Pamiers. Simples débuts, aucun des deux adversaires n'étant décidé à céder : en 1688, trente-cinq sièges épiscopaux se trouvaient vacants, Innocent XI ayant refusé son investiture à tous les candidats nommés par Louis XIV : pratiquement, c'était le schisme. Dans l'intervalle, en 1681-1682, le roi fit tenir une « Assemblée extraordinaire » du clergé de France, d'où il fit sortir une déclaration dite « des Quatre Articles », qui affirmait en termes prudents l'indépendance temporelle des rois, et le maintien des « règles, mœurs et constitutions » reçues dans le royaume de France, mais sans les préciser. Louis XIV ordonna qu'on enseigne désormais cette déclaration dans toutes facultés et séminaires, alors qu'Innocent XI « improuva, déchira, cassa » dès avril 1682 tout ce qu'avait fait cette assemblée française, à ses yeux sans pouvoir. Le conflit dura. En 1685, le pape approuva du bout des lèvres la Révocation de l'Édit de Nantes, mais condamna « ces conversions par milliers dont aucune n'était volontaire ». En 1687, des querelles sans grandeur éclataient à Rome même, puis à propos de l'évêché de Cologne ; nous les retrouverons. En 1688, Louvois faisait une nouvelle fois occuper Avignon et menaçait de marcher sur les États pontificaux ; la guerre allait-elle éclater entre Rome et la France ? Il se trouva pourtant que Louis XIV avait d'autres soucis, et qu'Innocent mourut en avril 1689, laissant la place à un pontife plus conciliant.

Au beau milieu de ce conflit qui montre jusqu'où allaient les prétentions royales, Louis entreprit d'« extirper l'hérésie » de son royaume, afin de rendre à Dieu un « signalé service » : le 18 octobre 1685, un édit signé à Fontainebleau révoquait l'Édit de Nantes et ordonnait la démolition des temples, la cessation des exercices religieux des réformés, la fermeture de leurs écoles, le baptême par les curés de tous leurs enfants à naître, l'exil des pasteurs qui refuseraient de se convertir, et les galères pour tous ceux qui sortiraient du royaume. L'applaudissement fut presque universel. Derrière Bossuet, qui ne trouvait plus de mot pour célébrer « ce miracle de nos jours » et louer assez le « nouveau Constantin... le nouveau Charlemagne », même des écrivains de la qualité et de la liberté d'esprit d'un La Bruyère, d'un La Fontaine ou d'une Sévigné communièrent dans la joie. Les réserves furent rares : Mgr Le Camus douta de la sincérité des conversions forcées, ce qui poussa Louis à le disgracier, et le pape à en faire un cardinal, et l'admirable Vauban, qui osa écrire, quatre ans plus tard : « Les rois sont bien maîtres des vies et des biens de leurs sujets, mais jamais de leurs opinions, parce que les sentiments intérieurs sont hors de leur puissance, et Dieu seul les peut diriger comme il lui plaît. »

En 1685 cessait donc cette anomalie qui souillait en quelque sorte la figure de la France, la coexistence impie, inouïe, inconcevable de deux religions dans un seul État. Si elle avait duré près d'un siècle, c'était que les protestants étaient nombreux — un bon million —, avaient été très fidèles pendant les troubles comme la Fronde, se trouvaient en général assez riches, et fort utiles à l'économie nationale, ce que savait très bien Colbert, qui les respecta longtemps, et fit exempter de l'application de l'Édit quelques très grands marchands, comme les Le Gendre de Rouen ; c'est aussi que les rois avaient eu, durant des décennies, d'autres soucis, et notamment celui de ménager ceux de leurs précieux alliés qui pratiquaient justement la religion qu'ils prétendaient réformée : les Danois et les Suédois, si utiles pendant la guerre de Trente Ans ; les Hollandais et les Anglais, si précieux au temps de Mazarin, et un peu après pour combattre l'Espagne catholique, et une bonne poignée de princes allemands, dont celui qui régnait à Berlin.

Poussé par son génie propre trop longtemps retenu, par les interventions incessantes de tout le clergé et des groupes de dévots intransigeants qui l'encouraient, y compris sans doute Mme de Maintenon, croyant ou feignant de croire que la prédication, l'achat des consciences, et l'installation de dragons chez les protestants réussissaient à les convertir, soucieux peut-être d'en imposer au pape, et plus encore de se rendre fameux à tout l'Univers par un acte illustrissime, qui ferait peut-être oublier son absence à la dernière victoire de la Chrétienté sur les Turcs devant Vienne (1683), Louis prit donc cet édit de Fontainebleau qui rendait illégale la religion réformée. À coup sûr, dans la plus parfaite satisfaction.

Il se trouva que beaucoup de protestants plaçaient leur foi au-dessus de leur obéissance, voire de leur sécurité. Des dizaines et des dizaines de milliers, ouvriers, artisans, marchands, intellectuels, marins, soldats — peu de paysans — partirent sans hésitation, par des moyens habiles — de vraies « chaînes » d'évasion —, vers les refuges suisses, allemands, scandinaves, anglais, hollandais surtout. Les meilleurs de ces émigrés enrichirent l'Europe de leur science, de leur pensée, de leurs économies ; ils peuplèrent Berlin, apportèrent à la Grande-Bretagne (par exemple) le secret du papier angoumois et de la toile de lin saint-quentinoise, installèrent en Hollande un véritable centre de résistance, une équipe de pamphlétaires redoutables et probablement un actif réseau d'espionnage qui essaima dans leur ancienne patrie. Ceux qui étaient restés simulaient la conversion, en accomplissaient les gestes, cachaient les pasteurs condamnés à l'exil et ceux qui en revinrent bientôt, en attendant de reprendre clandestinement l'exercice de leur foi, « au désert », dont le plus fameux devait être languedocien, et se manifester presque ouvertement avant la mort du roi.

À l'extérieur, les princes catholiques envoyèrent des félicitations polies. Le pape mit six mois pour décider de faire chanter un *Te Deum*. Les derniers alliés protestants furent gênés, même le Grand Électeur, pourtant abondamment pensionné par Versailles, eut le courage de rompre. Guillaume d'Orange, qui éprouvait en Hollande quelques difficultés, vit se refaire l'unité néerlandaise. Inutile, inefficace, la Révocation a troublé, divisé, appauvri le royaume, et renforcé presque tous ses adversaires. Bien mieux, elle a préparé assez directement la révolution d'Angleterre.

Le Parlement d'Angleterre redoutait en effet que le roi Jacques II, catholique fervent pourtant, mais prudent à ses débuts, en vienne à des mesures du même ordre. Son gendre Guillaume d'Orange fit répandre la rumeur qu'un corps expéditionnaire français pût venir aider son beau-père à réduire les anglicans à la condition des réformés français. Des historiens sérieux (comme Orcibal) ont pu soutenir que la crainte de dragonnades à la française a aidé, avec les maladresses de Jacques II, à l'extraordinaire facilité de la *Glorious Revolution* (fin 1688) qui chassa le mauvais Anglais pour accueillir le sauveur orangiste. Guillaume devenait le héros du protestantisme en prenant la Couronne avec son épouse Marie et la fuite de Jacques II en France après une brève expédition navale suivie de négociations avec le Parlement (février 1689).

À ce moment, Louis XIV, brouillé avec le pape, avec tous les princes protestants qu'il venait de renforcer, avec quelques autres aussi, contempla plus satisfait que jamais, la « France toute catholique » qui le comparait à Hercule, à Apollon vainqueur du serpent Python, et qui le célébrait par le marbre, les médailles, les odes et la musique.

Il nous reste à comprendre comment il s'était brouillé avec le reste de l'Europe.

Pour y parvenir, il avait vraiment fait tout ce qu'il pouvait. Mal content, malgré ses poses glorieuses, de la paix de Nimègue, Louis visait d'autres conquêtes. Il trouvait sa frontière du Nord encore bien proche de Paris, et il avait dû rétrocéder aux Pays-Bas espagnols des places avancées qu'il avait pourtant conquises. Vers l'est, l'Alsace n'était que partiellement annexée, et une sorte de trou béant, occupé par la Lorraine ducale défigurait sa frontière du Nord-Est. Il pensait toujours aux belles forteresses italiennes, et rêvait de joindre Casal à Pignerol (à la prison fameuse...), ce qu'il fit d'ailleurs un moment. Dans ce dessein, il donna de plus grands pouvoirs à Louvois, l'homme de la force, et mit « aux Étrangers » Croissy, un Colbert retors, ambitieux et sans nuance. Avec son armée gardée sur le pied de guerre, il mobilisa des juristes serviles, toujours prêts à justifier ses prétentions et ses coups de force. Ce fut la politique dite des « réunions », qui dura près de dix ans sans que l'Europe s'en émeuve beaucoup, ce qui en montre à la fois la lâcheté, la faiblesse et surtout les divisions.

Le principe n'était pas neuf, mais n'avait jamais été aussi rudement appliqué : il s'agissait de faire rechercher les régions, villes, villages qui avaient pu dépendre jadis, d'une manière ou d'une autre, des provinces réunies en 1648 (partie de l'Alsace) ou 1678 (Franche-Comté, Nord au sens large). Étant donné les complications et les variations des liens féodaux, fiefs et arrière-fiefs, et l'inépuisable astuce des juristes, Louis en découvrit une belle quantité. Dès 1679, le Parlement de Besançon ordonnait la « réunion d'un certain nombre de villages » de la principauté de Montbéliard. L'année suivante, une Chambre spéciale installée à Metz ordonnait de « réunir » à tour de bras des villages et fiefs de la Sarre ou du Luxembourg, qui avaient pu dépendre autrefois d'un des Trois Évêchés annexés au XVIe siècle. Du côté des Pays-Bas, il prouva aux Espagnols (qui, désarmés, cédèrent) que des villes comme Givet, Revin, Virton et une autre partie du Luxembourg devaient désormais dépendre de sa Couronne. En Alsace, l'intendant La Grange, aidé d'un Conseil installé à Brisach, opérait de même. En septembre 1681, annexion pure et simple de Strasbourg, subitement assiégée par trente mille soldats. Le même jour, Louis achetait Casal, en Piémont, au duc de Mantoue désargenté. L'année suivante, il alla froidement assiéger Luxembourg, puis saccager Flandre et Brabant, le tout en pleine paix, alors que les Turcs, dans une dernière et puissante invasion, menaçaient Vienne avec 200 000 hommes. L'empereur avait plus de soucis vers l'est que vers l'ouest, ce qui évita à Louis XIV autre chose que des protestations et de vigoureux pamphlets contre sa politique brutale, d'autant qu'à ce moment-là les choses allaient assez mal aussi bien en Hollande qu'en Angleterre et en Espagne.

La défaite et le recul des Turcs, battus au Kahlenberg (12 septembre 1683, une des grandes dates de l'histoire d'Europe) où les troupes du Très-Chrétien, à peu près seules de toute l'Europe catholique, brillèrent par leur absence, libéra peu à peu ses ennemis. Un peu vite, en espérant trop tôt que d'autres États l'aideraient, l'Espagne méprisée déclara la guerre en octobre 1683. Elle resta seule, l'empereur préférant poursuivre les Turcs jusqu'en Hongrie, en Serbie et presque en Roumanie. En quelques mois, Louis ravagea l'actuelle Belgique jusqu'à Bruxelles et Bruges, prit Luxembourg, avança en Catalogne, réunit une armée sur le Rhin. Bien conseillée, l'Espagne céda à Ratisbonne (août 1684) : elle reconnaissait la plupart des conquêtes et réunions de Louis, et celui-ci ayant juré de ne pas reprendre ses réunions, une trêve fut conclue pour vingt ans.

Une paix aussi longue ne pouvait convenir au tempérament du Grand Roi. Dès la fin de l'année, il envoie la flotte de Duquesne bombarder et brûler Gênes, qui s'obstinait à fabriquer des galères pour le roi d'Espagne. Un peu plus tard, la flotte, après avoir trois fois bombardé Alger — ce qui n'émouvait que les Algérois —, parut orgueilleusement devant Cadix, où commerçaient avec les Indes (occidentales) de nombreux négociants français dont le roi d'Espagne avait prétendu limiter l'activité. La même année, il envoyait Catinat dans les vallées du Piémont pour massacrer les Vaudois de son cousin de Savoie, qui aidaient quelque peu les huguenots persécutés du Dauphiné : « Tout est parfaitement désolé, écrivit Catinat, il n'y a plus ni peuple ni bestiaux. » L'Europe ne pleura guère les Vaudois, mais s'intéressa beaucoup plus à la succession de Palatinat. L'Électeur qui venait de mourir (1685) était le frère de la seconde Madame (la princesse palatine, justement), et Louis XIV réclamait en son nom, mais avec quelle hauteur, une part de la succession, en menaçant d'aller la prendre. Cette fois, tout l'Empire s'émut, et conclut, autour de l'empereur victorieux des Turcs, un ensemble de traités qu'on appelle Ligue d'Augsbourg (1686) qui sanctionnait surtout la réconciliation des princes protestants et catholiques, singulièrement du Hohenzollern (écœuré par la Révocation de l'Édit de Nantes) et du Habsbourg de Vienne. Il était évident que l'Espagne allait s'y joindre, et sans doute Guillaume d'Orange dès qu'il aurait résolu quelques difficultés intérieures ; Louis XIV pensait que Jacques II, roi catholique d'Angleterre, lui était définitivement acquis...

Aussi préféra-t-il l'intimidation à la négociation. Tandis qu'à Rome son ambassadeur était excommunié au terme de querelles mineures, l'affaire de Cologne mit le feu aux poudres : l'archevêque-électeur était mort, et le roi de France comme l'empereur présentaient chacun un candidat. Le pape opta pour le champion de l'empereur, ce que Louis XIV ne put supporter (septembre 1688). Écoutant Louvois et son génie profond, il envoya ses troupes occuper Cologne, occuper le Palatinat et bientôt le ravager encore, occuper Avignon, entrer à Mayence et dans l'évêché de Liège — pendant que, bien loin, les habitants de la Nouvelle-France fonçaient sur New York.

Ces attaques, qui rompaient évidemment la trêve signée quatre ans plus tôt, reposaient sur des calculs sérieux qui, malheureusement pour Louis, furent tous déjoués. Il espérait que l'empereur continuerait à s'occuper des Turcs, alors que de brillantes victoires (prise de Bude, de Belgrade) le rendaient disponible. Il espérait que Guillaume d'Orange s'empêtrerait dans les affaires anglaises, alors que tout fut résolu en quelques semaines. Il comptait sur la mésentente des alliés allemands, qui ne fut pas aussi forte que prévu.

Louis ne put l'emporter nettement, ni surtout assez vite. Au bout de quelques mois, il n'avait plus aucun allié, et il devait combattre au nord, à l'est, au midi, sur mer, aux colonies. La seconde coalition commençait, et devait durer près de dix années.

Mais elle commençait dans une Europe renouvelée. Les anciens alliés, les anciens « clients » étaient presque tous perdus. Les États protestants, autrefois stipendiés, avaient mal supporté la persécution des réformés de France. Le pape était hostile. L'empereur Léopold était devenu, après ses victoires à l'est, le chef reconnu de l'Allemagne et même de la chrétienté ; en quelques semaines, les deux puissances maritimes unissaient leurs forces et leurs richesses sous l'autorité prestigieuse de Guillaume d'Orange, l'ennemi impitoyable.

Face à ces graves dangers, où en étaient le royaume et le roi ?

Installé dans Versailles inachevé sans chapelle et plein d'ouvriers depuis mai 1682, Louis, dans sa maturité alourdie, un peu assagie par la présence continuelle de sa seconde épouse la Maintenon, menait ce style de vie si souvent décrit, quoique incomplètement, où l'étiquette à l'espagnole n'empêchait pas la pagaille, où le merveilleux décor n'empêchait pas l'ordure, où les laquais et les matrones louches côtoyaient la plus grande noblesse, mais où le Soleil paraissait rayonner sur la France et l'Europe fascinées.

Autour de lui, la vieille et talentueuse équipe rassemblée par Mazarin était à peu près disparue : Lionne, Turenne, Colbert, Le Tellier, Condé étaient morts tour à tour. La faveur de Louvois déclinait, Maintenon ne l'estimant guère, et il finit par mourir en 1691, gonflé d'argent mal acquis, de vices et de mangeaille, dans l'hostilité générale.

Le roi gouvernait, sans imagination, avec les familles et les clients de ses anciens commis : le fils de Louvois, Barbezieux, peu utilisé ; des Colbert qui revenaient en nombre, comme Croissy, un frère, Seignelay, un fils (génial semble-t-il, mais vite fauché par les excès) ou Beauvillier, un gendre ; les Phélypeaux, séculaire famille ministérielle, bien que rarement au premier plan, se maintenaient avec La Vrillière et Pontchartrain, qui va jouer un rôle considérable et dont l'intelligence éclipsait toutes les autres, ce dont les historiens ne se sont guère aperçus.

De cette clientèle, prise sans imagination dans la descendance de l'entourage installé par Mazarin, cinq entraient au Conseil, où le dauphin apparaissait de temps en temps. Tout le reste, même le chancelier, un certain Boucherat, se ramenait à des chefs de bureaux gérant une administration qui peu à peu se stabilisait et conservait même ses archives, parfois classées. En réalité, l'essentiel se passait « dans le particulier » du roi, avec Maintenon cousant à côté, en des entretiens privés avec le contrôleur général, un secrétaire d'État, un homme de confiance comme le militaire Chamlay, ou le jésuite confesseur. De plus en plus, les décisions étaient inscrites dans des « arrêts pris en commandement », c'est-à-dire par le roi tout seul ; il suffisait que les contresigne un secrétaire d'État, généralement un Phélypeaux. C'était l'autocratie, mais à ce moment-là encore conseillée. Le détail se faisait par correspondance avec les intendants de province, installés et renforcés peu à peu : ce fut justement en 1689 que, avec bien des précautions, on nomma les deux derniers dans des provinces difficiles, Bretagne et Béarn, à Rennes et à Pau.

La vérité oblige à remarquer que n'a vécu à Versailles, ce Versailles de la fin d'été du roi, aucun des « grands » ministres, des « grands » généraux, des « grands » écrivains. Morts bien avant, Lionne, Turenne, Pascal, Molière ; morts presque aussitôt Colbert, Corneille, Le Tellier ; Condé, Lulli, Lebrun (1690), Louvois (1691). Ce Versailles de la maturité, décidément, c'est Maintenon et ses bonnes œuvres, Le Pelletier et Boucherat, pâles épigones, et un assez médiocre quarteron de généraux sans génie, sauf Luxembourg, qui va mourir...

À la veille de tant d'années de guerre, où en était la France, cette bien lointaine mouvance de Versailles ?

Les crises terribles des premiers temps du règne personnel s'étaient enfoncées dans le passé. Sauf exceptions locales, on n'avait pas revu, dans les campagnes, des disettes et des chertés aussi terribles que celle de 1662. Des épidémies, parfois dévastatrices dans un canton ou deux, traînaient encore quelque peu dans le royaume ; mais la peste avait reculé, et on avait su la cantonner la seule fois où elle était reparue, vers Amiens en 1667-1668. Nombreuses les quinze premières années, les révoltes provinciales et anti-fiscales s'étaient apaisées par la terreur et la résignation, après les pendaisons de Bretagne (1675). Malgré quelques accidents locaux, surtout entre 1677 et 1684, la souveraine météorologie avait été favorable aux récoltes ; les prix des blés et du pain étaient restés fort bas, ce qui arrangeait tout le monde dans le petit peuple, mais pas dans le puissant groupe des propriétaires et des grands fermiers.

Ces derniers ne pouvaient que vendre à bas prix leurs abondants excédents, ce qui contribuait à cette sorte de dépression d'une partie de l'économie française qui a souvent été décelée. Il est tout à fait certain, de nombreuses et précises études l'ont prouvé, que le prix des fermages a baissé sensiblement de la décennie 60 à la décennie 80, et au-delà. Le prix de la terre semble avoir aussi notablement baissé, d'un tiers ou d'un quart, disent des témoins dignes de foi. Autres signes de difficultés : les prix de la viande et du bétail baissent légèrement, phénomène inouï, et même celui du bois — qui avait précédemment quadruplé de 1600 à 1660 ! —, moyen de chauffage, matériau de base et source d'énergie d'importance capitale.

Du côté des « manufactures », un moment encouragées et comme « dopées » par Colbert, il semble aussi que viennent les difficultés : les crédits manquent, et les clients se dérobent, notamment en Angleterre, qui répliqua par un contre-protectionnisme au protectionnisme assez obtus de Colbert. Ce qu'on sait, c'est que la production textile des grandes villes du Nord, de Rouen à Lille en passant par la plus grande, Amiens, commença à baisser au temps de la guerre de Hollande, et de toutes manières n'atteignit jamais les sortes de « records » de production établis avant la guerre de Trente Ans, dans la décennie 1630-1640, économiquement peut-être la plus brillante du siècle.

Tous ces signes dépressifs n'étaient pas bien graves, et surtout n'étaient ni compris ni même perçus à Versailles. Ils aident pourtant à expliquer les difficultés rencontrées lorsqu'il fallut bien faire payer la guerre aux « peuples » du royaume.

En revanche, ce qui semblait « marcher », assez bien même, c'était la marine. La marine de guerre sans doute, reconstruite assez médiocrement sur l'initiative de Colbert, reprise en main avec une rare compétence par son fils Seignelay, puis par Pontchartrain, qui brilla parfois, mais pas toujours, dans le combat naval, mais qui sut habituellement protéger la marine de commerce, qui était l'essentiel, et qui devenait corsaire en temps de guerre, c'est-à-dire munie de canons, grâce à des « lettres de course » délivrées par le roi. Or, les armateurs et négociants marseillais se montraient beaucoup en Méditerranée, ravitaillant le Proche-Orient avec beaucoup de conscience. Au « Ponant », de grands ports en progrès, Bordeaux, même Bayonne, La Rochelle aussi, Nantes déjà s'intéressaient comme toujours à l'Espagne et de plus en plus aux « Isles » à sucre et à l'Amérique. Le Havre et Saint-Malo étaient les plus actifs, avec plus de cent navires chacun, et la cité malouine inaugurait alors une période fastueuse qui vit ses marins presque partout dans le monde, et bientôt dans le Pacifique. D'autre part, toute une colonie de négociants, d'hommes d'affaires et d'hommes d'argent français s'était installée à Cadix, point de départ des grandes flottes espagnoles pour les « Indes » si riches d'argent, et ces Français en captaient une part importante... Les marchands d'Angleterre et de Hollande, si puissants auprès de Guillaume, trouvaient que, en Asie, en Méditerranée, sur la côte africaine des esclaves, à Cadix et en Amérique surtout, navires et négociants français étaient trop bien placés, et trop bien soutenus par une marine de guerre, neuve et bien commandée. Il fallait que cela cesse. Certes, pour les rois eux-mêmes, de telles considérations comptaient peu. Elles existaient pourtant, et l'historien anglais Clark eut quelque raison de baptiser « guerre contre le commerce français » celle que nous persistons à appeler guerre de la Ligue d'Augsbourg, ce qui est prendre une partie pour le tout.

Cette guerre, et la suivante, vont désormais occuper et en partie déterminer toute la fin du règne, et lui donner des couleurs nouvelles, que Michelet appelait « l'automne du *Grand Siècle* ».

Automne (1689-1714)

La deuxième coalition (1689-1697)

Comptant sur la mésentente à l'intérieur d'une coalition alors en formation, Louis XIV avait attaqué très vite. Il avait débuté par le sac méthodique de ce Palatinat dont il revendiquait une part d'héritage : Heidelberg incendiée, Mannheim, Spire, Worms et Bingen systématiquement détruites et il démolira le reste quelques années plus tard —, voilà sans doute qui lui faisait une réputation, qui n'est pas disparue, dans cette Allemagne dont il provoquait l'unification au moins provisoire. En même temps, Avignon était prise au pape, sans le moindre risque. Une belle expédition, bien protégée par une marine pimpante, amena Jacques II, le roi chassé et catholique, jusque dans cette Irlande où l'attendaient des partisans enthousiastes, mais sans armes. Jacques II, hésitant, donna le temps à Guillaume de survenir, et de lui infliger à Dorgheda, sur la Boyne, une défaite définitive : Jacques courut jusqu'à

Saint-Germain, que Louis XIV lui avait donné, et n'en bougea plus. Le même jour, au cap Beachy Head, Tourville remporta sur la flotte anglo-hollandaise une victoire éclatante, mais qui fut la dernière ; deux ans plus tard, Louis XIV méditant un autre débarquement en Angleterre, la même flotte anglo-hollandaise rencontra le même Tourville au large de Barfleur, près de La Hougue ; après de beaux débuts, l'affaire se termina en désastre ; et une fois de plus, l'invasion de l'Angleterre n'eut pas lieu. Désormais, si les corsaires français réussirent de beaux coups de main contre les flottes ennemies, les Anglais bloquaient à peu près tous les ports français, dont le trafic tomba à presque rien, comme le prouvent toutes les statistiques connues. Les mêmes Britanniques bombardaient de temps à autre un port mal défendu, comme Dieppe, qui brûla en 1692 ou 1693, et tentèrent même un débarquement à Camaret (1694) qui échoua devant la hargne des milices bretonnes gardiennes de la côte. Aucun ne pouvait envahir l'autre.

L'ensemble de ces neuf années de guerre répéta au fond la même histoire. Entre l'Italie piémontaise de Victor-Amédée et les troupes de Catinat, ce furent d'incessantes allées et venues ; en 1692, les « Savoisiens » occupaient même Embrun et Gap ; mais Catinat occupa un moment un morceau de Piémont, la Savoie et le comté de Nice. Dans l'Empire, ce furent aussi des allées et venues : en 1692, l'armée française envahit la Bavière, puis l'évacua ; de temps en temps, on rebrûlait Heidelberg ; l'essentiel était de sauvegarder l'Alsace, ce qui fut fait. Même en Amérique, les allers et retours Québec-New York devenaient rituels. Vers la fin tout de même, les Français de là-bas prirent la région de la baie d'Hudson et ses fourrures, et Terre-Neuve et ses pêcheries. En Espagne, une armée française mit neuf ans pour aller de Perpignan à Barcelone, dont la prise (1697), grâce à la flotte de Toulon, survint au bon moment. Les plus grandes batailles avaient tout de même pour cadre les Pays-Bas espagnols, l'actuelle Belgique. Là aussi, ce furent des allers et retours. Luxembourg arrêta une première fois les coalisés à Fleurus (1690), une seconde fois à Steinkerque, difficilement (1692) ; une troisième à

Neerwinden (1693), victoire fameuse, mais coûteuse en hommes : une des grandes boucheries du siècle. Luxembourg mort (1695), le médiocre Villeroy recula, se vengea en bombardant cruellement Bruxelles (dont la Grand Place dut être reconstruite) puis attendit la paix.

Toute cette guerre fut caractérisée par l'indécision, l'absence de front continu, la dispersion des combats (même aux colonies), la médiocrité des chefs sauf l'admirable prince Eugène, ce savoyard découragé par Louis XIV, que l'empereur utilisa surtout contre les Turcs et en Italie, par la sensible égalité de forces considérables (au moins 200 000 hommes de chaque côté, ce qu'on n'avait jamais vu), le caractère sanglant des batailles, et la fatigue qui vint assez rapidement aux trésoreries de chacun. Dès 1692 et 1693, on prit langue, et l'on discuta cinq années, avec des ruses, des surenchères et des maquignonnages. On en finit l'été 1697, dans un château de Guillaume, près de Ryswick.

Après neuf années de massacres indécis, aucun des belligérants, sauf le duc de Savoie qui récupéra sur Louis XIV, Pignerol et Casal, ses provinces envahies (Nice comprise) n'avait atteint ses buts de guerre. Les coalisés avaient prétendu ramener la France à ses frontières de 1659, voire de 1648 ; ils durent lui reconnaître, en gros, celles de 1679, plus Strasbourg, lâché de mauvais gré par l'empereur. Mais chacun obtint pour son compte d'appréciables avantages ; même le roi d'Espagne, pour la première fois depuis longtemps, ne perdit rien ; il est vrai qu'on attendait sa mort impatiemment : il n'avait pas d'enfant.

Quant à Louis XIV, certes il pouvait se targuer d'une belle défense, de quelques actions éclatantes, et d'avoir tout de même gardé Strasbourg. Pour le reste, il avait dû payer un prix élevé pour obtenir la paix dont avaient besoin son royaume fatigué, et ses desseins futurs.

Il avait pris les armes pour rétablir le Stuart catholique sur le trône anglais, pour installer son candidat à l'électorat de Cologne, pour obtenir sa part de l'héritage palatin, pour braver le pape en Avignon et à Rome, pour garder toutes les localités « belges », luxembourgeoises, lorraines ou comtoises qu'il avait bruyamment « réunies ».

Tout avait échoué. Il signa même avec le nouveau pape une transaction assez médiocre, qui obligea ses évêques à aller chez le nonce signer un désaveu de la déclaration « gallicane » de 1682. Il rendit à l'Espagne la Catalogne conquise lentement, et toutes les places des Pays-Bas annexées depuis 1679, y compris Courtrai, Mons et Charleroi. Il dut rendre la Lorraine, où il s'était installé, à son jeune duc, qui lui laissait juste un droit de passage pour atteindre l'Alsace, plus tout de même Sarrelouis. Aux princes allemands, il rendit tout le pays de Trèves, le morceau de Palatinat qu'il occupait encore, et les villes-ponts de la rive droite du Rhin, Kehl, Fribourg, Vieux-Brisach et Philippsburg. Les Provinces-Unies rendirent Pondichéry qu'elles avaient prise, mais obtinrent de considérables avantages commerciaux et douaniers, plus l'installation de leurs troupes, par précaution, dans les places proches de la frontière française, en plein pays espagnol, ce qu'on appela vite la « Barrière ». À l'Angleterre devenue le grand adversaire, il dut promettre de ne plus soutenir Jacques contre Guillaume II, il consentit les mêmes avantages commerciaux qu'aux Hollandais, et leur rendit Terre-Neuve et les terres à fourrure des alentours de la baie d'Hudson qui avaient pourtant été conquises. En échange, les Anglais redonnèrent un morceau d'Antille et deux comptoirs à nègres du côté du Sénégal. Au duc de Savoie, bientôt roi, il avait même rendu Nice, Suse et Montmélian, et promis son petit-fils comme gendre, en prévision d'une entente future.

Pour un Grand Roi qui n'avait tout de même été ni vraiment vaincu, ni son royaume envahi, c'était beaucoup. La soixantième année approchant, Louis avait-il déjà appris la modération ?

En réalité, il avait tenu compte de l'état d'épuisement de son royaume, au moins quelque peu. Ce qui l'intéressait surtout, c'était l'imminente succession d'un roi d'Espagne sans enfant, et dont il s'apprêtait à réclamer au moins une partie, mais il n'était pas seul à y songer. Il se trouva que ce roi mit trois ans à disparaître, ce qui procura quelque répit à la France, et permit aux diplomates de déployer leur imagination... Cette succession d'Espagne allait ouvrir la dernière grande guerre du Grand Roi, la plus terrible.

Mais celle qui se terminait avait plongé le royaume dans de fort graves difficultés.

Nourrir, équiper, armer pendant neuf ans deux cent mille hommes et deux escadres sur quatre fronts principaux et autant de théâtres lointains contre l'Europe presque entière, dont la Banque d'Amsterdam et la Banque d'Angleterre (depuis 1694) : tâche gigantesque, dont le coût atteignait la démesure.

Pour veiller aux finances, après la mort de Colbert et l'intermède de Le Pelletier (1683-1689) qui gérait honnêtement, mais refusait de passer aux « affaires extraordinaires » et aux expédients, le roi eut la main heureuse en choisissant Phélypeaux de Pontchartrain, homme simple, gai, facile et solide, d'une intelligence si aiguisée qu'elle atteignait aisément le cynisme, et qui s'acquitta donc parfaitement de la stricte tâche qui lui était demandée : payer la guerre, bien entendu, par tous les moyens.

Des ressources « ordinaires », les impositions classiques, il n'y avait plus grand-chose à attendre : elles augmentèrent quelque peu jusque vers 1693, puis retombèrent : il s'était passé en 1694 quelque chose que nous retrouverons. Les pays d'États et le clergé consentirent des « dons gratuits » ou des subsides un peu plus élevés, et les villes furent taxées en sus une fois, deux fois, renâclèrent à la troisième. On tira de tout cela vingt à trente millions par an : il en fallait bien trois ou quatre fois plus.

Pontchartrain se mit alors à jouer des « affaires extraordinaires » avec une virtuosité qui rappelait celle de Mazarin, l'excessive friponnerie exceptée. Il vendit, revendit, inventa et réinventa vingt sortes d'offices, parmi lesquels les « jurés crieurs d'enterrements » et les officiers vendeurs d'huîtres. Il vendit aux enchères toutes les mairies, sauf à Paris et Lyon et la moitié des charges d'échevins. Il vendit des armoiries ; il vendit la noblesse, avec l'acceptation peut-être goguenarde du roi (qui osera publier ces listes d'anoblis pour six mille livres ?). Il vendit des offices de capitaine et de colonel des milices bourgeoises (qui défilaient les jours de fête) ; il vendit même des exemptions d'impôt.

Comme ses prédécesseurs, il revint aux inépuisables créations de rentes, une centaine de millions d'abord, beaucoup plus ensuite, et jusqu'au « denier 12 » (8,33 %) parfaitement illégal ; les intérêts en seraient versés plus tard, mais le capital nourrissait les armées. On s'étonne, à distance, de la richesse des acheteurs (et des payeurs !) et de la confiance qu'ils manifestaient encore envers l'État. Tout cela ne suffisant pas, Pontchartrain, pour la première fois depuis deux essais malheureux de Colbert, tâta des manipulations monétaires — rappelons que seuls comptaient l'argent sonnant, et surtout l'or. Il suffisait de changer la valeur des pièces, de les ramasser, de les refondre, de les refrapper, et de recommencer. Le ministre s'y appliqua dès l'année 1689, et le procédé devint si commode qu'il fut utilisé en quelque sorte à tour de bras, et cela jusqu'à la fin du règne, et même au-delà. Rentiers (mal payés) et créanciers (remboursés en espèces dévaluées, et par l'État en papier) se lamentèrent, mais supportèrent ces dévaluations opérées par à-coups astucieux, traversés de réévaluations passagères.

En 1694 cependant, les retards des taillables dépassaient vingt millions, les fermiers ne parvenaient plus à faire rentrer les autres impôts, et les offices, rentes, emprunts, opérations monétaires anticipations de dépenses — qui se ramenaient à d'autres emprunts — ne « rendaient » décidément plus. Un épuisement général, aggravé par la grande « mortalité » de l'année, s'emparait du royaume. Les uns ne pouvaient plus payer, les autres ne voulaient plus prêter. Bon gré, mal gré, Pontchartrain dut écouter les réformateurs dont Vauban, qui proposait un impôt payable par tous, même privilégiés, selon les revenus déclarés et vérifiés. Ce sera la « dixme royale » d'après 1700 ; ce fut en 1695 la première capitation, qui toucha tout le monde, même le dauphin et les princes du sang, mais pas le clergé, qui ne payait que par des prières. Un peu sommairement, on divisa les Français des trois ordres en vingt-deux « classes », d'après leur profession, leurs titres ou leur « estat », la dernière classe ne payant que quelques sous. Cette surprenante nouveauté, qui allait contre toute la législation antérieure fondée sur la coutume et le privilège, rapporta plus de vingt millions par an, mais fut supprimée à la paix, comme le roi l'avait promis. Elle avait aidé à financer la fin de la guerre, dont le coût, fort curieusement, baissa dans les dernières années, preuve évidente que les ressources étaient aussi épuisées que les armées, comme d'ailleurs chez tous les belligérants.

D'autant qu'un événement tragique avait fondu sur le royaume presque entier de l'été 1693 à l'été 1694. Après des années médiocres, la récolte, pourrie par un été humide, descendit peut-être à la moitié de sa production moyenne. Les prix des blés et du pain se mirent donc à monter, les difficultés des communications et les spéculations habituelles s'en mêlant, et accroissant à la fois la panique et la cherté. Sur une population qui, sauf dans le Midi et en Bretagne, manquait soudain de ressources et de travail, la « grande mortalité » s'abattit, accrue par les nourritures infectes et les épidémies. Pour la première fois depuis plus de trente ans, on revit le pain de fougère, le pain de gland, les moissons coupées en vert et les herbes bouillies. Dans la moitié au moins du royaume, la mort fauche trois à quatre fois plus qu'en période habituelle, ce qui signifie qu'environ 15 % de la population y fut fauchée, et localement bien plus. L'impôt accru, un certain manque de travail (les ports étant bloqués, on ne pouvait plus exporter les produits, textiles ou non, de l'industrie rurale et urbaine), et les difficultés des années précédentes avaient préparé cette catastrophe, les petites gens manquaient de ressources pour lui résister. Depuis la Fronde, on n'avait pas revu des misères de cette intensité et de cette étendue ; même le fameux « grand hyver » de 1709 n'atteignit pas ce degré dans le tragique.

On comprend bien alors qu'il était impossible de faire payer plus une population diminuée et en partie épuisée. Le roi lui manifesta sa pitié, mais d'autres commençaient à s'exprimer sur un autre registre. En 1694, Vauban élevait la voix, et méditait sa *Dixme Royalle*, Boisguilbert publiait son *Détail de la France* (1695), critique de l'économie et du système fiscal, et Fénelon écrivait sans doute cette lettre au roi si souvent citée : « La France entière n'est plus qu'un grand hôpital désolé et sans provisions... » ; formule un peu forcée, mais qui manifestait qu'une opposition ferme et respectueuse s'élevait. Déjà, au lendemain de la Révocation, de cruels pamphlets venus de Hollande (les *Soupirs de la France esclave*), avaient dénoncé la « tyrannie » royale, tandis que les *Caractères* de La Bruyère présentaient, sur un autre ton, d'assez vives critiques. Dans une tonalité apparemment atténuée, paraissaient les premiers textes ironiques de Bayle sur les « comètes », prises comme symbole d'une superstition non absente de l'enseignement classique. En même temps, Malebranche accoutumait l'Église au cartésianisme, et quelques autres signes montraient que le temps de l'adoration commençait à s'estomper, et qu'une opposition intérieure encore sourde osait une timide apparition. C'était encore peu de chose, et la police, au besoin, y pourvoyait en saisissant livres ou libelles. Bossuet sentait le danger, mais il vieillissait, et le roi ne s'y arrêtait guère. C'est qu'il était entièrement occupé par la succession tant attendue de son cousin d'Espagne.

Le répit (1697-1701)

Parvenu à sa soixantième année, Louis, qui a négocié avec obstination et traité à Ryswick avec tant de modération, va-t-il enfin faire taire en lui les voix de la gloire et de la magnificence pour ne plus écouter que cet instinct de prudence qui émerge enfin de sa nature profonde ? Va-t-il donner à ses finances et à « ses peuples » le repos dont ils ont besoin ?

Il s'y était sans doute décidé, puisque avec ses diplomates dirigés désormais par Colbert de Torcy, successeur de son père Croissy, il se lança dans des négociations complexes avec des exigences modérées pour essayer de régler sans conflit armé avec les cohéritiers éventuels l'imminente succession d'Espagne. Celle-ci ne s'ouvrant pas avant la fin de l'an 1700, un petit répit fut donné au royaume.

La paix revenue, la capitation disparut, de même que les subsides supplémentaires pour l'armée, et les tailles fléchirent de plus de 10 % — ce qu'on n'avait pas vu depuis longtemps. En revanche, les fermiers des impôts indirects perçurent ceux-ci avec plus de facilité, ce qui montre que l'économie du pays fonctionnait à nouveau : il se trouva en effet qu'à partir de 1695 les récoltes furent bonnes, et que le blocus anglais devant les ports français fut levé, ce qui fit repartir et les exportations et la production. Les manipulations monétaires se calmèrent quelque peu, et l'État put rembourser, à bon compte, une partie des rentes et des emprunts créés pendant le conflit précédent. Le peuple des campagnes fut débarrassé d'une institution militaire qui avait été essayée pendant cette guerre : la milice, qui prétendait, en gros, mobiliser un soldat par paroisse, pris parmi les célibataires (puis les jeunes mariés sans enfants) que la paroisse justement devait entretenir. Cette « nouvelleté » apparente (en fait, c'était une résurgence ancienne) fit hurler la paysannerie, attachée à ses guérets et peu portée au métier militaire : les déserteurs furent la règle, que tout le canton protégeait. On fêta la fin de la milice, sans se douter qu'elle reprendrait. D'autre part, le roi, qui comprenait par moments que sa politique anti-protestante avait mal réussi, ordonna en 1698-1699 qu'on n'utilise plus la contrainte mais plutôt la persuasion, sans rien céder sur les principes.

En attendant, renaissait avec une énergie extraordinaire le commerce sur mer, pour qui la course n'avait constitué qu'un pis-aller. Rien qu'en 1698, il partit de Nantes et Saint-Malo cinquante-quatre navires pour les Antilles, au moins le triple des années précédentes ; le tonnage des terre-neuviers malouins va bientôt battre son record séculaire, alors que pour la première fois, des navires partaient commercer sur la côte péruvienne, en empruntant le détroit de Magellan. Peu de temps après, d'autres répétaient le même exploit, puis atteignaient la Chine, et accomplissaient les premiers tours du monde connus de la marine commerciale française. Pas moins de six compagnies naquirent en ces quelques années pour le commerce de Chine et de la « mer du Sud ». Il faut dire qu'on apportait en ces pays de cocagne des produits de luxe et les plus belles toiles de France, et qu'on en rapportait des quintaux d'argent en barres ou en piastres, plus la soie, les laques, et les épices et les produits raffinés de la Chine et de l'Extrême-Orient (sauf du Japon, entrouvert aux seuls Hollandais). Ces trafics comportaient de gros risques, mais pouvaient rapporter des sommes fabuleuses, et enrichirent de hardis négociants, malouins surtout (c'est la belle époque des Magon et des Danycan, ces millionnaires de la mer), mais aussi dunkerquois, havrais et nantais, rochelais et bordelais un peu moins, et marseillais de plus en plus. Ce grand souffle océanique qui s'emparait du vieux royaume si terrien, et qui devait apporter au vieux roi, en pleine guerre, des ressources bien précieuses, n'avait pas l'heur de plaire aux grandes puissances maritimes établies aux « Isles », aux « Indes », et habituées aux grands trafics directs avec l'Orient et l'Extrême-Orient, c'est-à-dire principalement la Hollande, l'Angleterre de plus en plus, et l'Espagne encore beaucoup. Cet essor (auquel les ministres n'hésiteraient pas à donner l'impulsion, surtout les Pontchartrain) va donner des couleurs nouvelles au conflit futur, comme à tous ceux du XVIIIe siècle.

Dans le royaume lui-même, une sorte d'enquête organisée en 1697 par le duc de Beauvillier « pour l'instruction du dauphin » donna un assez bon état des provinces, où les intendants essayaient de faire appliquer un peu mieux les ordres du roi, et faisaient à peu près régner l'ordre et le calme. De nouvelles administrations s'installaient lentement ; comme les hypothèques, l'enregistrement (au début, des actes des notaires) et bientôt les Ponts et Chaussées (les Eaux et Forêts dataient de Colbert, qui les avait du moins organisées et presque unifiées). Des offices de lieutenant de police furent installés dans la plupart des villes moyennes et grandes, à l'instar de ce qui s'était fait à Paris ; ils surveillaient l'approvisionnement, les métiers, les prix, les salaires ouvriers, une partie de la vie économique, mais aussi l'imprimerie et les bonnes mœurs. Une décision de 1700 posa le principe de l'entretien d'un maître et d'une maîtresse d'école par paroisse, mais les laissa à l'initiative des habitants ; simple intention de généraliser ce qui existait, au moins pour les garçons, dans le tiers nord du royaume (Bretagne exceptée).

Plus durable et plus significatif, le réveil du Conseil de commerce jadis créé par Colbert, puis assoupi. On eut l'excellente idée d'y faire entrer, à côté de deux ministres et de grands commis comme Daguesseau et Amelot, douze grands négociants qui représentaient les grandes villes marchandes du royaume, qui peu à peu se pourvoyaient de Chambres de commerce. Cela se passait en 1700, et l'on y parla de liberté économique, et de nécessaires traités avec les deux grandes puissances maritimes. De grands marchands, comme Mesnager de Rouen et Descazeaux de Nantes, purent jouer plus tard le rôle de négociateurs avec celles-ci.

Pendant que la Cour, la Ville et une partie de l'élite provinciale se passionnaient pour les « affaires du temps », autour d'un quiétisme excessif, d'un jansénisme renaissant et de gallicanismes subtils, dans lesquelles le Roi-Prêtre donnait son avis, désormais celui de Rome et des ultramontains, l'Affaire par excellence, c'était tout de même la Succession.

Les héritiers éventuels étaient nombreux, mais deux comptaient vraiment : Louis XIV, fils et époux d'infantes aînées ; l'empereur Léopold, fils et époux d'infantes cadettes. L'un mettait en avant son fils, l'autre son petit-fils, l'archiduc Charles. Le reste de l'Europe pouvait difficilement admettre de voir unies les Couronnes de France et d'Espagne (celle-ci avec ses prolongements en Italie, aux Pays-Bas et en Amérique), ni de voir reconstitué l'Empire de Charles Quint sous le sceptre d'un nouveau Habsbourg. On s'orienta vers un partage qui puisse être accepté aussi par la Hollande et l'Angleterre. À la fin de l'été 1700, Louis XIV se contentait de la promesse du Milanais, riche monnaie d'échange pour des régions plus proches, et laissait sagement le reste à l'archiduc, l'Europe paraissant consentante.

Mais le roi d'Espagne, enfin mort, laissa un testament qui fut connu le 1er novembre 1700. À la surprise générale, il exigeait le maintien de l'intégrité de toutes les terres où il avait régné, Amérique comprise ; il désignait comme héritier le petit-fils de Louis XIV, le duc d'Anjou Philippe ; à défaut, son frère ; à défaut enfin, l'archiduc Charles. Louis XIV et ses ministres délibérèrent deux jours, et décidèrent d'accepter le testament ; décision qui flattait le roi, qui paraissait devoir entraîner la guerre avec l'empereur (qui voulait s'en tenir au partage négocié auparavant), mais qui, au moins mettait les armes, la marine et les terres espagnoles de son côté. Mais la décision inverse entraînait aussi la guerre, mais sans les ressources et les bases espagnoles, Louis XIV ne pouvant accepter, lui non plus de voir reconstitué l'ancien Empire de Charles Quint, contre lequel s'étaient dressés tous ses prédécesseurs.

Quoi qu'il en soit d'une décision que la postérité a indéfiniment discutée, elle n'amena pas immédiatement la guerre (sauf, localement, en Milanais, quelques mois). En effet, la troisième coalition européenne dirigée contre la France mit dix-huit mois à être efficacement conclue. D'une part, le jeune roi Philippe ne manqua pas son entrée en Espagne, où il devint populaire, surtout en Castille. D'autre part Guillaume III et celui qui gouvernait la Hollande en son nom, le Grand Pensionnaire Heinsius, homme de premier plan, semblaient décidés à voir venir, bien que les marchands et les marins de l'un et l'autre pays aient peu goûté cette union nominale de l'Espagne à la France. Il faut bien reconnaître que Louis XIV gâta tout, par un retour de son ancienne politique de gloire et de magnificence.

Dès février 1701, contrairement à ses engagements antérieurs, il maintenait tous les droits de Philippe V d'Espagne à la Couronne de France ; rodomontade d'autant plus inutile qu'à ce moment le Grand Dauphin et son fils l'en séparaient. Puis, en attendant l'arrivée de garnisons espagnoles, des soldats français allèrent s'installer dans les « places de la Barrière », retenant prisonniers les contingents hollandais qui s'y trouvaient depuis la paix de Ryswick, provisoirement disait-on. Mais en même temps, d'éminents conseillers français occupaient l'entourage de Philippe V, et visiblement l'aidaient trop à gouverner. Parallèlement le grand négoce français investissait sans délai le marché espagnol, le marché américain, et drainait l'argent mexicain et péruvien. Par surcroît, en septembre 1701, le roi d'Espagne accordait l'*asiento* à une compagnie française où lui-même et son grand-père étaient actionnaires, avec les hommes les plus riches de France, tous banquiers ou financiers, les Crozat, Le Gendre et Samuel Bernard. L'*asiento*, monopole absolu, de la fourniture de la main-d'œuvre africaine à l'immense Empire espagnol, avait longtemps appartenu aux Hollandais, était provisoirement passé aux Portugais, que les Français épaulaient dès 1696. Ce triomphe économique et colonial était inadmissible pour les puissances maritimes. Quelques jours plus tard s'était conclue la Grande Alliance de La Haye, qui unissait Angleterre, Hollande et Empire : elle donna deux mois à Louis XIV pour négocier. Celui-ci répondit à sa manière : le prétendant au trône d'Angleterre Jacques II venant à mourir, il reconnut, contre l'avis de son Conseil, mais en suivant la coterie dévote, le fils du défunt Jacques III comme roi d'Angleterre, « de droit », précisait-il, puisque Guillaume régnait « de fait ». Celui-ci bondit sous l'outrage, le Parlement anglais aussi. La guerre sur tous les fronts était inévitable ; la mort inopinée de Guillaume (mars 1702) ne la retarda que de deux mois. Le 15 mai 1702, les trois alliances de La Haye entamaient la troisième coalition.

La dernière coalition (1702-1713)

Une nouvelle fois, Louis XIV avait à combattre sur tous les fronts européens : Pays-Bas, Empire, Italie, Espagne, plus les mers et les colonies, et cela avec quatre alliés seulement, deux allemands — Cologne, Bavière — et deux autres qui l'abandonnèrent très vite : dès 1703 le Portugal, par crainte de perdre le Brésil, se mit pratiquement sous protectorat anglais ; le duc de Savoie, pour devenir roi et être tranquille en Italie (1703).

L'armée française avait été soigneusement préparée, réformée, entraînée. Le fusil avait été généralisé en 1701, la baïonnette à douille en 1703, l'artillerie renforcée par un bon spécialiste, Surirey de Saint-Remy. Un énorme effort de recrutement avait été accompli : la milice avait été à nouveau convoquée, malgré l'hostilité paysanne ; elle rendit des services comme troupe auxiliaire. Dès 1702, le roi put avoir 220 000 hommes à sa disposition, peut-être 300 000 l'année suivante. Ce qui manquait, c'était les navires, dont la qualité ne compensait pas le nombre insuffisant ; c'étaient surtout les bons généraux : il y avait certes Villars et Berwick (bâtard de Jacques II), Vendôme, talentueux, mais difficile à manier : ils furent envoyés d'un front à l'autre ; malheureusement Louis XIV les remplaça par des courtisans agréables, mais incapables, dont Villeroy, La Feuillade ou Tallard. Il se trouvait que le génie militaire gisait chez l'adversaire, avec le prince Eugène et Marlborough, et que la flotte anglo-hollandaise maltraitée au début par Ducasse, affirma vite sa supériorité en bloquant à nouveau les ports français après avoir coulé dans la baie de Vigo les galions revenant d'Amérique chargés d'or et d'argent. À voir les choses de haut, la guerre a comporté deux aspects successifs : jusqu'en 1709, de graves revers ; après cette date, un certain redressement.

Le premier désastre eut pour cadre l'Empire. À Blenheim en 1704, les forces unies de Marlborough et du prince Eugène infligèrent à l'armée franco-bavaroise de Marcin et Tallard une défaite. Trente mille hommes furent pris et massacrés, des drapeaux furent enterrés. Les restes de l'armée refluèrent jusqu'en Alsace. Personne n'osait apprendre cette déroute au vieux roi. Quand il la sut, il rappela Villars des Cévennes. Il y combattait les camisards pour arrêter au moins l'ennemi sur la Moselle. Par la suite les troupes combattirent sur le Rhin sans succès notable.

Dès 1704, les Anglais prenaient Gibraltar que la flotte de Toulon ne parvint à reprendre, pas plus que Barcelone un peu plus tard. Les Anglais y conduisirent même l'archiduc Charles que la Catalogne reconnut pour son roi, ce que firent ensuite les royaumes de Valence et de Murcie. Charles III finit par entrer à Madrid en 1706 appuyé par les armées autrichienne et anglaise dont une partie venait du Portugal, leur allié.

Dans les possessions italiennes du roi d'Espagne, Vendôme avait tenu longtemps en Milanais malgré la trahison de Victor-Amédée de Savoie, mais La Feuillade qui lui succéda fut mis en déroute par le prince Eugène auprès de Turin (1706). En cédant — donc en renonçant à défendre Naples et la Sicile —, toute l'Italie espagnole de son petit-fils et ses derniers points d'appui en Milanais, Louis XIV obtint tout juste en 1707 une retraite honorable.

Vers le nord, les déceptions se succédaient. Villeroy vaincu à Ramillies (1706) perdit immédiatement les Pays-

Bas espagnols, qui reconnurent l'Autrichien comme roi. Deux ans plus tard, Vendôme et le duc de Bourgogne, qui ne s'entendaient en rien, furent défaits par les Coalisés à Audenarde (juillet 1708). L'armée française reflua en désordre, laissant Lille dégarnie. La ville fut prise en octobre malgré une belle défense de la citadelle par Boufflers. L'invasion était donc déjà commencée.

Ne voulant négliger aucune chance, Louis XIV tenta même une nouvelle invasion de l'Angleterre, en utilisant l'Écosse où se trouvaient pas mal de partisans du prétendant Stuart, qu'il protégeait toujours. Mais sa flotte ne put même pas débarquer et revint à Dunkerque. Toujours en 1708, année noire.

Les difficultés avaient même atteint l'intérieur du royaume. Dès 1702, les protestants des Cévennes, excités par l'intolérance catholique, la misère et l'influence de jeunes illuminés, entrèrent en révolte ouverte. Contre eux il fallut après quelque hésitation envoyer l'armée avec Villars lui-même. Les principales bandes furent dispersées en 1705, mais la guérilla cévenole dura jusque vers 1710. Parallèlement, des révoltes agitaient encore le Sud-Ouest. En Quercy, les tard-avisés en 1707 par exemple. Autour du duc de Bourgogne, héritier du trône, les intrigues s'entrecroisaient sous la houlette de Fénelon, son ex-précepteur, qui aurait constitué autour de lui une sorte de parti de la paix.

On se doute bien que les difficultés rencontrées pour financer la guerre sur tant de fronts et reconstituer des armées débandées dépassèrent encore celles qui firent achever la guerre précédente. On avait naturellement augmenté tous les impôts, mais il se trouva dès 1707 ou 1708 que les tailles rentraient très mal ou avec beaucoup de retard ; même les fermiers se mirent à renoncer. Le gouvernement dut prendre lui-même en charge ce qu'ils percevaient habituellement. Ce fut une première et assez médiocre expérience de régie. Comme précédemment, on avait vendu tous les offices, toutes les charges et toutes les rentes imaginables. On avait, bien entendu, continué à dévaluer la monnaie. On avait même tenté comme auparavant de l'expédient des billets de monnaie, sorte de papier gagé sur les futures recettes. Au début, on le remboursait volontiers. Dès 1706, les billets perdaient la moitié de leur valeur. Puis ne valurent presque plus rien. Le contrôleur général, une sorte d'honnête homme nommé Chamillart, écrivit au roi une lettre désespérée pour lui dire son épuisement et celui du royaume. Le roi se décida enfin à lui donner comme successeur Desmarets. Ce neveu de Colbert avait eu naguère des débuts assez troubles. Mais son intelligence, son habileté et son cynisme dépassaient tout ce qu'on put imaginer. Il réussit l'impossible qui était de trouver de l'argent liquide. Pour cela il s'adressa aux grands hommes d'affaires français et étrangers, notamment aux Suisses : Bernard Crozat, Le Gendre Fizeaux, ou les Genevois Hogguer, Huguetan et Mallet. Bernard Crozat d'abord, puis Le Gendre, l'aidèrent à terminer la guerre. Mais tous ces emprunts à des taux fort élevés reposaient naturellement sur la richesse fondamentale du royaume, qu'ils engageaient. Aux difficultés militaires et économiques s'ajouta l'une de ces famines brutales qui depuis des siècles frappaient le royaume à intervalles irréguliers. Ce fut le grand hiver de 1709 qui gela les grains en terre et la plupart des arbres dont tous les oliviers du Midi et les noyers du Centre. Cet hiver entraîna malgré le tardif secours de céréales de printemps une cherté épouvantable dans presque tout le royaume, puis les épidémies, puis le surcroît quasi classique de décès. Bien que la crise paraît, malgré ses aspects très spectaculaires, avoir été moins dure qu'en 1693-1694, elle fondit sur un royaume épuisé par la guerre, les révoltes et les impôts.

Le roi battu presque partout, mais qui éprouvait la joie immense de voir son petit-fils reconquérir lentement sa capitale et son royaume, puisque dès le début de 1708 les Anglo-Portugais ne tenaient plus que quelques villes catalanes plus les Baléares —, le roi donc prit le parti d'accélérer des négociations à La Haye qui n'avaient jamais cessé. Il offrit d'abandonner Dunkerque, Terre-Neuve et même Strasbourg. Il offrit de chasser le prétendant Stuart de son royaume et surtout d'abandonner son petit-fils le roi d'Espagne qui pourtant avait reconquis presque tout son royaume. Le Hollandais Heinsius et ses alliés exigeaient qu'il les aide militairement à le chasser d'Espagne. Pour ce faire, il consentait à donner de l'argent, mais tout de même pas des troupes. Épuisé, inquiet, mais conscient des limites du possible et du simple honneur de son royaume, Louis XIV brisa net.

Signe d'espoir : presque au même moment au nord, à Malplaquet, bain de sang et demi-victoire, les pauvres armées françaises, bien qu'à demi affamées et improvisées, protégeaient tout de même les frontières du royaume, que Vendôme défendit à peu près jusqu'à sa mort en 1712.

Sur les autres fronts Vendôme avait aidé le jeune Philippe V à reprendre presque tout son royaume après la décisive victoire de Villaviciosa, dès 1710. Bien plus loin, Duguay-Trouin et ce qui restait de la marine royale allaient bombarder Rio de Janeiro (septembre 1711) en y faisant un joli butin. La victoire inattendue et tardive de Denain (juillet 1712), qui empêchait le prince Eugène de foncer sur la route de Paris, accéléra des négociations qui en réalité avaient été engagées l'année précédente par l'Angleterre elle-même. En effet, tandis que Desmarets mobilisait tous les financiers qu'il pouvait toucher pour assurer les dernières campagnes enfin victorieuses, deux événements de premier ordre étaient survenus, qui avaient complètement transformé l'attitude des Anglais de qui, en fin de compte, dépendait désormais presque tout. D'une part, la reine Anne avait rompu, en avril 1710, avec sa favorite Lady Marlborough qui, comme son mari, soutenait le parti de la guerre. Le Parlement renouvelé fit venir au ministère les tories qui, en bons landlords, désiraient des négociations afin que cessent ces conflits beaucoup trop coûteux et où les intérêts primordiaux du pays ne semblaient plus menacés. Fait décisif, l'empereur mourut un an plus tard, ce qui donnait l'Empire à son fils Charles III, qui se prétendait toujours roi d'Espagne. Pour les Anglais comme pour les Français, il n'était pas supportable que le même personnage règne sur l'Empire, les Pays-Bas, une partie de l'Italie, l'Espagne et son empire colonial. Les intérêts des deux pays coïncidaient donc. Secrets, les préliminaires de Londres contenaient déjà l'essentiel de la paix générale qui allait être signée l'année suivante à Utrecht et, un peu plus tard, avec l'empereur à Rastadt.

Louis XIV devait reconnaître solennellement la reine d'Angleterre et sa succession protestante ; en revanche, son petit-fils, roi d'Espagne, renonçait pour toujours à la succession de France.

Louis XIV gardait tout de même Strasbourg et avait la joie de voir son petit-fils reconnu enfin roi d'Espagne par l'Europe. Mais de la seule Espagne plus ses colonies, les possessions d'Italie et des Pays-Bas passant nommément à l'Empire, en pratique à l'Autriche sous le terme futur de « Pays-Bas autrichiens ». La France perdait quelques lieues carrées, faisait raser Dunkerque sur sa frontière nord et devait admettre à nouveau que les garnisons hollandaises le surveillent en occupant les places dites de la barrière — humiliations assez rudes. Une légère modification de frontière dans les Alpes permettait en revanche de faire passer de la Savoie à la France la vallée de Barcelonnette et quelques autres lieux. Mais Louis XIV devait abandonner aux Anglais une partie du début d'empire que des hommes courageux avaient commencé de lui constituer en Amérique, particulièrement une Antille (Saint-Christophe), Terre-Neuve, les régions proches de la baie d'Hudson et surtout l'Acadie, prélude aux abandons dans lesquels s'illustrerait son successeur... Mais en comparaison de ce qu'il aurait perdu en 1709 c'était une manière de succès. Les avantages consentis à ses trois principaux adversaires demeuraient tout de même considérables.

Encore ne pense-t-on pas souvent aux avantages économiques. Aux deux puissances maritimes toutes les facilités commerciales étaient accordées. On était loin des rêveries protectionnistes de Colbert. De plus l'Angleterre, déjà bien ancrée en Méditerranée avec Gibraltar et Minorque, obligeait France et Espagne à renoncer à l'*asiento* et à tout privilège commercial dans l'Amérique espagnole, alors que les Anglais eux-mêmes en obtenaient de grands, y compris le territoire de la Plata et le vaisseau de permission. La défaite de Louis XIV, bien qu'honorablement acceptée, donnait des bases encore plus fortes au siècle à venir de la prépondérance anglaise économique, maritime, coloniale et jusqu'à un certain point politique. On était loin des rêveries que le monarque encore jeune laissait inscrire dans ses *Mémoires* pour les années 1661 à 1668. Cette triste guerre de Succession d'Espagne aurait-elle pu être évitée ? Il est impossible de trancher, mais il ne le semble guère.

Lorsque le roi signa son dernier traité à Rastadt (mars 1714), il lui restait dix-huit mois à vivre. Déjà autour de lui on escomptait sa mort prochaine en se livrant à toutes sortes de spéculations sur la santé du seul héritier direct survivant, un enfant né en 1710 et sur la conduite possible de celui dont chacun sentait venir la régence, le duc d'Orléans, fils de Monsieur et de la Princesse Palatine. Comment ce monarque, vieillard de 75 ans, vécut-il sa vieillesse et quel royaume laissa-t-il le 1er septembre 1715 ?

Hiver

À soixante-dix ans passés, le roi présentait toujours son allure imposante et son apparente bonne santé que quatre générations de médecins plus les chirurgiens, qui lui avaient à demi brisé la mâchoire pour lui enlever quelques mauvaises dents, n'avaient pas suffi à abattre, malgré les purges, saignées, émétiques et antimoines qui lui avaient été prodigués. Ils n'avaient pas imposé de régime au boulimique effarant, avide surtout de viandes épicées et de sorbets très froids. Des ennuis digestifs et la goutte le diminuaient par moments. Ce ne fut que dans les dernières semaines que, miné par l'arthrose sans doute, il maigrit beaucoup et s'apprêta à mourir.

Autour de lui la Cour, énorme machine bien rodée, continuait ses courbettes et ses intrigues, et allait se distraire, à Paris ou dans les folies, des servitudes de l'étiquette et de la dévotion. La Régence commençait *mezza voce*. Le roi, souvent retiré chez lui et surtout chez Mme de Maintenon, vivait surtout avec ses souvenirs et quelques vieillards comme Gramont et Villeroy qui lui rappelaient la jeunesse cavalière et les plaisirs de l'île enchantée. Il se faisait jouer les comédies de Molière et écoutait de la musique de chambre qu'il avait toujours su goûter.

Depuis l'hiver de 1709, la gravité et la tristesse avaient envahi sa vie, même s'il le montrait rarement. Il avait souffert en 1709 de devoir demander une paix humiliante après trop de défaites, et il avait pourtant réagi au dernier moment devant l'impossible. Autour de lui, il avait vu mourir son fils le dauphin, son petit-fils le duc de Bourgogne et son épouse la petite duchesse savoyarde qui l'avait bien amusé et un peu séduit. Il ne lui restait qu'un arrière-petit-fils que les femmes qui s'occupaient de lui avaient sauvé des médecins qui transformaient les épidémies en sépultures dans les riches et nobles maisons. Au milieu de ces deuils et de ces échecs, il s'astreignait toujours à beaucoup travailler. Trois soucis l'obsédaient, surtout les deux derniers : l'établissement enfin d'une paix durable, la religion du royaume, la succession de France.

Ce désir de paix, il l'avait plusieurs fois exprimé pendant ses dernières années. Il l'avait manifesté lors des négociations de paix. Il pensait aller plus loin en faisant sonder l'empereur pour établir, enfin, une paix durable en Europe continentale que renforcerait éventuellement une entente qui ne fût pas toujours aisée avec son petit-fils le roi d'Espagne. Ces intentions dernières fort raisonnables demeurèrent des intentions.

Sur le plan religieux, une grande piété tardive, nourrie surtout de la peur de l'enfer pour ses péchés passés — le témoignage vient de Mme de Maintenon —, avait provoqué un retour à une sorte d'absolutisme catholique en quelque sorte ultra. Après une accalmie consécutive à des décisions de 1698, il retirera à partir de 1711 ses instructions les plus dures, qui d'ailleurs avaient été les moins suivies, comme d'interdire aux médecins de visiter des malades qui ne présenteraient pas des certificats de confession. Ce besoin de faire pénitence sur le dos des autres ne paraît pas avoir été mieux satisfait dans la plupart des provinces. D'ailleurs, au moment même de l'agonie royale, le premier synode réformé du siècle se réunissait près de Nîmes...

Le roi vieillissant supportait plus mal les discussions

théologiques et les querelles qui sévissaient à l'intérieur de l'Église catholique. À partir de 1709 particulièrement, le jansénisme renaissant désormais teinté de gallicanisme et quelque peu de ce richérisme qui souligne l'éminente dignité des simples prêtres que le roi avait contribué à mettre dans la dépendance d'évêques devenus plus puissants en leurs diocèses. Contre Port-Royal pourtant calme, la brutalité du roi catholique se déchaîna de 1709 à 1712. Religieuses chassées, bâtiments détruits, ossements du cimetière portés à la fosse commune, démolition de l'église paroissiale... rien qui n'empêchât le jansénisme renouvelé de secouer le clergé, la robe, la ville et même la Cour.

À leur égard, comme il l'avait fait jadis contre des mystiques sans gravité nommés quiétistes, le roi demandait désormais l'appui de ce pape contre lequel il s'était dressé vingt ans plus tôt. Le pape le laissait attendre. Contre le second jansénisme, le pape finit par rédiger en 1713 cette bulle appelée *Ugenitus* qui souleva des tempêtes. S'y opposèrent, outre l'archevêque de Paris, la Sorbonne et le Parlement, une quinzaine de prélats et des centaines de prêtres et de religieux. Louis XIV en conçut un courroux démesuré et parla de « lever le pied » ou de « marcher sur le ventre » de ses adversaires, parmi lesquels deux de ses ministres n'étaient pas loin de se ranger. Il songea même à réunir un petit concile français où il dirait le droit comme un vrai petit pape gallican. Rêveries insensées d'un vieillard qui n'hésitait pas à mettre sur le compte des évêques ses erreurs passées...

En ce qui concerne la Régence qui allait venir il se refusait à penser que son neveu Orléans, d'une intelligence évidente mais d'une pensée trop libre, y reçoive toute l'autorité. Il passa donc des mois à méditer et fignoler un testament où il donnait tout le pouvoir à son bâtard favori, le duc du Maine, homme de valeur certes qu'il avait fait déclarer par le Parlement « apte à succéder ». Deux jours après sa mort, le même Parlement annulait tout cela... Louis XIV ne put donc pas se prolonger comme il l'avait aussi rêvé.

Il n'empêche que le monarque qui menait ces dernières actions pour le moins surprenantes continuait à en imposer à son entourage, à ses ministres et aux ambassadeurs étrangers... Ce qui montre à quel point il est difficile de définir en quelques phrases un homme qui a vécu il y a si longtemps et changé, au cours d'un si long règne.

De la France de 1715 sur laquelle beaucoup d'historiens ont versé des larmes inutiles, il faut bien dire qu'elle paraissait épuisée financièrement avec plus de deux années de revenus mangés à l'avance. Mais l'on doit ajouter aussi que la Régence remit les finances sur pied en une dizaine d'années et qu'à tout prendre la situation n'était pas plus terrible qu'au temps de Richelieu, et beaucoup moins qu'elle le sera sous Louis XVI. La cause en était la guerre comme elle l'avait été sous Richelieu, comme elle le sera sous Louis XVI.

L'épuisement économique est beaucoup moins assuré. Certes l'année 1709-1710 fut épouvantable, et une épizootie en 1714 décima le bétail. Mais enfin, avant comme après, beaucoup de récoltes furent bonnes, se vendirent assez bien comme le vin d'ailleurs, fermiers et métayers ruraux très éprouvés un moment par les mauvaises récoltes, un certain manque de travail, et les manipulations monétaires, semblent s'être remis au travail sans trop de peine, préparant ainsi les décennies plutôt prospères du XVIIIe siècle commençant. Les grands ports et les grands négociants internationaux continuaient de prospérer abondamment, grâce au commerce des esclaves, des sucres et des toiles, et aux merveilleux « retours » qui provenaient de l'Amérique du Sud et de l'Asie. Les premières colonies, surtout les « isles » à sucre, la Martinique puis Saint-Domingue alors française, enrichissaient les grands ports et les raffineries installées au long de la Loire. En Inde, en Louisiane, de sérieux espoirs étaient aussi permis. Il semble pourtant que les peuples des provinces supportaient difficilement, même s'ils étaient pour l'instant silencieux, le centralisme triomphant sous l'autorité des intendants, les coutumes provinciales souvent bafouées et l'apparition de nouvelles institutions comme la milice.

Du côté des élites que Louis XIV avait un moment

prétendu mettre à l'heure de Versailles, il est trop évident qu'avaient émergé à nouveau, mais dans le cadre des grandes villes, à la fois le libertinage et l'esprit de liberté, tandis que le cartésianisme prohibé était partout enseigné et que la critique abordait dorénavant tous les domaines, religion comprise... Le temps des Lumières perçait avant la fin du Grand Règne...

Grand Roi ? Grand Règne ? Grand Siècle ? Il n'appartient pas à l'historien de prononcer la sentence. Il doit seulement signaler que ni le roi ni le royaume ne sont les mêmes en 1661, 1688 ou 1715, et que les opinions sur Louis XIV ont beaucoup varié d'un siècle à l'autre, d'une famille d'esprit à une autre, et plus encore d'un pays à l'autre. Parmi toutes les remarques qu'on pourrait présenter à ce sujet, on peut en prendre deux.

D'une part, les nostalgiques légitimistes du XIXe siècle ont bien moins souvent invoqué son image glorieuse que l'image populaire du bon roi Henri, son aïeul, ou l'image attristée du « martyr du 21 janvier », le pauvre Louis XVI.

D'autre part, si le souvenir du Grand Roi est cher au cœur de nombreux Français, sa détestation absolue a nourri les rancœurs des habitants de l'Allemagne et des Pays-Bas qu'il sut trop bien dévaster, et la tradition anglaise généralement élégante et mesurée, n'est pas tendre à son égard.

III

LES *MÉMOIRES* DE LOUIS XIV
*POUR L'INSTRUCTION DU DAUPHIN**

Présentation

Les *Mémoires* de Louis XIV *pour l'instruction du dauphin* sont habituellement considérés comme l'un des textes les plus remarquables de l'Histoire de France. Il arrive même qu'on les cite : à vrai dire, presque toujours les mêmes phrases, les plus frappantes et les mieux frappées. Et pourtant, ces *Mémoires* contiennent beaucoup d'autres phrases, qui sont rarement évoquées, ou pas du tout, car il est rarement arrivé qu'ils soient lus en entier. Aussi, le texte qui suit essaie d'être complet et honnête, dans la mesure où l'on peut y parvenir, étant donné l'état des sources.

Il se trouve d'abord que ces *Mémoires* ne concernent que cinq années du règne personnel de ce roi, cinq sur cinquante-cinq. Encore, deux nous sont parvenues incomplètes ou inachevées, 1662 et 1668 ; par surcroît, rien n'a subsisté, sauf quelques bribes, pour les années 1663, 1664 et 1665, qui pourtant ont été au moins envisagées, peut-être amorcées.

Il est fermement établi que le roi n'a pas rédigé lui-même ses *Mémoires*, mais qu'il les a esquissés en notes brèves, préparés, surveillés, corrigés, retouchés, ou a incité aux retouches. Il n'empêche que le magnifique

---

* Extraits de la longue présentation aux *Mémoires pour l'instruction du dauphin*, 1992. Reproduit avec l'aimable autorisation de l'Imprimerie Nationale.

manuscrit de la Bibliothèque Nationale qui concerne l'année 1661 porte comme nom d'auteur celui de Pellisson (manuscrit français 10632). Il est non moins certain que ce scribe si lisible a simplement mis au propre, en présence du roi (dont le contrôle est signalé dans le texte), une ou peut-être deux rédactions précédentes. Pour les années 1666 à 1668, il existe au moins (fort mélangées) trois moutures, chargées de suppressions et de corrections, où l'on a principalement décelé la main du président Périgny, lecteur du roi depuis 1663, précepteur du dauphin jusqu'en 1670, date de sa mort. Mais l'inspiration, l'œil et la main du roi sont partout décelables.

Songea-t-il dès le début à « instruire » le dauphin, né le 1er novembre 1661 ? Certainement pas. Mais il est sûr que ce jeune roi de 22 ans, infiniment avide d'autorité et surtout de gloire, a voulu dès le premier jour que soit rédigée une sorte de chronique ou de mémorial de décisions et d'actions qu'il pensait remarquables, afin que les générations futures puissent en posséder une idée exacte. Brienne le Jeune (fils d'un ministre de Mazarin) puis Colbert s'en chargèrent : leurs textes ont été retrouvés, et publiés au siècle dernier. Les érudits pensent habituellement, et paraissent avoir prouvé, que le roi ne songea à « instruire » son fils qu'un peu plus tard, dès 1666 peut-être, en 1668 sûrement. Le travail ancien fut donc repris, un texte nouveau préparé, ébauché, écrit, corrigé et récrit, avec l'aide principale de Périgny et sans doute de quelques secrétaires. Le beau manuscrit de Pellisson pour 1661, rédigé donc après le décès de Périgny, date donc bien de 1670 ou 1671 : « C'est ici la dixième année que je marche », dit le roi à la fin du Livre Premier.

Dès 1672, le roi, occupé par la guerre de Hollande, semble bien avoir abandonné la rédaction des *Mémoires* ; de toute manière, aucun texte postérieur ne nous est parvenu sinon quelques fragments. Quoi qu'il en soit, le roi conserva ces textes dans son « cabinet », avec d'autres papiers, au moins aussi précieux. Entré dans sa soixante-seizième année en 1714, il décida de brûler beaucoup de documents devenus inutiles, voire dangereux ou compromettants pour tels de ses amis. Le maréchal de Noailles, qui avait épousé la nièce de Mme de Maintenon, présent à cet autodafé comme la seconde épouse en personne, obtinrent du vieux roi qu'il sauve des flammes une partie au moins des précieux *Mémoires*. Trente-cinq années plus tard, le même Noailles remit une partie des manuscrits, les infolio, à la Bibliothèque royale : l'attestation y est insérée. Neuf ans plus tard, il y porta le reste, des in-quarto : c'était le 6 septembre 1758, comme l'a précisé le garde de la Bibliothèque, Salliet. Ces manuscrits reposent toujours à la Bibliothèque royale, devenue nationale pour la seconde fois après avoir été deux fois impériale. C'est sur eux que quelques historiens — bien peu — ont travaillé aux XIXe et XXe siècles. Tel fut le premier et imposant dépôt des *Mémoires* de Louis XIV.

Mais le Grand Roi n'avait ni tout brûlé ni tout remis à Noailles. En effet, un ensemble de ses papiers, dont une partie des précieux *Mémoires*, se trouvait en possession de Louis XVI, qui les confia en 1786 au général-comte de Grimoard, historien et éditeur de textes assez remarquable (les papiers de Turenne, notamment), afin qu'il en tire... des instructions pour l'éducation du dauphin d'alors. Les choses ayant été ce qu'elles furent, Grimoard, passant paisiblement au travers de la Révolution, comme tant d'autres, confia ses inestimables documents à un personnage tout à fait extraordinaire, mais sûrement intelligent, Grouvelle, et à des éditeurs de grand mérite, Treuttel et Würtz, à cheval sur la rue de Lille et Strasbourg. Il en résulta, en 1806, six volumes intitulés, un peu généreusement, *Œuvres de Louis XIV*, dont les deux premiers révélaient, outre des pages pour les années 1666 à 1668 qui recoupent plus ou moins celles que déposa Noailles, le seul exemple solidement attesté des *Mémoires* pour la fin de l'année 1661 et l'année 1662. Le livre paru, la magnifique collection Grimoard disparut, à jamais semble-t-il. C'est ce qui fait l'intérêt des tomes I et II de ce qu'on appelle l'édition Grouvelle, mais que le catalogue de l'actuelle Bibliothèque Nationale appelle aussi justement édition Grimoard. Elle est évidemment irremplaçable et également incontrôlable, à moins qu'on ne retrouve un jour ce qui peut rester des collections du comte-général-historien, dispersées sans doute à la mort de celui-ci, en 1815, et vraisemblablement parties en Angleterre pour enrichir la célèbre collection de Sir Thomas Philipps, au château de Cheltenham. (Suggestion de Joseph Bergin, fort vraisemblable... mais la collection de Cheltenham fut aussi dispersée !)

Il m'a semblé nécessaire de dire, peut-être un peu longuement, d'où viennent, comment nous sont parvenues et où se trouvent les cinq années de *Mémoires* de celui qui voulut très tôt — en 1662, il le dit — se faire appeler le Roi Soleil. L'essentiel est pourtant d'en venir au texte, c'est-à-dire au dernier des deux ou trois textes qu'il a vus et acceptés, seul critère d'un choix qu'on croit irréprochable. Au-delà de ce qui est dit, qu'est-ce qui est souligné, suggéré, avoué, ou non dit ? Pour tenter de voir clair, on considérera le texte qui suit — remis et ponctué en français moderne, comme il est de règle, le XVIIe siècle ignorant nos canons orthographiques — comme l'œuvre personnelle de Louis XIV, puisqu'il a pieusement conservé ces cahiers et ces feuilles, reliés bien plus tard, durant plus de quarante années : on ne conserve que ce à quoi l'on tient, et qui vous tient à cœur, une œuvre personnelle dont la plus grande partie fut rédigée ou revue lorsque le roi avait une trentaine d'années.

Le roi pédagogue

Impossible de soutenir, comme il est parfois arrivé, que le roi ait rédigé dès 1661 ses *Mémoires* pour l'instruction d'un dauphin qui ne naquit qu'en novembre. L'adresse qui, en deux mots, ouvre le texte : « mon fils » est évidemment postérieure, probablement d'une dizaine d'années. N'empêche qu'elle figure dans le texte définitif, et que cette apostrophe simple et chaleureuse d'un maître à son fils-élève revient presque à chaque page, sauf dans les paragraphes financiers (dus à Colbert, presque sûrement), souvent plusieurs fois par page, en tout environ cent cinquante fois. Elle suffit pour donner de la chaleur à la leçon, d'autant que le ton se fait parfois assez familier, presque celui de la conversation (« les fonctions dont nous parlons », 1661), et tourne quelque peu à la confidence, notamment à propos d'un « attachement dont l'exemple n'est pas bon à suivre ». Il s'agit de Mlle de la Vallière, à qui le roi vient de donner « la terre de Vaujours ». Il ne craint pas d'avouer qu'il « serait bon [qu'un prince] se garantît absolument des faiblesses communes au reste des hommes », qu'il va jusqu'à qualifier d'« égarements ». Après l'aveu vient le précepte : « que le temps que nous donnons à notre amour ne soit jamais pris au préjudice de nos "affaires" » (année 1667, vers la fin).

Même adressée à un enfant — il est vrai censé la lire plus tard —, la confidence est courageuse, et forte la règle politico-morale énoncée, qui sera respectée au moins jusqu'à Maintenon, et peut-être ensuite.

Dans un domaine tout différent, que nous appelons relations internationales, la méthode est la même : d'abord un exemple précis, la libération du Portugal, ensuite un véritable cours de diplomatie subtile, de style mazarinesque.

En premier lieu, les faits : le Portugal, juxtaposé, administré mais non incorporé à l'Espagne en 1580, avait été plus rudement traité et pratiquement annexé par la suite. Il se révolta dès 1640, la même année que la Catalogne, avec l'aide évidente de la France, en guerre avec l'Espagne depuis cinq ans. Après bien des péripéties, l'ancienne dynastie des Bragance s'était difficilement réinstallée à Lisbonne, avec un monarque fort médiocre, menacé à la fois par ses sujets et ses voisins. Or, l'une des clauses du traité des Pyrénées (1659) interdisait en droit au roi de France d'aider le Portugal (comme au roi d'Espagne de soutenir d'éventuels révoltés ou adversaires de la France). Mais l'un des plus solides principes de la politique extérieure de Louis XIV consistait à affaiblir l'Espagne de toutes les manières. Après avoir arrangé le mariage d'une infante portugaise avec Charles II d'Angleterre, il imagina avec l'aide de Turenne, prince « étranger » puisque de la maison de Bouillon, de faire passer par l'Angleterre amie les troupes nécessaires, des soldats dépendant de Turenne, pour soutenir l'indépendance portugaise. Par surcroît, un général d'origine allemande, Schomberg, né à Heidelberg, abandonna ses charges françaises (il était lieutenant général) pour commander ces régiments de secours, finalement victorieux. Cette subtile combinaison n'empêchait pas que le traité des Pyrénées ait été violé.

C'est ici que se place la leçon du Roi Soleil à son fils : « Un des endroits les plus délicats de la conduite des princes », précise-t-il. Et d'ajouter : « Je suis bien éloigné de vouloir vous enseigner l'infidélité », avant de déclarer qu'il n'est pas obligatoire de suivre les traités à la lettre, que les observer strictement n'est pas indispensable, que l'intérêt de l'État commande — voilà l'essentiel — et que d'ailleurs les Espagnols avaient « violé les premiers, et en mille sortes » le traité des Pyrénées. Les mille exemples manquent (on en a repéré une vingtaine) mais non la subtilité des arguments, ou des arguties qui suivent. Dans cette haute leçon de politique et de diplomatie, que le dauphin ne pourra appliquer puisqu'il mourut quatre ans avant son père, mais que bien d'autres ne manqueront pas de suivre, on voit poindre déjà la boutade du « chiffon de papier ».

En réalité, si l'on excepte tels développements institutionnels et surtout financiers, qui viennent de Colbert, l'ensemble des *Mémoires* constitue une leçon permanente, une suite de tableaux, de récits, voire de confidences qui aboutissent presque tous à une morale, un principe, un précepte, une recette. Et la plupart apparaissent comme une glorification, parfois subtile, de la politique, de la pensée et de la personne d'un monarque qui se contemple rarement avec sévérité : sa satisfaction paraît quelquefois presque attendrissante. Il existe pourtant, dans cette juxtaposition de textes, des petits morceaux et des grands.

Attachons-nous d'abord aux grands, qu'il convient d'examiner en entier, et non par morceaux trop bien choisis.

Panorama de l'Europe selon Louis XIV

Dans un premier temps, le jeune roi qui a pris, avec quelle joie, ce qu'on appelle les rênes du pouvoir, saisit d'un coup d'œil une Europe qu'il réduit à peu près aux princes ses voisins « avec qui la paix avait été établie pour aussi longtemps » qu'il le voudrait lui-même, ce qui paraît exact, du moins en 1661. Grand calme européen essentiellement dû, comme il ne le dit pas, au travail inlassable du cardinal Mazarin, qui avait su vaincre, puis traiter avec les deux Habsbourg, l'espagnol et l'autrichien, et imposer la paix aux royaumes du Nord, Suède, Danemark, Pologne, et au Brandebourg, si important déjà et dont il parle à peine. Quant aux monarchies de l'Est et spécialement l'Empire ottoman, qui occupe un bon quart de l'Europe et les deux tiers des côtes méditerranéennes, il est à peine évoqué, sans doute parce qu'il est à la fois l'Infidèle et l'allié un peu honteux. Le reste du monde paraît tout juste exister ; il pointera un peu plus loin, à la faveur d'une Antille et de quelques Iroquois. Pas question des royaumes d'Asie, qui intéressaient pourtant des missionnaires et quelques hardis négociants sur mer.

Le jeune roi, dans la paix dont il hérite, qui le ravit en même temps qu'elle jugule son besoin de guerre et de gloire, considère surtout, fort naturellement, ses voisins immédiats ou proches, dont il souligne ou exagère les faiblesses.

S'il est vrai que l'Espagne vaincue est alors affaiblie, à la fois dans sa monarchie et sa substance, et que l'empereur encore jeune et timide a été bridé par la subtile et redoutable diplomatie mazarine comme par les prétentions renforcées de ses Électeurs, aucun des deux Habsbourg n'est vraiment à genoux, et surtout pas l'autrichien, comme il pourra le constater dans les décennies futures. La Suède de Gustave-Adolphe est certes momentanément affaiblie, mais jamais négligeable, et elle saura se redresser au temps de Charles XII. Le regard jeté sur l'Angleterre et la Hollande, surtout dans une rédaction qui date de 1670 ou 1671, a de quoi stupéfier. La première est donnée pour encore faible, ainsi que son nouveau roi, « porté d'inclination pour la France », jugement un peu court et que l'avenir démentira. Quant aux Hollandais, ils sont franchement méprisés : ils ne songent qu'à leur commerce — souci sans doute méprisable — et à « abaisser la maison d'Orange » ; et le Roi Soleil n'hésite pas à ajouter : « leur principal support était mon amitié » : on demeure confondu qu'une telle appréciation puisse être donnée à cette date, un an avant l'échec de l'invasion de la Hollande et la prise du pouvoir de Guillaume d'Orange, futur roi d'Angleterre, qui sera l'ennemi le plus intraitable de Louis XIV.

Quelques mots sur les divisions, les faiblesses, les amitiés des « potentats » d'Italie, et le tour d'Europe est terminé. Il ne manque pas d'allure, même s'il est un peu bref. Mais la péroraison définit bien la manière de Louis XIV : il souligne qu'on ne le « connaissait point encore dans le monde » et que, pour y parvenir, « le plaisir d'être à la tête de [ses] armées [lui aurait] fait souhaiter un peu plus d'affaires au dehors ». Bref, l'état de l'Europe que lui a laissé Mazarin va lui permettre la guerre, la victoire et la gloire, qu'il désire par-dessus tout.

En attendant, il se plaît, par d'extraordinaires manifestations de magnificence, à se faire reconnaître par les autres monarques comme « le plus grand roi qui fût au monde », tout uniment. Et de décrire avec un luxe de détails brillants les « séances d'excuses » qu'il accorda à la république de Gênes, à l'ambassadeur d'Espagne et même au nonce, qui l'avaient offensé à Londres — une affaire de carrosses —, au Louvre — une affaire de tambour — et à Rome — une bagarre de ruffians. Tous les rois d'Europe, souligne-t-il, doivent reconnaître que « sa couronne » est « la première de toute la chrétienté », tous les ambassadeurs doivent « céder la préséance aux [siens] en toutes sortes d'occasions ». Après la « séance des excuses d'Espagne », il se demande « si depuis le commencement de la monarchie il s'est rien passé de plus glorieux pour elle ». Il se trouve quelque chose de juvénile et de joyeux dans une telle exaltation, et l'on est tenté d'applaudir... (année 1661, fin).

Il omet d'indiquer que les vaisseaux anglais refusèrent toujours de saluer les premiers les français, comme il l'avait vainement exigé.

On est moins tenté d'applaudir la longue dissertation qui vise à démontrer la supériorité des « rois de France, rois héréditaires et qui peuvent se vanter qu'il n'y a aujourd'hui dans le monde, sans exception (*sic*), ni meilleure maison que la leur, ni monarchie aussi ancienne, ni puissance plus grande, ni autorité plus absolue » sur l'empereur qui, après tout, n'est qu'un « prince électif »... qui n'a « pour habitation dans tout l'Empire que l'unique ville de Bamberg » — oubliant Vienne et Prague. Et d'expliquer que c'est lui-même, Louis XIV, qui descend de Charlemagne... Interminable diatribe qui montre au moins qu'on avait bien mal appris l'histoire à Louis XIV.

Mais il faudra attendre l'année 1666 pour voir le Roi Soleil passer de la politique de magnificence à la guerre tant désirée : ce seront d'autres morceaux, nourris à la fois de victoires éclatantes et de très subtiles et très sages négociations. Nous les retrouverons.

Le roi et sa famille

Ayant fermement décidé de régner seul, de décider seul, après avoir cependant pris conseil auprès de ceux qu'il avait choisi de conserver, le roi devait écarter du pouvoir les membres de sa famille proche : sa mère, son frère.

Pour Anne d'Autriche, mère vigilante et tendre, à laquelle il consacre, lorsqu'elle mourut en janvier 1666, une page aussi frémissante qu'admirable, il ne se présenta, dit-il, aucune difficulté : elle lui avait fait « si pleinement l'abandon de l'autorité souveraine » qu'il savait n'avoir « rien à craindre de son ambition ». Ambition ! ce dernier mot surprend, car il ne caractérise en rien celle qui se dévoua tant durant sa régence, spécialement lors des absences de Mazarin ; celle qui parvint à empêcher son fils de commettre la folie de s'allier à Marie Mancini ; celle qui supporta calmement, mais non sans douleur silencieuse (ses deux meilleures biographes, Claude Dulong et Ruth Kleinman, y insistent), d'être fermement écartée du Conseil, pratiquement confinée à son bel appartement du Louvre, au cœur de ce qu'on appela la « Vieille Cour », par opposition au bruit de l'autre, celle du monarque ; celle qui consola la jeune reine, sa nièce, d'être rapidement et abondamment trompée par un fils dont l'inconduite privée la peinait ; celle qui souffrit du sort réservé à son ami Fouquet ; celle qui connut, de son fils, la menace d'être remplacée dans son gouvernement de Bretagne par le discutable duc Mazarin ; celle qui supporta mal l'exil imposé à ses amis Navailles, parce que la duchesse veillait de trop près à la vertu des filles d'honneur de la reine... Et il faut bien ajouter que Louis XIV ne fit pas toujours, comme il dit, « table commune » avec sa mère, et que rares étaient les jours où il la voyait effectivement « plusieurs fois », malgré « l'empressement de ses affaires », précise-t-il, exaltant son mérite, sans doute inconsciemment.

Du côté de son frère, personnage plus brillant et discutable que franchement ambitieux, le très pénible souvenir du précédent « Monsieur », Gaston d'Orléans, qui trahit six fois Louis XIII et fut assez souvent l'un des moteurs de la Fronde — moins que Retz et Condé, tout de même —, la méfiance pouvait s'imposer. Malgré l'affection qu'il semble témoigner à ce cadet de deux ans avec qui il avait joué, polissonné et grandi, et la visible inclination qu'il montrait pour sa jeune épouse, deux incidents, inopinément surgis au lendemain du décès de leur mère, ont obligé le roi à manifester une autorité ferme, qui put paraître cruelle.

À distance, on peut trouver le premier assez ridicule, mais il ne l'était certainement pas en 1666 : Monsieur réclamait « que sa femme eût chez la reine une chaire [fauteuil] à dos ». Une telle prétention était considérée comme une nouveauté inacceptable, qui élèverait trop Madame au-dessus des « autres sujets » (de la Cour) et l'« approcherait trop » du roi. Les deux requérants osèrent même prétendre qu'Anne d'Autriche mourante leur avait promis d'appuyer leur demande, ce que Louis XIV nie absolument.

La brouille s'aggrava sérieusement lorsque Monsieur réclama, après la mort du prince de Conti, le riche et glorieux gouvernement de Languedoc, sous prétexte que le précédent Monsieur, Gaston d'Orléans, l'avait autrefois possédé. Argument éminemment mal venu, sinon insultant, que le roi repousse en quelques lignes énergiques, desquelles émerge la formule fameuse : les « Fils de France ne doivent jamais avoir d'autre retraite que la Cour, ni d'autre place de sûreté que dans le cœur de leur frère ». Jusqu'aux termes choisis, tout montre à quel point

Louis XIV demeurait fortement impressionné par les insupportables et douloureux souvenirs de la Fronde.

Quant au reste de la famille royale, rien sur son père, quelques expressions louangeuses pour son épouse, dont il souligne certes la naissance, la vertu et la tendresse, mais aussi la beauté... et le respect qu'elle lui porte, tout cela à propos de couches difficiles, début 1667 ; rien sur ses autres enfants légitimes, qui d'ailleurs moururent tous en bas âge ; un mot tout de même sur La Vallière et sa fille, et les favorites en général. Sans doute le dauphin n'avait-il besoin d'être instruit que sur ce dernier point, qu'il s'empressa d'oublier plus tard, en attendant de ne pas régner.

Au fond, pour Louis XIV, les données et les soucis de famille relèvent simplement de la politique, ou doivent s'y soumettre. Fier de la longue et glorieuse lignée de ses prédécesseurs et aïeux, il ne retient pourtant que le plus fameux, Charlemagne, dont justement il ne descendait pas : l'ignorait-il ?

À cette époque et depuis longtemps, plus tard encore, il existait, à côté de la famille temporelle, parfois mêlée à elle, une famille spirituelle. Les baptêmes fournissaient l'une des principales occasions de la nouer. Après tout, le parrainage est une paternité. Louis XIV n'a pas songé à l'écrire, mais Mazarin fut tout de même son parrain, ce qui avait formé entre eux des liens supplémentaires, en principe aussi forts que les liens politiques.

Du « ministre », comme il dit simplement, il loue, dès les premières pages, la grande habileté, l'adresse et les services rendus. « Services rendus », l'expression paraît bien faible pour ce cardinal qui sauva la monarchie et agrandit le royaume. En sept mots exactement, il exprime leur réciproque affection. Immédiatement, il remarque que ses « pensées et [ses] manières » (quelles manières ?) étaient « naturellement très différentes » des siennes, mais qu'il ne pouvait « ni contredire ni discréditer [quel mot !] sans susciter de nouveaux orages », comme hier ceux de la Fronde. Et de signaler fort honnêtement son impatience à régner vraiment, et les réflexions intérieures qu'il développe pour y parvenir : souhaits et craintes tout ensemble, mais qu'il veut assumer, et assume effectivement dès la mort du cardinal, qu'il avait pourtant laissé régler les toutes dernières affaires, comme le confirme le père Bissaro, ultime confesseur du cardinal.

Certes, Louis XIV a rendu à celui-ci, sans plus, la justice qu'il lui devait bien. N'empêche que toute la gloire et les accroissements de territoire d'entre 1648 et 1659, accomplis naturellement sous le nom du roi régnant, avaient été l'œuvre de Mazarin presque seul, ce qui n'est jamais précisé. N'empêche aussi que, lorsque Louis XIV, jetant ses « yeux de maître » sur « toutes les diverses parties de l'État », déclare péremptoirement : « le désordre régnait partout », il semble condamner tout ce qui fut fait avant le 10 mars 1661, avec quelque excès. Car, si l'œuvre incontestable de remise en ordre, de réduction à une relative obéissance et de réformes souvent heureuses put être accomplie, ce ne fut que parce que la paix allait régner une large dizaine d'années, grâce à la tâche épuisante du cardinal-parrain. L'hommage qui lui est rendu par son filleul est encore plus bref que net.

Le roi et son miroir

Prouver à tout l'Univers et à tous les siècles que, investi directement par Dieu qui le conseille personnellement, il fut le plus grand des rois qu'on vit jamais, telle fut sans doute l'ambition première de Louis XIV lorsque Brienne le jeune, puis Colbert et son secrétaire « à la main » le président Rose couchèrent sur le papier les principales et admirables décisions du début de son règne. Il y a de l'honnête chronique et de la cantate emphatique dans les plus anciens textes. Puis, le roi décidant de se faire pédagogue, fixant le canevas de ses *Mémoires* de père et suivant de près le travail de Périgny, puis celui de Pellisson, le texte devient plus nourri, les récits et les justifications plus précis, et la moralité tirée de la royale conduite plus fréquemment exposée, du moins dans les dernières rédactions, les seules qui devraient être retenues, du moins pour une publication non destinée aux plus érudits des érudits, ou ce qu'il en reste, mais aux plus honnêtes des honnêtes gens, qui ont bien survécu à tel ou tel gâchis.

Reconstituer l'image qu'il voulut donner de lui-même constitue une tâche bien moins aisée qu'on pourrait croire. Certes, le sentiment de sa réelle grandeur domine : on le lui avait inculqué, on le lui répétait, il en était assez persuadé (moins peut-être qu'on a pu croire) et il accomplissait tout ce qui convenait pour le renforcer, mais en prenant toujours les indispensables précautions pour toucher à la perfection.

Ainsi, il était bien le maître, et le seul maître, mais il lui fallait surmonter les anciens obstacles et les vieux adversaires, qui n'étaient pas tous à terre : parlementaires, sectes religieuses, peuples récalcitrants. Certes, il décidait, mais après avoir pris conseil, et s'appliquait à le faire.

Ainsi, il décida, apparemment bouillant d'impatience, une guerre qui paraîtra facile (mais, en Flandre, un peu moins qu'il le dit, et il le sait, puisqu'il justifie son hésitation devant Bruxelles) ; mais cette guerre pour les « droits de la reine », médiocre prétexte, il l'a lentement préparée par des démarches diplomatiques dans toutes les directions, qu'il fait longuement conter par Périgny, surveillé de près. Ce glorieux encore jeune n'est pas un impulsif : il sait calculer et ourdir ; il sait aussi s'arrêter au printemps de 1668 quand il comprend qu'il a tout intérêt, y compris pour sa gloire et ses futures conquêtes, à faire avorter la coalition qui se forme contre lui. Il y a, dans les dernières pages conservées pour 1668, une véritable leçon, fort bien composée, de diplomatie pratique.

N'empêche que son éclatante joie pour tant de victoires faciles, cette manière de conduire la Cour comme au spectacle contempler les villes conquises, et puis de festoyer richement dans la Franche-Comté qui n'avait rien pour se défendre, tout cela traduit une autosatisfaction qui côtoie le mépris... De même que ces séances d'excuses infligées au doge de Gênes, au nonce, à l'Espagne (mais absolument pas à la fière marine anglaise, qui refusa toujours de saluer la première), qui exprimaient une vanité étalée avec trop de complaisance, et sans doute pas assez de sagesse. De même que cette merveille du Carrousel de

1662, qu'admira l'Europe des princes et des Cours, pendant que sévissait une dure famine dénoncée en chaire par Bossuet encore jeune, et peut-être naïf (cela ne durera pas). On discerne sans peine chez ce roi jeune et apparemment plein de santé un mélange à la fois rassurant et inquiétant d'imprudences magnifiques et de sagesses méditées.

La complexité ne s'arrête pas là. Ce roi presque tendre avec son fils, qui lui confie même ses possibles erreurs — les maîtresses —, qui lui donne et lui répète de longs conseils de sagesse et de mesure en même temps que de fierté, c'est celui qui expédie en quelques phrases — pas plus d'une, mais bien sentie — toute la reconnaissance qu'il doit à Mazarin, qui sauva son royaume avec sa mère. Une mère qu'il aima sûrement, mais dont il dit, celant les quelques avanies qu'il lui fit subir, qu'il lui était principalement reconnaissant de s'être tenue à l'écart de son gouvernement. Louis XIV, comme son époque, avait la larme facile, mais assez courte : il le montre pour son parrain, un peu moins pour sa mère, moins encore pour la fragile épouse qui lui donna six enfants et ne put en élever qu'un, à qui il accorde trois lignes d'éloges parmi lesquels on relève sa beauté, peu reconnue, et le... respect qu'elle lui manifestait. Plus qu'un fils, qu'un époux et peut-être qu'un amant (qui sait ?), Louis XIV avait l'étoffe d'un père, puis d'un grand-père attentif et tendre.

Son génie de l'organisation doit sans doute beaucoup au talent de ses ministres — ceux de Mazarin, rappelons-le — mais il y avait en lui, outre le goût et le sentiment de la nécessité du travail, le besoin de prendre conseil — parfois mal, pour Fouquet —, et une sorte de culte de l'ordre, aussi bien dans les régiments que dans les affaires « du dedans » : c'est en cela qu'il supportait Colbert (qui ne savait pas toujours bien prendre son maître) et qu'il écoutait beaucoup le sage et pourtant hardi Turenne, qui aurait voulu pousser ses armées vers Bruxelles et Anvers — probable erreur diplomatique. Turenne, le huguenot sincère, qu'il faudra un Bossuet pour convertir... Huguenot ou pas, le jeune Louis XIV, en sa foi encore bien mécanique et convenue, sinon formelle bien que sincère, le jeune Louis XIV s'en souciait encore peu. Que sa conduite ait été libertine en une Cour qui l'était beaucoup ne saurait surprendre, pourvu qu'il s'arrête à temps — ce qu'il fit. Mais son manque d'effusion religieuse (sans compter ce qu'on a parfois appelé, improprement, son « anticléricalisme ») s'expliquait peut-être aussi, outre son tempérament, par une influence sans doute diffuse que décelait finement, voici plus d'un demi-siècle, l'excellent critique littéraire du *Temps*, Émile Henriot, dans un « Courrier » daté du 11 octobre 1938. Il insiste au moins à trois reprises sur le « fonds », le « large fonds cartésien » du jeune roi « ... énonçant de la façon la plus exacte, la plus ferme et dans ses bons moments la plus ramassée, le solide produit du bon sens, de l'expérience et de la réflexion... L'étonnant, chez ce jeune roi des années 1660, c'est sa profonde maturité d'esprit, sa solidité, son sérieux... Les *Mémoires*, pour moitié, rapportent le récit des faits... mais l'autre moitié est bien plus importante... en ce qu'elle constitue, en marge des faits, à coups de réflexions, de justifications, de conseils d'eux-mêmes tournés en sentences, un véritable traité de morale à l'usage des rois, un code de direction personnelle. Et le plus frappant de ce code est son caractère cartésien, quant à la méthode tout au moins... Louis XIV n'a pas échappé à l'influence du *Discours de la Méthode* quand il prétend soumettre au bon sens toutes ses décisions, quand il avance avec tant de prudence dans ses informations, et quand on le voit se concerter et réfléchir si longtemps sur toutes choses, et tant se méfier, et finalement décider seul — ne tenant, lui aussi, pour vraie, aucune chose qu'il n'eût lui-même évidemment connue pour être telle... Il n'est pas jusqu'au principe analytique des dénombrements infinis que le monarque n'ait fait sien : voulant tout savoir, faits et choses, chiffres et gens... rôles de la marine et de l'armée ; et son souci de voir le plus grand nombre possible de personnes de "toutes catégories et de tous les états pour en apprendre les vérités particulières". »

On suivra moins ce remarquable, mais partial analyste, lorsqu'il déclare que « ce grand roi est un grand bourgeois », puisque enfin le même homme proclamait, avec sa satisfaction étonnée d'avoir si bien réussi, au moins jusque-là, que son royaume, sa couronne et sa personne étaient les plus grands de tout l'univers et de tous les temps, que tous les rois du monde lui devaient respect et hommage, y compris l'empereur et, temporellement du moins, le pape, qu'il ne ménage guère.

Face à son miroir, Louis XIV se contemple certes avec la plus grande satisfaction, mais sous des aspects tout à fait divers, parfois avec beaucoup de sérieux et de modestie.

À plus de trois siècles de distance, ce que nous voyons dans ce miroir est surchargé d'images de la suite du règne, et des apports plus ou moins heureux des historiens.

Mais ce que nous auront surtout appris ces *Mémoires* revus de près, c'est la grande richesse personnelle de l'inspirateur-auteur, qui ne peut se ramener à l'image figée de l'absolue majesté.

AUTRES TEXTES

I
LA VÉNALITÉ DES OFFICES *

D'anciens juristes et des historiens du début de ce siècle avaient signalé que la vente des offices était un fait universel[1] ; M. Mousnier l'avait indiqué en quelques mots à la fin de sa thèse[2]. Le docteur K.W. Swart nous apporte une réponse, provisoire sans doute, mais d'un large et durable intérêt[3].

Un essai d'histoire comparative, qui vise à expliquer le phénomène « planétaire » de la vente des offices, principalement au XVIIe siècle : ainsi se présente ce livre court et clair. Livre de seconde main, et qui se donne pour tel : M. Swart a consulté un peu plus de 530 ouvrages, écrits en sept langues ; encore s'excuse-t-il de ne pouvoir lire « les langues slaves et orientales ». Pour certains pays, l'existence de bons ouvrages facilitait le travail : France surtout, mais aussi Angleterre et colonies espagnoles, et à un moindre degré, quelques États allemands et italiens, la Turquie, la Chine. Pour d'autres, comme l'Espagne et les Pays-Bas, tout était à faire, et M. Swart a dû effectuer de longs dépouillements : recueils législatifs, vieux juristes, études de détail, ouvrages marginaux... L'admirable est que tout cela aboutisse à ce livre à la fois élégant et dense, imprimé sur une sorte de papier dont les historiens français ont perdu jusqu'au souvenir...

*

---

* À propos du livre de K.W. Swart, *Sale of Offices in the Seventeenth Century*, The Hague, 1949, in Annales E.S.C., 1953, pp. 210-214.

Le terrain d'élection des ventes d'offices fut l'Europe occidentale et méridionale. Aussi M. Swart compare-t-il longuement, de ce point de vue, la situation en France, en Espagne, en Angleterre [4]. Pour la France, il ne prétend donner qu'un sommaire « des conclusions de Pagès, Göhring et Mousnier » : sommaire un peu systématisé, mais commode pour les gens pressés. La situation en Espagne — ou plutôt en Castille, seule région étudiée à fond [5] — lui paraît présenter de fortes ressemblances avec la situation française : même origine médiévale de la vénalité, même surabondance d'offices vendus, même conception de la propriété personnelle de l'office, mêmes besoins financiers d'une monarchie guerrière prompte à créer des offices nouveaux. Cependant, la vénalité fut moins répandue en Espagne qu'en France : elle s'atténue dans les parties non castillanes de la péninsule ; elle ne pénétra jamais dans l'armée. C'est que l'Espagne possédait une économie moins riche que la France, et d'ailleurs décadente ; c'est aussi que la structure sociale y était fort différente : pas de classe moyenne, de bourgeoisie « avide de fonctions publiques ».

Le cas de l'Angleterre nous est offert en une antithèse peut-être un peu forcée. Des charges militaires plus légères, une structure financière solide, une administration plus saine, un certain contrôle parlementaire, tout cela fait de l'Angleterre une terre préservée. Sans doute, au temps de l'« absolutisme » des premiers rois normands, la vente des offices fleurit-elle, plus tôt que partout ailleurs (pp. 45-46) ; sans doute aussi les rois Stuart — spécialement les plus corrompus, Jacques Ier et Charles II — ont-ils trafiqué des offices d'une manière aussi éhontée que sur le continent (pp. 51-61). Mais, dans l'ensemble, l'Angleterre a été beaucoup moins atteinte par la vénalité que ses puissantes rivales. D'ailleurs la loi anglaise, qui s'imposait même aux souverains, en réglait scrupuleusement les conditions. Pratiquement, la vénalité fut, pour l'aristocratie, un moyen de gouverner : c'est pourquoi la première ne disparut qu'avec l'influence de la seconde, tardivement, en plein XIXe siècle [6]. Ainsi l'Angleterre jouit-elle du quadruple privilège d'avoir connu la vénalité la plus modérée, la plus réglée, la plus ancienne, la plus longtemps conservée.

Si la France n'exporta jamais la vénalité dans ses propres colonies, l'Espagne l'y généralisa et l'y étendit à un degré inouï : tel office d'*alguacil mayor* à l'audience de Mexico, payé 120 000 pesos, procurait des profits énormes (p. 43). L'Angleterre elle-même n'imita pas la prudence française ; les habitants des treize colonies devaient puiser dans la vénalité un sujet supplémentaire de mécontentement (p. 65).

À des degrés divers, les Pays-Bas, l'Allemagne occidentale, les États italiens connurent aussi la vénalité des offices[7]. L'Europe septentrionale et orientale la connut beaucoup moins, ou la connut plus tard. Il semble même que la Russie resta en dehors du phénomène[8].

L'incursion de M. Swart dans le monde oriental et extrême-oriental[9] n'est pas la partie la moins instructive de son ouvrage. Dans ces États « despotiques », les caprices du despote, les révolutions de palais n'entretiennent pas autour des offices l'atmosphère de sécurité qui caractérise d'autres climats. Pas d'hérédité : les offices sont vendus pour une vie, et c'est déjà beaucoup de pouvoir les conserver. En Chine, cependant, les aptitudes, l'instruction, le mérite décident souvent du choix des officiers : dans le monde profondément corrompu du XVIIe siècle, c'est là un trait d'originalité assez remarquable.

*

Le dernier chapitre de l'ouvrage esquisse une théorie de la vénalité, qui repose sur les études comparatives dont nous venons de donner un résumé trop bref[10].

La vente des offices — par le gouvernement, par ses agents, par les officiers eux-mêmes — est une institution presque universelle, plus ou moins franchement ratifiée par les législations, bien qu'officiellement condamnée par les gouvernements qui en profitent. L'apogée du système paraît se placer dans la France du XVIIe siècle.

Ses origines remontent toujours au Moyen Âge, à ses « sociétés plutôt primitives », à ses « formes primitives d'administration » (pp. 114 et 123). L'officier, sorte de fieffé rémunéré par le public qui s'adresse à lui, « a tendance [11] » à considérer sa fonction comme sa propriété, à la posséder à vie, à la transmettre. Les « bureaucraties aristocratiques » (p. 115) développent l'institution, qui fut systématisée par les « monarchies absolues », en proie à des difficultés financières provoquées par les guerres [12] : faute de crédit, elles abusèrent presque toutes des ventes d'offices. Ces dernières réussissent d'autant plus que le pays est prospère, et compte une classe moyenne riche, nombreuse, ambitieuse. Telles sont, pour M. Swart, les conditions générales qui expliquent la vénalité. En France, elles furent toutes réunies. Ailleurs quelques-unes manquent, et la vénalité est atténuée. Quand ces conditions disparaissent, les ventes diminuent, puis l'institution finit par s'évanouir.

Les effets de la vénalité apparaissent assez regrettables [13]. Politiquement elle crée une nouvelle noblesse qui contrarie le gouvernement après l'avoir servi contre l'ancienne, et qui devient le sanctuaire de tous les conservatismes. Elle semble constituer au moins un facteur de la corruption générale des anciennes administrations, dont M. Swart souligne l'ampleur avec quelque raison [14]. Financièrement, la vénalité, facile et longtemps fructueuse dans l'immédiat, engage dangereusement l'avenir, et devient souvent un facteur de révolution. Économiquement, elle immobilise d'importants capitaux, et sclérose le pays : l'exemple français est bien connu. Socialement enfin, après avoir favorisé la *social mobility*, elle crée une caste nouvelle qui se ferme en particulier à ces « intellectuels mécontents qui souvent, en France comme en Chine, jouent un rôle important dans les mouvements révolutionnaires » (p. 122).

Bref, M. Swart charge la vénalité, émanation des « sociétés politiquement en déclin [15] », de tous les méfaits : elle affaiblit les gouvernements, renforce les tendances oligarchiques, crée des élites dangereusement insatisfaites, obère les finances nationales, et, en somme, prépare les révolutions. C'est beaucoup dire.

*

Je n'irai pas reprocher à M. Swart d'insignifiantes fautes d'impression[16], ou les inévitables lacunes de son intelligente bibliographie. Mais, si la concision offre des avantages, et le comparatisme des vertus, ils obligent à prendre des risques : treize pages pour la France, après le monument élevé par M. Mousnier à la vénalité des offices, c'est tout de même une gageure. À schématiser trop, on s'écarte parfois des nuances infinies de la réalité humaine. Le lecteur pressé — surtout l'étranger et le non-spécialiste — acceptera peut-être telles quelles des affirmations excessives. Que la France forme au XVIIe siècle « *a united and obedient people* » (p. 19), voilà de l'optimisme ! Nation unie, plus d'un siècle avant la nécessaire et insuffisante Fédération ? Peuple soumis et obéissant, au siècle des Nu-Pieds, des Croquants, des Frondeurs, des révoltes du sol pour livre, du papier timbré, du tabac — sans compter les émeutes « cycliques » du pain ? Que le tiers de la population de toutes les villes soit formé d'officiers[17], sans doute Roupnel l'a dit pour Dijon ; mais Lyon, mais Nantes, mais Amiens ? Que la noblesse soit « économiquement ruinée » au XVIIe siècle, lieu commun qu'il convient d'accueillir avec réserves. Que « la bourgeoisie ait relayé la noblesse dans le gouvernement de l'État » (p. 11), affirmation bien brutale. Et d'abord, qu'est-ce donc que « la » noblesse en France, et que « la » bourgeoisie ?

Souvent, j'ai été gêné par ces grands mots vagues qui veulent dire tout et rien, mais qui semblent voiler les à-peu-près d'un comparatisme pressé. Que le terme, bien galvaudé, d'« aristocratie » puisse désigner à la fois la gentry, le mandarinat, la cohue des « hidalgos » et je ne sais quelle noblesse d'« épée », c'est sans doute beaucoup. Chez M. Swart, le vocable tout juridique d'« absolutisme » recouvre à la fois le provincialisme ibérique, les pachaliks ottomans, et l'incroyable enchevêtrement des privilèges français. Certaines expressions semblent revêtir sous sa plume comme un pouvoir magique : bureaucratie, corruption, déclin économique, décadence politique, conception de l'État, folie des offices. Qu'est-ce qu'une économie « décadente » (p. 34), même en Espagne ? Au nom de quels critères la France du XVIIe siècle est-elle un

« État qui décline » (p. 123) ? La « folie des offices[18] » constitue-t-elle une explication sérieuse du succès des ventes ? Pour tout dire, ce livre m'a parfois rappelé tels ouvrages de « philosophie politique », distingués et discrètement moralisants, productions brillantes et faciles qui traduisent un certain esprit d'école — ou de fondation.

Ces remarques n'affaiblissent pas l'extrême intérêt de ce livre neuf, de ce beau morceau d'histoire comparée, centré sur un siècle un peu délaissé par les chercheurs français, sur un problème qui n'est pas seulement financier et institutionnel, mais social et économique.

*

Pour le bourgeois qui l'acquiert, un office est d'abord un placement. La mode, la vanité ne suffisent pas à expliquer le succès des ventes. Si les achats sont nombreux, c'est que le placement paraît intéressant.

Ce placement, il faut l'étudier, en son temps, parmi d'autres modes de placement, les rentes, l'usure, la spéculation sur les grains, le bétail, les fermages de seigneuries ou d'impôts, voire le « bas de laine » et l'argenterie... Bien entendu, l'intérêt de ces vingt modes d'accroissement des fortunes varie constamment, sous l'action de nombreux facteurs. L'un des plus importants demeure la conjoncture, avec le double jeu de ses fluctuations lentes et de ses tempêtes cycliques. Fondamentaux aussi sont les problèmes monétaires : M. Swart donne bien quelques prix d'offices en ducats, en doublons ; il ne nous dit rien des problèmes monétaires espagnols, et n'esquisse aucune comparaison, en un domaine où elles seraient indispensables. Une histoire valable des offices ne saurait à aucun degré se séparer d'une histoire solide des prix, des fortunes, des placements, des revenus et des monnaies, qui est à faire, difficilement, à coups de recherches originales[19]. Sinon, on arrivera assez vite à ressasser les mêmes formules d'un juridisme vide, et à disserter autour. Après la mise au point de M. Swart, la parole est aux chercheurs.

II

ERNST KOSSMANN ET L'ÉNIGME DE LA FRONDE*

Le docteur Kossmann nous a fait l'honneur de soutenir devant l'université de Leyde une thèse française sur un sujet de notre histoire : la Fronde[1]. On aurait pu penser qu'un tel ouvrage connaîtrait, en France, un grand retentissement... Mais, depuis janvier 1954, date de parution de cet élégant volume, il n'a éveillé que d'imperceptibles échos...

Dès les premières lignes, l'auteur dessine nettement les traits fondamentaux de son ouvrage : il n'a effectué aucune recherche nouvelle, même pas dans le fonds Séguier ; il s'est seulement « occupé des mazarinades avec un peu plus d'attention que [ses] nombreux prédécesseurs » (p. VII). Son mécontentement provient de ce que l'auteur appelle « la littérature » de la Fronde (p. 269), et l'incite à présenter quelques brèves, courtoises, mais vigoureuses réfutations[2].

Sa « prétention » est issue de son mécontentement : il a voulu comprendre ce qu'il appelle tout de suite « l'énigme de la Fronde » (pp. VIII et IX). Dans son essai d'interprétation, il devait rencontrer le gros ouvrage de Boris Porchnev, qui s'achève par une explication théorique que M. Kossmann, comme M. Tapié[3], rejette nettement, après avoir rendu le plus grand hommage à l'érudition manifestée par le savant soviétique dans les 550 premières pages de son livre.

Ne nous attardons pas à l'analyse du livre ; il faut lire

---

* Compte rendu paru dans les *Annales E.S.C.*, n° 1, 1958, pp. 115-118.

cet ouvrage étonnant, parfois paradoxal, jamais indifférent. On ne sera pas toujours d'accord avec une pensée tour à tour vigoureuse et subtile ; on sursautera parfois devant telle formule risquée, ou telle tournure insolite [4]. On se récriera devant une conclusion trop brève, et cyniquement négative, qui énumère tout ce que ne fut pas la Fronde : « ni une révolution parlementaire, ni une révolution populaire, ni une révolution féodale... une période d'imprudence et d'exagération sans sens et sans but. Elle n'est rien, car elle est tout en même temps. Elle n'est rien, car jamais l'opposition n'a concentré son action et sa pensée sur un seul point essentiel... Certes, plusieurs idées d'un radicalisme étonnamment moderne ont été agitées par des théoriciens extrémistes... elles demeurent isolées et gratuites... tout intellectuelles... L'homme n'était pas prêt à [ces] idées » (pp. 259-260). D'un mot, il ne doit pas être possible désormais de parler de la Fronde sans avoir lu Kossmann.

Mais il faut aller plus loin. En revenant aux sources, en les découvrant, d'abord dans la collection Séguier : ce qu'a fait Porchnev à Leningrad, ce que fait actuellement M. Mousnier à Paris [5]. Peut-être aussi en orientant la recherche vers des secteurs de l'histoire dont Ernst Kossmann a senti l'intérêt : essentiellement, l'histoire sociale ; à un degré sans doute moindre, l'histoire économique, dont l'historien néerlandais ne paraît pas soupçonner la force suggestive.

Car il demeure singulier que l'auteur, rendant compte du « mécontentement populaire », pense surtout aux impôts, ne prononce le mot de « blé » qu'à propos de Bordeaux (p. 128), et soutienne qu'à Paris, durant le premier siège, « en somme, la vie n'était pas dure » (p. 92). Sans aller chercher aux Archives nationales les registres de la mercuriale de Paris, sans même se référer à tel article de Levasseur, bien connu des collaborateurs d'Henri Hauser [6], l'auteur, qui n'ignore pas les féconds travaux d'Ernest Labrousse, aurait pu se demander si la crise politique et sociale ne coïncidait pas avec une crise de subsistances ; à quelle date exacte se déclencha la « cherté » ; quelle influence le siège exerça sur le prix des blés, et celui-ci sur le mouvement populaire ; ce que furent à Paris et ailleurs, dans toute la perspective du demi-siècle qui s'achevait, les extraordinaires pointes cycliques contemporaines de la Fronde ? Et par-delà la fluctuation « courte », serait-il inutile d'envisager la fluctuation « longue » ? On n'ignore plus que les mouvements des prix offrent un reflet des fluctuations économiques ; reflet partiellement infidèle, sans doute, mais reflet tout de même, et particulièrement facile à connaître. Or, partout autour de Paris, depuis 1630, ou 1635, ou 1637, selon les produits et selon les lieux, les prix décroissent lentement, et d'abord les prix céréaliers ; ce que firent les revenus fonciers et même la production manufacturière, on arrivera peut-être bientôt à l'apercevoir ; en un mot, une « phase B » s'est déclenchée et a parfois été perçue, grossièrement, par les contemporains... La crise brutale qui s'élance dès 1647 après douze ou quinze ans de « malaise » peut concourir à expliquer la Fronde. Comment et de quelle manière ? Il serait souhaitable d'essayer de le voir par le menu dans une province, dans une ville, à l'intérieur de quelques groupes sociaux, lors de ces années capitales qui vont de 1630 à 1648...

En revanche, Ernst Kossmann est persuadé qu'une des « clés » de la Fronde sera trouvée lorsque l'histoire sociale de la France de Louis XIII et de Mazarin sera écrite. Aussi, sans plus attendre, utilise-t-il judicieusement les plus pénétrantes remarques de l'historien des « populations » dijonnaises (notamment, et très heureusement, p. 156), de l'historien de la vénalité des offices (un peu partout et, fort habilement, dès la p. 25) et de celui des mouvements populaires, vus de Moscou. Sans doute aurait-il pu ne pas ignorer tel article de M. Mousnier, qui portait en plein sur son sujet[7], ni même les ouvrages, inégaux ou vieillis, encore utiles cependant, de Pierre de Vaissière, de Babeau, et même d'Avenel... Du moins pose-t-il avec vigueur la question de la noblesse de province, en réagissant utilement contre les idées reçues (pp. 151-152, n. 1). Mais il faut bien dire qu'on aimerait savoir ce qui se dissimule vraiment sous ces abstractions rencontrées à chaque page : « la » noblesse, « la » haute bourgeoisie, « la » petite bourgeoisie, « le prolétariat », « les masses », voire « la populace »... D'instinct, Ernst

Kossmann « sent » la société du temps. On peut pourtant se demander s'il n'aurait pas rendu des services plus éminents encore à la science historique en essayant d'entreprendre des recherches originales. Officiers mis à part, nous ignorons presque tout de la société française avant et pendant la Fronde. Je sais bien que les sources, très inégalement conservées, sont mal classées, quasi clandestines, mal écrites aussi ; sauf dans le Midi — avec ses compoix et ses fonds notariaux exceptionnellement riches et anciens — il sera difficile de connaître la paysannerie. Mais les classes urbaines ? mais la noblesse ? On comprendra vraiment la Fronde, ou les Frondes, quand on connaîtra mieux la société dans laquelle elle est née.

Autre chose enfin : Ernst Kossmann nous a présenté, avec sa finesse distinguée et son goût mesuré du risque, une interprétation politique, institutionnelle, souvent juridique, partiellement sociale, de l'ensemble confus de « malentendus », d'« anarchie » et de « guerres civiles » que fut, pour lui, la Fronde. Le petit peuple apparaît de temps à autre, surgissant du néant pour jouer sa partie, toujours très claire, dans une orchestration qui ne l'est pas. Qu'a fait la Fronde de ce petit peuple, de ces dizaines de milliers d'artisans et d'ouvriers urbains, de ces millions de paysans parcellaires, brassiers, journaliers, tisserands, vignerons, petit laboureurs et « gaigne-deniers » ? Sans doute existe-t-il l'œuvre trop fameuse et bientôt centenaire d'Adolphe Feillet, très fidèle sujet de Napoléon III. Quelqu'un devrait bien refaire le Feillet, avec une autre méthode, et surtout d'autres scrupules. Je suis porté à croire — mais peut-être est-ce là une illusion due à des recherches trop localisées — que la Fronde représente le bouleversement économique, social et surtout démographique le plus puissant de tout le XVIIe siècle ; un bouleversement dont les conséquences durables ont peut-être longuement pesé sur la France du Grand Roi ; un bouleversement dans les revenus, dans les fortunes, dans les rapports internes et externes des classes sociales, dans l'effectif comparé des classes d'âge, dont le degré peut parfois être évalué, mesuré même, mais dont les causes, difficiles à déceler, ne résident pas seulement dans les chevauchées des armées adverses... Essayer de « voir » la

Fronde, en quelque sorte « par en bas », du point de vue de l'énorme majorité populaire, Ernst Kossmann nous y incite aussi, par ses suggestions comme par ses silences.

Que l'historien néerlandais et la vénérable Université qui l'accueillit soient donc remerciés ensemble pour l'hommage qu'ils ont rendu à notre langue et à notre culture. Un vieux problème vient d'être rajeuni, et jeté à nouveau dans une « actualité » scientifique qui a, elle aussi, ses caprices. Il reste à le reprendre, à le discuter encore, mais dans l'atmosphère vivifiante des archives, et dans le concours jamais interrompu des diverses provinces dont la réunion forme l'histoire : économique, statistique et démographique aussi bien que politique ; sociale aussi bien que juridique, institutionnelle ou psychologique. Ce n'est pas le travail qui manque le plus.

III

LYONNAIS ET BEAUJOLAIS :
NAISSANCE D'UN GRAND CRU HISTORIQUE *

Saviez-vous que les Lyonnais, femmes, enfants et vieillards compris, buvaient, au temps du Grand Roi, plus d'un demi-litre de vin par jour, presque le double des Parisiens ? Vous doutiez-vous que cette consommation devait plutôt baisser par la suite ? Que le gamay de Beaujolais ne commença à abreuver la capitale que vers la fin du XVIIe siècle ? Que les vignerons du même Beaujolais n'en buvaient presque jamais, et n'avaient d'ailleurs pas de cave ? Aimez-vous le vin, liqueur quasi sacrée, la vigne et tout ce qui gravite autour ? Procurez-vous alors le livre bref, précis, exigeant, savant, poétique et spirituel que Georges Durand consacre à ceux du Lyonnais et du Beaujolais, et qui fête ainsi le vingtième anniversaire de cet autre très grand ouvrage de l'un de nos derniers humanistes, Roger Dion (*Histoire de la vigne et du vin en France*, 1959 — quasi introuvable).

Mais, dira-t-on, « encore une monographie régionale d'histoire rurale » ? Oui, et pourquoi pas ? Oui, mais aussi, saisie à bras-le-corps, une question fondamentale : la viticulture de l'ancienne France, perçue à partir d'une province... et dans l'intime du quotidien. Car c'est bien du quotidien qu'il s'agit, celui du tenailler, de la cave, des ceps et des chemins ruraux, en ce coin de France, à un moment où paradaient sur le devant de la scène Fran-

---

* Préface à la thèse de Georges Durand, *Vin, vigne et vignerons en Lyonnais et Beaujolais,* (XVIe-XVIIe), Presses Universitaires de Lyon / École des Hautes Études en Sciences Sociales, 1979.

çois Ier, Louis XIV et quelques illustres personnages ni plus ni moins historiques que Jehan Breton ou Marie Damour..., des vignerons, à qui est dédié l'ouvrage. Objectif apparemment simple, atteint en onze chapitres qui partent du liquide pour atteindre la province, en une progression parfaitement logique qui commence par la consommation, sans quoi rien n'existerait, pour retrouver le commerce, les prix, les ceps, les pressoirs, les hommes et la terre.

Dès l'ouverture, toute une mythologie et une philosophie du vin s'articule en discours successifs : celui des dipsodes (assoiffés), celui des œnophiles, le discours médical, le discours liturgique, et même le discours culinaire, et quelques autres. Ce dernier eût ravi Grimod de la Reynière (le vrai) qui eût apprécié ce savant tableau (issu d'une *Cuisinière bourgeoise* de 1775) qui teste la place du vin dans l'art culinaire : il entre dans le quart des recettes, majoritairement dans les sauces, presque autant dans les plats de bœuf, de volaille, de poisson de rivière... On peut même piquer vers la page 21 quelques gourmandes recettes... Plus graves réflexions, à propos du « vin liturgique » sur l'exclusion des fidèles de la communion au calice, « fait de la seule Église latine, et fait tardif », cas singulier qu'« un rite de communion se soit mué en rite d'exclusion »... Le cabaret du dimanche en fut-il la revanche ?

Les amateurs d'histoire « festive » (comme on dit) et d'ethno-anthropologie sérieuse et datée pourront aussi se régaler. Voici de grandes auberges et de piètres tavernes ; voici la « chevauchée de l'Âne » de 1566 et l'entrée magnifique de Bacchus, dimanche gras 1627, sorte de carnaval lyonnais sans révolte, mais avec longues beuveries et grasses gaillardises, qu'on ne revit point trop par la suite, la peste (de 1628) et l'Église post-tridentine y ayant mis bon ordre.

Ce vin des messes, des fêtes et de la convivialité, qui n'est pas le même pour le maître et pour l'ouvrier, résulte essentiellement du travail de l'homme, qui seul en fait la qualité, puisque non seulement le vigneron crée un sol, crée une plante, crée un breuvage, et qu'il y faut « un peu de génie » comme disait Liger, agronome du XVIIe siècle.

Même le cépage, le fameux gamay, est une création locale, à partir d'espèces indigènes, et non une remontée de plants venus du Midi, ce qu'on avait cru longtemps, Le Roy Ladurie et son Languedoc aidant. Il faut suivre Georges Durand suivant ses vignerons, avec leurs gestes, leurs outils, leurs façons, leur rythme : jamais la précision du vocabulaire, du dessin, de la carte, du travail n'a atteint ce point ; puis, après avoir discuté de cépage, on discutera fumure, et surtout taille : longue ou courte ? automne ou hiver ?

Voyez ensuite l'historien, penché sur les tines, les cuves, les pressoirs et les futailles, chroniqueur toujours précis d'une vinification longtemps routinière, tardivement savante, depuis la vendange et les « trouillaisons » (foulage-cuvage-pressoirage) jusqu'au « gouvernement » des vins, fermentation, collage, soutirage, soins variés, puis l'expédition vers Lyon et surtout Paris, par charrettes et bateaux. La précision et la saveur des mots, des outils décrits, nommés, dessinés, amoureusement présentés, a de quoi réjouir les fervents d'une anthropo-ethnologie qui ne se contentent pas d'extases rurales approximatives.

Le regard de Georges Durand va pourtant plus loin, et ailleurs. Peu soucieux de proclamations et de pseudo-théories, il rajeunit la vieille histoire économique, la vague histoire sociale et la répétitive et quasi égrotante histoire démographique par le jeu de la réflexion et de la mathématique simple et subtile.

Aux vieilles lunes prêchant la croissance continue ou l'opposition systématique d'un « triste » XVIIe siècle et d'un brillant XVIIIe, il oppose ses statistiques, ses graphiques, ses déductions ; allez donc les voir... Vous constaterez, tout de même, que le « grand règne » a été peu brillant, surtout après 1670 ou 1680, puis catastrophique, et que le XVIIIe siècle, d'abord favorisé, se termine assez mal. Affaire de spécialistes peut-être ?

En revanche, l'intelligence du paysage rural passe par des idées et des techniques nouvelles, du moins renouvelées, permises par la précision des plans et des terriers : l'accès aux parcelles — soit le chevelu apparent des chemins, comme l'agrogitonie — soit le voisinage des cultures —, auront désormais des voies à fréquenter.

Quant au démographique, foin des éternelles études de fécondité et de mortalité, et des querelles dérisoires qu'elles ont engendrées ! C'est le mariage beaujolais qui vient en lumière, ses stratégies, ses itinéraires, jusqu'à cette « Carte du Tendre » spirituellement dessinée, qui n'avantage point les vrais vignerons, sorte de métayers médiocres... Autre nouveauté : le tableau de la famille telle qu'elle était, et non telle que l'ont reconstituée des démographes de cabinet et d'ordinateur : rareté des enfants survivants, écarts considérables entre frères et sœurs créés par la mortalité infantile (dont des imbéciles nient encore le niveau), la difficulté du chef de famille à conserver ou trouver un successeur véritable, fils ou gendre... Misérabiliste, dites-vous ? Qu'y faire, devant les réalités ?

Trouvera-t-on également « misérabiliste » l'analyse de cette société où les « gros » (des nobles surtout, des clercs aussi) dominent assez rudement de pauvres diables de vignerons sans vin en cave, mais qu'exploitent de plus en plus ces bourgeois négociants et courtiers venus de la ville — Paris de plus en plus — contre lesquels un astucieux physiocrate, Brac (bientôt de la Perrière) propose une union sacrée du paysan et du propriétaire, en vain ?

On trouvera chez cet historien du vin, de la vigne et des vignerons, des marchands, des terroirs et des outils, une exemplaire fusion de ce qu'on appelait naguère l'esprit de géométrie et l'esprit de finesse, une culture mathématique et statistique aussi maîtrisée que la culture dite humaniste, plus la beauté simple de la langue, et une grande liberté.

Une liberté qui part de cette formule grecque : « Sauver les phénomènes, ne pas faire intervenir les dieux. » Quels dieux ? Ceux qu'on a réintroduits après l'évacuation du héros, des mœurs déclinantes et du chauvinisme : « Le panthéon des classes, des ordres, du capitalisme, du structuralisme, de la bourgeoisie, de la révolution... ces divinités qui ont nom XVIe siècle, XVIIe, XVIIIe, dont il suffit qu'elles apparaissent pour que les prix montent ou baissent, les affaires s'excitant ou somnolant. L'avantage de ce panthéon... c'est qu'il fonctionne tout seul, les rôles sont répartis, le dénouement fixé... Humblement, pas plus que le chirurgien ne découvre l'âme sous son scalpel, nous n'avons découvert dans notre enquête, la Classe, le Capital, ou la Structure. Humblement, nous avons vu des phénomènes (ce qui apparaît) qu'il fallait bien appeler d'un nom, bourgeois, vignerons, groupes, parcelles, misère, richesse, domination, et parfois même classe, capital et structure. Humblement, nous avouons que les dieux du panthéon ne se sont jamais révélés à nous. Nous savons que les mythes sont des commodités pour penser des ensembles et qu'il arrive parfois que les mythes ressemblent aux phénomènes. Lorsque cette ressemblance nous est apparue, nous l'avons constatée. Mais nous avons voulu sauvegarder notre liberté de regarder les phénomènes tels qu'ils apparaissaient, ils se sont révélés bien plus riches que les mythes, bien plus déroutants que les dieux. »

Qui n'a pas médité et, en gros, approuvé cet admirable texte ne sera jamais, selon mon cœur et mon esprit, un véritable historien.

IV

UN FLEUVE ET DES HOMMES *

Et voici qu'à leur tour ressuscitent les rivières, si vivantes avant-hier, mortes hier, quelque peu renaissantes aujourd'hui, bien que défigurées. Et cela dans un processus qui n'est pas nouveau, surtout pour les historiens.

Car ce fut au moins vingt ans avant le grand public qu'une poignée d'historiens encore jeunes s'attachaient à faire sortir de l'ombre les oubliés de la Grande Histoire, celle des Grands Hommes, des Grandes Politiques et des Grandes Guerres. Oubliées, les petites villes derrière les grandes, les boutiquiers derrière les négociants, les mendiants et les fous derrière la maréchaussée et les architectures charitables, les soldats derrière les capitaines toujours vaillants, les morts derrière les églises, les femmes derrière les hommes, les provinces vivantes derrière l'État dit absolu, et les paysans derrière le beau monde.

Tous ces oubliés, bien sûr majoritaires, commençaient cependant à être bien atteints dans les siècles proches de nous, le XVIIIe et le XIXe, dont les traces abondent. Si ces petites gens, nos ancêtres, avaient rarement écrit leurs mémoires — et pour cause —, ils avaient pour la plupart, parfois tous, été pris dans les rets d'institutions anciennes et d'administrations nouvelles. Tous nés et décédés — on s'en doute —, la plupart mariés, ils figurent donc à plusieurs reprises dans les registres des paroisses, devenus

---

* Préface à Anne-Marie Cocula-Vaillières, *Un fleuve et des hommes. Les gens de la Dordogne au* XVIIIe *siècle*, Paris, Taillandier, 1981, pp. 7-12.

d'état civil avec la Révolution ; registres souvent fort bien tenus, pas mal conservés, riches de détails annexes, comme les signatures, qui donnent un aperçu de l'alphabétisation, si variable. Sauf les plus pauvres — mais les organismes charitables avaient pu s'occuper d'eux —, les hommes du commun avaient souvent visité le notaire du lieu, pour établir un contrat de mariage, prévoir ou régler une succession, acheter, vendre, louer, ou même emprunter ; or, les notaires ont toujours été obligés de garder toutes leurs minutes, qui sont devenues énormes avec les ans. Sous la forme de la milice (dès Louis XIV) puis de la conscription, l'armée (aux riches archives) a pu s'intéresser aux jeunes hommes. Les tribunaux, un peu à tout le monde, ne serait-ce que pour un témoignage ou un petit délit — de pâturage, de bois, de braconnage, de pêche. Plus encore et sans le moindre doute, les éternelles fiscalités, aux multiples formes et aux dénominations changeantes. Seigneuriaux puis nationaux, les agents du cadastre, parfois aussi. Autant d'organismes qui n'ont cessé de sécréter des papiers, moins rarement perdus que l'on pourrait croire, mais souvent égarés, quelque peu mélangés, et toujours empoussiérés ; et ce chiffonnier qu'est d'abord l'historien a de plus en plus souvent lancé son croc dans ce magma, sans négliger les dossiers épais et poudreux, bien constitués, donc plus reposants. Dossiers provinciaux presque toujours, puisqu'un homme seul ne peut étudier sérieusement qu'un « pays » limité ; dossiers ruraux aussi, puisque le paysan resta longtemps le mal connu, sinon le dédaigné, lui le majoritaire et l'indispensable.

Des historiens s'attaquèrent donc aux terroirs, aux moissons, aux outils, aux styles de vie de tels bailliages nordiques, picards, normands, lorrains, « français » (au vieux sens d'Île-de-France), manceaux, angevins, bourguignons, lyonnais, languedociens, en attendant la suite ; la plupart en économistes, d'autres en démographes, voire en sociologues, et ceux-ci en analystes de la « culture », jusque dans les sorcelleries, les colères, les fêtes, et les attitudes devant la mort. D'autres préféraient les grandes cités maritimes comme Nantes ou Marseille, ou les villes bruissantes de métiers comme Amiens ou Lyon, avec leurs milliers d'ouvriers. Les purs paysans, les vignerons aussi, conservaient pourtant la vedette.

Nettement plus tard, grâce aussi à d'adroits ethnologues plus ou moins folklorisants, des dizaines, des centaines de milliers de Français, fatigués de béton et de bruit, déçus sans doute par leurs opiums antérieurs, retournaient à leurs origines aussi bien par le corps que par la lecture et l'image, et retrouvaient, avec leurs provinces et leurs ancêtres, leurs véritables racines. Des racines que leur révélait justement une histoire devenue à la fois humaine et populaire, même si elle avait été délaissée, méprisée et presque assassinée dans l'enseignement de base.

Dans ce retour aux sources, les rivières apparaissaient peu. Sauf les utilitaires, la plupart semblaient abandonnées aux poètes et aux pêcheurs à la ligne, tandis qu'un début de tourisme navigant commençait à réanimer les plus belles. Et pourtant d'excellents ouvrages, depuis longtemps épuisés, comme ceux de Mantellier ou de Dion sur la Loire, avaient excellemment parlé, l'un de navigation voici presque un siècle, l'autre du « Val » voici bientôt un demi-siècle ; un peu savants peut-être, surtout le second ; mais faut-il vraiment s'en excuser ?

Et voici enfin que la Dordogne est ressuscitée en sa plus belle période par le labeur approfondi et le talent d'Anne-Marie Cocula-Vaillières. Le fleuve lui-même bien sûr, avec ses gorges, ses rapides (aujourd'hui noyés ou gommés), ses cingles, son mascaret ; mais surtout la vie qui régnait dans ses eaux, sur ses eaux, sur ses rives.

Car ce livre déborde de vie, et de vie exactement ressuscitée. On y voit les « flottes » de bois descendre du « haut » ; on y voit glisser les diverses sortes de bateaux, légers surtout, parfois démolis à l'arrivée, « argentats » comme « couraus », chargés de bois, de vins, de baies de genévriers, de meules même et parfois de papier — descentes irrégulières, souvent dangereuses — ; on y voit remonter de lourds bateaux chargés de l'indispensable sel, de poissons de mer séchés ou salés — pour tous les « maigres » et les jeûnes —, du sucre aussi et tous les produits de l'entrepôt bordelais ; tous « tirés » à la remonte, soit par des bœufs, soit par des hommes, qui vingt fois changeaient de rive après des manœuvres dangereuses ; et tout cela se devine encore, avec une once d'imagination, au long des chemins de halage, des ports, des « peyrats » toujours existants, comme les hautes maisons des marchands riverains et des maîtres bateliers.

Autour de cette batellerie, toute une activité curieusement plus sédentaire que nomade. Hormis ceux qui conduisaient les esquifs, qu'on ne décorait point, comme ailleurs, du nom de « mariniers », il fallait bien des passeurs, des haleurs, des fabricants de bateaux, des rassembleurs de marchandises, bois compris, des organisateurs de voyages fluviaux, toute une population plus souvent malaisée que vraiment aisée, toujours installée sur la rive, les pieds dans l'eau, ou du moins dans les caillouteuses ruelles adjacentes — toujours là elles aussi. On saura tout, ou presque, sur ces marchands, ces constructeurs de bateaux, ces tonneliers, leur travail, leurs commandes, leurs clients et leurs apprentis. Sur les marchands surtout, avec leurs horizons aquitains, bordelais, mais aussi auvergnats et charentais, ce qui ne peut étonner ; mais ce qui surprendra sans doute chacun, sauf les rares spécialistes, c'est l'omniprésence — déjà ! — des éternels Hollandais, respectés et peut-être craints, revenus chaque année avec des bateaux sur lest, installés quelquefois dans telle ville ou bourgade, comme sur toutes les rivières de cet Occident français d'entre Loire et Adour, premiers clients pour les vins blancs et doux de la basse vallée (comme ailleurs pour les eaux-de-vie de Charente et de Chalosse qu'ils avaient contribué à créer), avides aussi de ces baies ramassées sur les collines et les causses, et embarquées par tonneaux entiers vers Schiedam ou ailleurs, pour fabriquer le fameux « genièvre » des pays du Nord. Omniprésence néerlandaise quasi séculaire, réelle toujours en cette fin du XXe siècle, sous d'autres formes.

Les amateurs de poissons de rivière pourront rêver, mélancoliques, devant les listes (et les quantités !) des produits de la pêche : de l'alose, de la lamproie, des saumons par milliers, sans compter le menu fretin des mulets à deux sous pièce et des goujons à trois sous la livre. Ressource non négligeable pour des hameaux de pêcheurs, en un temps où les jours « maigres » étaient respectés, et où le braconnage en rivière (on allait jusqu'à endormir le poisson avec des drogues...) atteignait des proportions fantastiques, comme d'ailleurs le braconnage en forêt.

Fille de la Dordogne, moins tout de même que l'Égypte du Nil, voici la Vallée, fertilisée et comme ensoleillée par ses eaux, coulée irrégulière de cultures et de prospérité entre des plateaux sévères, mais moins délaissés qu'aujourd'hui, entre des falaises et des prairies, et tant de châteaux ! On en suivra sans peine les terroirs, les villages et le climat humain sous la plume précise d'Anne-Marie Cocula-Vaillières.

Au-delà du plaisir de cette plongée vers les paysages et les hommes d'il y a deux siècles, il faut tout de même que l'historien de métier — car c'est un métier que l'histoire, et non pas un hobby, un bavardage, une anecdote ou un canular —, que cet historien donc souligne la difficulté de l'enquête à travers des fonds d'archives d'une variété inouïe, d'une localisation malaisée, d'un maniement délicat ; son aboutissement a requis de la persévérance, de l'ingéniosité, de l'acuité d'esprit, le don de la synthèse et de l'évocation, et par surcroît le talent sobre et délicat qui marque ce livre, avec l'élégance.

Puissent d'autres rivières, et leurs « gens » — je pense à la Loire pour le moment abandonnée — susciter des historiens de cette trempe, sûrs, profonds et fins tout à la fois !

V

L'HISTOIRE DE LA BRETAGNE*

« Encore la Bretagne », diront peut-être quelques grincheux, et « encore la mort », penseront peut-être aussi quelques blasés... Un quart d'heure d'attention persuadera le lecteur qu'il n'existe ici ni nostalgie régionaliste, ni sacrifice à quelque mode que ce soit. Si l'on veut tout savoir, l'auteur n'est point breton de naissance, s'il l'est devenu d'affinité ou de cœur ; et surtout sa recherche commença bien avant que la mort (ou les « attitudes » qu'elle aurait provoquées) n'occupe les gazettes, les étranges lucarnes, ou les étals des libraires.

À l'origine, dès les années soixante, ce fut la rencontre d'une discipline neuve, la démographie historique, d'une source extraordinairement riche et bonne, les registres de baptêmes, mariages et sépultures de Haute-Bretagne, et d'un esprit à la fois curieux, généreux et vigoureux, le jeune Alain Croix. Le résultat fut une étude solide, inattendue, un peu austère sur Nantes et le pays nantais au XVIe siècle, étude démographique (publiée tardivement en 1974), qui stupéfia les spécialistes, non seulement par ses résultats, mais aussi par la qualité (et la quantité) du travail qui la soutenait. Pour la première fois, l'on sortait des généralités hasardeuses et des intuitions pseudo-géniales dans ce domaine de la démographie française du XVIe siècle qui demeurait alors très mal connu, comme le XVIe siècle lui-même. Et cela, il faut bien le dire, grâce à l'admirable clergé du diocèse de Nantes et à l'heureuse

---

* Préface à la thèse d'Alain Croix, 1981.

conservation, en des régions épargnées par la guerre, de séries de registres paroissiaux qui, par leur ancienneté (avant 1540, voire avant 1500), leur longueur, leur densité, leur qualité, n'ont d'équivalent nulle part en Europe, sauf dans cette Italie qui fut le modèle de presque tout.

Simple étape pour Alain Croix. Immédiatement, il entreprenait d'élargir son étude. Géographiquement, à toute la Bretagne, tâche que lui seul pouvait à la fois envisager et accomplir, puisqu'enfin 1 130 séries de registres avaient été conservées, et qu'il exploita à fond les meilleures, 420 séries, soit plus de trois millions d'actes que nous appellerions d'état « civil ». Chronologiquement, l'enquête s'élargissait à deux siècles, les plus difficiles et les plus mal connus, et refusait donc la facilité d'une extension aux décennies plus riches en sources et plus bavardes qui séparent le temps de Colbert de celui de Necker. Enfin, le projecteur était orienté principalement sur la mort ; la mort chiffrée dans une étude démographique sans complaisance et sans autre lacune que celles des sources ; la mort expliquée ensuite, autant que faire se peut ; la mort combattue aussi, autant qu'on le pouvait en ces temps assez démunis, mais qui luttaient ; la mort ressentie enfin, attendue, espérée, supportée, déplorée, détestée, utilisée aussi. Ainsi passait-on de la rude statistique à l'étude affinée des âmes, ou de ce qu'on appelle, assez mal, les « mentalités » ou les « cultures ».

Ce projet, très vite dressé, un peu remanié en cours de route, aboutit en moins de dix ans. Il se caractérise d'abord par la rigueur de la méthode, sans quoi rien ne vaut. Alain Croix ne se contente pas d'opérer de vagues « sondages » sur des « échantillons » déclarés « significatifs » par ceux qui les choisissent ; on ne « sonde » pas un XVIe siècle démographique ; le chercheur donc lit, dépouille, met en fiches et organise la totalité des documents disponibles et utilisables, paroissiaux bien sûr, mais aussi municipaux, hospitaliers et même testamentaires — ou peu s'en faut — ; il raisonne sur des dossiers, et non pas sur des bribes ramassées au hasard. Sur ces bases considérables s'exerce un sens critique dont la rigueur semble sans faille, ce qui explique à la fois la relative longueur des développements et chapitres méthodologiques, les nuances nombreuses du texte, et la rigueur parfois tranchante des conclusions. Tranchantes parce que dûment étayées, et alors pourquoi donner dans la subjectivité maniaque ou la nuance vacillante ? Eh quoi ! Une peste est une peste, et un taux de mortalité correctement établi, une certitude. Et même, horrible sacrilège aux yeux d'historiens attardés dans des béatitudes rétrospectives, la famine réapparaît, au moins cinq fois en deux siècles, la vraie, avec des morts, de pauvres comme par hasard, singulièrement à Nantes et à l'entour — et pas du tout dans la riche Bretagne bretonnante — ; famine, c'est-à-dire cherté et disette provoquées comme presque toujours par des spéculateurs, et par l'incapacité des municipalités d'alors à prévoir quoi que ce soit... Un mal qui s'atténue tout de même quand s'allonge le XVIIe siècle ; un mal qui tue moins que d'épouvantables épidémies, si précisément analysées, et qui pourtant n'empêche pas cette Bretagne d'avant Colbert de figurer parmi les provinces les moins pauvres, les moins mal nourries, les plus densément peuplées, avant que ne se renverse la tendance, presque à contre-courant dans un XVIIIe siècle habituellement prospère. Et ce n'est pas là l'une des moindres surprises apportées par ce livre.

L'un des traits dominants de la démarche d'Alain Croix est l'attention portée sans relâche au quotidien et non pas uniquement à l'exceptionnel, au petit peuple silencieux et analphabète et non seulement aux élites solennelles, orgueilleuses et bavardes — j'entends historiquement. Qu'il s'agisse de la mort des enfants, de la peste, de l'alimentation, de l'hygiène, de la grotesque médecine, des hôpitaux en rapide évolution, et surtout de la « culture macabre », toujours est présente la nécessaire, l'indispensable référence sociale. Et présente dans un sens comme dans l'autre : pas ici de ce « misérabilisme » larmoyant (jugement que j'ai, pour mon compte, toujours parfaitement méprisé, car l'on sait d'où il vient), pas plus que de silence méprisant. Ainsi, l'administration et le financement de la charité sont analysés d'aussi près que la condition des secourus et des enfermés ; ainsi le rôle politico-social des élites ecclésiales et pieuses (assurer la soumission) est souligné avec la même franchise que les mérites de tant de recteurs, la charité et le dévouement de tant d'autres, et la pastorale missionnaire (non innocente) de quelques-uns. Pour l'alimentation (un admirable chapitre) comme pour la pratique testamentaire (sur laquelle on a tant glosé), le développement insiste forcément sur les puissants et les aisés, puisque la documentation les concerne presque exclusivement, mais les humbles sont tout de même aperçus et délicatement traités.

On imagine que le lecteur va être spécialement attiré par la séduisante et neuve troisième partie — dont la valeur scientifique découle néanmoins des deux premières —, par la richesse de son information, la variété extraordinaire de ses racines, qui vont de l'écrit à l'image et au geste, par les admirables textes et les photographies qui la soutiennent autant qu'elles l'illustrent. Elles restituent d'ailleurs à la véritable Bretagne — la « basse », l'occidentale — toute son originalité, son sel et sa sombre puissance, alors que le pays « gallo » paraît une simple excroissance des pays d'oïl qui la cadenassent à l'est. Du moins, pour la première fois, et autrement que par des pourcentages trop astucieux, des bases archivistiques trop légères, ou des discours trop talentueux sur les seules élites, on connaîtra vraiment les rites de passage, les représentations de l'au-delà et les vraies attitudes devant la mort pour des siècles antérieurs au bavard XVIIIe, et dans cette province au moins, avec autant de sécurité que de finesse. Performance d'historien qui rappelle, en l'élargissant, la pionnière et profonde thèse de François Lebrun sur *Les Hommes et la Mort en Anjou aux XVIIe et XVIIIe siècles*, ouvrage trop peu connu en France (mais non à l'étranger) parce qu'on n'a pas fait assez de tintamarre autour.

Quoi qu'il en soit, après un grand précurseur fort oublié, Henri Sée, qui avait presque tout aperçu, sinon compris, après les deux savants toujours présents que sont Henri Fréville (l'intendance...) et Jean Meyer (la noblesse...), voici la Bretagne honorée d'un nouvel et gros ouvrage d'histoire, dont la solidité, l'ampleur, la rigueur et la profondeur ne sont pas près d'être égalées.

VI

COLBERT 81 *

Jean Giraudoux feignait de croire, voici plus d'un demi-siècle, que son *Amphitryon* était le trente-huitième. Depuis la première biographie qui lui fut de son vivant consacrée (*Mémoires pour servir à l'histoire du maquereau royal*, 1668) et dont on ne peut dire qu'elle était élogieuse, Colbert a dû battre Amphitryon de plusieurs longueurs. Après le cru 80 (d'Inès Murat, née Luynes), voici donc le cru 81 ; d'autres vont suivre, puisque le tricentenaire de la mort du héros tombe en 1983, et que l'Association Française des Célébrations Nationales (oui, cela existe) s'est déjà réunie deux fois pour nous y préparer, et astiquer d'avance les trompettes de la Renommée.

Les mémorialistes, les historiens, l'élite cultivée, puis l'ensemble bien alphabétisé et éduqué de nos compatriotes ont toujours éprouvé et manifesté envers Colbert comme envers son maître des passions variables et parfois contradictoires : en retracer la courbe ne manquerait pas de sel.

Ministre puissant, on le redoute ; ministre des finances, naturellement on le déteste : les épigrammes, les chansons, les épitaphes qui le visèrent atteignirent un degré de férocité parfois spirituelle dont Jean Meyer a oublié de nous donner une idée. Après sa mort, durant des décennies, sa mémoire fut à la fois déformée et repoussée. Dans son *Siècle de Louis XIV*, qui ressemble à un anti-siècle de Louis XV, Voltaire le réhabilite avec éclat et esprit ;

---

* Compte rendu de Jean Meyer, *Colbert*, Hachette, 1981, pour *Le Monde*, 1981.

et c'est bien pourquoi Jean Meyer fit de M. de Voltaire un très grand historien, contrairement à son ami Chaunu qui le trouvait naguère insignifiant. Début de réhabilitation que suivit un relatif oubli, puis au XIXe siècle des travaux érudits inégalables puisqu'inégalés, ceux de Pierre Clément surtout. Le vieux Lavisse habille Colbert en grand bourgeois génial dont l'offre supposée d'enrichissement du royaume fut mal comprise et en fin de compte repoussée par son maître, qui aimait trop la guerre et la bâtisse ; les vieux manuels, primaires et autres, vulgarisèrent tout cela, dont nous fûmes hébétés. Puis une génération royaliste et souvent académicienne, sincère, attendrissante et rapide, dont Gaxotte demeure le plus brillant sujet, s'emploie à restaurer bruyamment la gloire du maître, sans altérer celle du commis. Il paraît que depuis on est tombé bien bas, puisqu'un Américain que connut M. Meyer « a reproché à l'école des Annales d'avoir vilipendé Colbert et rapetissé son œuvre » (p. 324) ; pauvre « école des Annales », de quel fardeau nouveau es-tu chargée !

En fait, ce livre utile, partiel, un peu partial, assez bien renseigné, mais brouillon, se veut une mise au point, fabriquée uniquement, semble-t-il, à partir de l'imprimé. Elle n'a pas le charme de celle d'Inès Murat, ni la sérénité modeste du bref livre que le regretté Georges Mongrédien donna en 1963 au même éditeur, Hachette. Mais on peut y suivre les progrès d'une recherche qui avait beaucoup piétiné jusqu'à ces dernières années.

Jusque-là, presque tout était contenu dans les admirables publications de textes plus que centenaires qu'avaient procurées Clément et quelques autres, et les successifs biographes de Jean-Baptiste y ont tous puisé à pleines mains. Depuis, le renouvellement a porté sur trois points, et trois seulement. Grâce à un travail de titan dans les minutes notariales, Jean-Louis Bourgeon, dans ses *Colbert avant Colbert* (P.U.F, 1973), a restitué rigoureusement tout ce qu'on ignorait des ancêtres et des parents du grand homme : un large clan d'hommes d'argent, peu scrupuleux, intelligents, riches et puissants — sauf le triste père. Inès Murat, l'an dernier, sortait des archives de Luynes une centaine de pièces entièrement ou partiellement inédites, qui projetaient de vives lumières sur des points mal connus ou erronés : ainsi la prétendue disgrâce de Colbert à la veille de sa mort, définitivement rejetée. Enfin et surtout, Daniel Dessert, dans quelques articles dont un seul est cité, et en attendant mieux, éclairait de manière incontestable et définitive le monde des financiers (sans lesquels la France n'aurait pu vivre) et dans lequel baignèrent et Mazarin et Fouquet et Colbert, monde qui les porta, les enrichit, les gava, et qu'ils tentèrent de dominer. Des deux premiers apports, Jean Meyer rend compte avec abondance et admiration. Il est trop vraiment historien pour méconnaître la nouveauté et les mérites du troisième. Il l'utilise pourtant avec une sorte de gêne, sinon de répulsion, et pas entièrement. C'est que l'éclatante clarté qui s'en dégage apporte des ombres sur l'honnêteté et parfois les capacités du grand homme et de son clan. On ne voit d'ailleurs pas en quoi ces ombres peuvent modifier la valeur d'une œuvre multiple, sérieuse, ordonnée, solide, parfois novatrice ; et l'on sait bien qu'en ce temps-là il fallait qu'un ministre s'enrichisse, et Richelieu lui-même... Jean Meyer essaie de rééquilibrer un tableau qui l'ennuie en insistant sur la « bonne mort » et la profonde piété de Colbert : comment eût-il pu en être autrement, en son siècle, en son milieu, dans son état ? Le grand Colbert n'était pas le Grand Condé, qui pouvait se permettre l'athéisme (sa sœur Longueville aussi) quitte à se rattraper (la sœur aussi) aux approches de la mort...

À l'historien, ce livre n'apporte rien de neuf, sauf un peu de marine et quelques humeurs, parfois aigres. Au public éclairé, grand amateur de biographies historiques, il ne fournit pas le récit chronologique pittoresque et détaillé qu'il semble apprécier ; en revanche, il répercute les éclairages fascinants procurés par le travail irréprochable de jeunes historiens, et par la souriante générosité qu'a montrée la maison de Luynes à ouvrir ses précieuses archives. (Peut-on la supplier de persévérer et de persuader d'autres vénérables « maisons » de l'imiter, pour Vauban par exemple ?)

Au total, une biographie érudite, passionnante, légèrement passionnée, qui apprendra beaucoup aux fervents du Grand Siècle, nourris souvent d'éloges fades et univoques.

VII

LOUIS XIV ET SON PEUPLE*

Le « Roi Soleil » que nous fêtons aujourd'hui dans une cité qui porte le nom de son frère, de son oncle et de son neveu, a suscité chez les historiens et dans le public, en France et hors de France, les sentiments les plus variés. Le plus souvent, l'admiration domine, et elle s'adresse à la civilisation du Grand Siècle autant qu'au Grand Roi. Dans ce concert d'admiration se sont souvent glissées des réserves ; particulièrement en Angleterre, et encore plus en Allemagne et en Hollande, que les armées françaises ravagèrent parfois. Mais c'était alors la loi de la guerre. Des réserves se sont aussi élevées parmi les historiens français, et cela dès le début du XXe siècle avec le grand historien Ernest Lavisse, dont l'œuvre n'est pas périmée. Ces réserves étaient d'ailleurs mesurées, et tempérées par une admiration réfléchie.

Pourtant, je ne pense pas que ce soit le rôle de l'historien d'exprimer l'admiration ou la réprobation. Son travail consiste à connaître et à comprendre.

C'est pourquoi je vais essayer d'expliquer, d'abord, l'attitude de Louis XIV envers son peuple ; ensuite, les sentiments du peuple de France envers son roi.

La pensée constante des rois de France était aussi celle des rois d'Espagne, et Louis XIV était le fils d'une princesse espagnole et le mari d'une autre princesse espagnole ; il convient toujours de penser qu'il a parfois été influencé par ses origines espagnoles ; par exemple, dans

---

* Conférence à La Nouvelle-Orléans, 1984. Inédit.

l'idée de se faire construire un palais loin de sa capitale ; par exemple aussi, dans l'organisation de l'« étiquette » qui régissait la vie de sa Cour.

Cependant, comme Louis XIII, comme Henri IV et plus tard Louis XV, il professait à l'égard de son peuple deux idées (ou deux sentiments) fort simples. Le premier, c'était que le roi commandait, et que le peuple devait obéir rigoureusement. Le second, c'était que le roi était le grand justicier et le protecteur naturel de son peuple, qui pouvait toujours se tourner vers lui pour réclamer la justice et la protection.

De ces deux principes, on peut remarquer que Louis XIV appliqua surtout le premier, la réduction à l'obéissance, au besoin par la force. Ainsi, il a écrit ou fait écrire dans ses *Mémoires* que « un peu de sévérité était la plus grande douceur que je pouvais avoir pour mes peuples » (en passant, remarquons ce pluriel, qui marque leur diversité). Il ajoutait aussi que « le ressentiment et la colère des rois sages et habiles était la plus grande douceur que je pouvais avoir pour mes peuples ». Il semble ce soit là des paroles bien sévères. Elles correspondaient pourtant à la réalité. Il fit en effet réprimer par l'armée, et durement châtier par sa justice, les diverses révoltes provinciales qui se produisirent entre 1661 et 1675.

Ces révoltes se produisirent toujours dans des provinces éloignées de Paris, au nord (vers Boulogne), à l'ouest (Bretagne), dans le Midi (Languedoc et Béarn). Leur motif habituel était l'augmentation des impôts et surtout la création, réelle ou supposée, d'impôts nouveaux, dont ces provinces lointaines pour l'époque (les distances se mesuraient au trot du cheval), n'avaient pas l'habitude. Ces révoltes en continuaient d'autres, qui s'étaient produites dans les décennies et même les siècles précédents ; elles traduisaient donc la fin d'une sorte de cycle dans l'histoire de la France « profonde ».

Mais Louis XIV, même en temps de paix (entre 1661 et 1672), fit réprimer ces révoltes par l'armée, avec une certaine brutalité. Des révoltés furent envoyés ramer sur les galères du roi en Méditerranée, d'autres furent pendus, et un chef languedocien, Du Roure, fut coupé en morceaux, et les morceaux exposés aux portes des villes. Plus tard, mais c'était en temps de guerre, les protestants furent traités avec beaucoup de dureté. Surtout les « camisards », du Sud-Ouest (dans les Cévennes) entre 1702 et 1706.

En ce qui concerne les protestants, il ne s'agissait pas d'un problème royal ni d'un problème politique, mais d'un problème religieux. Pour Louis XIV, la seule vraie religion était la sienne. La « catholique, apostolique et romaine », et toutes les autres étaient considérées comme fausses. Les protestants devaient, sous peine de crime, se convertir ou être réduits à la non-existence ; en effet, n'ayant pas reçu le baptême catholique, ils n'existaient pas. Le mieux était donc de les convertir de force, ce qui se produisit, avec l'aide des prêtres et surtout des soldats. En réalité, pour Louis XIV, les « prétendus réformés », comme on disait, n'étaient pas de vrais sujets, à peine de vrais Français, à peine des hommes.

La vigueur et la brutalité de sa répression contre les diverses révoltes s'expliquent moins par les principes du roi que par sa jeunesse. Il nous faut y revenir un moment.

Une bonne partie de la psychologie de Louis XIV, et aussi de ses sentiments envers son peuple, s'explique par sa jeunesse.

Né en 1638, il avait dix ans lorsque la Fronde commença, près de quinze lorsqu'elle se termina. À cet âge, sans aller chercher les interprétations du docteur Freud, les impressions sont vivaces et durables. Or, qu'a-t-il alors vu et entendu ?

Sans doute, des révoltes menées essentiellement par la grande noblesse, par les parlementaires et par quelques prêtres ; ceux-là, il saura plus tard les réduire à l'obéissance. Mais il a aussi vu ou entendu dire que le peuple de Paris avait élevé plusieurs centaines de barricades en août 1648, ce qui a dû lui être présenté et lui apparaître comme inadmissible. Il a su que plusieurs milliers de pamphlets, de libelles, de chansons visaient non seulement Mazarin, son ministre, son parrain et son guide ; mais ils visaient aussi sa mère, qu'il aimait, et déversaient sur elle les injures les plus ordurières. Louis XIV, entre l'âge de dix ans et celui de quinze, n'a pu oublier cela.

De la même manière, il put voir, à l'âge de quatorze ans, ses troupes commandées par Turenne, se battre contre les révoltés de Paris et d'ailleurs, commandés par Condé. En outre, il éprouva l'humiliation d'être enlevé de nuit, en janvier 1649, pour abandonner Paris et aller coucher dans un château de banlieue, sans literie et sans chauffage. Ce n'est pas tout : entre 1649 et 1652, il voyagea à travers la France, dans des conditions très médiocres, pour aller quémander, avec sa mère et une maigre Cour, un asile, des fidélités, des soldats et de l'argent. Ces désobéissances et ces humiliations ne s'oublient jamais, surtout quand on les a vécues étant adolescent. La sévérité de Louis XIV et sa dureté dans la réduction de son pays à l'obéissance puisent là une partie de leur origine. En outre, cette sévérité était probablement dans sa nature.

Mais en circulant en France, le jeune roi pouvait voir la relative misère d'une partie de son peuple, surtout en 1649 et en 1652 : ces années-là, de mauvaises récoltes, des épidémies, un peu de peste et les misères de la guerre provoquèrent un début de famine et ce qu'il faut bien appeler une mortalité exceptionnelle : sur ces points, les témoignages sont nombreux et irréfutables. Nous ne savons pas ce que le jeune Louis XIV éprouva alors ; mais il a donné à plusieurs reprises sa pensée dans des situations comparables.

Dans ses *Mémoires* pour l'année 1662, Louis XIV a décrit en détail, après la « stérilité » de l'année 1661, la « calamité » qui affecta la partie nord de son royaume l'année suivante : cherté, marchés dégarnis, exodes de mendiants, plaintes et murmures des pauvres, graves maladies contagieuses amenées par la mauvaise nourriture. C'est l'occasion pour le jeune roi de donner la liste de toutes les généreuses mesures qu'il a prises pour enrayer la disette et les épidémies : achats de blé dans les provinces épargnées par la crise (Bretagne, Guyenne), achats jusqu'en Prusse et en Pologne, notamment à Dantzig ; distribution à très bas prix de ce blé aux populations urbaines les plus nécessiteuses, Paris, Rouen, Tours, etc. Bien que Louis XIV ait quelque peu exagéré la portée des mesures qu'il avait prises, et leur efficacité, il est certain qu'il les a ordonnées. Et il se décerne, en terminant sa relation, un *satisfecit* sans nuance :

« Je parus enfin à mes sujets comme un véritable père de famille qui fait la provision de sa maison et partage avec équité les aliments à ses enfants et à ses domestiques. Je n'ai jamais trouvé de dépenses mieux employées que celle-là. Car nos sujets sont nos véritables richesses. » La dernière phrase, fort sincère, est par surcroît exacte. Louis XIV n'eût pas été le Grand Roi sans le labeur inlassable et intelligent de ses 20 millions de sujets.

On trouve de temps à autre trace de cette commisération et de cette attention royale : dans la marge des lettres écrites par des ministres et des intendants, dans quelques mots à Colbert, dans des moments difficiles comme lors des grandes famines de 1694 et 1709. À la fin de son règne, lors des grandes défaites, il rédigea même une lettre à « ses peuples », comme il disait, pour leur expliquer que l'honneur l'obligeait à continuer la guerre contre la coalition européenne, quelque souffrance qu'en éprouvent ses sujets, puisqu'il ne pouvait tout de même pas prendre les armes contre son petit-fils le roi d'Espagne. La France fut d'ailleurs sauvée par la volonté de paix de l'Angleterre et la victoire de Denain.

Cela dit, il est bien évident que Louis XIV pensa assez peu aux sentiments et aux souffrances de son peuple pour engager trois longues et coûteuses guerres à partir de 1672 et surtout de 1689. Le moteur de sa politique était la gloire, et non la bienfaisance. Il pensait d'ailleurs que la conquête de la gloire constituait le premier de ses devoirs, aussi bien pour sa personne que pour son royaume.

Il est en effet un trait tout à fait typique, commun à tous les rois depuis Henri IV jusqu'à Louis XV, c'est de penser, comme le Roi Soleil l'a dit, que « la Nation ne fait pas corps en France. Elle réside tout entière dans la personne du roi ».

C'est pourquoi Louis XIV refusa de convoquer les États Généraux, comme l'avaient suggéré quelques ministres durant les défaites d'entre 1706 et 1710.

Il faut aussi rappeler que, en 1789, c'est exactement à

partir du moment où les États Généraux (juin) décidèrent de s'appeler désormais Assemblée nationale, donc de représenter la Nation à côté du roi, ce que le roi ne pouvait admettre, que la révolution politique commença vraiment. Ni Louis XIV, ni Louis XV, ni leurs prédécesseurs n'auraient accepté cette distinction, qui mettait leur personne royale à côté de la personnalité nationale.

Ce ne fut donc que par pur effet de sa bonté et de sa générosité paternelle que Louis XIV songea parfois à aider ses peuples, à les ménager, à les soulager, ou plus simplement à les considérer. Il en est pourtant une partie, plusieurs centaines de mille, qu'il n'arriva jamais à accepter vraiment, puis même à supporter ; il s'agit des protestants, de plus en plus tracassés à partir de 1675 environ, poussés à la conversion par l'argent ou par les soldats, et pratiquement interdits de religion à partir de 1685, où le roi osa révoquer l'Édit de tolérance donné à Nantes par son généreux et adroit aïeul Henri IV. L'historien n'a pas à s'ériger en juge ; il peut cependant affirmer que ce fut là une grande erreur politique, et probablement économique.

Protestants mis à part, que pensait ce peuple du roi qui les gouvernait ? Quels sentiments éprouvait-il ?

Il faut immédiatement mettre à part les Parisiens. Cette population nombreuse (500 000), remuante, alphabétisée quant aux hommes, contenant beaucoup d'immigrants jeunes, a toujours été sensible à l'opposition au gouvernement, aux pamphlets, aux feuilles d'opposition, aux chansons, et aux rumeurs qui couraient. En outre, les Parisiens n'avaient jamais pardonné à Louis XIV de les avoir quittés pour aller habiter si loin, à Versailles. Ils seront reconnaissants au Régent, le duc d'Orléans de ramener à Paris le jeune Louis XV. Mais il est sûr que Louis XIV n'aimait pas Paris, son bruit, ses mauvaises odeurs et son insécurité. Et puis les souvenirs de ses jeunes années, si tristes, y étaient attachés.

Quant à l'ensemble du peuple de France, le roi regretta avant de mourir, dit-on, de n'avoir pas travaillé plus à sa prospérité, et d'avoir trop dépensé pour la guerre et les constructions.

Mais ce peuple lui a toujours manifesté, comme envers tous les rois, une sorte d'adoration. Pour l'ensemble du peuple, le roi sacré à Reims représente Dieu sur la terre ; il ne peut se tromper ; il fait des miracles, comme de guérir certaines maladies de peau à chaque grande fête (les « écrouelles ») ; ce roi thaumaturge est aussi considéré comme un roi victorieux et un roi justicier. Ses ennemis ont toujours tort, et l'on peut toujours recourir à sa justice, ce qui est vrai ; le roi recevait un grand nombre de « placets » que lisaient pour lui des secrétaires, et auxquels il était habituellement répondu. Cette image religieuse et magique du roi a longuement persisté au fond des provinces. Les nouveaux impôts, les excès des officiers, des financiers, de l'armée, on les attribuait à ces personnes elles-mêmes, et non au roi leur maître. Si quelque chose allait mal en France, c'est que de mauvais serviteurs avaient menti au roi, lui avaient caché la vérité, ne lui avaient pas obéi. Quel qu'il soit, le roi ne saurait se tromper ; ce sont ses ministres et ses officiers qui ont tort, et qui pressurent le peuple.

Cet énorme capital de confiance se conserva, dans l'ensemble, jusqu'en 1789. Il suffit de lire la plupart des cahiers de doléances pour constater à quel point il s'exprime avec ferveur et naïveté. Il faudra la fuite manquée du roi Louis XVI en 1791 (fuite arrêtée à Varennes) pour que la plus grande partie du peuple perde cette confiance : car un roi n'abandonne pas ses sujets, pas plus qu'un père n'abandonne ses enfants...

Il demeure ce fait que Louis XIV ne fut tout de même pas le roi qui s'occupa le plus de son peuple. Il ne fut pas non plus celui dont la vénération populaire fut le plus nettement passée à la postérité. L'excès de ses impôts et de ses guerres en est sans doute la cause. Une légende aimable et un souvenir quelque peu transfiguré ont fait du premier des Bourbons le roi le plus unanimement aimé et révéré. Henri IV, le « bon roi Henry », fut toujours celui que l'histoire a le plus chéri, et que les royalistes du XIXe (et XXe) siècle ont toujours mis en avant.

VIII

LOUIS XIV ET LES PROTESTANTS *

Des deux millions de protestants que la France devait compter vers 1560, il pouvait en rester une bonne moitié un siècle plus tard, quand Louis XIV prit le pouvoir : vraisemblables estimations en l'absence de toute statistique officielle. Ce recul est dû aux persécutions et aux massacres, au lâchage de presque toutes les grandes familles nobles, à commencer par les Bourbons et les Condé pour en finir, ou presque, avec Turenne (1668), et aussi à une certaine lassitude, sauf dans les régions fortes du Centre-Ouest, des deux Midi et des Alpes.

Les réformés que les catholiques qualifiaient de « prétendus » (le jugement s'est longuement conservé) vivaient, croyaient, se recueillaient, lisaient et se réunissaient sous le régime du tolérant (en son temps) Édit de Nantes (1598) et de ses annexes, octroyés par la sagesse d'Henri IV, et débarrassé de tout caractère politique et militaire par la « Grâce » d'Alès (1629).

Il nous est aujourd'hui difficile de saisir à quel point ce dualisme religieux dicté par le désir de paix et le réalisme politique, pouvait paraître anormal, sinon monstrueux, pour la plupart des bonnes âmes de ce temps. Un royaume, le plus peuplé et le plus riche d'Europe, dont le roi dénommé traditionnellement « très-chrétien » (*christianissimus*) avait prêté lors de son sacre le serment d'extirper toute hérésie, était comme sali et défiguré par une sorte de macule : cette petite minorité de huguenots, aux-

---

* Article de *Réforme*, 1985.

quels venaient de s'ajouter en 1648 mais sans les rejoindre vraiment, les luthériens d'Alsace. Révoquer l'Édit de Nantes, c'est-à-dire supprimer tout culte et toute possibilité de culte, raser les temples, expulser les pasteurs, baptiser de force les enfants : c'était revenir à la normale, à l'unité, à la coïncidence heureuse de la seule vraie religion (la romaine) de l'État et de la Monarchie. L'image ainsi retrouvée, belle et pure, effaçait quatre-vingt-sept années d'errements. Telle était du moins ce qu'on peut appeler l'opinion commune.

Et pourtant Louis XIV jeune pas plus que son parrain Mazarin n'avaient connu la moindre difficulté avec les Réformés, qu'ils côtoyaient et utilisaient volontiers. Sauf Turenne un moment (et, croit-on, par faiblesse amoureuse), aucun ne trempa dans l'imbroglio assez sale de querelles, de bruits, de voleries, de bagarres, de guerres civiles et de félonies qu'on appelle Fronde. Ce furent surtout les catholiques qui se conduisirent mal : Gondi et ses curés parisiens, aussi dignes descendants des Ligueurs les plus excités que la secte janséniste, que Mazarin sut ne pas ménager. Beaucoup eurent droit à des sanctions (si d'autres furent achetés) : prison, exil, poursuites, dénonciations, mises à l'écart (même M. Vincent), tandis que *Tartuffe*, d'abord applaudi par le roi, dénonçait ce même parti dévot qui tenta d'évincer Richelieu dès 1630, parce qu'il préférait l'intérêt de la France à l'intérêt de la « vraie » religion, alors que la secte mettait l'alliance et l'argent espagnol devant la fidélité au roi de France. De cette fréquente trahison des « malintentionnés » (le mot, prudent, est de Colbert) ultra-catholiques, Louis XIV se souvint longtemps, puis oublia, puis vira de bord. Pourquoi ?

Élevé par sa mère selon les rites stricts d'une dévotion ordonnée, persuadé par moments que Dieu l'inspire directement, le jeune monarque se complaît visiblement en compagnie de jeunes libertins, érudits ou non ; les « gassendistes » l'ont approché (La Mothe Le Vayer fut un moment son précepteur), et Molière, si favorisé (un roi, parrain de l'enfant d'un comédien !) appartenait à ce groupe cultivé et pour le moins critique. Relisant les *Mémoires* du roi (revus vers 1667-1668), on découvre vite qu'il fut rude pour l'Assemblée du Clergé en 1661, qu'il revendiquait la propriété éminente des biens d'Église, et qu'il admettait (passage rarement cité) certaines idées des « nouveaux réformateurs », qui « disaient vrai visiblement » en condamnant « l'ignorance, le luxe, la débauche » des ecclésiastiques du siècle précédent. Bien sûr, ils erraient sur « la croyance ». En ces premières années de règne personnel, son objectif est l'interprétation étroite de l'Édit, le refus de toute « grâce » (faveurs, places, argent) aux réformés et déjà l'achat de quelques consciences.

Comment ce monarque catholique et non dévot des années soixante put-il devenir celui qui signa l'édit de Fontainebleau, cette déclaration de guerre et d'extermination à un million de réformés, déjà suffisamment tracassés, isolés, amoindris, abaissés, puis rudoyés et torturés par d'assez ignobles dragons en goguette ?

Sans trop dire que la persécution peut être le propre de toute grande religion parvenue au pouvoir, des générations d'historiens rarement impartiaux se sont échinés à disserter sur les raisons et les circonstances de la Révocation. L'essentiel me paraît s'expliquer par la personne du roi en sa proche cinquantaine, et par sa politique.

Son assiduité aux exercices religieux et sa foi (au demeurant fort simple) semblent s'être accrues vers 1676-1680, après l'éviction (Montespan) ou la mort (Fontanges) des dernières favorites ; la reine à peine décédée (1683), il dut épouser Maintenon, ex-huguenote, ex-Mme Scarron, ex-gouvernante, et l'une des maîtresses habituées. Le rôle de cette pieuse personne, comme celui des confesseurs jésuites, est habituellement jugé négligeable ; mais qui a percé les secrets de l'oratoire ou de l'oreiller ? Il est probable que le roi, adulé et heureux de l'être, a voulu frapper le grand coup qui lui confère une gloire inégalée dans l'Europe et le Monde : tout seul, extirper l'hérésie... Il lui fallait aussi faire oublier son absence dans la grande expédition qui, deux ans plus tôt, avait fait lever le siège de Vienne par l'Infidèle, établissant le renom de l'empereur Léopold, alors que Louis XIV pillait les villes flamandes. Il a sûrement voulu aussi impressionner le pape. Il se disputait avec Rome depuis de longues années au sujet d'un droit de « régale » (sur quelques évêchés et abbayes) qu'il prétendait étendre. En réalité, il désirait gouverner à sa guise l'Église gallicane, qui le suivait avec un sage enthousiasme et les précautions d'usage. Mais Louis XIV avait devant lui un grand pape impérieux, Innocent XI, qui lui refusait presque tout, notamment de donner l'investiture canonique aux évêques qu'il désignait. Et celui-ci a voulu impressionner celui-là... comme si un monarque imbu de sa gloire pouvait émouvoir un tel pape. Par surcroît, un roi catholique (Jacques II) venait s'installer sur le trône de la peu papiste Angleterre, et la paix régnait en Europe pour vingt ans, selon les trêves de Ratisbonne. Louis XIV pensait subjuguer tout le continent, achever sa gloire ; et peut-être a-t-il cru dans son enivrement que vraiment les listes de conversions qu'on lui montrait n'étaient pas trop outrées et qu'il restait si peu de prétendus réformés qu'un Édit suffirait à les anéantir.

Toute l'Église, toute la Cour, toute la Ville, tout ce qui rimait, dessinait ou chantait, le bon peuple catholique aussi lança d'inexprimables vivats d'allégresse. Nulle mesure ne fut plus majoritairement populaire : le royaume du Très-Chrétien retrouvait sa pureté.

Les résultats immédiats furent clairs. Plus de cent mille protestants parmi les meilleurs et sans doute les plus riches et les plus brillants (et aussi les plus proches de la mer ou des frontières) partirent rejoindre ceux qui les avaient précédés dans les refuges hollandais, allemands, suisses, anglais, plus loin encore. De ceux qui restaient (des paysans en majorité), la plupart se convertirent apparemment ; de toutes manières, leurs enfants devaient être instruits par les curés, et la deuxième génération résista moins que la première ; les clandestins, les révoltés et les martyrs se voient mieux que les résignés, et ont été spécialement célébrés ; on ne peut douter que l'effectif des réformés ne se soit réduit d'un bon tiers en un demi-siècle ; pour les catholiques et le roi, la seule demi-réussite est là.

Car le pape ne fut pas impressionné, félicita tardivement et modérément, et continua la lutte contre ce roi qui voulait faire des évêques tout seul. Innocent XI finit même, comme quelques prélats français (dont Bossuet, sur le tard) et l'admirable Vauban (qui attendit pourtant 1689), par douter de la valeur des conversions forcées, et parler du sacrilège des communions obligatoires.

Les princes catholiques, qui se méfiaient de l'insatiable ambition du Grand Roi, le félicitèrent avec modération, et n'en préparèrent pas moins le long conflit qui s'annonçait. Les princes protestants furent épouvantés, ou gênés : on vit même le Grand Électeur de Brandebourg, pourtant grassement subventionné, renoncer à l'alliance française. Quant aux Hollandais qui se querellaient alors, ils retrouvèrent immédiatement leur unité autour de Guillaume d'Orange, ennemi irréconciliable et fort riche du Roi Très-Chrétien. Même en Angleterre, où le roi « papiste » Jacques II se laissait aller à quelques imprudences, le bruit fut habilement répandu qu'une expédition française pourrait bien venir dragonner hors de chez elle. Rumeurs peu fondées — et encore... — qui aidèrent fortement à la seconde Révolution anglaise, qui plaça à la tête de ce grand royaume le stathouder de Hollande, adversaire par excellence de ce roi qui se trouvait si Grand.

Le « nouveau Constantin » (l'expression est de Bossuet) n'avait pas besoin de tout cela. Politiquement tout au moins, l'historien, qui essaie seulement de comprendre, ne peut que constater que la Révocation fut, pour le moins, une faute, et une grande.

IX

FOUQUET EN SON TEMPS *

Brocardée, la biographie se porte pourtant bien : Fayard en a publié près de quatre-vingts, il n'est pas seul, et d'autres sont annoncées. Sans doute continue-t-elle à bénéficier d'un possible affaissement de la valeur des romans, et du peu d'appétence du public pour la « nouvelle histoire », tardivement découverte, médiocrement comprise, souvent absconse et fière de l'être. Le grand homme se raréfiant, les auteurs de biographies ont recherché les petits, voire les inconnus, ou bien ils ont gonflé leur production d'une masse impitoyable de détails, ou bien ils ont travaillé dans l'admiration béate du grand génie vivant une grande époque dans une grande lumière, gommant les ombres jusqu'aux limites du ridicule. Qu'importe ! L'appétit des gloutons d'histoire restait solide, tandis que les gourmets, fatigués des oscillations de la biographie entre l'insignifiance, la pesanteur et la béatitude, commençaient à réclamer d'autres nourritures.

Les voici servis avec Daniel Dessert et son cher Fouquet : une biographie sans doute, quelque peu amoureuse, mais enfin de dimensions raisonnables (le poids n'ajoute rien à l'affaire), et surtout beaucoup plus qu'une biographie : l'évocation précise d'une société, d'un milieu et d'un temps, le plus mal connu de ce XVIIe siècle qu'on se tue à nous proclamer « grand », tout en le réduisant à

---

* Compte rendu de Daniel Dessert, *Fouquet*, Fayard, 1987, pour *Le Monde*, 1987.

l'après-1661, date du procès fait au Surintendant, qui l'inaugure honteusement.

Car c'est autour de ce procès, et de l'opposition Colbert-Fouquet que vont se cristalliser (c'est déjà fait) discussions et critiques, souvent sécrétées par l'incompétence. Car enfin le problème est résolu depuis près de cent ans : Jules Lair, en 1890, démontait l'assez ignoble mécanique mise en place par Colbert pour perdre son brillant rival, prendre sa place, et détruire toute trace de ses propres malversations et de celles de son premier maître, Mazarin. Voici trente ans, l'excellent et très modéré Georges Mongrédien reprenait pour le grand public l'analyse de *L'Affaire Foucquet* (Hachette, 1956), y revenait un peu plus tard dans son *Colbert*, et concluait paisiblement ainsi : « Il nous faut bien écarter la conception simpliste de l'honnête et scrupuleux ministre faisant avec une justice rigoureuse le procès d'un prédécesseur indélicat... odieuse parodie de justice qui cache l'acharnement personnel d'un homme à perdre son rival pour prendre sa place... le moins qu'on puisse dire c'est que [ce procès] ne lui fait pas honneur. » Dessert ne dit pas autre chose, il le dit succinctement, trente pages, mais il va bien plus loin après être retourné aux sources, seule attitude digne d'un historien. Il montre de manière indiscutable que Fouquet, quatre fois millionnaire avant d'accéder à la surintendance, se ruina exactement à la tâche, puisque son passif de 1661 est supérieur à son actif ; pendant ce temps, Mazarin et son domestique Colbert avaient amassé, en partie grâce à lui, deux fortunes, l'une importante, l'autre pharaonique. Il fallait donc que personne, et surtout pas le roi, n'en connaisse l'origine.

Tout normalement d'ailleurs, dans ce livre qui courtise la vérité avec passion, figure la description de la bonne vieille « pompe à phynance » du royaume : Fouquet l'amorçait et la faisait fonctionner, son rôle consistant exactement à trouver constamment de l'argent frais pour payer la guerre surtout, mais aussi la Cour et la machine gouvernementale. Lui-même, ses proches, sa famille au sens large, ses amis, toute une constellation de financiers et de nobles, que son crédit personnel encourageait, plaçaient contre bon intérêt (souvent autour de 12 %) leur or et leur argent dans les caisses du Surintendant, donc du roi, toujours exact à régler au moins les intérêts des dettes royales, au besoin avec ses propres deniers. Cette royauté, il la servit toujours avec une parfaite loyauté, y compris pendant toute la Fronde, ce qui ne fut pas le cas d'une partie de ses futurs juges, particulièrement du chancelier Séguier.

À cette analyse du système financier, qui démolit nombre d'idées reçues et de billevesées (le valet financier, le banquier étranger...) déjà plus qu'esquissée dans son précédent ouvrage, Dessert joint ici quelques gerbes nouvelles.

D'abord, une *saga* familiale, vraie celle-là, et jusqu'ici jamais bien suivie. Au début, une sorte d'honnête roman bourgeois, avec les Fouquet, marchands d'étoffes à Angers, fin du XVe siècle, dans une boutique à l'enseigne de l'Écureuil (qui se disait *fouquet* en vieux français ligérien) ; une lente et sage ascension par le collège, le droit, les petits offices de justice, puis les plus grands : fin XVIe siècle, en voici une branche au Parlement de Bretagne, l'autre au Parlement de Paris ; des cadets de famille accèdent aux bénéfices ecclésiastiques, et même à l'épiscopat, tandis que les filles (les six sœurs du Surintendant !) vont garnir les meilleurs couvents ; des mariages bien négociés font pénétrer dans le meilleur monde de la robe et de la piété : la mère du Surintendant fut une Maupeou, remarquable à tous égards. Et voici les Fouquet dans les allées du pouvoir : Richelieu distingue et utilise François, le père, et repère déjà Nicolas, le fils, pourvu très tôt d'une mission équivalente à celle d'intendant d'armée. Quant à Mazarin, il a le même coup d'œil sûr que son maître : il a apprécié cet homme de moins de trente ans, dont le génie est fait de finesse, d'imagination, de charme, de goût et de fidélité — le tout épicé de quelques fièvres passagères, moments d'excitation ou de découragement qui le fragilisent. Le roman bourgeois est bien terminé, le sommet du pouvoir est presque atteint à partir de 1653, avant la chute brutale. On tombe alors dans le roman noir, avec le procès et l'internement, puis dans l'énigme policière avec la mort du héros (1680), dont on ne saura jamais si elle fut naturelle, ce qui paraît le plus probable. Pendant des lustres, toute sa famille et ses amis ont été abandonnés, persécutés, comme avilis, et pourtant l'effondrement de la lignée n'est pas définitif : rebondissement inattendu et fort brillant au siècle suivant, avec les petits-fils, les deux frères Belle-Isle, brillants capitaines : l'un devint maréchal de France et même duc et pair après s'être particulièrement illustré à Prague, en 1741-1742. Puis la lignée s'éteignit, sur une apothéose, exactement cent ans après l'ignoble procès.

Tout cela retracé avec l'exactitude du savant, la vie et la fougue de la plume de Daniel Dessert qui succombe presque, trois siècles après, au charme évident de son héros, qu'il semble laver même de tout soupçon de marivaudage avancé.

Outre la saga, on trouvera dans cet ouvrage deux nouveautés presque inattendues : l'une concerne la marine, l'autre la religion.

On apprend que la famille Fouquet et sa proche parenté bretonne (les Challain, les Bruc) ont assisté Richelieu dans ses vastes projets de création de compagnies de commerce et de navigation pour l'Amérique, les Antilles et même l'Afrique, qui avaient en vue l'évangélisation autant que le profit. Avec plus de précision encore, on apprend que Nicolas fut l'un des plus grands armateurs du « Ponant » (Atlantique) et que ses achats de Concarneau à la noire, Belle-Isle comprise, ne traduisaient pas un dessein politique, mais un investissement et de beaux projets commerciaux et coloniaux. Aspects soigneusement dissimulés par Colbert, qui voulait avoir l'air de créer tout seul la marine française. Sur cette dernière, le professeur à l'École Navale Daniel Dessert nous renseignera bientôt : il en a les moyens.

Reste un apport capital, qu'il conviendrait de pousser : la profonde piété de toute la famille Fouquet et de sa parenté, qui les lie aux jésuites, à M. Vincent, aux cercles très zélés de la Réforme catholique, et surtout à la Compagnie du Saint-Sacrement, à laquelle ils appartiennent presque tous. Compagnie secrète (créée en 1627) dont l'action politique dut être aussi efficace et plus subtile que son action sociale et charitable, et presque aussi discrète que sa pénétration dans le groupe des financiers du roi, et donc du Surintendant. Le « lobby Fouquet », pour parler comme l'auteur, fut un lobby de dévots, ceux que Mazarin, Colbert et Louis XIV jeune ont poursuivis assez durement, allant jusqu'à interdire la sainte Compagnie (qui se regroupa), que Molière fustigera peut-être dans le *Tartuffe*, avec l'appui discret du monarque... N'avait-on pas puni en Fouquet, outre le ministre trop puissant et trop bien renseigné sur les voleries des autres, le membre discret et fervent de cette « cabale des dévots » et des « malintentionnés » que dénonçait Colbert peu de temps auparavant ?

On le voit, le grand cycle des Fouquet, de la boutique angevine au duché-pairie de Belle-Isle, est riche de résonances dans maint domaine : politique, judiciaire, financier, maritime, militaire, religieux, culturel aussi (le mécène de Vaux a été juste indiqué). Une grande biographie, par son cadre élargi, doit toujours déboucher sur la grande histoire ; viser étroit, ce n'est que broutille ou anecdote.

Le plus grand cadeau que nous ait fait ce jeune historien du XVIIe siècle, peut-être le meilleur de sa génération (du moins en France), c'est de restituer, autour de son héros, la vivante atmosphère de ce premier XVIIe siècle, encore « baroque », comme on dit, avant qu'on aille se morfondre avec distinction dans les ors, les lauriers, les adorations et les fanfares de ce Grand Siècle pétri de solennité, d'ennui et de mensonge, qu'inaugure si mal la chute de Fouquet.

X

VINS, VIGNES ET VIGNERONS *

Il y a plus de douze ans, Marcel Lachiver, *self-made-man* s'il en fut, et de quelle qualité, apportait à la discipline naissante de la démographie historique, jusque-là limitée à de petits villages pas trop fatigants à mettre en fiches, l'exemple neuf et jusqu'ici inégalé de l'analyse démographique complète d'une véritable ville, assez modeste sans doute, mais appelée à devenir un modèle : la ville de Meulan, dont la population était étudiée dans tous ses aspects atteignables, y compris les plus secrets — la contraception ! — des temps du bon roi Henri jusqu'à ceux de Badinguet. Sait-on assez, dans ce pays, que le *Meulan*, ce court, sévère et indestructible volume, a fait le tour du monde, du monde « savant » en démographie rétrospective, qui compte tout de même quelques milliers de personnes, de toutes langues et de tous pays ?

Aujourd'hui, le démographe s'est fait vigneron. Vigneron également rétrospectif, mais qui peut inviter les huit à dix millions d'habitants de la région parisienne à le redevenir, puisqu'ils vivent pour la plupart, et surtout les « pavillonnaires » dont la maisonnette s'allonge d'un jardinet tout étroit, sur un morceau évident de l'ancien vignoble qu'on appelait « de France », puisque ce mot-là, qui s'appliquait auparavant à la riche plaine à froment jouxtant Saint-Denis (en France !) vers le nord, était devenu, pour le vin, pratiquement synonyme d'« Île-de-

---

* Préface à la thèse de Marcel Lachiver, *Vins, vignes et vignerons en Île-de-France*, 1988.

France », cette belle dénomination sottement réduite, avec un sigle en plus, à une banale « région de programme ».

Dès les temps carolingiens en effet, et jusqu'au début de ce siècle (le phylloxera n'atteignit Argenteuil qu'en 1899) prospérèrent ici les vignobles les plus vastes du royaume, longtemps parmi les meilleurs, plus longtemps encore parmi les plus abondants.

Fortement encouragée par les moines assoiffés des grandes abbayes parisiennes — et de quelques autres, dont les normandes (le cidre de pomme ne gâta cette province qu'au XVIIe siècle) —, la culture de la vigne s'étendait en effet un peu partout de la Champagne à la Normandie, spécialement sur les coteaux très bien exposés (au sud-est surtout) qui ourlaient les nombreux méandres de la Seine, et même de l'Oise et de la Marne. On y produisit d'abord un vin de qualité, du blanc issu de l'admirable cépage de pinot-chardonnay, qui a toujours mieux convenu à ces régions relativement septentrionales (bien qu'on nous assure que l'arbre cher à Bacchus ait jadis poussé jusqu'au Danemark...). Une législation assez compliquée obligeait les producteurs à vendre leur vendange soit vers le nord-ouest aux foires de Rouen (et aussi aux forts riches marchands d'Amiens), soit aux cabarets de plus en plus nombreux qui s'installaient hors des murs de la capitale : Paris, en effet (sauf les propriétaires de vignobles, des moines surtout), ne pouvait faire venir son vin que de plus de vingt lieues, ce qui privilégiait les ceps orléanais, alors fort estimés, ceux d'Ay et Vertus bien sûr, mais surtout ceux de Basse-Bourgogne, Auxerre, Chablis, Irancy — car rares étaient ceux qui pouvaient régler le transport depuis Beaune, qui triplait les prix de départ !

N'empêche qu'aux XVIe, XVIIe et XVIIIe siècles, le vignoble d'Île-de-France, devant la soif croissante de Parisiens toujours plus nombreux (2 à 300 000 sous Henri IV, 500 000 vers 1700, 6 à 700 000 à la Révolution), dut ravitailler en quantité croissante des auberges, guinguettes ou bouchons dont le nombre et le débit croissaient au moins autant du côté de La Courtille, de Belleville, de Ménilmontant (et même, ô horreur, de Passy !), donc hors des murs d'octroi. Ce fut sans doute alors que le vignoble parisien devint, par la superficie comme par la quantité produite, le premier de France, et de loin (le Languedoc alors, c'était muscat ou malvoisie, plus la « bibine » locale). Au temps du bon roi Louis XVI, il couvrait plus de 25 000 hectares, et Argenteuil tout seul n'en compta jamais moins de 1 000. Mais son produit s'était aussi quelque peu avili en passant du joli pinot blanc au médiocre gamay rougeâtre, que réclamaient des gosiers de plus en plus avides de « gros qui tache », et que les cabaretiers satisfaisaient au-delà de toute pudeur en y écrasant des baies de sureau afin que le rouge tourne au noir. Des vignobles renommés comme ceux d'Andrésy ou de Chanteloup — du blanc, bien sûr ! — survivaient tout de même pour les palais plus délicats.

Dans ce vignoble immense et en son temps inégalé, ce qui surprend vraiment, ce sont, comme diraient des marxistes attardés, des « modes de production » qui n'offrent rien de « féodaliste ». Mis à part les grands clos dépendant de Saint-Denis, de Saint-Germain-des-Prés ou de quelques illustres personnages (pas 15 % du total), tout se résout en de longues rangées de ceps qui, par paires ou par dizaines, appartiennent et sont exploitées par un seul homme. Le vigneron d'Île-de-France, qui mériterait de devenir un personnage de légende (et le fut peut-être ?), était sans doute le seul à être presque toujours propriétaire. Possesseur de sa maison en hauteur, qu'il couvre de tuiles — et non pas de chaume, il n'est pas un piètre manouvrier, lui —, possesseur d'un jardin attenant où il obtient ses choux, ses raves, ses pois et ses fèves surtout, quelques fruits, de « fines herbes » pour la cuisine et, comme disait La Fontaine,

« De quoi faire à Margot pour sa fête un bouquet ».

Il tient bien clos dans une sorte d'écurie quelque « beste asine » ou petite cavale qui l'aidera à transporter le fumier, les échalas et les hottes de raisin ! une vache, pas plus, où paîtrait-elle ? ; de cochon rarement, mais, curieusement, toujours du lard au saloir. Une ou deux pièces de terre pour récolter sa presque suffisance de blé — méteil ou bon froment —, mais l'essentiel, c'est la vigne, un hectare, deux hectares, presque jamais trois, puisqu'elle réclame un tel travail à la main, à la houe, à la binette, au tranchoir à tailler, à la serpe — plus tant d'amour — qu'ils suffisent à l'occuper tous les jours que Dieu fait, parfois même un peu le dimanche — ô scandale ! — quand le temps presse.

Ce vigneron n'est pratiquement jamais pauvre ; opulent non plus, pas comme les gros fermiers à blé de France, de Brie ou de Beauce ; curieusement peut-être, il n'est pas tellement buveur de vin — il le vend, et en vit — et s'abreuve surtout de « boisson », eau jetée sur les rafles sorties du pressoir. Mais il a bien appris à vinifier le vin nouveau, dans des cuves couvertes de plus en plus énormes (jusqu'à 40 hectolitres) où il ne craint pas de jeter des chaudronnées de raisin bouillant pour aider à la fermentation et aussi, très précoce « chaptalisation » (nous sommes alors au XVIIIe siècle), de bonnes quantités de mélasse pour « remonter » un peu le liquide.

Outre le mauvais temps éventuel (la production viticole varie couramment ici du simple au triple), l'ennemi permanent du vigneron c'est le « gabelou », le « rat-de-cave », le commis de la Ferme des Aides (impôt d'une démoniaque complexité que le roi, incapable de former des fonctionnaires, laisse percevoir par des compagnies privées, les « fermiers », qui s'efforcent de ne pas perdre...). Déclaration de récolte, vérification, descente de cave, détermination de la perte éventuelle par fermentation, du « bu » et du « trop-bu » permis ou non ; surveillance des ventes au détail, des ventes en gros, des dégustations à la maison, des transports par eau et par terre, de l'entrée dans les guinguettes et aux « barrières »... Entre les commis, les vignerons, les cabaretiers et les marchands de vin, ce fut une guerre sans répit que Marcel Lachiver raconte avec une précision jamais égalée, ni même approchée. Et quelle joie — courte — ce fut quand tout cela tomba, en 1791 ! Faut-il ajouter que, pour pouvoir se débattre ainsi, il a fallu que les vignerons (leurs femmes, inutile !) sachent toujours lire et écrire ?

Avec cet historien, il était sûr que devait venir aussi l'analyse démographique ; elle est brève, et combien précise, et donc irréprochable. Dans leur comportement très

« français », les vignerons offrent une seule originalité : ils ne se marient qu'entre eux, et dans leur village natal ; ce sont des ceps qui épousent des ceps. Et, comme dans toute la région, dès 1760, plus encore après 1800, ils figurent parmi ce groupe « parisien » de paysans qui, très tôt, ont massivement introduit une contraception à peu près sans « bavures », comme la Bible l'enseignait. Et, dès les années trente (1830), voici un pays qui n'a presque plus d'enfants, qui vieillit, qui va se dépeupler... Mais non, bien sûr, puisque toujours se produit l'imprévisible ; les premiers chemins de fer, la première industrialisation, l'afflux et l'afflux encore, qui ont fait presque oublier les vignerons d'Argenteuil, de Suresnes et de Triel... et le cabaret de l'illustre Ramponneau.

À l'histoire de l'Île-de-France, riche jusqu'à maintenant de monuments fameux et de personnages illustres, Marcel Lachiver vient d'ajouter bien plus qu'une page nouvelle, mais, avec des millions d'hommes, un monde nouveau et jusqu'à lui à peu près inconnu.

XI

DES COLBERT EN ANJOU *

Comme tous les historiens du xviiᵉ siècle, j'ai rencontré l'illustre Jean-Baptiste Colbert, ministre de Louis XIV, habituellement couvert d'éloges (sauf par ses contemporains) et qui a été le sujet de nombreux livres, pas toujours éclatants. Je savais qu'il était le deuxième né d'une nombreuse famille : dix-huit enfants, dont neuf parvinrent à l'âge adulte, proportion alors courante, issus d'un ménage très roturier, qui ne vendit jamais de drap, même à Reims, mais s'inscrivait modestement dans une nombreuse et fort riche parenté de négociants internationaux, banquiers, hommes d'affaires, financiers servant le roi (et ne s'oubliant pas), souvent spécialisés dans la fourniture aux armées, comme cet oncle Colbert dit de Saint-Pouange, beau-frère du ministre de la Guerre Le Tellier (père de Louvois) qui prit Jean-Baptiste comme commis dans ses multiples activités. Mais le père de ce dernier n'était qu'un modeste officier de finances, pas très honnête (son fils dut le tirer de douteuses affaires), qui se faisait appeler Colbert de Vandières, parce qu'il avait acheté, non loin de Reims, un étang et dix arpents de pré qu'on appelait ainsi.

Bref, le « grand » Colbert avait trois frères : l'un fut évêque, le deuxième, Colbert de Croissy (du nom d'une terre qu'il avait achetée), fut intendant, puis ambassadeur, enfin ministre des Affaires étrangères ; le troisième fut le militaire de la famille, l'épée aidant à relever quelque peu

---

* Bulletin annuel de l'école des Récollets, 1991.

les prétentions nobiliaires de la parenté : son illustre frère s'était fait anoblir huit jours avant son mariage (moyennant finance) et avait dans la foulée fait anoblir aussi son père...

On appelait couramment ce troisième frère Colbert de Maulévrier, et il n'y a pas bien longtemps que je me suis aperçu que Maulévrier était à la fois une localité, un château, une forêt, sis en Anjou, non loin de Cholet. Le frère du grand Colbert y avait-il laissé des traces, une descendance ?

Pensant, comme Marcel Appeau, que des personnages portant un tel nom dans un tel lieu pouvaient exciter la curiosité et l'intérêt, bien que les Saumurois de ma jeunesse ne nourrissaient pas une affection considérable pour les gens du Choletais (et réciproquement), nous nous sommes mis à la recherche de renseignements : Appeau a mobilisé l'irremplaçable *Dictionnaire... de Maine-et-Loire* de l'excellent Célestin Port ; j'ai fouillé dans le désordre de ma bibliothèque, et recouru à un jeune collègue plus mobile que moi, Daniel Dessert (professeur à Navale), pour consulter un ou deux vieux dictionnaires à la Bibliothèque Nationale (avant qu'elle ne soit, hélas ! déménagée) ; ce qui a donné ce qui suit — et pourrait donner bien plus.

Notre homme, Édouard-François Colbert, naquit donc, quatorze ans après son illustre frère, le 11 mars 1634, mais à Paris, ses parents ayant quitté Reims depuis longtemps pour s'installer au cœur des affaires les plus juteuses. Il devait vivre un peu plus de 60 ans. On ne sait rien de précis de sa jeunesse, sinon qu'il entra dès l'âge de 16 ans aux Mousquetaires du roi, troupe d'élite habituellement réservée aux cadets de vraie noblesse ; il est vrai que c'était en 1649, et que son père comme son frère (alors commis de Le Tellier avant de l'être de Mazarin) venaient de se faire anoblir, quelques mois plus tôt. Quelle qu'ait été la faveur du frère aîné, on est tout de même un peu surpris de voir le cadet accéder dès 1662 au grade brillant de « capitaine des gardes » et, six années plus tard, à celui, plus brillant encore, de « brigadier de cavalerie » (soit, à peu près, général de brigade) ; puis, dès l'année suivante, il est promu « maréchal de camp » (sensiblement une étoile de plus) avant de devenir, à 43 ans, « lieutenant général des Armées du roi » — le grade juste au-dessous de celui de « maréchal ». Ascension exceptionnelle, où la faveur du frère aîné n'entre pas seule : Maulévrier se battit, fort bien nous dit-on, sur le Rhin, en Crète contre les Turcs, en Hollande enfin. Ses fils et trois au moins de ses petits-fils suivirent la même carrière : mon ami Daniel Dessert a même retrouvé un Édouard-Charles qui mourut contre-amiral en 1820. Les filles furent souvent données à des militaires, parmi lesquels le maréchal-comte de Grancey (1685) et une autre en 1722 à un petit marquis d'Estaing (un vrai, fils du duc, dont la descendance directe s'arrête sur l'échafaud, en 1794, avec un bien glorieux amiral)... tandis qu'un autre, petit-fils du premier, futur ambassadeur à Parme, convolait avec la sœur du précédent, Marie-Catherine Euphrasie d'Estaing, qui vécut près de 80 ans, un record en ce temps-là.

Mais c'est notre premier Maulévrier qui mérite quelque attention : entre son grade de capitaine (1662) et celui de brigadier général (1668), il a acquis le château (assez ruiné) et les immenses territoires qui en dépendaient, achetés en 1664 à un Gouffier, et épousé une Bautru en 1668. Ces deux personnages, qui ne sont pas médiocres, méritent un sérieux retour en arrière.

Le premier château de Maulévrier, écrit Célestin Port, aurait été construit sur sa motte par Geoffroi Martel, fils du fameux et quelque peu légendaire Foulques Nerra. Après les aventures peu claires au Moyen Âge, le comté — car c'en était un, fort authentique — appartint longtemps à des Montbron, illustre famille noble probablement angoumoise ; celle-ci, couverte de dettes, dut céder l'immense domaine pour presque rien à une éminente créancière, Louise de Savoie, mère du futur François Ier. Le jeune prince avait comme « gouverneur » un certain Artus Gouffier, noble poitevin (sans particule, toujours non probante), riche et cultivé — qui construisit avec son frère le magnifique château d'Oiron, si heureusement conservé et restauré. Devenu roi, François fit de son précepteur un « grand-maître » de son hôtel, dignité immédiatement inférieure à celle de « chancelier » (Condé acceptera la même), et couvrit de biens et d'honneur sa famille (dont le triste amiral de Bonnivet, qui conseilla la bataille de Pavie, en 1525, et sut s'y faire tuer, tandis que son maître trop confiant devenait prisonnier du roi d'Espagne). Mais Gouffier obtint, en premier lieu, que Maulévrier, tombé au rang mineur de simple baronnie « mouvante » du château d'Angers, fût érigé à nouveau en authentique comté, par lettres royales d'août 1542 (ce qui autorisera le petit capitaine Colbert à se dire comte) ; en second lieu, il transforma en 1591 sa vieille et modeste seigneurie de Boisy en duché-pairie de Roannais (un descendant de celui-ci fut ami de Pascal) ; en troisième lieu, il fit en sorte que les enfants de son vieux maître fussent à leur tour les gouverneurs des « Enfants de France » (fils et filles du roi, puis de Henri II) ; parmi ces précepteurs de qualité, on trouve même une belle-fille Gouffier, Charlotte de Cossé-Brissac — encore l'Anjou... Ce n'est pas tout : les mêmes Gouffier, branche du frère Bonnivet, qui fut amiral, furent pourvus du château et marquisat de Crèvecœur, entourés de milliers d'hectares de terre à blé (dans l'Oise, où je les ai jadis trouvés, sans savoir d'où ils sortaient). Ruinés à leur tour, les Gouffier de Crèvecœur vendirent leurs biens pour plus de 40 000 livres à leur principal créancier, un certain Hanyvel de Mannevillette, receveur général du Clergé de France, et comme par hasard apparenté aux Colbert... au moment où d'autres Gouffier cédaient Maulévrier à un autre Colbert ! On n'a pu retrouver le contrat de cession, qui devait porter sur 200 ou 250 000 livres (le château était à reconstruire entièrement : il le fut, magnifiquement, en 1680 et le sera à nouveau au XIXe siècle).

Mais ce qu'on connaît bien, c'est le mariage Maulévrier-Bautru, de juillet 1668. Le beau-père, Angevin né à Angers en 1588, connu des littéraires comme faiseur d'épigrammes et amuseur de Richelieu qui le fit académicien, était en réalité une sorte de diplomate qui opéra en Flandre, en Espagne, en Angleterre, en se parant au moins de la particule et devenant comte de Serrant. Il serait peu connu comme financier et brasseur d'affaires, si l'on ignorait qu'il épousa une La Bazinière, fille d'un considérable financier de la monarchie, qui laissa à temps une énorme fortune, comme d'ailleurs notre Bautru, feu le beau-père du nouveau comte de Maulévrier. La jeune épousée — on a encore le contrat de mariage, signé par le roi et la famille royale, étude parisienne n° 95, du 31 juillet 1668 — qui s'appelait Marie-Madeleine de Bautru, apportait — issue sans doute de l'héritage de son père — la dot vraiment époustouflante de 600 000 livres — celle que Mazarin donnait à ses nièces. Cette dot pouvait représenter le revenu annuel de 250 000 familles de bons ouvriers parisiens, l'équivalent de 10 000 bons chevaux de labour ou de trait, et incontestablement plus de 54 tonnes d'argent fin (pur à 9/10e) ou bien environ 44 quintaux d'or (en ce temps-là, il fallait de lourds chariots pour transporter les dots... quand elles étaient payées comptant).

Je ne résiste pas à ajouter qu'un peu auparavant, le bel hôtel particulier que Bautru père s'était fait construire par Le Vau près du Palais Mazarin (l'actuelle Bibliothèque Nationale) passait aux mains du frère aîné le ministre pour l'aimable somme de 220 000 livres. Ainsi l'Hôtel Bautru devenu Hôtel Colbert (toujours debout) contribuait à renforcer et à distinguer encore l'illustre famille Colbert : une famille qui tourne autour de l'argent et des affaires d'argent.

N'empêche que nos Maulévrier laissèrent leur nom et leur réputation — variable d'ailleurs — dans divers hauts faits militaires. Le fils aîné du premier comte, donc comte lui-même, fut tué au siège de Namur en 1693. Deux petits-fils au moins furent lieutenants généraux ; l'un fut chevalier de Malte. Le mieux connu fut pourvu des prénoms de Édouard-Victurnien-Charles-René (Colbert, sans particule encore). Né à Paris en 1754, il servit Louis XV, puis Louis XVI, qui le fit maître de camp et ministre plénipotentiaire à Cologne (1784) puis chevalier de Saint-Louis (1789) juste avant son émigration et son retour en France dans l'armée des émigrés près du maréchal de Castries, dès 1792 ; puis un ralliement à Bonaparte, dès 1802, lui permit au moins de récupérer ou de racheter ceux de ses biens qui n'avaient pas été vendus... Il fut nommé conseiller général par Louis XVIII et reçut la duchesse de Berry. L'un de ses gardes-chasse et homme de confiance fut au moins aussi célèbre que lui : il s'appelait Stofflet, un grand chef vendéen, et une pyramide fleurdelisée fut élevée en son honneur dans la cour du château en 1820.

Les dictionnaires de la fin du XIXe siècle (le Bouillet, notamment), et de faciles recherches, montrent le revers de quelques trop belles traditions vendéennes. On sait — Jean Meyer, si peu « bleu », l'a écrit — qu'un autre Colbert combattit dans les rangs républicains contre la Vendée. On sait qu'un autre (branche de Croissy ?) fut « philosophe » et combattit pour l'Indépendance américaine. Et le solide Bouillet (dès 1864) nous apprend qu'un Auguste Colbert, né en 1777, fut comte d'Empire et tué en 1809 en Espagne, après avoir combattu à Wagram. Le même Bouillet détaille la carrière d'Édouard, général de cavalerie sous la République, adjoint d'Oudinot sous l'Empire, blessé à Wagram, présent en Russie comme à Waterloo, ralliés néanmoins aux Bourbons, qui le firent inspecteur général des Armées, puis à Louis-Philippe, qui le fit Pair de France et l'envoya se battre en Algérie (Constantine, 1836) ; sans doute se serait-il aussi rallié à Napoléon III s'il n'était mort en 1852... Ajoutons pour la couleur locale qu'un Maulévrier (décédé en 1817) fut colonel de la Légion de la Martinique...

Et nos Maulévrier d'Anjou ? Ils firent tous de fort beaux mariages, avec des lignées dont la noblesse était bien plus ancienne que la leur : des Brancas, des Fiesque, des Leusse, des Beaufort-Canillac... Mais il est certain que le dernier mâle de la famille ayant droit au nom (et titre comtal) de Maulévrier est décédé en 1891 au château de Villefort : il était fils d'un second mariage de l'ex-émigré et avait épousé en 1837 une Durfort de Civrac de Lorges (celle-ci vendit Maulévrier en décembre 1871 à sa seconde fille, Mme Guerry de Beauregard). Ce qui peut rester de la colbertienne lignée du Choletais ne peut descendre que des femmes, et donc porter le nom de leur père, par exemple le comte de Leusse (qui épousa une Eugénie de Maulévrier en 1863). Tout le reste est vanité.

Faut-il m'excuser, après m'être beaucoup amusé dans ces recherches (qu'on pourrait poursuivre...) d'avoir été un peu long, et peut-être inutilement érudit ?

XII

ANNE D'AUTRICHE ET GIULIO MAZZARINO : JUSQU'OÙ * ?

La rumeur fut susurrée, se déploya, puis grandit dès qu'on eut vraiment saisi que la reine régente avait choisi, nommé et maintenu comme principal ministre ce cardinal italien, alors que tant d'autres bonnes volontés, bien françaises et autrement nobles, allaient se présenter, se présentaient, prêtes à assumer les charges, revêtir l'éclat et recueillir les « grâces » afférentes à une telle fonction. Il fallut pourtant se résigner à voir, face à face, la belle figure, l'œil de velours, la grâce et la finesse de l'ancien cavalier romain qui hanta Paris dès 1631, et la souveraine encore assez belle, mais fort alourdie (il est vrai que la minceur était alors peu prisée) par la gourmandise et la paresse. Mais ils avaient le même âge, l'habitude de se saluer et peut-être de se regarder, le même goût pour la propreté (si rare alors), les parfums, les onguents, les gants, la comédie et le jeu. Par surcroît, deux êtres liés par une indestructible parenté, la maternité de la chair et la paternité spirituelle imposée par le roi défunt, qui leur avait imposé de veiller ensemble sur son fils et sur son royaume.

L'entourage proche ou lointain le comprit-il ? Bien mal sans doute, puisque se propagea et se dévoya si vite la fameuse rumeur qui travailla, en ce temps-là et depuis, beaucoup d'esprits petits et grands — petits surtout : le cardinal et la reine furent-ils charnellement amants ?

---

* Contribution aux Mélanges pour Roger Duchêne, 1992.

Question vraiment capitale, pensera-t-on, en oubliant de considérer la situation du royaume et de l'Europe au milieu du XVIIᵉ siècle. Question qui fut pourtant assez lourdement posée jadis, naguère, et maintenant encore.

Si l'on se tourne vers ce que put être l'« opinion » du moment — quelques dizaines de milliers de gens, parisiens, bordelais, autres urbains sachant lire et surtout écouter, notamment la chansonnette — peu de doute, sauf pour quelques sages : la charnelle liaison du Cardinal et de la Régente est évidente, en murmures, en vers, en prose, en musique. Faut-il à nouveau rappeler telles pieuses insinuations ou mises en garde (même M. Vincent...), les premiers couplets de Blot (« Savez-vous bien la différence [...] [entre les deux Éminences] ? L'un conduisait son animal, et l'autre monte sur sa bête »), puis l'immonde déferlement de la portion salace des cinq mille et quelques mazarinades. Tout cela n'exprime guère autre chose — il est vrai dans l'indifférence et surtout l'ignorance de l'énorme majorité des sujets travailleurs et fidèles — que l'exploitation de la xénophobie au service de l'ambition. Tous ceux qui subventionnaient ou imprimaient de tels auteurs, spécialement Gaston, Condé, Gondi, désiraient simplement chasser l'Éminence et, d'une manière ou d'une autre, prendre sa place. Quant à leurs aptitudes politiques...

La descendance de ces ragots et de ces fort probables calomnies est tout de même stupéfiante : de la Fronde à nos jours, on ne compte pas les injures et les basses petitesses qui ont traîné dans la boue le duo évidemment étranger qui gouvernait le royaume de France. Romanciers, anecdotiers, pseudo-historiens de l'insignifiant et parfois de la poubelle, passe encore. Certains ont même suggéré (comme telle mazarinade) que Louis XIV était le fils de son parrain... qui se trouvait, au moment d'une conception parfaitement connue, à plus de cinq cents lieues du Louvre. Un peu moins stupide sans doute, la légende du mariage secret, que tout interdisait : la dignité cardinalice (il eût fallu y renoncer comme firent quelques Savoyards) comme la condition de la reine mère. Là-dessus, nos plus récents et véritables historiens, Georges Dethan, Claude Dulong et Madeleine Laurain-Portemer, qui ont publié en 1980-1981, tout comme la new-yorkaise Ruth Kleinman qui leur a succédé en 1985, demeurent parfaitement d'accord. Reste ce qu'on peut appeler la chasteté réciproque. Seule Claude Dulong n'y croit pas. Mais elle date les premières relations du début 1651, à Poitiers, quand Mazarin revint de son premier exil, en un lieu où la garde habituelle et la respectueuse « surveillance » par l'entourage immédiat se trouvaient relâchées.

Le premier argument, déjà allégué, est le caractère vraiment très chaleureux et affectueux — pour nous, du moins — des lettres qu'échangèrent les deux personnages séparés durant près d'un an. Il est vrai qu'on doit remarquer qu'il n'a été conservé que onze lettres de la reine au Cardinal, lequel a dû en écrire et en dicter des dizaines de milliers, dont une assez faible partie a été publiée. On peut souligner aussi que la chaleur des épîtres peut être attribuée à l'enflure habituelle du style de l'époque : une époque où l'on vous demandait couramment de « caresser » et « embrasser » ceux qu'on voulait simplement saluer. Il est permis d'ajouter aussi que l'utilisation de chiffres et de symboles en forme d'étoiles, de croix redoublées, de S barrés comme de modernes dollars n'est pas rare dans les correspondances du temps et que le même S entouré de deux points marque souvent la fin d'une épître... voire d'une minute notariale. Pas aussi fréquemment tout de même. Allant plus loin, Claude Dulong a examiné à la loupe les cachets des missives — à la vérité, trois — et les « signes emblématiques » et lettres qu'elle y discerna avec le concours d'un héraldiste, et aboutit à l'affirmation d'un amour réciproque et charnel. La démonstration est fine et jolie ; elle n'a point convaincu les trois autres biographes, si elle m'a un moment séduit. J'avoue l'avoir été bien plus par la chaleur vraiment brûlante de quelques lettres, surtout de la reine ; elle ne peut que traduire une puissante affection, peut-être de l'amour ; mais enfin quelle sorte d'amour, et aboutit-il forcément à la « fornication », qui n'exalte peut-être pas tout le monde, surtout quand on atteint alors la cinquantaine ? Et puis, quelle importance ? Il s'agissait pour tous les deux de gouverner le royaume, et de préparer un règne, calme, glorieux et brillant pour l'adolescent qui était leur fils charnel ou spirituel, qui leur avait été confié par son père. Ils étaient condamnés à s'entendre, à se voir journellement ; les gens sérieux savaient qu'ils s'estimaient, se connaissaient bien, possédaient bien des points communs, une affection spontanée chez elle, plus raisonnée (et prudente ?) sans doute chez lui. Il leur fallait, ensemble, gagner la guerre et gagner la paix. Lorsqu'on contemple le résultat, qui n'est autre que l'instauration de ce que l'excellent Hauser appelait la prépondérance française, on ne peut que juger dérisoire le problème qui vient d'être évoqué.

Ruth Kleinman, que nos sensibilités et nos minces problèmes français ne troublent pas, me semble régler sagement l'aspect féminin de la question, en quelques phrases que je traduis librement :

« Contrairement aux sœurs de Louis XIII, Anne était extrêmement pieuse. Il est inconcevable qu'elle puisse avoir vécu durant des décennies en état de péché mortel alors qu'en même temps elle communiait chaque dimanche et chaque jour de fête [religieuse]. Elle n'appartenait pas à ce type de personnes qui oscillent couramment entre le péché et le repentir. Son tempérament était fort placide, et elle aimait assez une confortable routine dans sa vie spirituelle comme dans sa vie matérielle. Mais il dut aussi lui paraître évident qu'aimer Mazarin, tout lien charnel exclu, n'était pas un péché [...].

« [...] Le statut de parrain créait entre Mazarin et la reine, aux yeux de l'Église, un puissant degré de parenté : le mariage, comme la fornication, aurait constitué un inceste. D'autre part, leur type de relation créait un lien spirituel très fort, l'équivalent d'un lien familial entre Mazarin, Anne et son fils. Dans cette sorte d'édifice, Mazarin et Anne ont construit leur idylle d'affection mutuelle : *godparent and parent* — parrain et mère — étaient unis dans la commune obligation de protéger les intérêts du jeune roi » (*Anne of Austria*, p. 232).

Peut-on mieux dire ?

Quant au Cardinal, le plus précieux témoignage qu'on possède sur lui, le « rapport » secret rédigé pour ses supérieurs par son ultime confident et confesseur, le père Bissaro, théatin, dit simplement ceci (texte traduit de l'italien par Mme Portemer) :

« En vérité, Son Éminence a toujours vécu en France avec une dignité et une intégrité telles que jamais personne n'a pu le taxer de grave scandale [...] [mais] elle ne paraissait pas s'acquitter d'une manière satisfaisante des manifestations vraies de piété à laquelle elle était tenue de par sa condition ecclésiastique. Toutefois, au fond de son cœur, elle eut toujours des sentiments solides de piété [...] [négligences expliquées par le père Bissaro par la lourdeur des affaires politiques et de la guerre]. »

Rien, dans ce compte rendu secret et subtil, qui fasse allusion aux habituels racontars. Et puis, s'ils ont péché, le royaume qui n'était pas celui de leur naissance leur doit assez pour l'oublier : ils ont tant fait pour lui !

XIII

L'IMAGE DU ROI
D'ERNEST LAVISSE À JEAN-CHRISTIAN PETITFILS *

Si ce ne fut pas toujours le cas, notamment au siècle dernier qui glorifiait surtout Henri le Grand, Louis XIV figure incontestablement au premier rang des « grands hommes » qui s'offrent à l'admiration éperdue et aux religieuses commémorations dont nous sommes si friands. Il est trop évident qu'un tel culte n'est guère célébré hors des frontières de son ancien royaume, sauf en ce qui concerne les lettres, les arts et la langue. Il faudra bien se décider un jour (cela vient) à tenir compte des travaux, souvent probes et équilibrés, venus d'au-delà de nos frontières, et commencer par les lire.

En France donc, une vieille habitude d'esprit, liée à une certaine paresse et à des préjugés certains, oppose largement ceux qu'on peut appeler les disciples de Lavisse, classés bien vite comme des contempteurs de Louis XIV et de vagues hommes « de gauche » à une lignée d'adorateurs éperdus qui part (en notre siècle) de l'ineffable académicien royaliste Louis Bertrand pour passer par Pierre Gaxotte, autre académicien royaliste, mais d'une autre tenue, pour aboutir à des flots de disciples dont le plus longuement et savamment déchaîné fut François Bluche (1986). Tout cela paraît quelque peu dépassé en 1995, mais il convient de regarder les écrits anciens avec un regard nouveau, s'il se peut.

Pour bien comprendre ce que fut le Lavisse (achevé en

---

* Article inédit.

1911), il convient d'abord de le lire entièrement, ce qui n'est pas tellement fréquent, d'autant qu'il se distribuait à l'origine en trois volumes, qui couvrent plus de 1 300 pages dans la réédition Tallandier (1978). Préfaçant celle-ci, Roland Mousnier rappela avec sa vigueur coutumière qu'un bon tiers fut écrit par de jeunes collaborateurs, le plus remarquable étant Alfred Rebelliau, et qu'une large part de la documentation fut apportée par Edmond Esmonin, irréprochable érudit, mais que bien sûr Lavisse supervisa le tout. Le même préfacier souligne la solidité et la valeur de l'ensemble (continuellement réédité) « joyau, fronton du temple qu'Ernest Lavisse éleva à la grandeur de la France » (Préface, p. IX). Et Mousnier, historien rigoureux, catholique fervent, anti-marxiste acharné, ne ménage pas ses éloges : « Récit plein de talent... portraits admirables... celui de Louis XIV est un chef-d'œuvre... don de la vie... ouvrage toujours indispensable pour tous ». Un tel éloge, sous une telle plume, que des historiens légers et des polygraphes pressés auraient pu et pourraient encore méditer, est naturellement corrigé par de justes réserves (que le signataire de ces lignes formulait déjà en 1966) : Lavisse n'est pas toujours juste pour Louis XIV — pas si mal éduqué qu'on l'a dit, et il suggère que les ministres firent l'essentiel, et non le roi : d'où la légende fabriquée de l'« Offre de Colbert », présentée faussement comme bourgeois, d'enrichir le royaume, ce que le roi refusa pour faire la guerre (et trop de bâtiments, critique absurde). L'histoire est « fille de son temps », disait Lucien Febvre ; celle de Lavisse aussi, le temps d'une république encore jeune et toujours attaquée par les royalistes de toutes nuances, dont la catholique traditionnelle. En fin de compte, et Mousnier l'a souligné, tout en reconnaissant leurs qualités pédagogiques, ce sont les petits manuels pour l'enseignement primaire qui ont été le plus durement critiqués : il est évident qu'ils étaient orientés dans un sens nettement hostile à l'Ancien Régime et au « Roi Soleil », beaucoup plus que l'*opus magnum* dont il est question ici. Mais enfin les manuels de l'autre bord étaient souvent pires.

Aussi, dès la mort de Lavisse (1922), se déchaînèrent les escadrons inégaux de ses contempteurs. La plupart venaient de l'Action française style 1920, dont les productions perdurèrent dans la plus grande inégalité. La première, dès 1923, fut l'œuvre d'un romancier doublé d'un essayiste-polygraphe, Louis Bertrand, qui n'honora pas l'Académie française : une exaltation sans mesure, une ardeur patriotique parfois surprenante (Louis XIV menacé par l'Allemagne, qui n'existait pas), des anecdotes fatiguées, une haine furieuse de Saint-Simon, accusé notamment d'écrire un « effroyable charabia », ce qui est bien le comble. De temps en temps, une notation juste et des connaissances inattendues, comme celle des piteux et bavards médecins du roi ; rares moments de plaisir dus probablement à un « agrégé d'histoire ancien élève de l'École normale supérieure : Pierre Gaxotte », remercié en trois lignes au bas de la page 20.

Ce dernier donnera, un quart de siècle plus tard, dans un autre registre, un livre de talent (revu en 1968), de mesure et d'évidente sympathie qu'il consacra à la France de Louis XIV, et non au roi tout seul, sûrement l'un des meilleurs de ce style, du moins en français, sur un sujet aussi sensible.

En attendant, un universitaire cultivé et spirituel, trop oublié, Félix Gaiffe, agacé par le panégyrique délirant de Bertrand, publia sous le titre cinglant — trop, peut-être — de *L'Envers du Grand Siècle*, non pas un réquisitoire, mais un recueil de documents authentiques — mémoires, lettres, récits, pamphlets — connus depuis longtemps, imprimés ou aisément accessibles à la Bibliothèque Nationale. Naturellement, cet « envers » supposait l'existence d'un « endroit » que Gaiffe pas plus que d'autres ne contestait.

Durant plus de soixante années après ces deux champions, livres anecdotiques, romans historiques, manuels universitaires utiles, souvent honnêtes, un peu ennuyeux, panégyriques échevelés et réquisitoires se succédèrent inlassablement. Pourquoi les énumérer ? Faut-il citer Michel de Grèce responsable (1979) d'un *Envers du Soleil* où le roi doté du même astre était peint comme un « personnage faible et complexé, timide et changeant » ? Convient-il de s'arrêter longtemps sur le *Roi de gloire* chanté avec une apparente naïveté, un certain charme et pas mal d'assertions gratuites par le regretté Jean-Pierre Labatut en 1984 ? En omettant naturellement ce que l'auteur de ces lignes a pu commettre en 1966 (modifié et augmenté deux fois) et qui concernait les Français plus que leur roi, il faut souligner l'éclatante opposition entre deux panégyriques majeurs : celui, mesuré, intelligent, souvent spirituel de Pierre Gaxotte, qui ne maudissait ou n'insultait personne, mais saluait Marc Bloch, Jean Meuvret et leurs disciples, à l'interminable et fort populaire apologie procurée par François Bluche en 1986.

Ce dernier, remarquable érudit, très sûr dans ses premières œuvres, comme sa précieuse thèse sur les *Magistrats du Parlement de Paris au* XVIIIe *siècle* (1960), suivie d'autres monographies de magistrats et accompagnée d'une bonne étude de la noblesse, produisit cette énorme chose où se coudoient une érudition implacable, des pages qu'on peut admirer et d'autres, nées d'une passion proche de la paranoïa, qui vont jusqu'à verser dans l'erreur (parfois), l'omission volontaire et la déformation évidente. Certes, l'érudition triomphe : nous possédons enfin la liste des 118 prédicateurs du Carême et de l'Avent à la Cour et, grâce à un généalogiste déchaîné, 510 des 512 « quartiers » du roi, jusqu'à la dixième génération, et nous voici aussi étonnés que ravis d'apprendre qu'il descendait 368 fois de Saint Louis et 1 575 fois du Cid Campeador (p. 32). Plus sérieusement, on assiste à l'exaltation de « Monsieur de Voltaire... qui fut un grand homme »... et contemporain du roi, bien que né en 1694. Naturellement le petit duc (Saint-Simon), coupable aussi de son style, est envoyé aux gémonies, et ceux qui n'admirent pas le Roi Soleil qualifiés de complices posthumes, et d'« alliés inattendus de Marlborough et de Guillaume d'Orange ». On apprend au passage que Louis XIII aurait dû révoquer l'Édit de Nantes (et non son fils), que le désastre de La Hougue (1692) fut bien plus un « triomphe des vents contraires et de la marée » qu'une victoire des odieux adversaires du Grand Roi. Il semble aussi à M. Bluche que sévit un rude hiver en 1693-1694, que les paysans eurent « bien froid... mais tendirent le dos » — « les pauvres gens », ajoute-t-il avant de passer (en fait, confusion avec 1709, le tout mal connu). Faut-il ajouter que la défaite de Ramillies (1706) ne « nous » fit perdre que quatre mille hommes, mais aussi la Flandre et le Brabant ? Quant à l'écrasante victoire anglo-impériale de Blenheim, sur laquelle l'historien Trevelyan écrivit naguère un livre entier, et qui amena le don du château et du vaste domaine de Blenheim (toujours debout) à Churchill-Marlborough, par la reine Anne en personne, pour les Anglais une manière de préface à Waterloo, M. Bluche ne connaît pas ; du moins l'expédie-t-il sous le nom du village voisin de Hochstaedt — lieu de victoire l'année précédente. On pourra enfin admirer, dans la conclusion cette assertion, que Louis XIV a donné dix provinces à la France (lesquelles ? même en ajoutant les quatre que lui donna Mazarin...) et aussi un Empire, jamais comparé aux autres (l'espagnol, le portugais, le hollandais, l'anglais...), dont le Grand Roi se soucia peu et qu'il commença à céder en 1713.

Il me fallait avouer les insatisfactions que me procure ce livre apologétique, loin d'ailleurs d'être sans mérites, et remarquable dès que la passion se modère, avant d'en venir à Jean-Christian Petitfils qui, dans son domaine, essentiellement politique, efface presque ce qui a précédé et ouvre sûrement de nouveaux horizons.

Ce livre, peut-être un peu long, refuse dès les premières pages le style de l'apologie ou du dénigrement, ainsi que les historiettes et les amourettes ; il renonce à traiter des aspects démographiques, économiques, sociaux, voire financiers, convenablement abordés par d'autres, qu'il a le rare mérite de citer et surtout de connaître. Il écarte avec une sorte de délicate fermeté les formules vieillottes, ou prétentieuses, ou creuses, ou absurdes, telles que la « société d'ordres » (évidente mais quoi d'autre ?), la monarchie administrative (tout juste naissante), même la monarchie dite « absolue » (absolu = limité, écrivait Mousnier dès 1955, au Congrès de Rome) et naturellement, et heureusement ce soi-disant « colbertisme », le « mercantilisme » aussi, voire même ce « classicisme » usé par l'abus et dont on nous rebat toujours les oreilles — et d'autres formules floues ou gratuites que les auteurs, parfois même les bons, se repassent de bouche en plume depuis un siècle. À la lumière de travaux récents et solides — Lucien Bély, Parker, Sonnino et la pléiade de solides historiens anglo-saxons trop longtemps ignorés dans ce pays —, il révèle le sens exact des guerres de Louis XIV, assez éloigné des opinions courantes. Grâce à bien d'autres et à sa propre réflexion, il dévoile les mécanismes exacts du gouvernement (à découvrir), qui ne fut personnel et un peu administratif qu'après 1690, et en rien « révolutionnaire » (Mousnier *dixit*) puisqu'il utilisa au mieux la vieille machine archaïque, non renouvelée. Ajoutons cette remarque : les effets malfaisants de la Révolution de 1685 sont ici quelque peu atténués, et accrus fort justement ceux de la fameuse bulle *Unigenitus*, extorquée au pape en 1713. En vérité, il faut lire et méditer les douze fortes pages de conclusion de Petitfils : dans le domaine abordé, qui n'est pas tout, mais qui représente beaucoup, il trace la ligne d'arrêt de tant de productions insignifiantes ou absurdes, légères ou lourdes, et donne le départ à un renouvellement qui unisse enfin, après s'être trop ignorés, les historiens de la vieille Europe et du Nouveau Monde.

XIV

MANUSCRIT INCONNU ET RETROUVÉ : LES MÉMOIRES DE LOUIS XIV POUR L'ANNÉE 1673 *

La dernière édition des *Mémoires* avançait dans sa préface deux assertions communément reprises. La première, que Louis XIV, dès le printemps 1672, occupé par la guerre de Hollande, avait suspendu la rédaction de ses *Mémoires*, et en avait abandonné l'idée à la fin de ladite guerre.

La seconde reprenait l'approximative anecdote du maréchal de Noailles, neveu par alliance de Mme de Maintenon, suppliant Louis XIV de lui remettre, plutôt que de le jeter au feu, le texte des fameux *Mémoires* (1714), qu'il confia trente-cinq années plus tard à la Bibliothèque royale (devenue nationale) où il repose toujours. Le même Longnon ajoute honnêtement qu'il a transcrit la fin de l'année 1661 et 1662 d'« après l'édition de Grouvelle, lequel utilisa une copie que le général Grimoard tenait de Louis XIV (*sic*), copie qui n'a jamais été retrouvée depuis ».

J'ai pu rectifier ces menues bévues dans l'édition que publia l'Imprimerie Nationale fin 1992 : ainsi Noailles déposa, deux fois, deux groupes de manuscrits, et ce fut Louis XVI (et non Louis XIV) qui remit en 1785 au général-comte de Grimoard, qu'il estimait et employait, les manuscrits qui venaient forcément du Grand Roi et qui disparurent à la mort de Grimoard, en 1815. Ironie :

---

* Contribution aux *Mélanges de Jean Jacquart*, 1995. Extraits et mise à jour.

Les mémoires de Louis XIV pour l'année 1673 413

Louis XVI lui avait confié ces textes précieux pour qu'il en tire... des *Mémoires pour l'instruction du dauphin* !

Et, comme mes trois prédécesseurs, je reprenais cette apparente évidence que le roi avait bien abandonné la rédaction de ses *Mémoires* dès 1672... et que d'ailleurs aucun texte postérieur ne nous était parvenu, sinon quelques fragments.

Je retrouvai ces mots, tirés de la page 8 de ma « Présentation » des *Mémoires*, dans une lettre venue de province en juin 1993. Son signataire ajoutait : « Or il se trouve que je possède un document manuscrit portant la date de 1673, se rapportant aux campagnes du Grand Roi et particulièrement à celle de Hollande, document écrit à la première personne. » Le tout forme trente-six cahiers de doubles feuilles, faisant 176 pages, où deux écritures se distinguent, la seconde très couchée et peu lisible corrigeant assez souvent la première, claire, large, magnifique.

Cette lettre surprenante était accompagnée de trois pages photocopiées qui ne laissaient aucun doute quant aux rédacteurs du texte : la magnifique et large écriture était celle de Pellisson, exactement la même que celle du manuscrit français 10632 de la Bibliothèque Nationale (année 1661) qui porte comme auteur le nom de ce personnage. Quant à la seconde écriture, cursive, allongée, très penchée, c'est incontestablement celle de Louis XIV, qui a corrigé ou surchargé une partie du texte qui lui a été soumis. La preuve est donc assenée que les *Mémoires* ont bel et bien été poursuivis, beaucoup plus tard qu'on ne le pensait, et que l'année 1672 a aussi été rédigée, comme le prouvent deux mots de l'écriture du roi, portés sur la première page du document photocopié : « 1672 : fait. »

La seconde photocopie concerne le début de l'année 1673 ; la dernière se rapporte visiblement à la fin de l'année. Le texte est bien dans le style habituel des *Mémoires*, satisfaction et subtilité mélangées, avec beaucoup de majesté. Il prouve clairement ce que tout le monde ignorait : la continuation du travail royal.

Reste une question : d'où vient ce manuscrit indiscutablement identifié par son écriture, et par quels canaux est-il arrivé à l'endroit où il se trouvait encore l'été dernier ? Une seconde lettre du détenteur et une conversation téléphonique entre dames amènent à la solide hypothèse que voici : par le jeu des successions, du voisinage, des amitiés on a pu remonter au premier détenteur, Louis Bollée, marquis de Chamlay (1650-1719) issu d'une famille de robins, devenu l'ami et le conseiller de Louvois, puis de Louis XIV lui-même après la mort du ministre.

L'homme est connu, ses capacités reconnues, et André Corvisier, dans son *Louvois* (1983), lui a consacré bien des pages et signalé que nombre de ses papiers militaires sont au Dépôt de la Guerre à Vincennes. D'autres se trouvent peut-être encore dans sa famille... Chamlay est considéré par Corvisier comme le « chef d'état-major général » de Louis XIV, et Saint-Simon (mais doit-on le croire ?) a soutenu que le roi songea à lui pour succéder à Louvois.

Il s'agit donc d'un homme de premier plan, d'un familier du roi, et il n'est pas impossible que celui-ci lui ait confié une partie de ses papiers. Décidément, les *Mémoires pour l'instruction du dauphin*, retrouvés dans trois mains au moins : Chamlay, Noailles, Louis XVI (qui les confia à Grimoard). Qui sait ? Peut-être deux morceaux gisent-ils ailleurs, dans la poussière ?

Mais en ce qui concerne ceux de 1673 et la filière Chamlay, aucune information nouvelle ne m'est parvenue depuis août 1993. Le manuscrit oublié n'est pas perdu ; il a été à nouveau retrouvé et sa publication est envisagée. En réalité, il s'agit des *Mémoires de guerres* (1672) non destinés au dauphin dont un autre manuscrit (perdu) fut publié en 1806 (*Œuvres de Louis XIV*, t. III, éd. Grimoard/Grouvelle). Le texte publié et le manuscrit retrouvé sont probablement identiques. Resterait à vérifier, ce qui est impossible à faire en 1996.

NOTES

Les problèmes démographiques du XVIIe siècle : le cas du Beauvaisis (p. 36)

1. De 1623 à 1637, les registres originaux sont aux Archives départementales ; de 1638 à 1653, ils sont à la mairie de Saint-Martin-le-Nœud (canton sud de Beauvais). Les autres sont aux Archives communales d'Auneuil. L'âge des morts est indiqué depuis 1657.
2. À Villers-Saint-Barthélemy, paroisse limitrophe d'Auneuil, le curé Vuatrin a effectué en 1718 un véritable recensement, tête par tête, en faisant le tour de son village. Il est consigné dans le registre paroissial. Que n'en possédons-nous beaucoup d'autres ! Il est vrai que Beauvais possède le sien, très détaillé, mais il date de 1764.
3. Procédé de calcul : on note l'âge de tous les morts qui atteignirent au moins vingt ans ; on additionne ; puis on divise le total par le nombre de morts considérés.
4. La grande enquête beauvaisienne sur la misère (décembre 1693), précieuse à bien des titres, dévoile de bien pénibles maladies, infirmités et « incommodités ». Et que d'aveugles, de manchots, de contrefaits, d'« imbéciles » !
5. Remarque importante : après 1760, la longévité augmente. La proportion des gens en âge de se marier tend donc à décroître. D'autre part, la baisse de la mortalité et l'allongement de la durée de la vie entraînent moins de veuvages, donc moins de remariages. Il s'ensuit que le « niveau » des mariages après 1760 est trop « bas » pour exprimer le niveau de la population.
6. À Blicourt, à Luchy, dans la région de Crèvecœur-le-Grand (chef-lieu de canton, 20 km au nord de Beauvais), on constate, entre 1700 et 1708, une montée considérable des mariages et des naissances, véritable record pour la période 1620-1780. Cela ne dure pas. Ce phénomène s'explique peut-être par des raisons militaires : de grosses commandes de « blicourt »

— une robuste serge — pour les armées, d'où un afflux d'ouvriers.

7. Pour une étude de détail, seule l'année-récolte permet de serrer de près la réalité. D'ailleurs, c'est la véritable année beauvaisienne : comme la mercuriale, elle part de la Saint-Rémy. Nous avons conservé ici l'année civile, que les historiens ont coutume de préférer. Notre étude est assez générale pour n'en point trop souffrir.

8. « À peine de quoi vivre deux tiers d'année », dit Jean le Caron. Mais il faut compter avec les achats pour l'armée, et surtout avec les spéculateurs, nombreux dans la bourgeoisie et le clergé.

9. Le « pain mollet » de Beauvais contenait du beurre et des œufs. Le bailli s'est vu contraint d'en interdire la vente en 1694 et en 1710, pour ne pas trop insulter à la misère populaire. Nous possédons depuis 1640 les « taux » ou « taxes du pain » de Beauvais. Faut-il rappeler à nouveau, et sans espérer dissiper un tenace ou malin contresens, que la « taxe du pain » n'est pas un prix taxé au sens où nous l'entendons aujourd'hui ? Que, sauf exceptions rarissimes et d'ailleurs inefficaces, le prix des grains est libre et détermine strictement le prix du pain. Et qu'ainsi celui-ci, reflet de celui-là, varie du simple au quadruple.

10. Comparaison du nombre annuel de baptêmes et du prix de la mine (= 30 l.) de froment, à Clermont-en-Beauvaisis :

Dates	*Prix du froment*	*Baptêmes*
1566 à 1572	lacune	entre 100 et 125
1573	56 sols tournois	76
1574	27	83
1575 à 1589	autour de 25 s. t.	{1575 à 80 : remontée de 99 à 161 {1581 à 86 : autour de 100
1585-1586	50 s. t.	
1586-1587	103 s. t.	1587 : 56 ; 1588 : 66
1587 à 1593	autour de 30 s. t.	autour de 100

11. Voir respectivement : l'article de R. Baehrel, dans *Annales historiques de la Révolution française*, n° 122, avril-juin 1951, p. 145 ; les indications éparses dans les remarquables ouvrages de P. Raveau, spécialement *Essai sur la situation économique et l'état social en Poitou*, Paris, 1931, p. 95 ; les recherches sommaires que nous avons effectuées dans les registres parois-

siaux du Blésois et du Saumurois ; Bouchot, « La peste en Lorraine de 1630 à 1636 », dans *Pays lorrain*, 1927 ; G. Roupnel, *La Ville et la campagne au XVIIe siècle : étude sur les populations du pays dijonnais*, Paris, 1922. Tableau horrifique, que la personnalité de l'auteur et la médiocrité des sources retenues ont dû conduire à exagérer. Les registres paroissiaux ont été à peine consultés.
12. Nous croyons au rôle considérable des accapareurs : de nombreux documents beauvaisiens le prouvent. Les négociants, les usuriers et les rentiers du sol les plus importants (ce sont souvent les mêmes personnes...) réalisent en temps de famine d'énormes bénéfices. Jamais l'opposition fondamentale des classes sociales n'apparaît aussi clairement qu'à ce moment-là. Mais c'est une autre question.
13. Les plaintes de cet ordre sont monnaie courante pendant toute la guerre de Trente Ans. Elles n'empêchent pas les baux à ferme de monter sans cesse de 1630 à 1660, ce qui ne semble pas constituer un indice de désolation.
14. On pourrait croire que la contagion suit les grandes routes : il n'en est rien. Il existe en Beauvaisis une multitude de petits chemins presque aussi fréquentés que les grands, et à peine plus mauvais.

LA PAYSANNERIE FRANÇAISE AU XVIIe SIÈCLE UN EXEMPLE RÉGIONAL (p. 54)

1. Texte publié dans *Annales*, 1947, p. 365.
2. Ce texte a été publié, en plusieurs volumes, à partir de 1977. L'avaient précédé les *Études d'histoire économique* (1971).
3. Presque toutes les sources de cet article proviennent des Archives départementales de l'Oise, séries B, G, H.
4. Sources dans la liasse $Q^3 206$ des Archives Nationales.
5. Ce village comme presque tous ceux qui suivront est situé dans la partie ouest et sud-ouest du département de l'Oise.
6. Ernest Labrousse, *Esquisse du mouvement des prix et des revenus en France au XVIIIe siècle*, 2 vol., 1932.
7. Grâce à Georges Livet (*Intendance d'Alsace*, 1956) et à Guy Cabourdin (*Terre et hommes en Lorraine*, 1977).

LA FORTUNE DES MARCHANDS
L'EXEMPLE D'AMIENS AU DÉBUT DU XVIIe SIÈCLE
(p. 124)

1. Ces meilleures sources sont les archives des marchands eux-mêmes ; à cet égard, l'Italie (Toscane surtout) est particulièrement bien pourvue, l'Allemagne et l'Espagne un peu moins ; la France paraît particulièrement pauvre, du moins pour les périodes antérieures à 1700.
2. La 1re édition du *Parfait Négociant* est de 1675 ; l'influence de cet ouvrage, souvent réédité, fut considérable ; un brillant article d'H. Hauser (commodément réimprimé dans *Les débuts du capitalisme*, chap. VII) ne dispense pas de recourir au texte, véritable « usuel » de l'historien du XVIIe siècle.
3. Ce type de document a été beaucoup utilisé comme dispensateur de « couleur locale ». On peut en tirer beaucoup plus : je me permets d'indiquer que j'ai essayé de le montrer, par un exemple (Pocquelin) et quelques notes méthodiques (*Revue d'histoire moderne et contemporaine*, 1954, n° 1). À Paris, les inventaires sont dans les papiers des notaires ; à Beauvais, dans les actes de la juridiction seigneuriale ; à Amiens, dans les papiers de l'Échevinage, puis dans ceux du bailliage royal. Cette situation dépend strictement de la coutume du lieu, toujours indispensable à connaître (*cf.* Bourdot de Richebourg, *Nouveau Coutumier général*, Paris, 1724, 8 vol.). Les inventaires utilisés ici proviennent de la série FF des Archives communales d'Amiens, prolixement inventoriée par G. Durand.
4. Le mot est d'Henri Lapeyre (*Une famille de marchands, les Ruiz*, 1955, p. 109) ; il vient au cours d'un développement qui entraîne une pleine approbation.
5. La meilleure étude de la « saiterie » ou « sayetterie » d'Amiens est dans le *Dictionnaire du commerce* de Savary des Bruslons (1re éd., Paris, 1723 et 1730, 3 vol.) ; précieuse mise en place géographique et chronologique dans la magistrale thèse d'E. Coornaert, *La Draperie-sayetterie d'Hondschoote* (1930), avec bibliographie complète à sa date (mais rien d'important depuis lors pour Amiens). Dans son classique ouvrage sur la *Plaine picarde*, Demangeon me paraît avoir bien mieux saisi la campagne que la ville. L'étude de E. Maugis (*La Saieterie à Amiens, 1480 à 1587*, Stuttgart, 1907) donne un point de départ.
6. Malgré la bonne étude de Duchaussoy (« La vigne en Picardie et le commerce des vins de Somme », *Mém. Soc. Antiq. Picardie*, t. 41 et 42, 1927-1928), la question est loin d'être épuisée : les vins de Somme ne constituaient qu'une faible partie du commerce amiénois.

7. Les travaux de Loutchisky et les articles synthétiques de M. Georges Lefebvre établissent que le clergé (surtout de la Picardie orientale et du Cambrésis) possédait environ le cinquième du sol à la veille de la Révolution. En Beauvaisis, la proportion était supérieure.
8. Tels sont les termes retenus par Lapeyre, *op. cit.*, pp. 109-110. Peut-être ne sont-ils pas partout aussi nets.
9. Ce que confirme Loyseau, *Traité des ordres et simples dignitez*, Paris, 1613, p. 101 ; mais notre remarque ne vaudrait pas pour Beauvais.
10. À La Rochelle, ce n'étaient « que de petits détaillants concurrencés par les colporteurs » (Trocmé et Delafosse, *Le Commerce rochelais de la fin du XVe siècle au début du XVIIe*, Paris, 1952, p. 188) ; à Beauvais, il en était de même qu'à La Rochelle ; le cas amiénois est celui de Paris. On le constate souvent : les cas particuliers, à notre époque, sont toujours plus solidement attestés que les règles générales.
11. Arch. Comm. Amiens, FF 587, septembre 1608.
12. L'inventaire précise que ce « last » valait 86 mines d'Amiens ; la mine de froment contenait environ un tiers d'hectolitre, et pesait un peu plus de 57 livres amiénoises de 15 onces (d'après les « espals » de 1578 et 1586, conservés aux Arch. Comm. Amiens, série HH 3).
13. Il est possible de prouver qu'Amiens (dont on peut connaître la production textile à partir de 1650) était la première ville de France pour le « lanifice » : 2 à 3 000 métiers battants au temps de Colbert, alors qu'aucune autre ville n'arrive même à la moitié de ce chiffre (sans doute faudrait-il aussi distinguer les types de métiers) ; les métiers ruraux du voisinage étaient plus nombreux encore.
14. Sur toutes ces étoffes, détails techniques, valables pour le début du XVIIIe siècle, dans Savary des Bruslons, *op. cit.*, plus précieux encore, mais à titre comparatif, Coornaert, *op. cit.* ; la meilleure étude des étoffes sera réalisée quand on aura dépouillé les inventaires après décès des fabricants, qui montrent l'étoffe en train de se faire (ainsi celui de Tategrain, 28 mars 1605, Arch. Comm. Amiens, FF 569, montre un burail tout de soie organsin, et une futaine soie et coton).
15. Aucun salaire journalier de « saiteur » ne paraît dépasser alors 8 sols par jour ; l'on travaillait au maximum vingt jours par mois (dimanches, fêtes religieuses, périodes de chômage, maladies...). Nous traiterons ailleurs la question des salaires textiles, mais dans le cadre beauvaisien.
16. Arch. Comm. Amiens, FF 572, 29 octobre 1605. (Les « particules », aussi fréquentes en Picardie qu'en Flandre, ne présen-

tent aucun caractère nobiliaire, comme c'est d'ailleurs le cas général — elles indiquent sans doute l'origine de la famille.)
17. Sur les pastelliers toulousains au XVIe siècle, articles de G. Caster dans *Annales* : « Économies, Sociétés, Civilisations », 1954, et précédemment dans *Annales du Midi*, 1951.
18. Sur le rôle commercial et bancaire de Lyon, abondante bibliographie ; renvoyons aux mises au point de Lapeyre, *op. cit.*, pp. 243 *sq.*, 439 *sq.*, et aux travaux classiques de Bonzon, Vigne, Brésard, R. Doucet (références précises dans la bibliographie de Lapeyre).
19. Arch. Comm. Amiens, FF 566, 8 janvier 1604 ; encore l'inventaire n'est-il pas complet.
20. Lapeyre, *op. cit.*, p. 66 ; les chiffres amiénois sont supérieurs aux chiffres rochelais donnés par Trocmé et Delafosse (*op. cit.*, p. 189), et même aux chiffres toulousains donnés par R. Doucet (« Les de Laran... », *Annales du Midi*, 1942) ; de beaucoup enfin, aux chiffres poitevins de Raveau ; comparaison difficile avec la lointaine Marseille (Rambert et Bergasse, *Histoire du commerce de Marseille*, t. IV, 1954).
21. Lapeyre, *op. cit.*, p. 51 (Ruiz), p. 63 (Le Lou).
22. Cette petitesse des dettes passives est un fait général à Amiens, et une preuve de prospérité (à ce sujet, des esquisses comparatives seraient très fécondes). Notons, parmi les créanciers de L. de Villers, « Charle Colebert, marchant a Rains ».
23. Arch. Comm. Amiens, FF 566, 11 mars 1604.
24. Le mot de « facteur » avait plusieurs sens. Pour Savary (*Parfait négociant*, Ire Partie, p. 85 de la 6e édition, que j'ai sous la main), c'est bien le principal employé permanent, l'homme de confiance ; pour Lapeyre, *op. cit.*, p. 156, « c'est celui qui gère les biens de quelqu'un d'autre qui est absent » (il s'agit alors de l'Espagne). En réalité, le XVIIe siècle emploie le mot dans les deux sens : ainsi Pierre Hémart, cité plus haut, avait deux hommes de confiance, deux correspondants, deux mandataires qui s'occupaient de ses affaires (et sans doute de bien d'autres), dans deux places importantes, Rouen et Middelburg : ils portent aussi le nom de « facteurs ».
25. Un doute subsiste : ces règlements en espèces n'étaient-ils pas la conséquence des décès qui avaient provoqué l'inventaire ? Mais il n'y a pas mention de lettre de change — mais les dettes passives sont modestes — mais les encaisses existent — mais surtout les « facteurs » étaient partis avant la mort de leur maître, mais enfin l'inventaire même ne fait aucune allusion au caractère exceptionnel de ces paiements.
26. Pierre Deyon est désormais ce chercheur.

La vénalité des offices (p. 345)

1. Le docteur Swart cite De Luca et Lauterbach (p. 95, n. 68), Eaton, Max Weber, Hintze et Ehrenberg (p. 2, n. 3).
2. R. Mousnier, *La vénalité des offices sous Henri IV et Louis XIII*, Rouen, s.d. (1946) in-8°, 629 pages : p. 624, M. Mousnier citait l'Espagne, Venise et l'Empire byzantin. Sur Venise il a donné d'intéressantes précisions (*Bull. de la Soc. d'Hist. Mod.*, nov.-déc. 1949).
3. Dr. K.W. Swart, *Sale of Offices in the Seventeenth Century*, The Hague, Martinus Nijhoff, 1949 ; in-8°, 158 pages, index. — Le XVIIe siècle de M. Swart paraît s'achever le 31 décembre 1700, à minuit ; c'est une conception.
4. Chap. I, II et III : plus de la moitié de l'ouvrage.
5. M. Swart donne les raisons de son choix (pp. 19 et 20).
6. Pas avant 1898 pour les offices de l'Église anglicane (p. 66).
7. L'influence espagnole et française n'explique pas tout en Italie : M. Mousnier insiste, au contraire, sur l'originalité de la vénalité vénitienne (communication citée plus haut).
8. PP. 95-96, M. Swart tient à se limiter au XVIIe siècle : ici, c'est regrettable.
9. Chap. VI, pp. 97-111.
10. Chap. VII, pp. 112-127.
11. P. 114. Nous laissons à M. Swart la responsabilité de ses expressions, et de leurs vertus explicatives.
12. Les guerres suffisent-elles à les expliquer ?
13. Toujours selon M. Swart (voir surtout p. 123).
14. Spécialement p. 44 : « *Perhaps sale of offices was one of the most rational methods of conferring offices in a society in which corruption was unavoidable.* »
15. M. Mousnier a vivement combattu cette conception (compte rendu du présent ouvrage, dans *Revue Historique*, janv.-mars 1952, p. 129).
16. P. 2, 4e alinéa : « in » pour « is » ; p. 3, note 5 : « Counseil ».
17. P. 14 et n. 38.
18. P. 34 : *place-hunting in Spain* ; p. 681 : *Lacs of place-hanting* (en Angleterre).
19. M. Mousnier en a vivement senti la nécessité, et a montré la voie dans sa thèse (pp. 331-343).

Ernst Kossmann et l'énigme de la Fronde (p. 351)

1. Ernst H. Kossmann, *La Fronde* (Leidse Historische Reeks, deel III), Université de Leyde, 1954, en langue française.
2. On retiendra le sort réservé à Chéruel : on le savait pesant et mazariniste ; on imaginait mal que son mazarinisme l'ait conduit à ce qu'il faut bien appeler des malhonnêtetés scientifiques. À cet égard, M. Kossmann fournit deux exemples — deux seulement, par pudeur — qui sont tout à fait décisifs (p. VII, n. 1). Puis il montre à quel point l'influence de Chéruel, érudit laborieux, mais interprète dangereux, a pu « bloquer » pendant de longues années tout travail historique sur la Fronde.
3. V.L. Tapié, *La France de Louis XIII et de Richelieu* (Paris, 1952) ; pour qui ne lit pas le russe ou n'a pu se procurer la traduction éditée en Allemagne orientale de l'ouvrage de Porchnev, la précise utilisation qu'en fait M. Tapié demeure très précieuse ; c'est surtout pp. 486 sqq. que M. Tapié rejette les conclusions du savant soviétique (Boris E. Porchnev, *Narodnie Vosstania vo Francii pered Frondoi*, Moscou, 1948) ; la traduction française de cet important ouvrage est très souhaitable.
4. Quelques mots d'une question qui ne manquera pas d'être soulevée : M. Kossmann nous fait l'honneur d'écrire en français ; dans la langue qu'il manie, il reste quelques taches ; notre rôle ne consiste pas à les relever ; il faut dire que M. Kossmann n'a pas trouvé, au cours de sa rédaction, les concours français qu'il était en droit d'espérer, ce qui est regrettable. En revanche, les formules heureuses abondent, l'auteur paraît particulièrement à l'aise dans le croquis psychologique. Ainsi Condé : « L'ambition de Condé, si démesurée qu'elle fût... était aussi insatiable qu'elle était indéfinissable ; elle était sans limites aussi bien qu'elle était sans but » (p. 196). « Il y a quelque chose de grand en cet homme sans nuances, mais pourtant très compliqué. Il y a quelque chose d'admirable dans son endurance et dans son insouciance, parce qu'elles semblent sortir d'un esprit profondément égoïste, mais en même temps capable d'un héroïsme nonchalant et sans prétention. Il y a dans la sévérité de son caractère si peu aimable quelque chose d'étonnant qui contraste avec la pénible légèreté d'un homme faible comme Orléans, d'un aventurier comme Retz, d'un diplomate comme Mazarin. Tandis que tous les autres semblent jouer pour le jeu, et trop souvent sans aucune élégance, Condé paraît vivre son destin en l'acceptant comme tel. Il est peut-être le seul homme sérieux de la Fronde... » (p. 202).
5. Comme le montre un récent article de M. Mousnier : « Monar-

chie contre Aristocratie dans la France du XVIIᵉ siècle » (*Bull. de la Soc. du* XVIIᵉ *siècle*, n° 34, avril 1956, pp. 377-381).
6. *Les Recherches et documents sur l'histoire des prix en France, de 1500 à 1800* datent de 1936 ; mais le nom d'Henri Hauser manque à la bibliographie, comme celui de Levasseur ; les travaux de J. Meuvret éclairciront enfin la question de la mercuriale de Paris (*cf.* déjà l'article paru en 1944 dans les *Mélanges d'Histoire Soc.*, t. V, pp. 27 sq.).
7. R. Mousnier, « Les causes des journées révolutionnaires parisiennes de 1648 » (*Bull. de la Soc. d'Ét. du* XVIIᵉ siècle, 1949).

INDEX

Abbeville, 61, 129, 276, 289.
Abbeville-Saint-Lucien, 46.
Acadie, 320.
Achères, 272.
Adour, 364.
Afrique, 260, 388.
Aix-en-Provence, 86-87, 252.
ALEXANDRE DE MACÉDOINE, 12.
Alger, 298.
Algérie, 282, 400.
Algérois (l'), 298.
ALIGRE (les d'—, famille de parlementaires de Chartres), 159, 229.
Allemagne et États allemands, 12, 19, 20, 28, 86, 140, 176, 183, 259, 261, 299, 303, 325, 347, 373, 408.
Alpes, 86, 320.
Alsace, 77, 114, 259, 286, 296, 297, 304, 316, 381.
AMELOT, 313.
Amérique, 30, 230, 302, 303, 304, 313, 316, 320, 324, 388.
Amérique du Sud, 103.
Amérique espagnole, 15, 103, 139, 313, 320.
Amiens, 38, 61, 63, 76, 82, 93, 94, 113, 124-139, 142, 150, 156, 159, 201, 211, 260, 301, 302, 349, 362, 391.
AMIÉNOIS (les), 125.
Amsterdam, 103, 109, 127, 138, 255, 284.
AMYOT (les —, marchands), 130.
ANOUILH (Jean), 231.
Angers, 130, 387, 398.
ANGLAIS (les), 289, 294, 296, 304, 306, 316, 319, 320.

Angleterre, 12, 19, 21, 24, 54, 109, 126, 128, 129, 158, 166, 175, 176, 177, 179, 181, 182, 207, 208, 220, 233, 237, 238, 259, 284, 287, 289, 295, 297, 298, 302, 303, 304, 306, 312, 315, 317, 320, 330, 332, 333, 346, 347, 373, 377, 383, 384.
Anjou, 84, 396, 398.
ANNE D'AUTRICHE, reine de France, 108, 170, 240, 257, 264, 334, 335, 401-404.
Antilles, 103, 207, 213, 277, 306, 311, 320, 332, 388.
Anvers, 127, 286, 339.
APPEAU (Marcel), 396.
APPELLE, 12.
Aragon, 180.
Argenteuil, 391, 394.
ARISTOTE, 12.
ARNAUD (dit le Grand Arnauld), 158, 292.
ARTAGNAN (d'), 206, 280.
Artois, 24, 126, 168, 259, 268.
Ascot, 129.
Asie, 12, 260, 303, 324, 332.
Atlantique (océan), 175, 207, 388.
Audenarde, 317.
Audijos, 206, 280.
Augsbourg (Ligue d'), 46.
Auguste, 11, 12.
Aumale, 61, 130.
Auneuil, 37, 38, 40, 42, 47, 52.
Autriche, 177, 233.
AUVERGNATS (les), 196, 263.
Auvergne, 90, 199, 204, 205, 280.
AUX COUSTEAUX, 153.
Auxerre, 126, 391.

426 *Index*

AVENEL, 353.
Avignon, 283, 293, 299, 305.
Ay, 126, 391.
AYMARD (André), 15.

BABEAU, 353.
BACHELIER (Jean), 130.
BACON, 158.
Baléares (îles), 318.
Baltes (îles), 287.
Baltique (mer), 128, 138, 179, 207, 289.
Bamberg, 334.
BARBERINI (les), 193.
BARBEZIEUX, 300.
Barcelone, 180, 304.
Barcelonnette, 86, 320.
Barfleur, 304.
BASNAGE, 158.
Bassin Parisien, 99.
BAUTRU (M. de), 399.
BAUTRU (Marie-Madeleine de), 397, 399.
Bavière, 304, 315.
BAYARD (Françoise), 225, 227.
BAYLE (Pierre), 158, 221, 310.
Bayonne, 103, 302.
Beachy Head (cap), 304.
Béarn, 85, 205, 280, 301, 374.
Beauce, 24, 393.
BEAUFORT (duc de), 264.
Beaujolais, 26, 87, 90, 356, 360.
Beaune, 126.
Beauvais, 14, 33, 37, 38, 41, 47, 48, 49, 51, 54, 57, 61, 64, 66, 67, 71, 72, 74, 76, 77, 82, 93, 103, 113, 115, 130, 133, 134, 135, 142, 146, 148, 150, 152, 154, 157, 158, 167, 195, 211, 252, 276.
Beauvaisis, 20, 33, 36-53, 54-80, 93, 155, 252.
BEAUVILLIER (duc de), 300, 312.
Belgique, 21, 24, 175, 287, 297, 304.
Belgrade, 299.
BELLE-ISLE (maréchal de), 388.
Belleville, 391.
BÉLY (Lucien), 411.
BERGIN, 329.
BERINGHEN, 229.

Berlin, 286, 294.
BERNARD (Samuel), 314.
Berne, 177.
BERNIN (Le), 234.
Berry, 86, 126, 193, 205, 280.
BERRY (duchesse de), 399.
BERRYER, 194, 228.
BERTRAND (Louis), 406, 408.
BERWICK, 315.
Besançon, 297.
BÈZE (Théodore de), 158.
Bilbao, 127.
Bingen, 303.
BISSARO (père), 193, 337, 404-405.
Blenheim, 316, 410.
Blicourt, 48, 61.
BLOCH (Marc), 14, 19, 21, 54, 239, 409.
BLUCHE (François), 159, 165, 406, 409, 410.
BOILEAU (Nicolas), 274.
BOIS-DAUPHIN (de), 229.
BOISGUILBERT, 80, 309.
Boisy, 398.
BONNEY (Richard), 225.
BONNIVET (amiral de), 398.
Bordeaux, 103, 131, 172, 186, 201, 267, 281, 302, 352.
BORDELAIS (les), 94, 278.
BORY (les —, famille de parlementaires d'Angers), 159.
BOSHER, 225.
BOSSUET, 59, 97, 105, 158, 188, 221, 247, 271, 274, 290, 293, 310, 339, 384.
BOUCHARD (Gérard), 31.
BOUCHER (peintre), 157.
BOUCHERAT, 300.
BOUFFLERS, 317.
BOUILLON (maison de), 330.
Boulogne, 374.
Boulonnais, 197, 205, 280.
BOURBON (connétable de), 248.
BOURBON (maison de), 204, 379, 380.
BOURGEON (Jean-Louis), 371.
Bourges, 142.
Bourgogne, 50, 172, 193, 262, 263, 281, 391.
BOURGOGNE (duc de), 317, 322.

Index

BOUTHILLIER, 194.
BOYNE, 303.
Brabant, 126, 297, 410.
BRAC DE LA PERRIÈRE, 359.
BRAGANCE (maison de), 330.
Brandebourg, 332.
BRANDEBOURG (Électeur de), 285, 287, 384.
BRAUDEL (Fernand), 13, 166, 225.
Bray (pays de), 15, 37, 40, 46, 57, 64, 66.
Brenne, 32.
Brésil, 315.
Brest, 30, 277.
Bretagne, 26, 29-31, 84, 112, 171, 189, 197, 206, 222, 245, 281, 286, 288, 301, 309, 335, 366-369, 374, 376, 387.
Breteuil, 43, 48, 51.
Brie, 24, 142, 393.
BRIENNE LE JEUNE, 327, 337.
Brisach, 297.
BRISSEAU (les), marchands, 130.
BRIZART (les —, famille de parlementaires de Billom), 159.
BROCHET (les —, famille de parlementaires de Gien), 159.
BROUSSEL, 199, 265.
Bruges, 129, 297.
BRUNEVAL (de), 118.
Bruxelles, 297, 305, 338, 339.
Bude, 299.
BUISSERET, 225.
BUSSY-RABUTIN, 158.
Byzance, 13.

CABOURDIN (Guy), 27.
Cadix, 103, 298, 303.
CAFFIERI, 274.
CALLOT, 214.
CALVIN (Jean), 158.
Camaret, 304.
Cambrésis, 287.
Canada, 277, 289.
CANDALE (de), 229.
CAPET (Hugues), 247.
CARCANY (Antoine), 131, 137.
CARRIÈRE (Charles), 94.
Casal, 296, 297, 305.
CASSINI (les), 218, 274.

CASTAIGNAC (Antoine), 131.
Castille, 269, 314, 346.
CASTRIES (maréchal de), 399.
CATALANS (les), 186.
Catalogne, 177, 181, 182, 206, 297, 306, 316, 330.
CATINAT, 298, 304.
CAULET, 292.
CÉSAR, 12.
Cévennes, 188, 206, 316, 317, 375.
Ceylan, 289.
CHABERT, 215.
Chablis, 391.
Chaise-Dieu (la), 114.
CHALON (Pierre), 138.
Châlons, 138.
Chalosse, 364.
Chambord, 272.
CHAMILLART, 318.
CHAMLAY, 300, 414.
Champagne, 24, 172, 195, 228, 391.
Chanteloup, 392.
CHAPELAIN, 274.
Charente, 364.
CHARLEMAGNE, 247, 249, 334, 336.
Charleroi, 286, 306.
CHARLES Ier, 238.
CHARLES II, roi d'Angleterre, 286, 330, 346.
CHARLES III, 316, 319.
CHARLES IX, roi de France, 251.
CHARLES X, roi de France, 89.
CHARLES XII, roi de Suède, 332.
CHARLES QUINT, 313, 314.
Charonne, 293.
CHAROST (de), 229.
CHARRON (Marie), 275.
Chartres, 129, 130.
CHÂTEAUROUX (Mme de), 246.
CHAUNU (Pierre), 371.
CHAUVELIN (Mme), 229.
CHAVIGNY (Mme), 229.
Cheltenham, 329.
CHÉRUEL, 174, 175.
CHEVREUSE (duchesse de), 109.
Chine, 38, 158, 176, 177, 208, 221, 237, 311, 345, 347, 348.
Cholet, 396.
CLARK, 303.
CLÉMENT (Pierre), 371.

CLÉRAMBAULT (maréchal de), 229.
Clermont, 41, 42, 47, 62.
CLOVIS, 239.
Cluny (abbaye de), 109.
COCULA-VAILLIÈRES (Anne-Marie), 361-365.
COLBERT (Jean-Baptiste), 19, 30, 87, 98, 105, 109, 187, 188, 190, 194, 202, 204, 207, 208, 211, 217, 218, 228, 236, 268, 269, 270, 272, 273, 274, 275, 276, 277, 278, 279, 281, 284, 285, 287, 288, 289, 300, 301, 302, 307, 308, 312, 318, 327, 329, 331, 337, 339, 367, 368, 370-372, 377, 381, 386, 388, 395, 407.
COLBERT DE CROISSY, voir CROISSY.
COLBERT DE MAULÉVRIER, 396, 397.
COLBERT DE SAINT-POUANGE, 275, 395.
COLBERT DE TORCY, 310.
COLBERT DE VANDIÈRES, 395.
COLBERT (les), 192, 194, 300, 395-400.
Cologne, 293, 299, 305, 315, 399.
COLONNA (les), 193.
Comtat-Venaissin, 283.
Concarneau, 388.
CONDÉ (Louis II de Bourbon, prince de —, dit le Grand Condé), 171, 185, 187, 193, 232, 248, 261, 265, 266, 267, 269, 279, 284, 286, 300, 301, 335, 372, 376, 397, 402.
CONDÉ (maison de), 94, 98, 109, 258, 264, 266, 380.
Condom, 278.
Constantine, 400.
Constantinople, 12.
CONTI (prince de —), 193, 266, 335.
CONTI (maison de), 59, 98.
Corbie, 49, 51, 114, 261.
CORNEILLE (Pierre et Thomas), 158, 301.
CORVISIER (André), 414.
COSSÉ-BRISSAC (Charlotte de), 398.

COTIN (abbé), 274.
Coudray-Saint-Germer, 57, 67.
Coulommiers, 142.
Courtrai, 306.
CREIL (frères de —, marchands), 130.
Crète, 397.
CRÈVECŒUR (Gouffier de), voir GOUFFIER.
CROISSY (Colbert de), 296, 300, 310, 395.
CROIX (Alain), 29, 366-369.
Crillon, 65.
CROMWELL, 181, 184, 187.
CROZAT (Bernard), 314, 318.
CUYP (peintre), 157.

DAGUESSEAU, 313.
DALIÈS, 194, 228.
DALLIEZ, 207.
DAMIENS, 239.
DAMIENS (Mlle —, d'une famille amiénoise), 157.
Danemark, 286, 332, 391.
DANOIS (les), 287, 294.
DANSE (les), 94.
Dantzig, 126, 127, 376.
DANYCAN, 312.
Dauphiné, 263, 298.
DELAVIER (Jacques —, marchand), 130.
DELUMEAU (Jean), 208.
DEMANGEON (Albert), 15, 19.
DÉMOSTHÈNE, 12.
Denain, 234, 319, 377.
DENT (Julian), 225.
DESCARTES, 158, 292.
DESCAZEAUX, 313.
DESMARETS, 215, 318, 319.
DESMARETS DE SAINT-SORLIN (Jean), 274.
DESSERT (Daniel), 94, 104, 114, 122, 225, 227, 230, 372, 385-388, 396.
DETHAN (Georges), 402.
DEYON (Pierre), 94, 142.
Dieppe, 304.
Dijon, 131, 138, 201, 349.
DION (Roger), 357, 363.
Dombes, 32.

DOOLIN, 175.
Dordogne, 361-365.
Dorgheda, 303.
DOUCET, 134.
DUBARRY (Mme), 246.
DUCASSE, 316.
DU CROCQUET (Firmin et Jean —, marchands), 131, 132, 134, 135, 137.
DUGUAY-TROUIN (René), 319.
DULONG (Claude), 334, 403.
DUMAS (Alexandre), 170.
Dunkerque, 317, 318, 320.
DUQUESNE, 298.
DURAND (Georges), 356-360.
DURFORT DE CIVRAC DE LORGES (Mlle de), 400.
DU ROURE, 204, 280, 374.

Embrun, 304.
ÉRASME, 158.
Escorial, 271.
ESMONIN (Edmond), 407.
Espagne, 12, 15, 21, 24, 63, 102, 126, 128, 139, 166, 171, 179, 180, 183, 184, 196, 197, 207, 226, 240, 259, 261, 264, 265, 267, 269, 272, 276, 284, 286, 287, 294, 297, 298, 305, 306, 310, 312, 313, 314, 315, 316, 319, 320, 321, 322, 330, 332, 333, 338, 346, 347, 349, 373.
ESPAGNOLS (les), 224, 297.
Espaubourg, 51, 57.
ESTAING (marquis d'), 397.
ESTRÉES (Mme d'), 246.
États-Unis, 176, 177.
EUGÈNE DE SAVOIE-CARIGNAN, dit le prince Eugène, 233, 305, 316, 319.
Europe, 13, 33, 106, 166, 170, 179, 181, 196, 202, 233, 234, 257, 260, 271, 290, 296, 297, 298, 300, 307, 313, 320, 322, 331-334, 339, 346, 347, 411.
Extrême-Orient, 158, 312.

FEBVRE (Lucien), 20, 407.
Fehrbellin, 287.
FEILLET (Adolphe), 354.

FÉNELON, 354.
Fermo, 181.
Flandres, 126, 127, 129, 139, 157, 283, 286, 297, 410.
FLÉCHIER (abbé), 199.
Fleurus, 304.
Florence, 130.
Fontainebleau, 272, 293.
FONTANGES (Mlle de), 382.
FOUQUET (Nicolas), 190, 194, 269, 271, 272, 334, 339, 372, 385-389.
Foy (les —, famille beauvaisienne), 155.
FRAGONARD, 157.
Franche-Comté, 172, 284, 286, 297, 338.
FRANÇOIS Ier, roi de France, 12, 243, 356-357, 397.
FRANÇOIS II, roi de France, 251.
FRANÇOIS DE SALES (St), 158.
Fribourg, 306.
Frise, 127.

GAIFFE (Félix), 408.
GALILÉE, 12.
Gap, 304.
Garonne, 131.
Gascogne, 85, 263.
GAULLE (Charles de), 235.
GAXOTTE (Pierre), 165, 174, 232, 371, 406, 408.
Gênes, 129, 238, 298, 333, 338.
Genève, 238.
Gibraltar, 316, 320.
Gisors, 37.
Givet, 297.
Glatigny, 65.
GODECHOT (Jacques), 175.
GÖHRING, 346.
Goincourt, 57, 66, 67.
GONDI (maison de), 266, 381.
Gonesse, 63.
GOUBERT (Jean-Pierre), 29.
GOUFFIER (Artus), 397.
GOUFFIER DE CRÈVECŒUR (les), 398.
Gournay, 71
GOYER ET DESCOULLEURS (marchands), 131.
GRADMAN, 20.

GRAMONT (duc de), 321.
GRANCEY (maréchal-comte de), 397.
Grande-Bretagne, 176, 295.
Grandvilliers, 51.
Graves, 126.
Grèce, 12, 220.
GRÈCE (Michel de), 408.
GRIMOARD (général-comte de), 328, 412, 414.
GRIMOD DE LA REYNIÈRE, 357.
GROUVELLE, 328.
GRUMEL (Marie —, femme de Louis de Villers), 137.
GUERRY DE BEAUREGARD (Mme), 400.
GUILLAUME II D'ORANGE, 181, 285, 286, 295, 296, 298, 299, 303, 305, 315, 333, 384, 409.
GUSTAVE-ADOLPHE, roi de Suède, 332.
Guyenne, 126, 193, 206, 263, 281, 286, 376.

HABSBOURG (maison de), 313, 332.
Hainaut, 126, 287.
Hambourg, 103.
HAMILTON, 179.
Hanoteaux, 175.
HANGEST (Marie de —, femme de Jean du Crocquet), 131.
HANYVEL DE MANNEVILLETTE, 398.
HAUSER (Henri), 352, 404.
HAZARD (Paul), 159.
HÉCOURT (chevalier du Metz d'), voir METZ D'HÉCOURT (chevalier du).
Heidelberg, 303, 304, 330.
HEINSIUS, 318.
HÉMART (Pierre —, marchand d'Amiens), 127, 134.
HENRI II, roi de France, 12, 398.
HENRI IV, roi de France, 85, 97, 143, 152, 168, 174, 180, 184, 194, 202, 236, 239, 240, 243, 246, 249, 256, 258, 264, 325, 374, 377, 379, 380, 390, 406.
HENRIETTE D'ANGLETERRE, première épouse de Philippe d'Orléans, frère de Louis XIV, 258.
HENRIOT (Émile), 340.
HÉVIN, 80.
HOBBES, 158.
HOBSBAWM (Eric), 169, 177, 178.
HOCHE, 41.
HOGGUER, 318.
HOLLANDAIS (les), 26, 86, 224, 283, 284, 286, 287, 289, 294, 306, 312, 315, 332, 364, 383.
Hollande, 86, 106, 126, 127, 158, 166, 175, 177, 179, 183, 206, 207, 212, 237, 238, 257, 259, 276, 283, 284, 285, 286, 287, 289, 295, 302, 303, 310, 312, 313, 315, 327, 333, 373, 384, 397, 412.
Hondschoote, 129.
Hongrie, 184.
HOSKINS (W.G.), 55.
HORACE, 12.
Hudson (baie d'), 304, 306, 320.
HUGUETAN, 318.
HURAULT DE L' HOSPITAL, 229.
HUYGHENS, 274.

Ile-de-France, 27, 28, 54, 62, 73, 75, 362, 390-394.
Inde, 38, 237, 289, 324.
Indes (américaines), 63, 102, 158, 213, 221.
Indonésie, 38.
INNOCENT XI, 292, 383.
Irancy, 391.
Irlande, 303.
IROQUOIS, 332.
Italie et États italiens, 12, 21, 196, 206, 259, 304, 313, 315, 316, 319, 333.
ITALIENS (les), 12, 275.

JACQUART (Jean), 28, 179, 189.
JACQUES Iᵉʳ, roi d'Angleterre, 346.
JACQUES II, roi d'Angleterre, 295, 298, 303, 315, 383, 384.
Japon, 176, 237, 311.
Jura, 87.

Kahlenberg, 297.

Index

Kehl, 306.
KLEINMAN (Ruth), 334, 403, 404.
KOSSMANN (Ernst), 175, 189, 351-355.

LABATUT (Jean-Pierre), 409.
LABROUSSE (Ernest), 15, 45, 68, 352.
LA BRUYÈRE (Jean de), 13, 104, 221, 294, 310.
LACHIVER (Marcel), 27, 390-394.
LA COURTILLE, 391.
LA FEUILLADE, 316.
LA FONTAINE (Jean de), 13, 19, 271, 294, 392.
LA GRANGE (intendant), 297.
La Haye, 315, 318.
La Hougue, 304, 409.
La Houssoye, 65.
LAIR (Jules), 386.
LA MOTHE LE VAYER, 270, 381.
Languedoc, 85, 193, 204, 228, 263, 281, 335, 358, 374, 392.
Laon, 138.
LAPEYRE (M.), 133.
LA REYNIE (Nicolas de), 203, 281.
LA ROCHEFOUCAULD, 274.
La Rochelle, 126, 131, 133, 136, 302.
LA TRÉMOUILLE (de), 229.
LAURAIN-PORTEMER (Madeleine), 402.
LAVAL (de), 229.
LA VALLIÈRE (Mlle de), 246, 272, 330, 336.
LAVISSE (Ernest), 165, 183, 231, 371, 373, 406, 407.
LA VRILLIÈRE, 300.
Law, 102, 118, 230.
LEBRUN, 272, 273, 301.
LEBRUN (François), 369.
LE CAMUS (Mgr), 294.
LE COIGNEUX, 229.
LECKZINSKI (Stanislas —, roi de Pologne), 243.
LE GENDRE, 294, 314.
Le Havre, 302.
LEIBNIZ, 221.
LE LOU (Michel), 133.
LE NAIN DE TILLEMONT, 292.

Leningrad, 352.
LE NÔTRE, 237.
Lens, 265.
LE PELLETIER, 301, 307.
LÉOPOLD Ier, empereur d'Autriche, 285, 299, 313, 382.
LE ROY (les —, marchands), 130.
LE ROY LADURIE (Emmanuel), 179, 358.
LESPAGNOL (André), 94.
LE TELLIER (Michel —, ministre de la Guerre, père de Louvois), 187, 190, 194, 195, 269, 274, 300, 301, 395, 396.
LEUILLIER (Pierre), 152.
LEVASSEUR, 352.
LE VAU, 272.
Leyde, 128, 351.
Liège, 299.
LIGER, 357.
Lille, 129, 201, 284, 302, 317.
Limbourg, 85.
Limoges, 131, 133, 137.
Limousin, 86, 90.
LIMOUSINS (les), 196, 263.
LIONNE (Hugues de), 190, 194, 269, 283, 300, 301.
Lisbonne, 330.
Litz, 65.
LOCKE, 221.
Loir-et-Cher, 31.
Loire, 26, 31, 187, 195, 196, 218, 222, 228, 363, 364, 388.
Londres, 103, 179, 255, 282, 319, 333.
Longnon, 412.
LONGUEVILLE (duc de), 266.
LONGUEVILLE (duchesse de), 105, 193, 372.
Lorient, 30.
Lorraine, 24, 26-29, 50, 77, 137, 168, 172, 262, 284, 306.
LORRAINS (les), 267.
Loueuse, 66.
LOUIS IX, roi de France (Saint Louis), 244, 409.
LOUIS XI, roi de France, 202.
LOUIS XII, roi de France, 245.
LOUIS XIII, roi de France, 107, 148, 150, 152, 155, 179, 194, 236,

239, 241, 242, 243, 247, 249, 257, 258, 260, 262, 263, 264, 272, 287, 335, 353, 374, 404, 409.
LOUIS XV, roi de France, 88, 90, 180, 195, 217, 219, 236, 239, 240, 242, 243, 246, 370, 374, 378, 399.
LOUIS XVI, roi de France, 42, 90, 217, 236, 240, 243, 245, 247, 324, 379, 392, 399, 413, 414.
LOUIS XVIII, roi de France, 399.
LOUISE DE SAVOIE, reine de France, 397.
Louisiane, 324.
LOUIS-PHILIPPE, roi des Français, 89.
LOUVOIS, 195, 214, 217, 269, 283, 287, 288, 296, 299, 300, 301, 395.
LOYSEAU (Charles), 143.
LUBAIT (sieur de —, marchand), 137.
LUCRÈCE, 12.
LULLI, 232, 272, 273, 301.
Luxembourg, 301.
LUXEMBOURG (duc de), 297.
LUYNES (maison de), 370, 372.
Lyon, 26, 32, 103, 130, 131, 133, 137, 197, 201, 225, 286, 349, 358, 362.
LYONNAIS (les), 275.
Lyonnais (région de Lyon), 356-360.

MACHIAVEL, 158.
Mâcon, 229.
Madagascar, 289.
MADELIN, 175.
Madrid, 180, 316.
Magellan (détroit de), 311.
MAGON, 312.
MAHOMET II, 12.
Maine, 114.
MAINTENON (marquise de), 233, 290, 300, 301, 321, 322, 327, 330, 382, 412.
MAITLAND, 20.
MALEBRANCHE (Nicolas de), 310.
MALLET, 318.
MALOUINS (les), 94, 208.
MALPART (les —, marchands), 130.
Malplaquet, 319.
Manche, 207.
MANCINI (Marie), 232, 334.
MANDROU (Robert), 83.
Mannheim, 303.
Mans (Le), 129.
MANTELLIER, 363.
MANTOUE (duc de), 297.
Marcin, 316.
MARIE-ANTOINETTE DE HABSBOURG, reine de France, 237, 247.
MARIE-THÉRÈSE D'AUTRICHE, reine de France, 283.
MARLBOROUGH (duc de), 233, 316, 409.
MARLBOROUGH (Lady), 319.
Marne, 26, 391.
MARSEILLAIS (les), 94, 207.
Marseille, 48, 94, 103, 201, 260, 281, 362.
MARTEL (Geoffroy), 397.
Martinique, 324, 400.
MASANIELLO, 181.
Massif Central, 23.
MAULÉVRIER, 397, 398, 399.
MAUPEOU (Mlle de), 387.
MAURES (les), 12.
Mayence, 299.
MAZARIN (Jules, cardinal), 98, 108-123, 170, 172, 181, 182, 183, 184, 185, 187, 190, 193, 199, 200, 202, 257, 258, 263, 264, 265, 266, 267, 268, 269, 272, 274, 275, 280, 294, 300, 307, 327, 332, 333, 334, 335, 336, 339, 353, 372, 375, 381, 386, 387, 389, 396, 399, 401-405, 410.
Meaux, 59.
MÉDICIS (Catherine de —, reine de France), 240, 264.
MÉDICIS (Marie de —, reine de France), 264.
MÉDICIS (les), 264.
Méditerranée (mer), 85, 207, 302, 303, 320.
Meitzen, 20.

Index

Melun, 142.
Ménilmontant, 391.
MÉROVÉE, 247.
MERRIMAN, 175, 176, 177, 180.
Méru, 63.
MESMES (de), 229.
MESNAGER, 313.
Metz, 297.
METZ D'HÉCOURT (chevalier du), 148.
Meulan, 390.
Meuse, 26.
MEUVRET (Jean), 15, 33, 46, 54, 134, 142, 189, 409.
MEXICAINS (les), 86.
MEYER (Jean), 29, 370-372, 400.
Mexico, 347.
MICHELET (Jules), 303.
Middelburg, 127, 138.
Milanais, 313, 316.
Minorque, 320.
MIRABEAU, 168.
Moheau, 53.
Moissac (abbaye de), 109.
MOLIÈRE, 13, 40, 158, 184, 271, 272, 274, 280, 301, 321, 381, 389.
MONGRÉDIEN (Georges), 371, 386.
Mons, 306.
Montauban, 228.
Montbéliard, 297.
MONTBRON (les —, famille de l'Angoumois), 397.
Montdidier, 46.
MONTESPAN (Mme de), 203, 246, 278, 382.
MONTESQUIEU, 221.
Montfort-sur-Meu, 82.
Montmélian, 366.
MOOTS (Lloyd), 188.
Moret, 272.
MORICEAU (Jean-Marc), 21, 34.
MORINEAU (Michel), 25, 179.
Moscou, 353.
Moscovie, 237.
Moselle, 26, 316.
MOTTE (les), 103.
MOURET (Jacques —, marchand), 130, 134, 137.
MOUSNIER (Roland), 115, 122, 142, 145, 148, 152, 154, 169, 174, 175, 177, 179, 345, 346, 349, 352, 407, 410.
Mouy, 41, 43, 48, 49, 52, 130.
Moyenneville, 67.
MUCHEMBLED (R.), 83.
MUETTE (Chrestienne —, femme de Firmin du Crocquet), 137.
Muiden, 285.
Muidorge, 46.
Murano, 274.
MURAT (Inès), 370.
Murcie, 316.

NAGLE (Jean), 120.
Namur, 399.
NANTAIS (les), 94.
Nantes, 30, 103, 131, 208, 302, 311, 313, 349, 362, 366, 378.
Naples, 177, 181.
NAPOLÉON Ier, 254, 276.
NAPOLÉON III, 90, 354, 390, 400.
NAPOLITAINS (les), 180.
NAVAILLES (duchesse de), 335.
NECKER, 41, 367.
Neerwinden, 305.
NEF (John U.), 175.
NERRA (Foulques), 397.
New York, 299, 304.
Nice, 304, 305, 306.
Nimègue, 287, 289, 292.
Nîmes, 201, 322.
NISARD, 11.
Nivernais, 86, 114.
NOAILLES (maréchal de), 327, 328, 412, 414.
Normandie, 26, 54, 62, 63, 73, 77, 168, 187, 193, 228, 262, 391.
Nouvelle-France, 299.
Noyon, 130.

Oiron, 397.
Oise, 62, 64, 391, 398.
OLONNE (d'), 229.
ONDEDEI (Zongo), 193.
Ons-en-Bray, 48.
ORANGE (maison d'), 332.
Orléans, 31, 32, 130.
ORLÉANS (Gaston, duc d' —, frère

de Louis XIII), 171, 258, 264, 266, 335, 402.
ORLÉANS (Philippe, duc d' —, frère de Louis XIV), 108, 258, 335.
ORLÉANS (Philippe, duc d', fils du précédent et de la Princesse Palatine, dit le Régent), 242, 321, 378.
ORLÉANS (maison d'—), 98.
Ottoman (Empire), 332.
OUDINOT, 400.
OVIDE, 12.

Pacifique (océan), 208, 302.
PAGÈS (Georges), 346.
Palatinat, 286, 298, 303, 306.
PALATINE (Charlotte Élisabeth de Bavière, seconde épouse de Philippe d'Orléans, frère de Louis XIV, dite Princesse —), 258, 298, 321.
PALMER, 175.
Pamiers, 292.
Paris, 15, 25, 26, 63, 103, 113, 117, 120, 126, 131, 137, 147, 150, 170, 171, 172, 184, 185, 186, 195, 197, 199, 200, 201, 202, 227, 251, 252, 253, 262, 264, 265, 266, 267, 268, 272, 278, 281, 282, 288, 292, 296, 319, 323, 353, 358, 374, 376, 378, 387, 391, 396.
PARISIENS (les), 71, 102.
PARKER, 411.
PASCAL (Blaise), 157, 280, 301, 398.
Passy, 391.
PATRILLAT (les —, marchands), 130.
Pau, 301.
Pavie, 398.
Pays-Bas, 21, 24, 29, 54, 128, 129, 139, 196, 292, 297, 304, 306, 313, 315, 316-317, 319, 325.
PELLISSON, 327, 337, 413.
PENTHIÈVRE (maison des), 98.
PÉRICLÈS, 11, 12.
PÉRIGNY, 327, 337.
Périgord, 197.
PÉRIGOURDINS (les), 263.

PÉRONNE, 62.
Perpignan, 304.
PERROT DE FERVOURT, 148.
PETITFILS (Jean-Christian), 410, 411.
PHÉLYPEAUX (les), 159, 194, 229, 300.
PHIDIAS, 12.
PHILIPPE II, roi d'Espagne, 180, 271.
PHILIPPE IV, roi d'Espagne, 249.
PHILIPPE V, duc d'Anjou, roi d'Espagne, 313, 319, 377.
PHILIPPE DE MACÉDOINE, 12.
PHILIPPS (Sir Thomas), 329.
Philippsburg, 306.
Picardie, 24, 48, 54, 60, 61, 73, 75, 77, 79, 126, 142, 151, 156.
PICARDS (les), 50, 77.
Piémont, 297, 298, 304.
Pignerol, 296, 305.
PINGRÉ (Guillaume), 132, 134, 158.
Pisseleu, 41, 48.
Plata (territoire de la), 320.
PLATON, 12.
POCQUELIN (sieur —, marchand), 137.
POISSON (Jean-Paul), 115.
Poissy, 64.
Poitiers, 403.
Poitou, 50, 64, 84, 205, 280.
Pologne, 109, 243, 332, 376.
POMPADOUR (Mme de), 246.
POMPONNE (Arnauld de), 292.
PONCHON (Claude —, maître saiteur), 134.
Pondichéry, 306.
Pontchartrain, 194, 300, 302, 307, 312.
Pontoise, 63.
PORCHNEV (Boris), 351, 352.
PORT (Célestin), 396, 397.
PORTUGAIS (les), 180, 282, 315.
Portugal, 177, 180, 182, 315, 316, 330.
POTIER (les —, famille parlementaire), 146, 195.
POUSSIN (Nicolas), 157.
Prague, 334, 388.
PRAXITÈLE, 12.

Index 435

Proche-Orient, 102, 302.
Provence, 50, 263, 267, 281.
Provinces-Unies, 157, 181, 233, 238, 284, 287, 306.
Prusse, 376.
Pyrénées (traité des), 330.

Québec, 304.
Quercy, 206, 317.
QUERCYSSOIS (les), 263.

Raab, 282.
RABELAIS, 12, 20.
RACINE (Jean), 158, 274.
Ramillies, 316, 410.
Rastadt, 320, 321.
Ratisbonne, 298.
RAVAILLAC, 239.
RAVEAU, 134.
REBELLIAU (Alfred), 407.
REGNONVAL (marchand), 118.
REICH DE PENNAUTIER, 228.
Reims, 94, 113, 139, 201, 239, 379, 395, 396.
REMBRANDT, 234.
REMI (St —, évêque de Reims), 239.
RENAUDET (Augustin), 15.
RENNAIS (les), 278.
Rennes, 201, 252, 301.
RETZ (Paul de Gondi, cardinal de —), 173, 200, 266, 335.
REVELOIS (Guillaume —, marchand), 130-131, 132, 134.
Revin, 297.
Rhénanie, 196.
Rhin, 26, 284, 285, 298, 306, 316, 397.
RIBEROLLES (de —, marchands), 130.
RICARD (Pierre), 137.
RICHELIEU (cardinal de), 109, 118, 174, 180, 183, 184, 193, 197, 200, 202, 224, 236, 248, 253, 261, 262, 324, 372, 387.
Rio de Janeiro, 319.
RIQUET (Pierre-Paul), 228.
Roannais, 398.
ROCHEFORT (de), 229.
Rocroi, 258, 261.

Rome, 209, 220, 273, 283, 293, 298, 305, 313, 333.
Romorantin, 32.
ROSE (président), 337.
Rouen, 15, 103, 117, 127, 134, 136, 139, 201, 237, 294, 302, 313, 376, 391.
ROUERGATS (les), 263.
Roumanie, 297.
ROUPNEL (Gaston), 349.
Rousseville, 134.
Roussillon, 206, 259, 263, 268, 281.
Rubens, 157.
RUIZ (André —, maire de Nantes), 133.
Russie, 177, 347.
Ryswick, 86, 305, 310, 314.

SACHY (Charles de —, marchand amiénois), 130.
SACHY (Jean de —, marchand amiénois), 130, 133, 134.
Sacy, 292.
Saint-Denis, 390, 392.
Saint-Domingue, 324.
SAINT-ÉVREMOND, 158.
Saint-Germain-en-Laye, 266, 272, 304.
Saint-Germer, 46, 67.
Saint-Gothard (monastère du), 282.
Saint-Lucien-lès-Beauvais, 59.
Saint-Malo, 30, 94, 103, 208, 302, 311.
Saint-Martin-le-Nœud, 40.
Saint-Omer-en Chaussée, 65.
Saint-Paul (abbaye de), 59, 66, 67.
Saint-Quentin, 62, 130, 139.
SAINT-RÉMY (marquis de), 148.
SAINT-SIMON, 105, 205, 269, 408, 409, 414.
Saint-Valéry-sur-Somme, 103.
Saint-Viâtre, 31, 33.
SAINTONGEAIS (les), 263.
SANSON (les —, marchands), 130.
Sarre, 297.
Sarrelouis, 306.
SAVARY, 124, 135.
Savoie, 286, 298, 304, 320.
Schiedam, 364.
SÉE (Henri), 19.

Seeboom, 20.
SÉGUIER (chancelier), 273, 352, 387.
SEIGNELAY, 300, 302.
Seine, 26, 218, 391.
Seneffe, 286.
Sénégal, 306.
Sennely, 31, 32.
Serbie, 297.
SERVIEN (Abel), 269.
SÉVIGNÉ (Mme de), 146, 206, 212, 294.
Siam, 158.
Sicile, 181, 286, 316.
SIMIAND (François), 76.
SION (Jules), 15.
Soissonnais, 64.
Sologne, 31-33, 90.
SOLOGNOTS (les), 32.
Somme, 131, 261.
Sonnino, 411.
SPINOZA, 221.
Spire, 303.
Steinkerque, 304.
Stofflet, 400.
Strasbourg, 297, 305, 318, 320, 328.
STUART (les), 305.
Suède, 109, 176, 183, 284, 332.
SUÉDOIS (les), 294.
Suisse, 175, 177, 215, 237.
SUISSES (les), 280.
SURIREY DE SAINT-REMY, 315.
Suse, 306.
SWART (K.W.), 345-350.

TALLARD, 316.
TALLEMANT (les —, banquiers), 109, 131.
TAMBONNEAU, 229.
TAPIÉ (Victor-Louis), 351.
TAVERNIER DE BOULLOGNE (famille de parlementaires de Clermont-en-Beauvaisis), 160.
TAWNEY, 20.
TÉNIERS (peintre), 157.
Terre-Neuve, 304, 306, 318, 320.
Thérain, 62, 63.
Thiérache, 126.
THIERRY (sieur —, de Troyes), 137.

TITE-LIVE, 12.
Toscane, 196.
Toul, 28.
Toulon, 277, 304, 316.
Toulousain (le), 196.
TOULOUSAINS (les), 136.
Toulouse, 103, 131, 133, 137, 138, 201.
Tournai, 129.
Tours, 129, 130, 201, 376.
TOURVILLE, 304.
TREUTTEL, 328.
TREVELYAN, 410.
Trèves, 306.
TREVOR-ROPER (Hugh), 169, 178, 179.
Tricot, 61.
Triel, 394.
Troyes, 103, 113, 130, 131, 137, 139.
TRUDAINE (les —, famille de parlementaires d'Amiens), 159.
TURCS (les), 232, 282, 294, 297, 298, 305, 397.
TURENNE, 41, 105, 171, 188, 269, 271, 284, 286, 300, 301, 330, 339, 376, 380, 381.
TURGOT (les —, famille de parlementaires de Caen), 159.
Turin, 316.
Turquie, 184, 237, 345.
Tyrol, 175, 177.

Ukraine, 175.
U.R.S.S., 176.
Utrecht, 284, 320.

VAISSIÈRE (Pierre de), 353.
Val de Loire, 24, 50.
Valence, 316.
VAN ROBAIS, 274, 289.
Vannes, 278.
Varennes, 379.
VARRON, 12.
VAUBAN, 19, 40, 43, 80, 218, 221, 284, 286, 294, 308, 309, 384.
VAUDOIS (les), 298.
Vaujours, 330.
Vaux-le-Vicomte, 272, 389.
VELÁZQUEZ, 234.

Index

Vendée, 84, 400.
VENDÉENS (les), 263.
VENDÔME (duc de), 264, 315, 317, 319.
Venise, 238.
Versailles, 218, 220, 224, 236, 256, 271, 272, 273, 295, 299, 301, 302, 325, 378.
Vertus, 391.
Vézelise, 28.
VICTOR-AMÉDÉE II, duc de Savoie, 304, 305, 306, 315, 316.
Vienne (Autriche), 232, 286, 294, 298, 334, 382.
Vieux-Brisach, 306.
Vigo, 316.
VILLARS, 315, 316, 317.
Villaviciosa, 282, 319.
Villefort, 400.
VILLEROY, 305, 316, 321.
VILLERS (Louis de —, marchand), 131, 132, 133, 135.
Villers-Vermont, 66.

Vincennes, 272.
VINCENT DE PAUL (dit M. Vincent), 184, 268, 280, 381, 388, 402.
Vinogradof, 20.
VIRGILE, 12.
Virton, 297.
VITRUVE, 12.
Vivarais, 206, 280.
VOLTAIRE, 11, 12, 221, 232, 233, 371, 409.
Vosges, 24.

Wagram, 400.
Waterloo, 91, 400, 410.
Westminster, 286.
Worms, 303.
Würtz, 328.

Yonne, 26.

ZOLIKOFFER (les —, famille de marchands lyonnais), 137.
Zuyderzee, 139.

Table

AVANT-PROPOS 11

PREMIÈRE PARTIE
LES PROFONDEURS DU ROYAUME
RETOUR EN BEAUVAISIS

CHAPITRE I. LES MASSES PAYSANNES : VIVRE ET SURVIVRE AU XVIIe SIÈCLE 19

I. Agriculture et démographie dans la France du Nord XVIe-XVIIIe siècles 23
II. Les problèmes démographiques du XVIIe siècle : le cas du Beauvaisis 36
III. La paysannerie française au XVIIe siècle : un exemple régional 54
IV. À propos des communautés rurales d'Ancien Régime. Réalités et survivances 81

CHAPITRE II. LA SOCIÉTÉ DES DOMINANTS. FORTUNE ET MOBILITÉ SOCIALE 93

I. Être riche au Grand Siècle 97
II. Les diamants de Mazarin ou comment connaître la fortune des Français du XVIIe siècle 108
III. Les rentes constituées et le crédit : nature et rôle économique des constitutions de rentes dans la France du Nord au XVIIe siècle 115
IV. La fortune des marchands. L'exemple d'Amiens au début du XVIIe siècle 124

V. Les officiers royaux des présidiaux, bailliages et élections dans la société française du XVIIe siècle 140

SECONDE PARTIE
LOUIS XIV

Chapitre I. La France de Louis XIV 165

I. La Fronde et le problème des révolutions du XVIIe siècle 169
II. La France de Louis XIV : État et société 190
III. Les problèmes financiers dans la France de Louis XIV 224

Chapitre II. Le roi 231

I. L'image du roi dans la France d'Ancien Régime 235
II. Un long règne 258
III. Les *Mémoires* de Louis XIV *pour l'instruction du dauphin* 326

Autres textes 343
I. La vénalité des offices 345
II. Ernst Kossmann et l'énigme de la Fronde 351
III. Lyonnais et Beaujolais : naissance d'un grand cru historique 356
IV. Un fleuve et des hommes 361
V. L'histoire de la Bretagne 366
VI. Colbert 81 370
VII. Louis XIV et son peuple 373
VIII. Louis XIV et les protestants 380
IX. Fouquet en son temps 385
X. Vins, vignes et vignerons 390
XI. Des Colbert en Anjou 395
XII. Anne d'Autriche et Giulio Mazzarino : jusqu'où ? 401
XIII. L'image du roi d'Ernest Lavisse à Jean-Christian Petitfils 406

XIV. Manuscrit inconnu et retrouvé : les Mémoires de Louis XIV pour l'année 1673 412

Notes (par chapitre) 415
Index 425

DU MÊME AUTEUR :

Familles marchandes sous l'Ancien Régime, 1959.
Beauvais et le Beauvaisis au XVIIe siècle, 1960.
1789 : les Français ont la parole, 1965 ; rééd.
Louis XIV et vingt millions de Français, 1966 ; rééd.
1661 : l'avènement du Roi Soleil, 1967 ; rééd.
Histoire économique et sociale de la France (1660-1789), en collaboration, 1970 ; rééd.
L'Ancien Régime, 2 vol., 1969 et 1973 ; rééd.
Clio parmi les hommes, 1976.
La Vie quotidienne des campagnes françaises au XVIIe siècle, 1982 ; rééd.
Initiation à l'histoire de France, 1984 ; rééd.
Les Français et l'Ancien Régime, 1984, 2 vol. (en collaboration avec Daniel Roche), 1984 ; rééd.
Mazarin, 1990 ; rééd.
Un parcours d'historien, 1996.

L'HISTOIRE DANS LA SÉRIE « RÉFÉRENCES »

■ Histoire générale

André Burguière,
Christiane Klapisch-Zuber,
Martine Segalen,
Françoise Zonabend (sous la direction de),
Histoire de la famille (3 vol.)

Georges Duby, Robert Mandrou,
Jean-François Sirinelli (avec la participation de),
Histoire de la civilisation française (2 vol.)

Jean Favier
*Les Grandes Découvertes
d'Alexandre à Magellan*

Histoire de France
Jean Favier (sous la direction de),
Tome 1. *Les Origines (avant l'an mil)*
par Karl Ferdinand Werner

Tome 2. *Le Temps des principautés (de l'an mil à 1515)*
par Jean Favier

Tome 3. *La France moderne (de 1515 à 1789)*
par Jean Meyer

Tome 4. *Les Révolutions (de 1789 à 1851)*
par Jean Tulard

Tome 5. *La France des patriotes (de 1851 à 1918)*
par François Caron

Tome 6. *Notre siècle (1918 à 1991)*
par René Rémond

■ Histoire de l'antiquité

Philippe Brunet
La Naissance de la littérature dans la Grèce ancienne

PAUL DEMONT, ANNE LEBEAU
Introduction au théâtre grec antique

MICHÈLE DUCOS
Rome et le droit

NICOLAS GRIMAL
Histoire de l'Égypte ancienne

PIERRE GRIMAL
L'Empire romain

PIERRE LÉVÊQUE
*Introduction aux premières religions:
   bêtes, dieux et hommes*

L'Aventure grecque

*Empires et barbaries,
   IIIe s. av. J.-C.-Ier s. ap. J.-C.*

CARLOS LÉVY
Les Philosophies hellénistiques

JEAN SALEM
*L'Atomisme antique :
   Démocrate, Épicure, Lucrèce*

■ Histoire médiévale, moderne et contemporaine

FRANÇOIS BLUCHE
L'Ancien Régime. Institutions et société

FERNAND BRAUDEL
*Civilisation matérielle, économie
   et capitalisme (XVe-XVIIIe siècle) (3 vol.)*

*La Méditerranée et le monde
   méditerranéen à l'époque de Philippe II (3 vol.)*

JEAN-DENIS BREDIN
*Bernard Lazare,
   le premier des dreyfusards*

ERIC CAHM
L'Affaire Dreyfus.
  Histoire, politique et société

JEAN DELUMEAU
L'Aveu et le pardon.
  Les difficultés de la confession,
  (XIIIᵉ-XVIIIᵉ siècle)

MARC FERRO
Naissance et effondrement
  du régime communiste en Russie

PIERRE GOUBERT
Mazarin

PAUL HAZARD
La Crise de la conscience
  européenne, 1680-1715

ANNE-MARIE LE GLOANNEC
La République fédérale d'Allemagne

HERBERT LOTTMAN
L'Épuration, 1943-1953

BRIGITTE MONDRAIN
Histoire de l'humanisme

JEAN-FRANÇOIS SOLNON
La Cour de France

JEAN TULARD
Napoléon. Le pouvoir,
  la nation, la légende

CATHERINE VINCENT
Introduction à l'histoire
  de l'Occident médiéval

EUGEN WEBER
  Une histoire de l'Europe (2 vol.)

THIERRY WANEGFFELEN
L'Édit de Nantes
  Une histoire européenne de la tolérance (XVIᵉ-XXᵉ siècle)

Composition réalisée par NORD COMPO

IMPRIMÉ EN FRANCE PAR BRODARD ET TAUPIN
Usine de La Flèche (Sarthe).
LIBRAIRIE GÉNÉRALE FRANÇAISE - 43, quai de Grenelle - 75015 Paris

ISBN : 2 - 253 - 90545 - 3   ✢ 42/0545/6